2022 中国价格统计年鉴

CHINA PRICE STATISTICAL YEARBOOK

国家统计局城市社会经济调查司 编

Compiled by
Department of Urban Society and Economic Statistics,
National Bureau of Statistics of China

中国统计出版社
China Statistics Press

图书在版编目（CIP）数据

中国价格统计年鉴．2022 = 2022 CHINA PRICE STATISTICAL YEARBOOK : 汉英对照 / 国家统计局城市社会经济调查司编．-- 北京 : 中国统计出版社，2022.9
ISBN 978-7-5037-9921-1

Ⅰ．①中… Ⅱ．①国… Ⅲ．①物价管理－统计资料－中国－2022－年鉴－汉、英 Ⅳ．①F726.7-66

中国版本图书馆 CIP 数据核字（2022）第 157042 号

中国价格统计年鉴 2022
China Price Statistical Yearbook 2022

作　　者 / 国家统计局城市社会经济调查司
责任编辑 / 许立舫
封面设计 / 李雪燕
出版发行 / 中国统计出版社有限公司
通信地址 / 北京市丰台区西三环南路甲 6 号　　邮政编码 /100073
电　　话 / 邮购（010-63376909）　书店（010-68783171）
网　　址 / http://www.zgtjcbs.com
印　　刷 / 河北鑫兆源印刷有限公司
经　　销 / 新华书店
开　　本 / 880×1230 毫米　1/16
字　　数 / 448 千字
印　　张 / 14
版　　别 / 2022 年 9 月第 1 版
版　　次 / 2022 年 9 月第 1 次印刷
定　　价 / 208.00 元　　Price:208.00 yuan(RMB)

《中国价格统计年鉴 2022》

编委会和编辑人员

2022 CHINA PRICE STATISTICAL YEARBOOK

Editorial Board And Staff

编者说明

一、《中国价格统计年鉴2022》系统收录了2021年度各种价格统计调查资料，是一部反映中国价格变动情况的专业性综合年鉴。

二、本年鉴所列价格指数主要包括工业生产者出厂价格指数、工业生产者购进价格指数、居民消费价格指数、商品零售价格指数、住宅销售价格指数等。反映了生产、流通、消费等环节的价格变动趋势和变动幅度。

三、本年鉴所列价格指数的编制工作由国家统计局城市社会经济调查司组织实施，国家统计局各级调查队及相关地方统计机构依据统一调查制度采集原始数据汇总上报。

四、本年鉴所涉及的全国性统计数据均未包括香港、澳门特别行政区和台湾省数据。

五、本年鉴所使用的度量单位均采用国际统一标准计量单位。

六、本年鉴中，“空格”表示无该项数据或数据不详，“#”号表示其中数。

PREFACE

I.2022 China Price Statistical Yearbook is a professional annual statistics publication, which covers very comprehensive data in 2021 of price indices.

II.Data on price indices in this book include mainly producer price indices for industrial products, purchasing price indices for industrial producers, consumer price indices, retail price indices, housing price index, showing the changing trends and the change rates in the prices of production, trade, consumption.

III.Compilation of statistics on price indices is organized by the Department of Urban Social and Economic Survey, NBS. At levels of National Bureau of investigation team and relevant statistics in stitutions collect data in accordance with the scheme of price survey system, tabulate them and report them.

IV.The national data in this yearbook do not include that of Hong Kong SAR (Special Administrative Region), Macao SAR and Taiwan province.

V.The units of measurement used in this yearbook are in accordance with internationally standard measurement units.

VI.In this yearbook, "blank space" indicates that the data are unknown or are not available, "#" indicates a major breakdown of the total.

目　录

CONTENTS

1. 综　　合
Integration

2. 工业生产者价格指数
Producer Price Index

3. 流通消费价格指数
Consumer Price Index

4. 70 个大中城市商品住宅销售价格指数
70 Large and Medium-Sized Cities Commercial Housing Price Index

以 2020 年价格为 100（2020=100）

以上年同月价格为 100（Same Month of Preceding Year=100）

附录
Appendix

综　　合
Integration

1

1-1-1　各种价格总指数(1951 ~ 2021年)
Price Indices (1951 ~ 2021)

(上年价格=100)　　(Preceding Year=100)

年　份 Year	居民消费价格指数 Consumer Price Index	城市居民消费价格指　数 Urban Index	农村居民消费价格指　数 Rural Index	商品零售价格指数 Retail Price Index	城市商品零售价格指　数 Urban Index	农村商品零售价格指　数 Rural Index	工业生产者出厂价格指　数 Producer Price Index of Industrial Products	工业生产者购进价格指　数 Purchasing Price Index for Industrial Producer
1951		112.5		112.2				
1952		102.7		99.6				
1953		105.1		103.4				
1954		101.4		102.3				
1955		100.3		101.0				
1956		99.9		100.0				
1957		102.6		101.5				
1958		98.9		100.2				
1959		100.3		100.9				
1960		102.5		103.1				
1961		116.1		116.2				
1962		103.8		103.8				
1963		94.1		94.1				
1964		96.3		96.3				
1965		98.8		97.3				
1966		98.8		99.7				
1967		99.4		99.3				
1968		100.1		100.1				
1969		101.0		98.9				
1970		100.0		99.8				
1971		99.9		99.3				
1972		100.2		99.8				
1973		100.1		100.6				
1974		100.7		100.5				
1975		100.4		100.2				
1976		100.3		100.3				
1977		102.7		102.0				
1978		100.7		100.7	102.5	100.1		
1979		101.9		102.0	101.9	102.0		
1980		107.5		106.0	108.1	104.4		
1981		102.5		102.4	102.7	102.1		
1982		102.0		101.9	102.1	101.7		
1983		102.0		101.5	101.9	101.2		
1984		102.7		102.8	102.5	103.0		
1985	109.3	111.9	107.6	108.8	112.2	107.0	108.7	

1-1-1 续表 Continued

(上年价格=100) (Preceding Year=100)

年 份 Year	居民消费价格指数 Consumer Price Index	城市居民消费价格指数 Urban Index	农村居民消费价格指数 Rural Index	商品零售价格指数 Retail Price Index	城市商品零售价格指数 Urban Index	农村商品零售价格指数 Rural Index	工业生产者出厂价格指数 Producer Price Index of Industrial Products	工业生产者购进价格指数 Purchasing Price Index for Industrial Producer
1986	106.5	107.0	106.1	106.0	107.0	105.0	103.8	109.5
1987	107.3	108.8	106.2	107.3	109.1	106.3	107.9	111.0
1988	118.8	120.7	117.5	118.5	121.3	117.1	115.0	120.2
1989	118.0	116.3	119.3	117.8	116.0	118.8	118.6	126.4
1990	103.1	101.3	104.5	102.1	100.2	103.2	104.1	105.6
1991	103.4	105.1	102.3	102.9	104.5	102.0	106.2	109.1
1992	106.4	108.6	104.7	105.4	107.7	103.9	106.8	111.0
1993	114.7	116.1	113.7	113.2	114.2	112.6	124.0	135.1
1994	124.1	125.0	123.4	121.7	120.9	122.9	119.5	118.2
1995	117.1	116.8	117.5	114.8	113.5	116.4	114.9	115.3
1996	108.3	108.8	107.9	106.1	105.8	106.4	102.9	103.9
1997	102.8	103.1	102.5	100.8	100.8	100.7	99.7	101.3
1998	99.2	99.4	99.0	97.4	97.4	97.6	95.9	95.8
1999	98.6	98.7	98.5	97.0	97.0	97.1	97.6	96.7
2000	100.4	100.8	99.9	98.5	98.5	98.5	102.8	105.1
2001	100.7	100.7	100.8	99.2	98.9	99.6	98.7	99.8
2002	99.2	99.0	99.6	98.7	98.5	99.1	97.8	97.7
2003	101.2	100.9	101.6	99.9	99.6	100.5	102.3	104.8
2004	103.9	103.3	104.8	102.8	102.1	104.2	106.1	111.4
2005	101.8	101.6	102.2	100.8	100.5	101.4	104.9	108.3
2006	101.5	101.5	101.5	101.0	100.9	101.4	103.0	106.0
2007	104.8	104.5	105.4	103.8	103.3	104.9	103.1	104.4
2008	105.9	105.6	106.5	105.9	105.5	106.7	106.9	110.5
2009	99.3	99.1	99.7	98.8	98.7	99.0	94.6	92.1
2010	103.3	103.2	103.6	103.1	102.8	103.6	105.5	109.6
2011	105.4	105.3	105.8	104.9	104.7	105.5	106.0	109.1
2012	102.6	102.7	102.5	102.0	101.9	102.2	98.3	98.2
2013	102.6	102.6	102.8	101.4	101.3	101.8	98.1	98.0
2014	102.0	102.1	101.8	101.0	101.0	101.0	98.1	97.8
2015	101.4	101.5	101.3	100.1	100.0	100.3	94.8	93.9
2016	102.0	102.1	101.9	100.7	100.7	100.9	98.6	98.0
2017	101.6	101.7	101.3	101.1	101.1	101.3	106.3	108.1
2018	102.1	102.1	102.1	101.9	101.9	102.1	103.5	104.1
2019	102.9	102.8	103.2	102.0	101.9	102.5	99.7	99.3
2020	102.5	102.3	103.0	101.4	101.3	102.1	98.2	97.7
2021	100.9	101.0	100.7	101.6	101.7	101.5	108.1	111.0

注：①本表1985年前城市居民消费价格指数为职工生活费用价格总指数。
②从2011年起，原工业品出厂价格指数改称为工业生产者出厂价格指数，原材料、燃料、动力购进价格指数改称为工业生产者购进价格指数。

a. Urban areas consumer price indices remain with price indices of cost of living of workers and employees before 1985.
b.The original Ex-Factory price Indices of Industrial Products since 2011 Changed its name to the Indices of Industrial Producer,purchasing price Indices of Raw Material,Fuel and power changed its name to the Purchasing Price Indices of Industrial Producer.

1-2-1 各种价格定基指数(1978～2021年)
Fixed-base Price Indices (1978～2021)

年 份 Year	居民消费价格指数 Consumer Price Index (1978=100)	城市居民消费价格指数 Urban Index (1978=100)	农村居民消费价格指数 Rural Index (1985=100)	商品零售价格指数 Retail Price Index (1978=100)	工业生产者出厂价格指数 Producer Price Index of Industrial Products (1985=100)	工业生产者购进价格指数 Purchasing Price Index for Industrial Producers (1990=100)
1978	100.0	100.0		100.0		
1979	101.9	101.9		102.0		
1980	109.5	109.5		108.1		
1981	112.2	112.2		110.7		
1982	114.4	114.4		112.8		
1983	116.7	116.7		114.5		
1984	119.9	119.9		117.7		
1985	131.1	134.2	100.0	128.1	100.0	
1986	139.6	143.6	106.1	135.8	103.8	
1987	149.8	156.2	112.7	145.7	112.0	
1988	177.9	188.5	132.4	172.7	128.8	
1989	209.9	219.2	157.9	203.4	152.8	
1990	216.4	222.0	165.1	207.7	159.0	100.0
1991	223.8	233.3	168.9	213.7	168.9	109.1
1992	238.1	253.4	176.8	225.2	180.4	121.1
1993	273.1	294.2	201.0	254.9	223.7	163.6
1994	339.0	367.8	248.0	310.2	267.3	193.4
1995	396.9	429.6	291.4	356.1	307.1	222.9
1996	429.9	467.4	314.4	377.8	316.0	231.6
1997	441.9	481.9	322.3	380.8	315.0	234.6
1998	438.4	479.0	319.1	370.9	302.1	224.7
1999	432.2	472.8	314.3	359.8	294.8	217.3
2000	434.0	476.6	314.0	354.4	303.1	228.4
2001	437.0	479.9	316.5	351.6	299.2	227.9
2002	433.5	475.1	315.2	347.0	292.6	222.7
2003	438.7	479.4	320.2	346.7	299.3	233.4
2004	455.8	495.2	335.6	356.4	317.6	260.0
2005	464.0	503.1	343.0	359.3	333.2	281.6
2006	471.0	510.6	348.1	362.9	343.2	298.5
2007	493.6	533.6	366.9	376.7	353.8	311.6
2008	522.7	563.5	390.7	398.9	378.2	344.3
2009	519.0	558.4	389.5	394.1	357.8	317.2
2010	536.1	576.3	403.5	406.3	377.5	347.7
2011	565.0	606.8	426.9	426.2	400.2	379.3
2012	579.7	623.2	437.6	434.7	393.4	372.5
2013	594.8	639.4	449.9	440.8	385.9	365.1
2014	606.7	652.8	458.0	445.2	378.6	357.1
2015	615.2	662.6	464.0	445.6	358.9	335.3
2016	627.5	676.5	472.8	448.7	353.9	328.6
2017	637.5	688.0	478.9	453.6	376.2	355.2
2018	650.9	702.4	489.0	462.2	389.4	369.8
2019	669.8	722.1	504.6	471.4	388.2	367.2
2020	686.5	738.7	519.7	478.0	381.2	358.8
2021	692.7	746.1	523.3	485.6	412.1	398.3

工业生产者价格指数
Producer Price Index

2

2-1-1 全国工业生产者出厂价格分类指数(1985 ~ 2021年)
Producer Price Indices for Industrial Products by Category (1985 ~ 2021)

(上年价格=100) (Preceding Year=100)

年 份 Year	总指数 General Index	一、生产资料 Means of Production	1.采 掘 Mining & Quarrying Industry	2.原材料 Raw Materials Industry	3.加工 Processing Industry
1985	108.7				
1986	103.8	104.8	100.6	107.5	103.6
1987	107.9	107.8	114.1	106.9	107.2
1988	115.0	113.7	109.3	113.5	114.7
1989	118.6	118.9	114.2	116.4	121.8
1990	104.1	104.4	107.9	105.9	102.5
1991	106.2	108.0	112.8	111.8	103.8
1992	106.8	109.3	112.6	110.2	107.4
1993	124.0	133.7	146.5	140.4	122.7
1994	119.5	116.7	133.1	117.9	111.1
1995	114.9	113.6	119.7	113.6	112.0
1996	102.9	103.5	108.9	101.7	104.1
1997	99.7	99.7	105.5	100.0	98.1
1998	95.9	95.4	98.4	93.4	96.8
1999	97.6	98.3	104.5	98.2	97.1
2000	102.8	105.1	124.9	108.4	98.6
2001	98.7	98.8	100.1	99.7	98.1
2002	97.8	97.7	101.9	98.0	96.9
2003	102.3	103.6	113.3	106.7	100.2
2004	106.1	107.8	118.8	110.2	104.8
2005	104.9	106.8	125.8	109.8	102.2
2006	103.0	103.9	114.1	106.6	101.1
2007	103.1	103.2	103.8	105.6	102.0
2008	106.9	107.7	123.2	108.9	105.2
2009	94.6	93.3	84.2	91.9	95.1
2010	105.5	106.6	122.2	110.1	103.1
2011	106.0	106.6	115.4	109.2	104.6
2012	98.3	97.5	97.6	98.0	97.3
2013	98.1	97.4	94.3	96.9	98.0
2014	98.1	97.5	93.5	97.0	98.2
2015	94.8	93.3	80.3	90.5	95.7
2016	98.6	98.2	95.4	96.7	99.0
2017	106.3	108.3	120.7	111.5	106.1
2018	103.5	104.6	108.8	106.3	103.5
2019	99.7	99.2	102.4	97.4	99.7
2020	98.2	97.3	94.8	94.4	98.7
2021	108.1	110.7	134.4	115.8	106.6

2-1-1 续表 continued

(上年价格=100) (Preceding Year=100)

年 份 Year	二、生活资料 Consumer Goods	1.食 品 Food	2.衣 着 Clothing	3.一般日用品 Articles for Daily Use	4.耐用消费品 Durable Consumer Goods
1985					
1986	102.2	102.5	102.0	103.5	100.1
1987	108.1	109.3	107.9	111.9	100.5
1988	117.2	116.2	120.5	120.4	106.0
1989	118.2	114.1	121.4	121.5	131.8
1990	103.6	101.3	107.3	103.0	99.3
1991	103.2	103.6	105.4	103.3	96.5
1992	103.2	106.4	100.8	102.8	101.7
1993	109.6	113.9	106.2	108.9	108.8
1994	123.8	123.4	136.4	112.3	108.4
1995	116.9	123.2	115.6	115.1	105.2
1996	102.1	104.7	100.5	102.9	97.7
1997	99.6	100.8	101.1	98.3	94.9
1998	96.9	98.9	96.2	96.7	94.0
1999	96.4	97.4	96.1	96.0	95.6
2000	97.8	96.0	100.6	98.0	96.4
2001	98.5	100.5	99.0	98.3	95.3
2002	97.9	99.7	98.8	97.9	94.7
2003	98.9	100.9	99.8	99.5	95.6
2004	101.2	105.2	100.9	101.9	96.2
2005	99.8	100.9	100.8	101.9	96.8
2006	100.2	100.5	101.3	100.8	98.0
2007	102.8	107.0	101.2	101.5	99.0
2008	104.1	108.3	102.2	103.6	99.5
2009	98.8	98.6	100.1	99.2	97.7
2010	102.0	103.8	102.0	101.9	99.4
2011	104.2	107.4	104.2	104.0	99.4
2012	100.8	101.4	102.1	100.9	99.1
2013	100.2	100.7	101.2	99.8	99.1
2014	100.0	100.2	100.7	100.1	99.2
2015	99.7	100.0	100.7	99.3	99.2
2016	100.0	100.6	100.9	100.0	98.5
2017	100.7	100.6	101.2	101.3	99.9
2018	100.5	100.5	100.8	101.0	99.8
2019	100.9	102.7	101.1	100.4	98.8
2020	100.5	102.9	99.0	99.7	98.2
2021	100.4	101.4	99.8	100.5	99.4

2-1-2 全国按行业分工业生产者出厂价格指数(2021年)
Producer Price Indices for Industrial Products by Sector(2021)

(上年价格=100) (Preceding Year=100)

行业	Industry	2021
煤炭开采和洗选业	Mining and Washing of Coal	145.1
石油和天然气开采业	Extraction of Petroleum and Natural Gas	138.7
黑色金属矿采选业	Mining and Processing of Ferrous Metal Ores	131.0
有色金属矿采选业	Mining and Processing of Non-Ferrous Metal Ores	113.1
非金属矿采选业	Mining and Processing of Non-Metal Ores	103.1
开采专业及辅助性活动	Mining and Support Activities for Mining	98.4
其他采矿业	Mining of Other Ores	
农副食品加工业	Processing of Food from Agricultural Products	103.9
食品制造业	Manufacture of Foods	101.8
酒、饮料和精制茶制造业	Manufacture of Alcohol,Beverages and Refined Tea	101.6
烟草制品业	Manufacture of Tobacco	100.6
纺织业	Manufacture of Textile	104.1
纺织服装、服饰业	Manufacture of Textile,Wearing Apparel and Accessories	99.9
皮革、毛皮、羽毛及其制品和制鞋业	Manufacture of Leather,Fur,Feather and Related Products and Footware	99.7
木材加工和木、竹、藤、棕、草制品业	Processing of Timber,Manufacture of Wood,Bamboo,Rattan,Palm and Straw Products	101.4
家具制造业	Manufacture of Furniture	100.2
造纸和纸制品业	Manufacture of Paper and Paper Products	104.9
印刷和记录媒介复制业	Printing and Reproduction of Recording Media	100.5
文教、工美、体育和娱乐用品制造业	Manufacture of Articles for Culture,Education,Arts and Crafts,Sport and Entertainment Activities	101.7
石油、煤炭及其他燃料加工业	Processing of Petroleum,Coal and Other Fuel	128.2
化学原料和化学制品制造业	Manufacture of Raw Chemical Materials and Chemical Products	119.1
医药制造业	Manufacture of Medicines	99.6
化学纤维制造业	Manufacture of Chemical Fibres	116.1
橡胶和塑料制品业	Manufacture of Rubber and Plastics Products	103.2
非金属矿物制品业	Manufacture of Non-Metallic Mineral Products	103.7
黑色金属冶炼和压延加工业	Smelting and Pressing of Ferrous Metals	128.5
有色金属冶炼和压延加工业	Smelting and Pressing of Non-Ferrous Metals	122.7
金属制品业	Manufacture of Metal Products	106.7
通用设备制造业	Manufacture of General purpose Machinery	101.4
专用设备制造业	Manufacture of Special purpose Machinery	100.4
汽车制造业	Manufacture of Automobiles	99.6
铁路、船舶、航空航天和其他运输设备制造业	Manufacture of Railway,Ship,Aerospace and Other Transport Equipments	100.6
电气机械和器材制造业	Manufacture of Electrical Machinery and Apparatus	104.4
计算机、通信和其他电子设备制造业	Manufacture of Computers,Communication and Other Electronic Equipment	99.9
仪器仪表制造业	Manufacture of Measuring Instruments and Machinery	99.7
其他制造业	Other Manufacture	100.6
废弃资源综合利用业	Utilization of Waste Resources	117.5
金属制品、机械和设备修理业	Repair Service of Metal Products,Machinery and Equipment	99.7
电力、热力生产和供应业	Production and Supply of Electric Power and Heat Power	100.2
燃气生产和供应业	Production and Supply of Gas	105.1
水的生产和供应业	Production and Supply of Water	101.1

2-1-3　全国主要产品工业生产者出厂价格指数(1993 ~ 2021年)
Producer Price Indices for Main Industrial Products (1993 ~ 2021)

(上年价格=100)　　(Preceding Year=100)

年份 Year	原煤(无烟煤) Raw Coal	原油 Crude Oil	木材(锯材加工) Wood	水泥(通用硅酸盐水泥) Cement	钢材(普通大型钢材) Rolled Steel	生铁 Pig Iron	汽油 Gasoline	重油(燃料油) Heavy Oil
1993	136.8	184.9	136.9	151.3	252.2	210.3	165.4	157.2
1994	123.1	168.6	99.2	106.9	114.8	108.4	125.9	128.1
1995	113.7	129.9	106.6	100.2	83.9	93.6	113.1	112.8
1996	112.9	110.3	97.2	104.3	91.8	97.1	100.1	106.2
1997	108.6	104.9	99.2	94.4	95.2	96.3	104.8	112.3
1998	100.8	96.5	118.2	99.5	96.5	99.6	99.5	97.7
1999	91.3	120.3	98.5	99.2	94.2	93.3	103.0	108.9
2000	97.3	174.8	99.3	98.2	92.4	98.8	130.5	136.3
2001	102.7	89.9	99.3	99.8	97.4	99.5	89.6	92.9
2002	119.2	94.1	100.1	99.5	95.1	101.2	96.3	96.2
2003	103.9	119.8	101.0	100.1	113.0	122.9	117.1	120.7
2004	118.5	120.3	101.6	104.6	119.3	131.7	111.0	102.5
2005	129.9	131.1	104.5	99.9	101.5	103.7	121.2	120.0
2006	104.6	122.3	103.2	103.6	94.8	94.5	120.8	128.7
2007	103.6	101.9	105.2	102.7	106.2	112.9	101.4	99.6
2008	128.6	122.6	111.5	110.4	124.1	131.4	118.8	113.6
2009	102.4	65.1	101.7	98.7	80.0	79.4	102.6	87.7
2010	110.6	138.7	104.0	102.4	107.4	111.9	112.4	124.7
2011	113.7	129.3	104.2	112.7	111.6	112.8	116.4	114.0
2012	97.4	99.2	103.4	92.2	87.1	90.9	103.6	101.5
2013	89.7	94.6	101.6	95.3	93.2	93.1	97.6	96.8
2014	88.6	95.3	100.6	99.7	91.0	92.5	97.4	93.2
2015	83.4	56.4	99.9	88.4	78.7	83.3	80.0	78.3
2016	94.3	82.9	99.5	98.2	111.9	99.0	94.0	88.7
2017	126.2	132.8	99.7	120.8	133.0	131.9	111.8	114.7
2018	108.1	127.0	100.1	120.5	110.0	110.6	115.6	116.3
2019	98.8	95.8	99.5	104.1	97.4	102.7	94.2	101.8
2020	90.6	69.1	98.8	96.0	95.7	100.5	84.5	86.4
2021	148.5	150.7	101.1	106.4	129.1	127.4	124.0	125.1

2-1-4 各地区工业生产者出厂价格总指数(1987 ~ 2021年)
Producer Price Indices for Industrial Products by Region (1987 ~ 2021)

(上年价格=100) (Preceding Year=100)

地区	Region	1987	1988	1989	1990	1991	1992	1993	1994	1995	1996	1997	1998	1999	2000	2001	2002	2003
全国	**National**	**107.9**	**115.0**	**118.6**	**104.1**	**106.2**	**106.8**	**124.0**	**119.5**	**114.9**	**102.9**	**99.7**	**95.9**	**97.6**	**102.8**	**98.7**	**97.8**	**102.3**
北京	Beijing				107.9	105.8	107.8	128.3	111.8	116.7	103.2	100.6	95.1	97.8	102.5	99.4	96.6	101.5
天津	Tianjin						105.2	126.3	120.4	110.2	102.8	98.3	94.7	96.4	102.8	95.9	95.9	102.5
河北	Hebei						108.6	129.1	119.1	111.4	101.1	98.8	94.4	95.9	105.3	99.9	99.4	107.1
山西	Shanxi				106.4	106.8	114.2	132.5	120.1	113.5	106.4	102.2	97.5	95.3	100.9	100.3	103.6	112.2
内蒙古	Inner Mongolia	107.9	110.7	121.5	105.2	108.7	109.8	133.2	112.1	109.1	101.7	101.5	98.0	100.4	102.8	100.1	99.3	103.2
辽宁	Liaoning		122.4	121.2	103.8	119.2	111.8	138.4	119.9	109.9	102.1	100.1	95.8	102.0	108.8	98.6	97.8	103.6
吉林	Jilin		112.9	121.5	104.5	106.4	111.4	127.9	115.7	115.0	103.8	101.4	96.9	100.1	105.1	100.3	98.6	102.5
黑龙江	Heilongjiang						111.6	141.3	127.7	116.0	104.6	102.3	97.7	107.4	122.9	95.9	97.8	111.9
上海	Shanghai						111.4	128.1	118.1	111.5	98.6	98.9	93.9	97.6	102.5	96.7	96.4	101.4
江苏	Jiangsu					103.2	103.6	118.5	121.4	114.1	100.7	97.9	94.5	96.1	101.1	99.1	97.6	102.3
浙江	Zhejiang				100.4	101.8	104.8	117.3	117.5	112.3	99.5	99.2	96.0	96.8	101.1	98.3	96.9	100.6
安徽	Anhui						108.7	125.3	120.9	117.1	101.6	99.4	96.4	92.9	98.9	98.6	99.8	103.5
福建	Fujian						102.7	117.1	116.9	115.7	101.8	100.3	95.7	96.6	100.5	98.1	97.2	100.7
江西	Jiangxi							115.3	124.7	114.8	104.1	101.7	98.4	96.1	101.0	98.1	98.5	104.0
山东	Shandong			123.8	104.7	103.0	109.5	123.0	124.2	117.0	104.2	101.1	96.0	97.2	105.9	99.1	98.8	103.5
河南	Henan			119.7	105.5	104.3	106.2	118.1	124.1	115.0	104.1	100.6	95.3	95.4	104.0	100.5	98.6	105.0
湖北	Hubei			116.7	109.0	108.1	111.0	126.3	126.2	113.1	102.7	98.6	96.2	97.8	101.7	99.0	98.2	103.5
湖南	Hunan			118.1	100.6	104.7	111.1	128.9	117.6	121.4	105.7	99.2	95.9	98.5	102.9	99.8	99.2	102.6
广东	Guangdong							124.1	126.0	112.3	101.8	100.1	94.8	97.7	103.4	98.5	96.5	99.3
广西	Guangxi	106.4			101.5	103.3	112.5	121.1	118.8	117.2	102.6	97.7	95.4	95.6	105.5	106.3	95.6	102.8
海南	Hainan																98.7	99.5
重庆	Chongqing				103.4	105.1	117.2	118.4	113.4	112.4	104.1	98.0	94.6	97.7	98.6	98.1	97.6	100.6
四川	Sichuan			117.9	103.5	105.9	106.1	127.4	114.7	112.2	102.2	101.2	97.3	97.0	98.1	100.4	97.7	100.5
贵州	Guizhou						101.6	118.1	113.3	113.1	104.9	101.2	98.2	99.7	100.4	102.2	98.9	103.4
云南	Yunnan					106.3	105.3	125.0	116.7	110.2	101.4	100.7	97.2	98.2	101.2	99.9	98.2	101.4
西藏	Tibet																	
陕西	Shaanxi						107.9	119.8	119.9	112.6	104.2	103.7	96.6	97.9	101.5	100.4	100.7	105.7
甘肃	Gansu			122.0	110.7	104.2	112.1	125.3	121.2	114.9	104.4	104.9	95.2	98.1	107.2	98.5	97.9	110.0
青海	Qinghai			112.7	109.5	108.7	102.6	124.4	124.9	114.6	106.7	104.3	100.7	102.8	108.1	93.7	97.6	105.5
宁夏	Ningxia											100.3	97.7	98.4	103.6	100.3	99.7	103.9
新疆	Xinjiang						107.5	126.2	118.4	117.2	104.9	104.9	95.8	100.2	129.4	96.3	97.3	115.1

2-1-4 续表 Continued

(上年价格=100) (Preceding Year=100)

地 区 Region	2004	2005	2006	2007	2008	2009	2010	2011	2012	2013	2014	2015	2016	2017	2018	2019	2020	2021
全 国 National	**106.1**	**104.9**	**103.0**	**103**	**106.9**	**94.6**	**105.5**	**106.0**	**98.3**	**98.1**	**98.1**	**94.8**	**98.6**	**106.3**	**103.5**	**99.7**	**98.2**	**108.1**
北 京 Beijing	103.0	101.3	99.1	99.7	103.3	94.4	102.2	102.3	98.4	97.4	99.1	96.9	98.1	100.7	100.0	99.6	99.1	101.1
天 津 Tianjin	104.1	100.1	100.6	101.5	104.1	92.5	105.1	103.8	97.0	97.0	96.3	90.3	97.9	108.4	105.4	99.3	97.1	110.9
河 北 Hebei	111.6	104.4	100.8	106.9	116.7	89.1	109.0	107.7	94.7	96.6	95.2	89.1	99.9	115.0	106.2	100.2	98.5	116.4
山 西 Shanxi	116.1	110.2	101.0	107.4	122.4	92.0	109.5	107.5	94.5	90.7	91.4	87.7	96.8	119.4	106.7	99.7	96.7	130.2
内蒙古 Inner Mongolia	105.1	105.1	103.0	105.7	112.5	96.2	106.7	107.8	100.2	97.0	97.3	94.0	98.9	110.6	103.2	102.1	99.7	128.5
辽 宁 Liaoning	107.1	105.1	104.1	104.4	110.9	94.0	107.4	106.5	99.9	99.0	98.2	93.9	98.8	108.1	104.8	99.5	97.0	113.6
吉 林 Jilin	105.0	104.3	101.7	102.7	104.9	96.1	105.2	105.4	99.1	98.7	99.1	95.3	98.4	103.1	102.8	98.9	98.6	105.1
黑龙江 Heilongjiang	113.1	116.7	109.9	105.3	114.0	87.4	115.0	112.0	100.0	98.0	97.1	86.0	95.1	109.3	109.0	98.2	93.4	112.3
上 海 Shanghai	103.6	101.7	100.6	101.2	102.2	93.8	102.3	102.9	98.4	98.2	98.9	96.1	98.8	103.5	101.7	98.8	98.3	102.1
江 苏 Jiangsu	106.5	102.6	101.5	102.6	104.6	95.2	107.3	106.2	97.1	98.0	98.3	95.3	98.1	104.8	102.8	98.9	97.8	106.3
浙 江 Zhejiang	105.0	102.3	103.8	102.4	104.3	94.9	106.2	105.0	97.3	98.2	98.8	96.4	98.3	104.8	103.4	98.9	96.9	106.3
安 徽 Anhui	108.2	103.3	103.1	103.6	108.4	92.8	109.0	108.3	98.3	98.2	97.4	93.9	98.5	108.0	103.0	100.3	99.1	107.7
福 建 Fujian	102.6	100.2	99.2	100.8	102.7	95.5	103.2	103.9	98.7	98.4	98.6	97.0	99.1	104.1	102.8	100.6	98.4	104.9
江 西 Jiangxi	109.7	108.8	109.7	106.2	106.4	93.0	115.3	111.3	96.5	98.5	97.8	93.7	98.6	107.9	104.2	98.9	98.3	110.5
山 东 Shandong	106.4	103.7	102.3	103.3	108.6	94.1	107.2	106.0	98.4	98.4	98.4	95.2	98.5	105.5	103.7	99.7	98.1	110.3
河 南 Henan	110.2	106.1	104.3	105.2	112.1	94.9	107.8	107.2	99.4	98.5	98.1	95.4	99.0	106.8	103.6	100.2	99.2	107.8
湖 北 Hubei	105.7	104.5	102.9	103.9	106.1	95.6	104.9	106.6	100.3	99.2	98.4	96.7	99.0	105.6	104.2	100.2	99.1	104.1
湖 南 Hunan	108.0	106.0	104.3	106.1	109.3	94.3	106.9	108.5	99.1	98.5	98.4	96.3	98.9	105.8	103.2	99.6	99.0	105.9
广 东 Guangdong	101.7	101.5	101.4	101.3	103.1	95.8	103.2	103.7	99.5	98.8	98.9	96.8	99.4	103.3	101.8	100.2	99.0	103.4
广 西 Guangxi	109.7	104.9	109.6	104.5	109.0	93.5	112.0	108.5	97.8	98.2	98.4	97.0	99.1	107.6	103.2	99.3	99.4	108.9
海 南 Hainan	100.0	99.5	100.8	102.7	104.5	90.6	107.7	108.8	100.8	99.5	97.6	89.8	96.0	108.8	108.2	97.4	93.8	113.5
重 庆 Chongqing	103.3	103.0	102.2	103.5	105.8	95.5	103.1	103.8	99.9	98.0	98.3	97.2	98.6	104.1	102.1	99.8	99.1	103.2
四 川 Sichuan	105.4	104.0	101.9	103.9	109.3	96.5	105.0	107.3	98.6	98.7	98.7	96.4	98.9	106.5	103.6	100.4	98.8	105.9
贵 州 Guizhou	108.0	107.2	104.3	105.0	112.4	95.1	104.7	105.4	101.0	97.4	98.3	96.1	97.9	107.2	101.8	99.8	98.3	106.5
云 南 Yunnan	108.8	104.5	104.6	105.7	105.8	91.5	108.8	104.7	97.9	97.5	97.8	94.9	97.6	105.2	102.4	100.0	98.6	110.0
西 藏 Tibet			106.0	101.1	105.6	98.2	105.8	104.3	99.7	99.8	99.0	93.2	102.9	110.0	100.1	98.9	99.4	101.5
陕 西 Shaanxi	107.3	110.4	109.6	102.9	108.4	96.1	108.7	107.2	100.7	97.3	97.1	90.8	97.6	110.8	105.4	100.8	95.1	116.9
甘 肃 Gansu	114.3	109.6	109.8	105.5	104.9	91.0	115.0	111.0	96.8	96.9	96.7	87.0	94.9	114.5	109.5	98.3	93.9	116.4
青 海 Qinghai	111.2	110.2	109.5	104.2	107.6	91.3	109.3	107.4	96.9	97.0	96.1	93.1	98.5	116.7	104.8	98.5	96.6	114.5
宁 夏 Ningxia	110.0	106.2	106.2	103.7	112.9	93.9	109.1	109.5	97.4	96.0	96.3	93.7	99.1	112.1	107.3	99.4	96.9	119.9
新 疆 Xinjiang	116.4	116.6	114.4	106.3	116.4	85.5	125.3	114.8	96.9	96.5	96.2	82.4	94.5	113.7	111.2	98.5	91.6	119.4

2-1-5 各地区工业生产者出厂价格分类指数(2021年)
Producer Price Indices for Industrial Products by Category and Region (2021)

(上年价格=100) (Preceding Year=100)

地区	Region	总指数 General Index	轻工业 Light Industry	1.以农产品为原料 Processing of Agricultural Products	2.以非农产品为原料 Processing of Nonagricultural Products	重工业 Heavy Industry	1.采掘 Mining & Quarrying Industry	2.原料 Raw Materials Industry	3.加工 Processing Industry
全国	**National**	**108.1**	**102.5**	**102.5**	**102.6**	**110.2**	**134.4**	**115.7**	**105.9**
北京	Beijing	101.1	99.9	100.6	99.5	101.4	117.6	102.3	100.2
天津	Tianjin	110.9	103.9	106.8	102.0	112.5	138.0	117.6	107.2
河北	Hebei	116.4	104.4	103.5	105.8	119.4	131.5	122.7	116.8
山西	Shanxi	130.2	101.9	101.2	102.9	131.9	153.7	123.4	115.3
内蒙古	Inner Mongolia	128.5	107.2	106.8	109.1	131.1	162.6	121.7	119.4
辽宁	Liaoning	113.6	103.7	105.5	99.7	115.1	126.2	119.0	110.8
吉林	Jilin	105.1	104.3	103.5	105.8	105.3	123.6	112.2	103.1
黑龙江	Heilongjiang	112.3	102.2	101.9	103.5	116.5	132.6	114.3	104.9
上海	Shanghai	102.1	100.8	102.3	99.8	102.4	97.6	114.3	99.7
江苏	Jiangsu	106.3	103.5	103.5	103.5	107.4	164.8	114.1	105.2
浙江	Zhejiang	106.3	103.1	101.6	104.4	107.9	99.5	113.2	105.7
安徽	Anhui	107.7	102.8	103.0	102.5	110.1	127.3	114.4	107.3
福建	Fujian	104.9	101.7	100.9	103.1	108.0	113.2	115.1	104.5
江西	Jiangxi	110.5	103.7	104.0	103.3	113.7	113.4	121.7	110.5
山东	Shandong	110.3	102.3	103.2	100.5	113.2	125.6	118.4	108.0
河南	Henan	107.8	101.6	101.2	102.4	110.4	131.5	116.5	106.2
湖北	Hubei	104.1	101.2	101.8	99.7	105.6	116.2	111.3	103.7
湖南	Hunan	105.9	102.2	101.6	103.7	107.7	110.3	113.1	106.0
广东	Guangdong	103.4	101.7	101.8	101.7	104.2	118.5	110.9	102.6
广西	Guangxi	108.9	105.1	105.5	103.7	109.9	110.2	112.6	108.1
海南	Hainan	113.5	102.2	104.0	99.3	118.5	117.1	120.5	111.9
重庆	Chongqing	103.2	102.6	103.0	102.4	103.4	102.1	109.9	102.4
四川	Sichuan	105.9	103.6	102.7	105.4	107.0	111.6	112.5	104.9
贵州	Guizhou	106.5	101.1	101.4	99.8	108.9	108.1	106.5	110.6
云南	Yunnan	110.0	101.1	100.5	103.5	113.7	110.4	115.8	111.9
西藏	Tibet	101.5	96.3	93.9	99.6	102.8	123.8	103.4	85.7
陕西	Shaanxi	116.9	102.3	102.6	101.7	120.7	149.1	119.9	103.7
甘肃	Gansu	116.4	101.7	101.0	104.0	118.2	131.6	116.1	118.1
青海	Qinghai	114.5	101.7	100.9	102.4	115.8	119.5	114.4	116.8
宁夏	Ningxia	119.9	107.8	104.8	116.1	121.6	124.6	121.0	121.5
新疆	Xinjiang	119.4	107.3	106.2	112.6	121.3	123.3	120.1	122.0

2-1-5 续表 Continued

(上年价格=100) (Preceding Year=100)

地 区	Region	生产资料 Means of Production	1.采掘 Mining & Quarrying Industry	2.原料 Raw Materials Industry	3.加工 Processing Industry	生活资料 Consumer Goods	1.食品 Food	2.衣着 Clothing	3.一般日用品 Articles for Daily Use	4.耐用消费品 Durable Consumer Goods
全 国	**National**	**110.7**	**134.4**	**115.8**	**106.6**	**100.4**	**101.4**	**99.8**	**100.5**	**99.4**
北 京	Beijing	102.1	117.6	102.3	101.1	99.1	100.5	96.6	99.6	98.6
天 津	Tianjin	113.5	138.0	117.7	108.4	101.0	108.2	96.5	100.0	97.3
河 北	Hebei	119.0	131.5	122.1	116.5	102.7	103.6	98.7	103.5	102.3
山 西	Shanxi	133.1	153.7	123.5	117.8	97.2	99.5	98.8	100.1	94.5
内蒙古	Inner Mongolia	130.7	162.6	121.7	118.7	106.7	105.7	97.5	114.0	116.1
辽 宁	Liaoning	116.3	126.2	119.1	112.6	101.3	103.5	97.5	99.2	100.3
吉 林	Jilin	108.9	123.6	113.7	106.1	99.9	101.4	103.5	102.0	99.2
黑龙江	Heilongjiang	117.4	132.6	113.7	109.1	98.9	101.3	99.1	101.6	83.1
上 海	Shanghai	104.8	97.6	114.1	102.2	96.1	103.0	98.8	99.7	92.2
江 苏	Jiangsu	107.6	164.8	115.1	105.2	101.3	105.3	99.9	99.6	101.2
浙 江	Zhejiang	107.9	99.5	113.5	105.6	100.7	99.5	100.8	100.7	101.2
安 徽	Anhui	110.1	127.3	114.1	107.7	101.4	101.6	102.0	102.5	100.0
福 建	Fujian	107.7	113.2	114.6	104.7	99.9	99.8	99.6	99.8	101.0
江 西	Jiangxi	113.6	113.4	121.3	110.9	100.4	100.6	100.3	102.8	97.4
山 东	Shandong	112.6	125.6	118.5	107.6	101.0	102.2	99.9	99.8	99.6
河 南	Henan	111.7	131.5	115.8	108.3	97.8	98.7	100.0	98.2	95.5
湖 北	Hubei	105.8	116.2	111.7	104.1	100.2	101.2	101.3	97.7	100.4
湖 南	Hunan	108.0	110.3	113.1	106.5	101.0	100.3	102.4	103.8	99.6
广 东	Guangdong	105.0	118.5	110.9	103.5	100.4	101.5	98.4	100.6	100.3
广 西	Guangxi	110.8	110.2	113.2	109.3	101.4	102.3	101.1	101.0	100.0
海 南	Hainan	117.3	117.1	120.1	110.4	99.4	99.1		99.6	100.0
重 庆	Chongqing	104.4	102.1	111.0	103.4	100.2	101.7	98.3	99.7	99.8
四 川	Sichuan	107.3	111.6	112.2	105.5	102.3	101.5	97.8	101.9	106.2
贵 州	Guizhou	109.4	108.1	106.7	111.7	100.1	100.5	100.8	98.9	98.6
云 南	Yunnan	113.8	110.4	116.0	111.8	99.8	99.6	100.8	101.0	101.0
西 藏	Tibet	102.8	123.8	103.4	85.9	96.2	94.5		100.7	
陕 西	Shaanxi	120.4	149.1	120.1	104.2	101.0	101.2	99.4	101.8	99.5
甘 肃	Gansu	118.0	131.6	116.2	117.4	99.9	99.9	101.8	99.9	98.7
青 海	Qinghai	115.3	119.5	114.4	115.4	100.3	99.8	100.7	104.2	
宁 夏	Ningxia	121.6	124.6	121.2	121.3	100.7	101.4	96.7	96.6	108.0
新 疆	Xinjiang	120.6	123.3	120.1	119.7	104.2	104.1	99.0	108.7	101.3

2-1-6 各地区按部门分工业生产者出厂价格指数（2021年）
Producer Price Indices for Industrial Products by Branch and Region (2021)

(上年价格=100) (Preceding Year=100)

地区	Region	1.冶金工业 Metallurgical Industry	2.电力工业 Power Industry	3.煤炭及炼焦工业 Coal and Coking Industry	4.石油工业 Petroleum Industry	5.化学工业 Chemical Industry	6.机械工业 Machinery Industry	7.建筑材料工业 Building Materials Industry	8.森林工业 Forest Industry
全国	**National**	**122.2**	**100.2**	**145.9**	**122.9**	**112.0**	**101.1**	**102.8**	**100.8**
北京	Beijing	125.4	99.7		110.8	101.2	99.7	101.4	102.6
天津	Tianjin	125.2	99.2	113.2	128.4	113.1	100.5	104.3	101.4
河北	Hebei	129.7	100.7	139.0	120.0	115.3	103.5	103.9	101.4
山西	Shanxi	129.2	99.5	154.0	110.8	115.7	100.5	101.9	103.0
内蒙古	Inner Mongolia	125.4	104.0	163.8	121.9	129.4	111.6	113.1	
辽宁	Liaoning	127.8	99.7	127.7	123.4	116.1	101.3	102.6	102.1
吉林	Jilin	132.9	100.5	114.9	124.8	115.3	99.8	113.8	100.6
黑龙江	Heilongjiang	128.3	100.1	120.7	132.1	111.3	96.1	113.4	98.8
上海	Shanghai	119.7	99.9		116.8	109.8	97.0	107.0	99.1
江苏	Jiangsu	119.1	102.9	196.2	118.5	112.1	101.5	104.2	101.5
浙江	Zhejiang	119.0	99.3		120.7	113.2	102.3	105.3	101.1
安徽	Anhui	126.0	99.3	133.2	117.8	109.4	102.6	103.5	102.3
福建	Fujian	120.0	98.5	132.0	120.0	110.7	101.4	99.9	99.4
江西	Jiangxi	129.2	100.7	148.3	115.3	110.7	103.7	102.4	101.1
山东	Shandong	119.3	101.1	133.4	124.1	113.6	101.5	100.7	101.3
河南	Henan	121.3	101.2	139.5	120.2	116.1	100.7	100.4	100.0
湖北	Hubei	118.8	100.2		118.4	109.1	100.6	100.5	97.3
湖南	Hunan	117.9	102.4	124.4	125.8	107.7	102.3	105.6	101.6
广东	Guangdong	115.7	98.8		124.5	106.2	100.6	104.0	100.4
广西	Guangxi	121.5	102.7	114.3	124.7	114.7	100.7	102.8	102.3
海南	Hainan	107.2	99.4	95.0	130.7	113.2	100.1	111.1	109.8
重庆	Chongqing	119.6	101.1	103.3	103.5	109.2	100.1	101.0	102.7
四川	Sichuan	118.3	98.4	131.7	105.8	110.9	102.7	103.6	100.7
贵州	Guizhou	124.2	100.1	110.0	102.0	110.5	101.2	107.4	102.8
云南	Yunnan	123.5	100.3	114.3	120.4	115.3	105.5	98.6	102.1
西藏	Tibet	124.4	99.4		100.0	119.6	103.7	85.3	
陕西	Shaanxi	116.3	95.8	161.7	132.5	114.1	100.6	98.9	100.2
甘肃	Gansu	126.6	99.4	114.7	128.2	110.3	103.3	102.5	
青海	Qinghai	120.4	101.3	126.5	124.8	120.4	110.9	99.6	
宁夏	Ningxia	127.3	99.7	137.6	124.2	131.8	119.2	105.3	
新疆	Xinjiang	125.8	99.8	130.4	125.7	127.5	114.0	96.8	90.3

2-1-6 续表 Continued

(上年价格=100) (Preceding Year=100)

地 区	Region	9.食品工业 Food Industry	10.纺织工业 Textile Industry	11.缝纫工业 Tailoring Industry	12.皮革工业 Leather Industry	13.造纸工业 Paper Industry	14.文教艺术用品工业 Cultural, Educational & Handicrafts Articles	15.其他工业 Other Industry
全 国	**National**	**102.4**	**104.3**	**100.2**	**98.8**	**104.9**	**100.9**	**103.5**
北 京	Beijing	100.9	105.5	96.6		100.7	98.5	102.2
天 津	Tianjin	108.9	103.5	97.2	95.9	101.7	102.7	100.6
河 北	Hebei	104.1	105.9	102.2	99.1	107.4	100.3	102.6
山 西	Shanxi	100.8	102.1	98.8		110.1	98.2	105.3
内蒙古	Inner Mongolia	107.2	102.2	97.5		100.3		108.7
辽 宁	Liaoning	106.4	98.5	98.9	93.0	104.5	100.1	115.0
吉 林	Jilin	102.6	101.9	103.5		106.3	88.2	108.3
黑龙江	Heilongjiang	101.8	99.7	99.6	100.0	103.3	103.0	104.8
上 海	Shanghai	103.4	102.2	99.4	97.6	100.5	106.4	98.2
江 苏	Jiangsu	106.2	102.3	99.9	100.3	104.1	100.9	99.1
浙 江	Zhejiang	100.1	101.9	101.0	99.2	105.9	102.5	101.3
安 徽	Anhui	102.3	105.6	102.7	99.3	104.9	101.4	107.8
福 建	Fujian	100.7	105.8	100.4	98.2	102.4	103.1	99.8
江 西	Jiangxi	103.0	112.4	100.9	98.9	106.7	97.1	108.6
山 东	Shandong	103.2	104.9	99.7	100.0	105.1	98.3	107.3
河 南	Henan	99.5	108.9	100.9	99.4	103.5	88.6	105.6
湖 北	Hubei	102.0	102.0	100.2	104.0	104.3	100.3	96.4
湖 南	Hunan	100.8	106.9	101.1	102.9	104.9	102.4	109.1
广 东	Guangdong	103.5	99.9	98.8	96.2	106.0	100.6	101.1
广 西	Guangxi	104.4	113.4	101.6	99.8	107.9	100.4	104.8
海 南	Hainan	102.5	95.8			106.7	100.2	92.4
重 庆	Chongqing	102.9	102.5	98.7	97.4	104.3	96.9	107.0
四 川	Sichuan	102.4	106.9	97.5	99.2	106.8	101.4	102.9
贵 州	Guizhou	100.9	112.1	100.1		107.0	100.8	102.1
云 南	Yunnan	100.1	110.7	100.8		112.2	96.6	105.9
西 藏	Tibet	94.3	96.2			97.1	108.7	100.2
陕 西	Shaanxi	101.8	111.4	99.4		100.7	102.8	108.1
甘 肃	Gansu	101.0	100.6	101.8		97.8	99.9	117.9
青 海	Qinghai	100.3	110.7	100.7				108.2
宁 夏	Ningxia	102.1	117.9	93.2	98.8	106.2	100.0	126.1
新 疆	Xinjiang	104.6	109.0	99.0		104.7		169.6

2-1-7 各地区按行业分工业生产者出厂价格指数（2021年）
Producer Price Indices for Industrial Products by Sector and Region (2021)

（上年价格=100） (Preceding Year=100)

地 区	Region	1.煤炭开采和洗选业 Mining and Washing of Coal	2.石油和天然气开采业 Extraction of Petroleum and Natural Gas	3.黑色金属矿采选业 Mining and Processing of Ferrous Metal Ores	4.有色金属矿采选业 Mining and Processing of Non-Ferrous Metal Ores	5.非金属矿采选业 Mining and Processing of Non-Metal Ores
全 国	**National**	**145.1**	**138.7**	**131.0**	**113.1**	**103.1**
北 京	Beijing		98.9	153.8		
天 津	Tianjin	96.8	150.6	130.6		134.6
河 北	Hebei	119.7	146.8	140.3	111.5	106.5
山 西	Shanxi	154.3	136.9	151.2	104.1	109.5
内蒙古	Inner Mongolia	168.4	156.3	122.2	122.5	99.8
辽 宁	Liaoning	121.8	145.8	137.0	104.1	101.7
吉 林	Jilin	113.1	131.5	124.6	104.4	115.7
黑龙江	Heilongjiang	111.7	148.0	116.9	131.2	101.0
上 海	Shanghai		97.6			
江 苏	Jiangsu	196.2	158.8	128.9	117.5	111.8
浙 江	Zhejiang					99.5
安 徽	Anhui	130.6		143.7	124.6	104.7
福 建	Fujian	129.2		119.9	117.6	102.5
江 西	Jiangxi	142.5		108.7	125.7	98.2
山 东	Shandong	129.9	149.9	123.1	94.7	108.9
河 南	Henan	142.6	135.9	125.6	115.5	104.1
湖 北	Hubei		145.8	141.0	135.7	104.2
湖 南	Hunan	118.3		121.8	109.7	105.5
广 东	Guangdong		123.5	155.9	110.5	99.2
广 西	Guangxi	114.3	134.5	108.2	121.4	98.1
海 南	Hainan		135.5	111.5	111.4	103.5
重 庆	Chongqing	103.3	106.3	104.9	114.4	97.0
四 川	Sichuan	126.3	97.9	115.5	133.2	104.9
贵 州	Guizhou	107.7		104.0	122.6	103.1
云 南	Yunnan	108.2		120.9	112.3	101.4
西 藏	Tibet			112.8	125.2	95.3
陕 西	Shaanxi	159.2	150.4	116.5	108.4	105.8
甘 肃	Gansu	115.8	150.7	111.6	116.7	102.0
青 海	Qinghai	111.5	124.1	130.3	116.4	101.8
宁 夏	Ningxia	123.4		158.0		98.9
新 疆	Xinjiang	118.1	132.3	127.8	129.6	98.7

2-1-7 续表 1 Continued 1

(上年价格=100) (Preceding Year=100)

地 区	Region	6.开采专业及辅助性活动 Mining and Support Activities for Mining	7.其他采矿业 Mining of Other Ores	8.农副食品加工业 Processing of Food from Agricultural Products	9.食品制造业 Manufacture of Foods	10.酒、饮料和精制茶制造业 Manufacture of Alcohol,Beverages and Refined Tea	11.烟草制品业 Manufacture of Tobacco
全 国	**National**	**98.4**		**103.9**	**101.8**	**101.6**	**100.6**
北 京	Beijing	96.4		99.1	99.9	101.7	109.7
天 津	Tianjin	100.1		116.4	100.9	101.0	102.7
河 北	Hebei			106.9	101.4	100.5	102.8
山 西	Shanxi			100.8	102.0	99.9	100.0
内蒙古	Inner Mongolia			107.5	109.9	106.5	100.0
辽 宁	Liaoning	92.3		107.7	101.7	101.0	
吉 林	Jilin			103.8	101.7	105.8	100.0
黑龙江	Heilongjiang	102.5		101.3	103.5	104.5	100.0
上 海	Shanghai			116.2	101.7	101.0	100.5
江 苏	Jiangsu			110.4	104.7	101.3	100.0
浙 江	Zhejiang			100.4	100.0	99.2	100.0
安 徽	Anhui			103.6	101.8	99.6	100.0
福 建	Fujian			100.8	100.1	100.6	101.1
江 西	Jiangxi			104.6	100.8	100.3	100.2
山 东	Shandong			103.5	103.4	100.0	101.4
河 南	Henan			98.1	103.3	99.9	100.0
湖 北	Hubei			102.9	101.4	101.0	100.3
湖 南	Hunan			102.4	98.7	99.9	100.0
广 东	Guangdong			107.3	100.1	99.4	102.1
广 西	Guangxi			106.7	106.4	101.1	100.0
海 南	Hainan			103.9	101.0	101.8	100.0
重 庆	Chongqing			105.0	100.4	102.8	100.0
四 川	Sichuan			104.0	100.9	102.2	100.0
贵 州	Guizhou			99.8	102.4	101.3	100.0
云 南	Yunnan			99.7	108.8	100.3	100.0
西 藏	Tibet			97.5	103.2	91.2	
陕 西	Shaanxi	100.1		102.0	102.5	99.9	107.5
甘 肃	Gansu	101.0		100.7	104.5	100.3	100.7
青 海	Qinghai			99.3	102.1	100.0	
宁 夏	Ningxia			104.3	103.4	98.1	100.0
新 疆	Xinjiang	96.7		106.6	103.7	100.7	100.0

2-1-7 续表 2 Continued 2

(上年价格=100) (Preceding Year=100)

地 区 Region	12.纺织业 Manufacture of Textile	13.纺织服装、服饰业 Manufacture of Textile, Wearing Apparel and Accessories	14.皮革、毛皮、羽毛及其制品和制鞋业 Manufacture of Leather, Fur,Feather and Related Products and Footware	15.木材加工及木、竹、藤、棕、草制品业 Processing of Timber, Manufacture of Wood, Bamboo,Rattan,Palm and Straw Products	16.家具制造业 Manufacture of Furniture
全 国 National	**104.1**	**99.9**	**99.7**	**101.4**	**100.2**
北 京 Beijing	105.5	96.6			102.6
天 津 Tianjin	103.4	96.2	100.8	101.7	102.9
河 北 Hebei	105.9	102.2	99.1	102.6	99.3
山 西 Shanxi	102.1	98.8		104.6	101.8
内蒙古 Inner Mongolia	100.5	97.9			
辽 宁 Liaoning	98.5	98.9	93.0	99.9	104.5
吉 林 Jilin	101.9	103.5	100.6	100.7	99.3
黑龙江 Heilongjiang	99.7	99.6	100.0	98.2	102.2
上 海 Shanghai	102.2	99.4	97.6	98.0	100.1
江 苏 Jiangsu	102.3	99.4	99.7	101.3	102.4
浙 江 Zhejiang	102.4	99.8	100.0	100.7	101.2
安 徽 Anhui	105.6	102.5	105.5	102.4	101.9
福 建 Fujian	104.7	100.4	99.0	100.1	97.4
江 西 Jiangxi	112.2	100.2	102.5	102.0	100.8
山 东 Shandong	104.9	99.7	100.0	101.5	100.3
河 南 Henan	108.9	100.9	99.5	99.9	106.7
湖 北 Hubei	102.0	100.6	100.5	99.4	94.3
湖 南 Hunan	106.9	101.4	102.3	101.8	101.3
广 东 Guangdong	99.5	98.6	98.4	103.6	98.7
广 西 Guangxi	113.4	101.6	100.3	102.5	96.1
海 南 Hainan	95.8			110.9	98.0
重 庆 Chongqing	102.5	98.7	98.2	102.7	102.8
四 川 Sichuan	106.9	97.0	99.4	101.5	100.2
贵 州 Guizhou	112.1	100.1	101.0	99.0	109.2
云 南 Yunnan	110.7	100.8		102.1	
西 藏 Tibet	96.2				
陕 西 Shaanxi	111.4	99.4			100.2
甘 肃 Gansu	100.6	101.8			
青 海 Qinghai	110.7	100.7			
宁 夏 Ningxia	117.9	93.2	98.8		
新 疆 Xinjiang	109.0	99.0		90.3	

2-1-7 续表 3 Continued 3

(上年价格=100) (Preceding Year=100)

地 区	Region	17.造纸及纸制品业 Manufacture of Paper and Paper Products	18.印刷业和记录媒介的复制 Printing, Reproduction of Recording Media	19.文教、工美、体育和娱乐用品制造业 Manufacture of Articles for Culture,Education, Arts and Crafts,Sport and Entertainment Activities	20.石油、煤炭及其他燃料加工业 Processing of Petroleum,Coal and Other Fuel	21.化学原料及化学制品制造业 Manufacture of Raw Chemical Materials and Chemical Products
全 国	**National**	**104.9**	**100.5**	**101.7**	**128.2**	**119.1**
北 京	Beijing	100.7	98.5	103.2	120.2	112.5
天 津	Tianjin	101.7	103.3	96.8	119.5	122.7
河 北	Hebei	107.4	100.8	99.4	134.2	122.1
山 西	Shanxi	110.1	98.3	99.8	152.7	119.7
内蒙古	Inner Mongolia	100.3			137.9	132.1
辽 宁	Liaoning	104.5	100.1		123.7	122.7
吉 林	Jilin	106.3	86.3	94.0	120.3	120.4
黑龙江	Heilongjiang	103.3	103.3	104.2	126.2	119.9
上 海	Shanghai	100.5	108.9	98.7	121.1	115.9
江 苏	Jiangsu	104.1	100.4	101.3	122.8	118.1
浙 江	Zhejiang	105.9	105.4	100.5	126.7	119.4
安 徽	Anhui	104.9	101.3	104.3	131.6	116.9
福 建	Fujian	102.4	103.2	101.9	127.0	121.4
江 西	Jiangxi	106.7	98.4	98.6	128.3	117.0
山 东	Shandong	105.1	95.9	102.8	124.5	121.6
河 南	Henan	103.5	87.1	98.4	130.5	126.9
湖 北	Hubei	104.3	100.4	96.5	122.1	115.2
湖 南	Hunan	104.9	102.9	112.3	131.6	111.0
广 东	Guangdong	106.0	99.5	102.8	130.0	112.1
广 西	Guangxi	107.9	100.1	100.8	126.6	120.2
海 南	Hainan	106.7	100.2		131.8	125.9
重 庆	Chongqing	104.3	96.6	100.9	100.9	118.8
四 川	Sichuan	106.8	101.6	101.5	123.8	118.9
贵 州	Guizhou	107.0	96.5	106.0	127.3	115.7
云 南	Yunnan	112.2	96.6		123.7	119.0
西 藏	Tibet	97.1	108.7	103.2		125.7
陕 西	Shaanxi	100.7	102.8		141.9	120.4
甘 肃	Gansu	97.8	99.9		123.4	118.9
青 海	Qinghai			105.7	136.8	121.3
宁 夏	Ningxia	106.2	100.0		137.6	136.4
新 疆	Xinjiang	104.7			130.6	131.6

2-1-7 续表 4 Continued 4

(上年价格=100) (Preceding Year=100)

地 区	Region	22.医药制造业 Manufacture of Medicines	23.化学纤维制造业 Manufacture of Chemical Fibers	24.橡胶和塑料制品业 Manufacture of Rubber and Plastics Products	25.非金属矿物制品业 Manufacture of Non-metallic Mineral Products
全 国	**National**	**99.6**	**116.1**	**103.2**	**103.7**
北 京	Beijing	99.6		95.3	102.8
天 津	Tianjin	100.3	86.7	100.3	104.7
河 北	Hebei	104.0	128.8	106.0	104.7
山 西	Shanxi	101.2		106.9	103.2
内蒙古	Inner Mongolia	105.1		103.6	112.7
辽 宁	Liaoning	99.6	91.6	110.5	106.1
吉 林	Jilin	101.6	152.2	101.6	115.1
黑龙江	Heilongjiang	101.6	96.5	107.6	114.0
上 海	Shanghai	96.1	119.9	102.5	106.1
江 苏	Jiangsu	97.6	117.5	103.6	103.7
浙 江	Zhejiang	99.6	115.9	105.0	105.5
安 徽	Anhui	99.2	102.3	104.1	104.5
福 建	Fujian	99.9	112.6	101.6	99.7
江 西	Jiangxi	104.7	103.3	105.2	103.4
山 东	Shandong	100.3	107.9	101.2	102.9
河 南	Henan	99.0	125.1	103.9	102.1
湖 北	Hubei	95.8	105.5	102.7	100.4
湖 南	Hunan	102.7	116.1	102.2	105.8
广 东	Guangdong	97.6	114.3	102.3	103.9
广 西	Guangxi	98.2		100.1	103.7
海 南	Hainan	99.3		113.1	111.0
重 庆	Chongqing	99.4	121.1	100.8	103.3
四 川	Sichuan	99.8	110.4	104.7	103.7
贵 州	Guizhou	99.3		104.4	108.1
云 南	Yunnan	100.3	100.0	106.6	99.6
西 藏	Tibet	98.7		105.4	85.0
陕 西	Shaanxi	100.9		102.5	99.6
甘 肃	Gansu	99.4		97.7	107.0
青 海	Qinghai	99.8		93.6	100.7
宁 夏	Ningxia	96.0	191.5	102.4	114.9
新 疆	Xinjiang	105.7	127.9	111.8	125.8

2-1-7 续表 5 Continued 5

(上年价格=100) (Preceding Year=100)

地 区	Region	26.黑色金属冶炼及压延加工业 Smelting and Pressing of Ferrous Metals	27.有色金属冶炼及压延加工业 Smelting and Pressing of Non-Ferrous Metals	28.金属制品业 Manufacture of Metal Products	29.通用设备制造业 Manufacture of General Purpose Machinery	30.专用设备制造业 Manufacture of Special Purpose Machinery
全 国	**National**	**128.5**	**122.7**	**106.7**	**101.4**	**100.4**
北 京	Beijing	122.8	126.4	104.5	100.6	99.1
天 津	Tianjin	127.8	134.1	105.2	101.9	101.3
河 北	Hebei	133.1	111.5	106.8	103.0	99.8
山 西	Shanxi	131.6	119.0	106.3	99.9	103.8
内蒙古	Inner Mongolia	127.0	124.9	108.3	100.0	101.0
辽 宁	Liaoning	133.0	118.8	107.1	100.0	102.3
吉 林	Jilin	139.1	133.8	103.4	100.1	100.3
黑龙江	Heilongjiang	131.0	125.7	105.0	100.6	100.1
上 海	Shanghai	129.4	118.4	105.4	100.9	96.7
江 苏	Jiangsu	122.6	120.9	108.3	101.3	100.2
浙 江	Zhejiang	127.4	127.4	105.1	102.9	100.3
安 徽	Anhui	128.1	131.2	108.8	101.4	103.0
福 建	Fujian	127.4	121.7	105.9	102.4	99.7
江 西	Jiangxi	129.2	133.5	108.0	102.8	99.3
山 东	Shandong	129.3	116.3	108.0	100.7	101.0
河 南	Henan	130.9	119.1	106.7	100.9	101.9
湖 北	Hubei	123.3	126.6	105.0	100.5	100.1
湖 南	Hunan	132.7	115.7	106.1	102.5	99.9
广 东	Guangdong	123.3	123.5	107.6	101.3	100.3
广 西	Guangxi	124.4	119.9	104.0	102.6	99.0
海 南	Hainan		101.0	99.7	99.0	
重 庆	Chongqing	125.8	123.1	104.4	101.2	99.9
四 川	Sichuan	122.4	124.3	103.9	100.4	102.0
贵 州	Guizhou	133.9	122.8	105.2	99.1	101.0
云 南	Yunnan	125.1	125.3	112.9	96.3	100.3
西 藏	Tibet		116.6			103.0
陕 西	Shaanxi	126.0	114.5	101.1	100.6	101.3
甘 肃	Gansu	139.0	124.6	105.0	99.8	100.1
青 海	Qinghai	129.1	118.7	105.2		
宁 夏	Ningxia	128.0	125.0	107.9	100.8	107.5
新 疆	Xinjiang	131.1	123.6	116.0		98.3

2-1-7 续表 6 Continued 6

(上年价格=100) (Preceding Year=100)

地 区	Region	31.汽车制造业 Manufacture of Automobiles	32.铁路、船舶、航空航天和其他运输设备制造业 Manufacture of Railway, Ship,Aerospace and Other Transport Equipments	33.电气机械及器材制造业 Manufacture of Electrical Machinery and Apparatus	34.计算机、通信和其他电子设备制造业 Manufacture of Computers Communication and Other Electronic Equipment	35.仪器仪表制造业 Manufacture of Measuring Instruments and Machinery
全 国	**National**	**99.6**	**100.6**	**104.4**	**99.9**	**99.7**
北 京	Beijing	100.4	100.5	102.1	97.4	100.0
天 津	Tianjin	97.4	102.6	104.7	100.8	98.4
河 北	Hebei	100.9	101.6	110.3	98.9	99.0
山 西	Shanxi	107.9	101.1	107.6	92.9	100.6
内蒙古	Inner Mongolia	102.1		101.4	126.3	
辽 宁	Liaoning	100.8	98.8	104.2	101.2	98.7
吉 林	Jilin	99.6	100.0	116.6	102.9	98.0
黑龙江	Heilongjiang	83.9	100.3	105.9	101.2	100.4
上 海	Shanghai	94.4	94.9	102.8	95.5	99.5
江 苏	Jiangsu	99.8	101.0	105.9	98.8	99.8
浙 江	Zhejiang	100.9	103.3	104.9	100.3	99.6
安 徽	Anhui	98.2	98.3	105.0	103.5	102.2
福 建	Fujian	101.9	99.5	102.2	100.1	97.7
江 西	Jiangxi	100.0	99.8	109.2	101.1	100.0
山 东	Shandong	101.4	100.3	104.7	99.1	101.0
河 南	Henan	101.7	101.1	103.5	96.8	101.4
湖 北	Hubei	99.7	99.8	102.6	100.2	99.5
湖 南	Hunan	103.4	100.9	106.2	101.2	103.2
广 东	Guangdong	99.5	101.0	101.4	100.2	98.7
广 西	Guangxi	99.2	100.7	110.8	100.5	100.2
海 南	Hainan	101.1		96.9	100.0	
重 庆	Chongqing	100.0	102.5	104.4	98.8	97.4
四 川	Sichuan	99.8	101.1	106.2	104.1	101.1
贵 州	Guizhou	102.1	100.3	104.9	99.9	100.8
云 南	Yunnan	102.3	104.8	111.2	106.2	101.8
西 藏	Tibet			104.4		
陕 西	Shaanxi	99.7	100.1	103.3	99.2	100.9
甘 肃	Gansu	100.3		108.1	102.0	
青 海	Qinghai			103.4	128.2	
宁 夏	Ningxia			118.9	140.4	102.2
新 疆	Xinjiang	100.7		103.5	220.9	

2-1-7 续表 7 Continued 7

(上年价格=100) (Preceding Year=100)

地 区	Region	36.其他制造业 Other Manufacture	37.废弃资源综合利用业 Utilization of Waste Resources	38.金属制品、机械和设备修理业 Repair Service of Metal Products, Machinery and Equipment	39.电力、热力的生产和供应业 Production and Supply of Electric Power and Heat Power	40.燃气生产和供应业 Production and Supply of Gas	41.水的生产和供应业 Production and Supply of Water
全 国	**National**	**100.6**	**117.5**	**99.7**	**100.2**	**105.1**	**101.1**
北 京	Beijing	99.7	93.1	101.0	99.7	105.2	100.0
天 津	Tianjin	91.8	120.9	100.0	99.2	102.2	100.0
河 北	Hebei	99.6	107.9	108.5	100.7	102.2	103.4
山 西	Shanxi		128.5	96.9	99.5	102.2	99.6
内蒙古	Inner Mongolia		117.5		104.0	114.2	100.2
辽 宁	Liaoning		103.0	105.8	99.7	100.9	100.9
吉 林	Jilin		104.1	100.0	100.5	107.0	101.1
黑龙江	Heilongjiang	104.7	136.4	103.1	100.1	100.3	100.3
上 海	Shanghai	103.7	100.5	98.2	99.9	100.6	103.9
江 苏	Jiangsu	98.0	135.3	100.6	102.9	100.7	99.8
浙 江	Zhejiang	99.7		95.2	99.3	102.9	105.2
安 徽	Anhui	100.3	112.8		99.3	99.3	99.7
福 建	Fujian	100.1	115.4	100.8	98.5	94.1	99.8
江 西	Jiangxi	98.1	125.9		100.7	100.1	100.7
山 东	Shandong				101.1	103.8	100.0
河 南	Henan	100.3	134.4		101.2	108.1	102.8
湖 北	Hubei	97.9	114.0	99.0	100.2	97.4	101.1
湖 南	Hunan	109.1	103.0		102.4	102.0	100.1
广 东	Guangdong	99.4	113.9	99.0	98.8	110.3	100.8
广 西	Guangxi		117.0		102.7	101.8	101.7
海 南	Hainan				99.4	91.8	97.6
重 庆	Chongqing	100.2	105.8	100.4	101.1	103.1	100.5
四 川	Sichuan	101.1	135.2	99.2	98.4	108.4	101.4
贵 州	Guizhou			100.0	100.1	100.7	100.9
云 南	Yunnan				100.3	103.2	101.3
西 藏	Tibet				99.4	100.0	100.1
陕 西	Shaanxi				95.8	102.0	101.6
甘 肃	Gansu		117.6	100.8	99.4	87.5	99.6
青 海	Qinghai				101.3	107.7	99.6
宁 夏	Ningxia				99.7	138.0	100.0
新 疆	Xinjiang		111.5		99.8	127.1	100.1

2-1-8 各地区按行业中类分工业生产者出厂价格指数(2021年)
Producer Price Indices for Industrial Products by Group and Region(2021)

(上年价格=100) (Preceding Year=100)

地 区 Region	烟煤和无烟煤开采洗选 Mining and Cleaning of Bituminous and Anthracite	褐煤开采洗选 Mining and Cleaning of Lignite	其他煤炭采选 Mining other Coal	石油开采 Extraction of Crude Petroleum	天然气开采 Extraction of Natural Gas	铁矿采选 Mining of Iron Ores	锰矿、铬矿采选 Mining of Manganesian and Chromic Ores	其他黑色金属矿采选 Mining of Other Ferrous Metal Ores
全 国 National	**146.1**	**112.1**		**150.7**	**99.9**	**132.0**	**109.4**	**98.2**
北 京 Beijing					98.9	153.8		
天 津 Tianjin	96.8			152.5	102.3	134.0	109.9	
河 北 Hebei	119.7			146.8		140.3		
山 西 Shanxi	154.3				136.9	151.2		
内蒙古 Inner Mongolia	182.4	112.4		156.3		122.8		98.2
辽 宁 Liaoning	121.8			145.8		137.0		
吉 林 Jilin	110.7	121.1		154.6	95.6	124.6		
黑龙江 Heilongjiang	111.8	105.3		148.0		116.9		
上 海 Shanghai					97.6			
江 苏 Jiangsu	196.2			158.8		128.9		
浙 江 Zhejiang								
安 徽 Anhui	130.6					143.7		
福 建 Fujian	129.2					121.4	95.4	
江 西 Jiangxi	142.5					108.7		
山 东 Shandong	129.9			149.9		123.1		
河 南 Henan	142.6			138.5	104.5	125.6		
湖 北 Hubei				145.8		141.0		
湖 南 Hunan	118.3					111.2	132.1	
广 东 Guangdong				149.5	91.4	155.9		
广 西 Guangxi	114.3			134.5			108.2	
海 南 Hainan				142.1	95.2	111.5		
重 庆 Chongqing	103.3				106.3		104.9	
四 川 Sichuan	126.3				97.9	115.5		
贵 州 Guizhou	107.7					100.0	104.9	
云 南 Yunnan	108.2	107.6				120.9		
西 藏 Tibet						96.9	113.4	
陕 西 Shaanxi	159.2			151.3	100.6	116.5		
甘 肃 Gansu	115.8			150.7		116.2	98.7	
青 海 Qinghai	111.5			155.5	100.0	130.3		
宁 夏 Ningxia	123.4					158.0		
新 疆 Xinjiang	118.1			155.7	101.0	127.8		

2-1-8 续表 1 Continued 1

(上年价格=100) (Preceding Year=100)

地 区	Region	常用有色金属矿采选 Mining of Common Non-Ferrous Metal Ores	贵金属矿采选 Mining of Precious Metal Ores	稀有稀土金属矿采选 Rare Metal Ores and Rare-Earth Metal Ores	土砂石开采 Mining of Stone, Sand and Clay	化学矿开采 Mining of Chemical Ores	采盐 Extraction of Salt	石棉及其他非金属矿采选 Mining of Asbestos and Other Non-Metal Ores
全 国	**National**	**121.0**	**97.0**	**122.7**	**101.2**	**112.1**	**116.1**	**101.3**
北 京	Beijing							
天 津	Tianjin						134.6	
河 北	Hebei	111.5			99.0		141.3	
山 西	Shanxi	105.7	101.0		109.5			
内蒙古	Inner Mongolia	124.0	101.1	115.9	99.4		102.4	100.0
辽 宁	Liaoning	104.1	101.9	126.4	99.8	163.3	111.6	97.6
吉 林	Jilin	113.4	96.3	132.6	115.7			
黑龙江	Heilongjiang	145.0	98.9	121.6	101.9			100.9
上 海	Shanghai							
江 苏	Jiangsu	117.5					111.8	
浙 江	Zhejiang				99.5			
安 徽	Anhui	129.8	103.5		102.3	140.1	112.6	101.0
福 建	Fujian	111.4	108.0	137.1	102.6	99.2		102.7
江 西	Jiangxi	137.1	97.0	122.4	97.8		108.8	96.7
山 东	Shandong		94.7		102.5		130.1	
河 南	Henan	124.2	99.5	131.1	104.0		122.6	
湖 北	Hubei	135.7			100.2	113.8	101.9	
湖 南	Hunan	111.2	101.0	114.6	105.7	102.3		104.4
广 东	Guangdong	110.5			99.2			
广 西	Guangxi	121.4			98.1			
海 南	Hainan	111.4		110.5	103.5			
重 庆	Chongqing	114.4			97.0			
四 川	Sichuan	130.4	97.0	178.5	103.8	106.6	111.3	
贵 州	Guizhou	122.6			97.1	116.4		
云 南	Yunnan	116.7	98.0	107.9	99.9	102.5	100.2	
西 藏	Tibet	131.5	98.2	124.8	95.3			
陕 西	Shaanxi	111.7	101.6	109.9	102.9	113.1		100.8
甘 肃	Gansu	123.9	98.7	122.0	102.8	97.0		100.0
青 海	Qinghai	116.4					101.8	
宁 夏	Ningxia				97.1		99.7	
新 疆	Xinjiang	133.4	95.7		98.7			

2-1-8 续表 2 Continued 2

(上年价格=100) (Preceding Year=100)

地 区	Region	煤炭开采和洗选辅助活动 Support Activities for Coal Mining and Cleaning	石油和天然气开采辅助活动 Support Activities for Petroleum and Natural Gas Extraction	其他开采辅助活动 Support Activities for Other Mining and Quarrying	谷物磨制 Milling of Grains	饲料加工 Processing of Animal Feeds	植物油加工 Processing of Vegetable Oils	制糖业 Manufacture of Sugar
全 国	**National**		**98.4**		**102.5**	**111.1**	**117.2**	**98.0**
北 京	Beijing		96.4		99.9	105.3	125.6	
天 津	Tianjin		100.1		100.7	110.7	123.3	
河 北	Hebei				101.2	111.5	117.9	91.6
山 西	Shanxi				96.4	107.7	114.7	
内蒙古	Inner Mongolia				101.1	119.8	109.5	101.7
辽 宁	Liaoning		92.3		98.2	118.8	117.6	102.2
吉 林	Jilin				99.1	115.3	108.9	
黑龙江	Heilongjiang		102.5		101.3	109.2	116.2	107.6
上 海	Shanghai				107.9	112.4	147.8	
江 苏	Jiangsu				101.5	111.7	125.6	89.5
浙 江	Zhejiang				103.5	112.9	121.5	
安 徽	Anhui				105.1	109.6	115.5	
福 建	Fujian				101.6	108.5	111.6	100.3
江 西	Jiangxi				105.3	109.3	112.4	
山 东	Shandong				103.0	110.1	114.6	105.1
河 南	Henan				103.5	111.1	106.2	
湖 北	Hubei				101.5	111.1	115.4	
湖 南	Hunan				101.0	107.6	112.1	
广 东	Guangdong				101.9	113.0	120.6	96.8
广 西	Guangxi				102.5	112.6	116.4	96.7
海 南	Hainan					112.4	112.2	99.0
重 庆	Chongqing				107.9	112.3	115.2	
四 川	Sichuan				103.9	111.9	115.6	
贵 州	Guizhou				100.1	112.1	101.8	
云 南	Yunnan				103.0	109.3	106.2	98.1
西 藏	Tibet				96.7	98.9	108.8	
陕 西	Shaanxi		100.1		102.3	111.6	113.1	
甘 肃	Gansu		101.0		101.5	112.0	101.4	99.9
青 海	Qinghai					116.7	107.0	
宁 夏	Ningxia				102.3	111.3	116.4	
新 疆	Xinjiang		96.7		100.8	107.5	126.4	96.4

2-1-8 续表 3 Continued 3

(上年价格=100) (Preceding Year=100)

地 区	Region	屠宰及肉类加工 Slaughtering and Processing of Meat	水产品加工 Processing of Seafood	蔬菜、菌类、水果和坚果加工 Processing of Vegetables, Fungus,Fruits and Nuts	其他农副食品加工 Processing of Other Food From Agricultural Products	焙烤食品制造 Manufacture of Bakery Products	糖果、巧克力及蜜饯制造 Manufacture of Sugar Confectionery, Chocolates and Preserved Fruit in Sugar	方便食品制造 Manufacture of Instant Foods
全 国	**National**	**91.6**	**97.9**	**99.0**	**106.1**	**101.3**	**99.0**	**100.3**
北 京	Beijing	93.6		100.1	112.9	101.7	94.5	101.6
天 津	Tianjin	89.5	100.1	98.8	102.1	99.2	103.9	100.2
河 北	Hebei	97.6	96.7	101.3	109.3	104.0	99.9	100.9
山 西	Shanxi	94.8		99.3	100.8	99.5	102.6	101.6
内蒙古	Inner Mongolia	103.3		100.8	107.2	102.4		
辽 宁	Liaoning	98.1	102.6	104.1	110.0	101.5		103.1
吉 林	Jilin	96.4	95.5	95.7	116.0	98.7		101.0
黑龙江	Heilongjiang	90.8		101.8	106.4	99.3	101.6	100.6
上 海	Shanghai	97.2	102.1	100.0	117.9	101.7	100.7	107.2
江 苏	Jiangsu	90.0	96.7	104.1	105.1	101.2	99.0	102.2
浙 江	Zhejiang	78.0	97.3	96.9	107.4	101.2	98.8	99.8
安 徽	Anhui	93.5	93.9	101.5	100.4	101.9	96.3	102.7
福 建	Fujian	91.7	98.2	99.2	102.1	101.1	100.7	100.1
江 西	Jiangxi	83.8	90.8	107.6	103.8	101.7	99.1	102.3
山 东	Shandong	96.9	95.8	99.8	107.9	98.9		100.3
河 南	Henan	82.6		97.8	119.4	103.8	100.0	99.6
湖 北	Hubei	80.6	102.8	96.3	105.2	100.6	99.4	101.4
湖 南	Hunan	91.2	99.8	102.0	99.3	100.0	100.0	100.3
广 东	Guangdong	82.8	94.8	99.5	107.2	102.1	95.5	97.9
广 西	Guangxi	86.3	99.2	98.2	104.0	99.6	96.8	101.0
海 南	Hainan	69.7	103.8	103.9	96.4	101.6	101.6	99.6
重 庆	Chongqing	96.7		101.2	99.6	103.0		100.9
四 川	Sichuan	95.4		94.2	102.9	100.1	99.9	99.2
贵 州	Guizhou	83.8		98.9	102.5	100.8	102.9	103.5
云 南	Yunnan	92.7	91.1	93.7	103.9	100.7	99.9	103.5
西 藏	Tibet	91.4						99.6
陕 西	Shaanxi	84.5		99.0	109.6	100.7	97.2	99.1
甘 肃	Gansu	98.3		75.4	102.4	100.0	93.3	101.8
青 海	Qinghai	91.4	104.2		101.6	102.1		
宁 夏	Ningxia	101.8		100.1	95.3	102.2		
新 疆	Xinjiang	80.0		98.0	112.0	98.5		87.6

2-1-8 续表 4 Continued 4

(上年价格=100) (Preceding Year=100)

地 区	Region	乳制品制造 Manufacture of Dairy Products	罐头食品制造 Manufacture of Can Foods	调味品、发酵制品制造 Manufacture of Condiment and Yeast	其他食品制造 Manufacture of Other Foods	酒的制造 Manufacture of Alcoholic Beverages
全 国	**National**	**102.0**	**99.3**	**105.4**	**102.6**	**103.0**
北 京	Beijing	102.5		98.7	99.0	103.5
天 津	Tianjin	101.3	98.5	99.5	101.5	110.5
河 北	Hebei	100.3	96.7	97.1	106.1	100.3
山 西	Shanxi	103.9	105.6	96.2	105.9	99.9
内蒙古	Inner Mongolia	104.9	103.7	119.6	105.7	108.2
辽 宁	Liaoning	96.9	102.9	108.0	105.4	100.6
吉 林	Jilin	102.8		107.8	100.6	107.9
黑龙江	Heilongjiang	103.7	99.8	110.3	102.6	106.5
上 海	Shanghai	101.8	104.2	100.2	100.8	102.5
江 苏	Jiangsu	100.5	101.9	108.5	107.4	102.2
浙 江	Zhejiang	102.5	94.1	100.5	100.7	98.7
安 徽	Anhui	102.0	98.7	102.2	103.3	99.3
福 建	Fujian	108.0	99.0	101.9	97.4	101.0
江 西	Jiangxi	102.3	96.9	101.7	100.9	100.4
山 东	Shandong	103.4	106.9	114.8	97.1	101.1
河 南	Henan	104.8	101.4	105.7	105.7	100.3
湖 北	Hubei	99.6	104.4	107.1	100.5	100.2
湖 南	Hunan	94.2	97.2	95.5	100.2	104.0
广 东	Guangdong	102.0	98.1	100.7	102.3	98.0
广 西	Guangxi	100.2	111.4	116.9	108.7	106.3
海 南	Hainan	99.2		96.9	105.5	116.2
重 庆	Chongqing	97.5	98.7	100.1		104.5
四 川	Sichuan	103.7	96.0	101.3	106.3	102.6
贵 州	Guizhou	98.9		103.3	99.8	101.8
云 南	Yunnan	101.5	97.7	106.7	126.4	103.5
西 藏	Tibet	107.2			99.6	95.5
陕 西	Shaanxi	101.5		118.4	100.7	100.7
甘 肃	Gansu	107.8	102.7	97.3	108.2	102.0
青 海	Qinghai	105.0			100.0	100.0
宁 夏	Ningxia	101.3		104.0	113.5	98.9
新 疆	Xinjiang	102.7	99.4	113.5	99.7	101.1

2-1-8 续表 5 Continued 5

(上年价格=100) (Preceding Year=100)

地 区	Region	饮料制造 Manufacture of Soft Drinks	精制茶加工 Manufacture of Refined Tea	烟叶复烤 Redrying of Tobacco	卷烟制造 Manufacture of Cigarettes	其他烟草制品制造 Manufacture of Other Tobacco Products	棉纺织及印染精加工 Spinning, Weaving, Dyeing and Finishing of Cotton Materials
全 国	**National**	**99.8**	**99.9**	**100.0**	**100.6**	**100.5**	**106.4**
北 京	Beijing	99.0			109.7		
天 津	Tianjin	99.1			102.7		103.3
河 北	Hebei	100.6			102.8		112.3
山 西	Shanxi	99.8			100.0		102.1
内蒙古	Inner Mongolia	101.2			100.0		
辽 宁	Liaoning	101.8					103.7
吉 林	Jilin	100.1			100.0		105.4
黑龙江	Heilongjiang	98.6			100.0		103.9
上 海	Shanghai	100.6			100.5		102.1
江 苏	Jiangsu	100.1			100.0		103.5
浙 江	Zhejiang	99.1	100.7		100.0		102.9
安 徽	Anhui	100.3	99.6		100.0		108.3
福 建	Fujian	100.5	100.6		101.1		107.3
江 西	Jiangxi	100.0	101.1		100.2		116.0
山 东	Shandong	94.9			101.4		106.7
河 南	Henan	99.7	97.4		100.0	98.3	109.3
湖 北	Hubei	101.0	102.7		100.3	101.5	107.2
湖 南	Hunan	99.3	98.1	100.0	100.0		108.7
广 东	Guangdong	99.4	112.4		102.1		100.1
广 西	Guangxi	98.4	95.1		100.0		104.3
海 南	Hainan	99.1	105.1		100.0		96.0
重 庆	Chongqing	101.6	100.8		100.0		102.5
四 川	Sichuan	100.7	100.0		100.0	100.7	107.3
贵 州	Guizhou	100.0	97.8		100.0		105.4
云 南	Yunnan	100.8	97.7	100.0	100.0	99.7	
西 藏	Tibet	87.6					
陕 西	Shaanxi	99.2	100.0		107.5		112.3
甘 肃	Gansu	97.3			100.7		104.4
青 海	Qinghai	99.9					
宁 夏	Ningxia	97.2			100.0		116.3
新 疆	Xinjiang	100.0			100.0		109.0

2-1-8 续表 6 Continued 6

(上年价格=100) (Preceding Year=100)

地 区	Region	毛纺织及染整精加工 Spinning, Weaving, Dyeing and Finishing of Wool Materials	麻纺织及染整精加工 Spinning, Weaving, Dyeing and Finishing of Bast Fibres	丝绢纺织及印染精加工 Spinning, Weaving, Dyeing and Finishing of Silk	化纤织造及印染精加工 Weaving, Dyeing and Finishing of Chemical Fibres	针织或钩针编织物及其制品制造 Manufacture of Knitted and Crocheted Fabric Products	家用纺织制成品制造 Manufacture of Made-up Textile Articles for Household Use
全 国	**National**	**100.5**	**101.8**	**111.4**	**102.2**	**102.0**	**99.6**
北 京	Beijing						
天 津	Tianjin					99.4	102.3
河 北	Hebei	97.7					99.7
山 西	Shanxi						
内蒙古	Inner Mongolia	102.2				96.2	
辽 宁	Liaoning						
吉 林	Jilin	96.6			97.6		
黑龙江	Heilongjiang		98.8				98.7
上 海	Shanghai	98.2			97.6		105.1
江 苏	Jiangsu	96.6	103.6	111.0	102.9	103.5	98.5
浙 江	Zhejiang	105.3		104.5	101.0	104.9	97.8
安 徽	Anhui	108.2	100.5	105.3	102.9	105.8	104.6
福 建	Fujian	106.5			102.1	100.3	99.3
江 西	Jiangxi		96.9	124.3	99.6	109.8	102.0
山 东	Shandong	106.5					101.6
河 南	Henan	101.7					107.2
湖 北	Hubei		99.4		108.0	104.8	100.2
湖 南	Hunan		104.3				94.2
广 东	Guangdong				105.8	98.3	99.7
广 西	Guangxi		101.5	116.6			
海 南	Hainan						92.2
重 庆	Chongqing						
四 川	Sichuan		98.6	110.1			97.4
贵 州	Guizhou			125.0	98.2		
云 南	Yunnan			110.7			
西 藏	Tibet	96.2					
陕 西	Shaanxi			109.6			99.0
甘 肃	Gansu	98.4					
青 海	Qinghai	110.7					
宁 夏	Ningxia	120.1					
新 疆	Xinjiang						

2-1-8 续表 7 Continued 7

(上年价格=100) (Preceding Year=100)

地 区 Region	产业用纺织制成品制造 Manufacture of Made-up Textile Products for Non-Household Use	机织服装制造 Manufacture of Woven Textile Wearing Apparel	针织或钩针编织服装制造 Manufacture of Knitted and Crocheted Textile Wearing Apparel	服饰制造 Manufacture of Wearing Accessories and Ornamental Products	皮革鞣制加工 Tanning and Dressing of Leather Wearing Apparel	皮革制品制造 Manufacture of Leather Products	毛皮鞣制及制品加工 Dressing of Fur Skins and Processing of Fur Articles	羽毛(绒)加工及制品制造 Manufacture and Processing of Feather, Down and Related Products
全 国 National	**97.7**	**99.6**	**100.3**	**100.9**	**99.7**	**98.7**	**100.0**	**105.4**
北 京 Beijing	105.5	96.4	97.3					
天 津 Tianjin	103.7	96.3	95.1		100.6		99.8	121.6
河 北 Hebei	94.8	102.2			101.2	98.1	95.6	
山 西 Shanxi		98.8						
内蒙古 Inner Mongolia		100.0	95.6	109.2				
辽 宁 Liaoning	93.3	98.9				93.4		
吉 林 Jilin	94.4	99.5	102.4	105.8				100.6
黑龙江 Heilongjiang		99.6			100.2		98.5	
上 海 Shanghai	100.8	97.5	100.8	110.8		97.3		
江 苏 Jiangsu	105.9	99.4	99.2	100.1	104.2	98.2		96.2
浙 江 Zhejiang	99.6	99.4	99.3	102.5	97.6	99.3		101.1
安 徽 Anhui	100.1	100.3	104.0	107.5	101.4	96.2		111.7
福 建 Fujian	98.3	100.9	99.6	97.1	93.2	98.0		102.1
江 西 Jiangxi	85.6	102.5	98.9	90.0	99.5	99.1	99.8	120.6
山 东 Shandong	85.3	100.1	98.8	96.3	98.3			
河 南 Henan	107.4	100.7	102.8	99.8	101.9	92.6	98.6	99.9
湖 北 Hubei	88.4	100.0	102.8	103.6		99.1	105.2	
湖 南 Hunan	122.7	100.9	101.6	102.6	100.8	113.2	99.0	96.5
广 东 Guangdong	98.0	97.1	101.6	98.6	95.6	95.9		
广 西 Guangxi		101.6						100.6
海 南 Hainan								
重 庆 Chongqing		98.7						
四 川 Sichuan	94.8	96.6	100.3		99.5	96.8		97.3
贵 州 Guizhou		100.1	99.8					
云 南 Yunnan		100.8						
西 藏 Tibet								
陕 西 Shaanxi		99.4						
甘 肃 Gansu		101.8						
青 海 Qinghai		100.7						
宁 夏 Ningxia		93.2					98.8	
新 疆 Xinjiang		99.0						

2-1-8 续表 8 Continued 8

(上年价格=100) (Preceding Year=100)

地 区	Region	制鞋业 Manufacture of Footware	木材加工 Processing of Wood	人造板制造 Manufacture of Wood-Based Panels	木制品制造 Manufacture of Wood Products	竹、藤、棕、草制品制造 Manufacture of Bamboo, Vine, Palm,and Straw Products	木质家具制造 Manufacture of Wooden Furniture	竹、藤家具制造 Manufacture of Bamboo and Vine Furniture
全 国	**National**	**99.4**	**101.8**	**102.2**	**100.1**	**98.3**	**99.8**	**98.3**
北 京	Beijing						102.6	
天 津	Tianjin	97.1	101.5	102.7	101.4		101.4	
河 北	Hebei	99.5	105.1	104.6	96.8		99.3	
山 西	Shanxi			104.6			101.8	
内蒙古	Inner Mongolia							
辽 宁	Liaoning	91.6		93.6	102.4		104.5	
吉 林	Jilin		103.3	99.9	100.4		99.8	
黑龙江	Heilongjiang		99.0	97.9	97.0		100.3	
上 海	Shanghai	101.1		104.5	96.6		99.8	
江 苏	Jiangsu	102.5	100.6	102.3	99.3		102.8	
浙 江	Zhejiang	100.6		103.2	99.7	97.6	102.0	95.5
安 徽	Anhui	101.1	101.7	102.3	103.5	100.1	102.0	
福 建	Fujian	99.3	101.7	101.2	99.1	97.7	97.1	102.2
江 西	Jiangxi	98.8	104.1	103.4	99.3	98.4	100.3	
山 东	Shandong	101.4		102.7	94.2		100.3	
河 南	Henan	100.1		100.0	99.8		100.0	
湖 北	Hubei	95.2		101.0	97.0	98.8	92.9	
湖 南	Hunan	97.6	98.8	104.6	107.1	95.5	101.1	
广 东	Guangdong	99.5	112.1	101.0	100.5	110.0	99.1	
广 西	Guangxi	99.8	99.1	103.3	103.5	103.1	96.1	
海 南	Hainan		107.3	118.0	108.3		98.0	
重 庆	Chongqing	98.2			102.7		102.7	
四 川	Sichuan	100.5	101.0	101.2	102.6	99.7	100.1	
贵 州	Guizhou	101.0	99.9	98.7		97.3	108.8	
云 南	Yunnan		95.6	103.1				
西 藏	Tibet							
陕 西	Shaanxi						100.2	
甘 肃	Gansu							
青 海	Qinghai							
宁 夏	Ningxia							
新 疆	Xinjiang			90.3				

2-1-8 续表 9 Continued 9

(上年价格 = 100) (Preceding Year=100)

地 区	Region	金属家具制造 Manufacture of Metal Furniture	塑料家具制造 Manufacture of Plastic Furniture	其他家具制造 Manufacture of Other Furniture	纸浆制造 Manufacture of Paper Pulp	造纸 Manufacture of Paper	纸制品制造 Manufacture of Paper Products
全 国	**National**	**101.2**	**101.1**	**100.3**	**117.8**	**106.6**	**102.4**
北 京	Beijing						100.7
天 津	Tianjin	100.7		115.4		102.8	100.5
河 北	Hebei	98.1		104.7		109.3	105.0
山 西	Shanxi					113.0	105.0
内蒙古	Inner Mongolia						100.3
辽 宁	Liaoning					106.2	102.3
吉 林	Jilin	82.4		100.4		108.1	104.2
黑龙江	Heilongjiang	109.0		100.0		104.2	101.5
上 海	Shanghai	100.2		100.1		103.2	99.9
江 苏	Jiangsu	98.7		103.3		105.1	101.7
浙 江	Zhejiang	101.2	101.1	100.8		107.2	104.0
安 徽	Anhui	103.3		101.3		109.5	101.1
福 建	Fujian	98.0		97.6		106.9	99.6
江 西	Jiangxi	101.2		105.5	122.6	106.7	106.7
山 东	Shandong			100.5	107.5	105.7	100.8
河 南	Henan	113.8		101.3	107.2	106.9	100.4
湖 北	Hubei	100.9		103.6	111.1	104.6	103.5
湖 南	Hunan			102.7		106.6	101.7
广 东	Guangdong	97.6		98.3		107.9	104.1
广 西	Guangxi				119.8	108.6	103.0
海 南	Hainan				110.9	103.5	115.9
重 庆	Chongqing			103.1		107.6	101.7
四 川	Sichuan			101.1		108.9	105.1
贵 州	Guizhou			111.8	130.7		102.3
云 南	Yunnan				149.8	104.4	104.7
西 藏	Tibet						97.1
陕 西	Shaanxi					103.0	99.5
甘 肃	Gansu					108.6	95.0
青 海	Qinghai						
宁 夏	Ningxia					107.0	104.4
新 疆	Xinjiang					109.6	102.7

2-1-8 续表 10 Continued 10

(上年价格=100) (Preceding Year=100)

地 区	Region	印刷 Printing	装订及印刷相关服务 Binding of Printed Sheets and Other Service Activities Related to Printing	记录媒介的复制 Reproduction of Recorded Media	文教办公用品制造 Manufacture of Study, Education and Office Goods	乐器制造 Manufacture of Musical Instrument	工艺美术及礼仪用品制造 Manufacture of Arts,Crafts and Etiquette products	体育用品制造 Manufacture of Sports Goods
全 国	**National**	**100.5**	**100.8**	**98.9**	**101.9**	**99.7**	**102.1**	**101.7**
北 京	Beijing	98.5				100.2	103.3	
天 津	Tianjin	103.3			101.3	101.2	94.2	103.1
河 北	Hebei	100.8				91.2	99.7	95.5
山 西	Shanxi	98.3					102.4	97.8
内蒙古	Inner Mongolia							
辽 宁	Liaoning	100.1						
吉 林	Jilin	86.3					92.4	99.5
黑龙江	Heilongjiang	103.3			99.6	100.1	110.5	
上 海	Shanghai	109.4		98.9	99.4	100.9	97.5	97.4
江 苏	Jiangsu	100.4			100.4	98.6	101.0	110.3
浙 江	Zhejiang	105.4			101.5	100.7	99.7	101.0
安 徽	Anhui	101.3			101.0		107.0	101.0
福 建	Fujian	103.2			101.3		102.5	100.6
江 西	Jiangxi	98.4			103.6		99.8	95.6
山 东	Shandong	95.9			100.0		103.3	102.0
河 南	Henan	87.1				93.6	98.5	
湖 北	Hubei	100.5	99.8			98.3	95.3	114.0
湖 南	Hunan	102.9					117.6	99.4
广 东	Guangdong	99.7	97.1		104.4	99.7	103.3	100.0
广 西	Guangxi	100.1					100.7	
海 南	Hainan	100.2						
重 庆	Chongqing	96.6					101.3	
四 川	Sichuan	101.4	108.4			99.2	101.6	
贵 州	Guizhou	96.5				106.0		
云 南	Yunnan	96.6						
西 藏	Tibet	108.7					103.2	
陕 西	Shaanxi	102.8						
甘 肃	Gansu	99.9						
青 海	Qinghai						105.7	
宁 夏	Ningxia	100.0						
新 疆	Xinjiang							

2-1-8 续表 11 Continued 11

(上年价格=100) (Preceding Year=100)

地 区	Region	玩具制造 Manufacture of Toys	游艺器材及娱乐用品 Manufacture of Funfair Equipment and Recreational Goods	精炼石油产品制造 Manufacture of Refined Petroleum Products	煤炭加工 Processing of Coal	核燃料加工 Processing of Nuclear Fuel	生物质燃料加工 Processing of Biofuel	基础化学原料制造 Manufacture of Basic Chemicals	肥料制造 Manufacture of Fertilizers
全 国	**National**	**100.9**	**97.0**	**124.2**	**148.3**		**107.5**	**129.5**	**119.7**
北 京	Beijing			120.2				146.1	100.3
天 津	Tianjin			119.7	114.6			133.2	124.1
河 北	Hebei	102.4		122.2	149.5			134.7	116.9
山 西	Shanxi			107.9	153.2			130.8	127.6
内蒙古	Inner Mongolia			120.9	146.3			142.9	130.3
辽 宁	Liaoning			123.4	148.8		84.9	121.9	111.9
吉 林	Jilin			119.7	128.3		103.2	124.0	109.6
黑龙江	Heilongjiang			123.8	139.9		108.2	130.4	104.2
上 海	Shanghai	114.0		121.2			109.4	128.6	
江 苏	Jiangsu	101.2	90.4	123.1			100.9	123.9	128.7
浙 江	Zhejiang	99.7	100.8	126.7				128.7	127.8
安 徽	Anhui	101.3		127.0	143.7		124.7	126.8	124.5
福 建	Fujian	97.6	99.8	126.8	135.7		111.2	135.5	110.2
江 西	Jiangxi	94.8	96.7	120.8	150.1		108.3	129.7	115.6
山 东	Shandong			123.1	139.0			128.5	124.4
河 南	Henan		97.7	127.5	133.0			138.8	114.2
湖 北	Hubei	96.1		122.1				122.4	122.3
湖 南	Hunan	101.2	100.0	132.0	138.9		101.8	138.2	105.3
广 东	Guangdong	102.0	103.2	130.0				126.2	118.5
广 西	Guangxi	101.2		126.7			120.6	133.8	110.1
海 南	Hainan			131.8			121.1	136.9	144.7
重 庆	Chongqing	99.6		100.9				126.2	134.8
四 川	Sichuan		100.1	114.5	142.7			129.1	115.1
贵 州	Guizhou			103.3	143.3			123.7	118.4
云 南	Yunnan			123.2	125.1			125.7	118.0
西 藏	Tibet							155.6	100.0
陕 西	Shaanxi			123.9	174.9			128.2	110.0
甘 肃	Gansu			124.1	109.6			119.8	120.9
青 海	Qinghai			129.9	155.6			132.4	116.4
宁 夏	Ningxia			120.8	163.7			145.2	142.7
新 疆	Xinjiang			127.2	150.6			159.6	121.4

2-1-8 续表 12 Continued 12

(上年价格=100) (Preceding Year=100)

地 区	Region	农药制造 Manufacture of Pesticides	涂料、油墨、颜料及类似产品 Manufacture of Paints, Ink, Pigments and Similar Products	合成材料制造 Manufacture of Synthetic Materials	专用化学产品制造 Manufacture of Specific Purpose Chemical Products	炸药、火工及焰火产品制造 Manufacture of Explosives, Pyrotechnics and Fireworks	日用化学产品制造 Manufacture of Daily Chemical Products	化学药品原料药制造 Manufacture of Chemical Pharmaceutical Ingredient
全 国	**National**	**104.6**	**107.2**	**123.0**	**112.0**	**102.4**	**102.2**	**102.2**
北 京	Beijing		100.0	117.9	102.5		99.0	100.0
天 津	Tianjin	105.5	107.1	123.7	122.1		105.8	95.9
河 北	Hebei	107.5	104.3	113.0	116.5		106.2	117.7
山 西	Shanxi	98.8	105.5	101.8	115.9	100.7	98.1	101.7
内蒙古	Inner Mongolia	109.1	118.9	124.6	133.1	100.6		112.4
辽 宁	Liaoning	102.5	110.9	129.4	110.0	101.7	107.1	110.5
吉 林	Jilin	98.9	95.6	122.1	105.2	100.2	99.7	109.5
黑龙江	Heilongjiang	106.2	103.0	130.0	98.2	99.9		99.1
上 海	Shanghai	103.0	104.0	124.2	101.7		101.3	103.2
江 苏	Jiangsu	98.5	107.6	128.3	109.2		104.3	99.7
浙 江	Zhejiang	104.4	103.5	121.6	117.3		100.1	98.8
安 徽	Anhui	111.0	106.0	114.6	113.9	99.3	103.7	93.4
福 建	Fujian	100.1	102.4	130.3	110.1		102.6	100.1
江 西	Jiangxi	100.9	105.8	122.0	115.0	104.1	97.2	111.9
山 东	Shandong	100.3	109.6	120.5	117.4		102.9	101.7
河 南	Henan	129.7	106.7	132.2	124.0	96.9	109.1	102.0
湖 北	Hubei	109.6	106.9	116.6	105.5	101.0	91.9	103.8
湖 南	Hunan	98.5	108.5	113.1	101.4	102.9	102.9	105.5
广 东	Guangdong	104.7	107.4	116.9	106.4		103.4	99.5
广 西	Guangxi	100.7	123.8	115.4	115.6		102.4	97.4
海 南	Hainan	98.0		125.7	78.4	101.8	100.0	99.9
重 庆	Chongqing	102.3	115.2	120.1	88.0	100.7	94.8	99.8
四 川	Sichuan	133.8	114.9	113.8	118.8	100.7	97.8	97.9
贵 州	Guizhou		100.7	98.4	97.4	102.8	99.9	
云 南	Yunnan	99.4	110.5	113.2	136.9		100.8	99.9
西 藏	Tibet					100.0	100.0	
陕 西	Shaanxi	100.2	94.8	134.1	103.4	101.0	100.3	99.9
甘 肃	Gansu	91.8	133.3	112.1	115.1			101.0
青 海	Qinghai		110.4	130.5	99.3	102.3		101.1
宁 夏	Ningxia	113.2	111.8	147.8	110.4	99.6		94.9
新 疆	Xinjiang			121.7	108.8	103.6		110.4

2-1-8 续表 13 Continued 13

(上年价格＝100) (Preceding Year=100)

地 区	Region	化学药品制剂制造 Manufacture of Chemical Compound Preparation	中药饮片加工 Processing of Chinese Traditional Herbal Pieces	中成药生产 Manufacture of Finished Traditional Chinese Herbal Medicine	兽用药品制造 Manufacture of Veterinary Medicine	生物药品制品制造 Manufacture of Biopharmaceuticals	卫生材料及医药用品制造 Manufacture of Hygienic Material and Pharmaceutical Substances
全 国	**National**	**98.8**	**102.2**	**101.5**	**100.5**	**100.0**	**88.1**
北 京	Beijing	100.6	99.8	101.2	101.8	95.4	100.2
天 津	Tianjin	99.6	99.7	104.4	98.1	99.5	102.3
河 北	Hebei	100.0	105.3	99.7	97.6	104.9	100.7
山 西	Shanxi	99.9	99.5	101.9		102.6	102.1
内蒙古	Inner Mongolia	100.8	92.9	91.3	99.4	98.3	
辽 宁	Liaoning	94.5	101.1	101.1		106.7	
吉 林	Jilin	101.4	101.2	102.5	97.7	98.0	
黑龙江	Heilongjiang	102.1	100.9	100.9	101.9	102.3	
上 海	Shanghai	94.2	95.7	84.9	106.0	100.5	104.3
江 苏	Jiangsu	97.3	101.2	99.4		101.0	86.1
浙 江	Zhejiang	102.1	98.9	102.7		97.5	87.9
安 徽	Anhui	98.1	100.4	107.5		96.0	94.9
福 建	Fujian	98.9	97.3	99.7	100.4	104.4	93.1
江 西	Jiangxi	98.5	108.6	105.3	106.0	99.0	92.2
山 东	Shandong	103.1		103.4	103.9	99.7	94.3
河 南	Henan	97.6	114.0	103.1	98.9	96.1	89.3
湖 北	Hubei	100.8	102.7	101.7	95.6	104.6	60.3
湖 南	Hunan	100.0	110.0	101.9	100.2	100.4	101.8
广 东	Guangdong	97.8	100.7	102.9	99.4	101.2	67.6
广 西	Guangxi	97.5	96.0	98.4		101.0	97.6
海 南	Hainan	99.6	117.4	94.3		88.3	
重 庆	Chongqing	96.0	105.5	99.9	101.4	101.3	
四 川	Sichuan	98.3	100.3	103.3	100.4	97.1	102.9
贵 州	Guizhou	98.0	96.1	100.1		100.8	90.0
云 南	Yunnan	100.7	100.7	98.1		109.8	100.0
西 藏	Tibet		81.2	99.1			
陕 西	Shaanxi	101.3	102.8	100.1		103.4	
甘 肃	Gansu	100.4	99.0	99.4	98.0	99.5	
青 海	Qinghai			99.5			
宁 夏	Ningxia	100.4	103.1	100.2			
新 疆	Xinjiang	96.6	109.3	98.0			

2-1-8 续表 14 Continued 14

(上年价格=100) (Preceding Year=100)

地 区	Region	药用辅料及包装材料 Pharmaceutical Excipient and Packaging Material	纤维素纤维原料及纤维制品 Manufacture of Fiber Materials and Fiber Cellulose	合成纤维制造 Manufacture of Synthetic Fibre	生物基材料制造 Manufacture of Biobased Material	橡胶制品业 Manufacture of Rubber Products	塑料制品业 Manufacture of Plastics Products	水泥、石灰和石膏制造 Manufacture of Cement, Lime and Gypsum
全 国	**National**	**100.5**	**118.8**	**115.5**	**100.5**	**101.8**	**103.7**	**106.7**
北 京	Beijing						95.3	105.2
天 津	Tianjin	101.5		86.7		98.7	101.0	98.7
河 北	Hebei		130.9	102.1		103.4	107.8	105.4
山 西	Shanxi					113.0	102.6	100.9
内蒙古	Inner Mongolia					97.8	108.3	117.8
辽 宁	Liaoning			91.6		115.7	104.3	116.3
吉 林	Jilin			152.2		108.7	100.8	124.1
黑龙江	Heilongjiang	99.9	100.0	96.0		104.7	108.0	122.6
上 海	Shanghai			119.9		99.3	103.2	110.9
江 苏	Jiangsu		116.6	118.1		102.0	104.2	109.1
浙 江	Zhejiang	98.3		115.9		100.1	106.3	111.4
安 徽	Anhui	98.7	103.4	102.7	100.5	100.0	105.6	107.9
福 建	Fujian		133.2	111.4		101.8	101.6	106.8
江 西	Jiangxi	107.2		103.3		101.1	106.2	106.2
山 东	Shandong		117.4	102.4		101.6	100.2	99.8
河 南	Henan		92.9	139.4		103.8	103.9	100.3
湖 北	Hubei		113.0	100.6		100.9	103.0	107.0
湖 南	Hunan	101.1		116.1		103.3	101.9	111.2
广 东	Guangdong			114.3		98.6	102.7	106.3
广 西	Guangxi					101.4	99.7	107.3
海 南	Hainan					110.7	114.5	116.8
重 庆	Chongqing			121.1		101.5	100.6	107.3
四 川	Sichuan		110.3	110.8		105.8	104.5	106.2
贵 州	Guizhou					100.1	106.9	122.6
云 南	Yunnan		100.0			102.7	107.3	95.8
西 藏	Tibet						105.4	78.6
陕 西	Shaanxi					101.6	102.8	103.9
甘 肃	Gansu						97.7	102.6
青 海	Qinghai						93.6	98.3
宁 夏	Ningxia			191.5		99.2	105.1	105.3
新 疆	Xinjiang		127.9				111.8	97.2

2-1-8 续表 15 Continued 15

(上年价格=100) (Preceding Year=100)

地 区 Region	石膏、水泥制品及类似制品制造 Manufacture of Gypsum, Cement and Similar Products	砖瓦、石材及其他建筑材料制造 Manufacture of Bricks, Stone and Other Construction Materials	玻璃制造 Manufacture of Glass	玻璃制品制造 Manufacture of Glass Products	玻璃纤维和玻璃纤维增强塑料制品制造 Manufacture of Glass Fibres and Glass Fibre Reinforced Plastics Products	陶瓷制品制造 Manufacture of Ceramic Products	耐火材料制品制造 Manufacture of Refractory Materials
全 国 National	**101.1**	**98.6**	**123.2**	**102.0**	**117.2**	**99.8**	**98.3**
北 京 Beijing	101.6	102.7		100.9	91.5		100.1
天 津 Tianjin	98.4	117.1	118.3	109.9	98.9	98.5	99.8
河 北 Hebei	100.2	99.2	124.8	104.1	101.0	97.9	101.8
山 西 Shanxi	102.6	95.1	99.9	96.6		103.8	105.1
内蒙古 Inner Mongolia	108.1	110.5	121.1	97.3	100.3		110.2
辽 宁 Liaoning	100.2	93.4	132.8	112.6	101.5		95.1
吉 林 Jilin	102.1	101.9	135.3	96.2	106.4		101.7
黑龙江 Heilongjiang	105.8	101.5	145.7	102.4	99.9	101.0	
上 海 Shanghai	105.1	106.1	102.0	99.1	170.0	97.1	102.6
江 苏 Jiangsu	104.1	97.4	120.4	95.3	103.2	103.4	99.6
浙 江 Zhejiang	102.6	99.7	124.2	111.6	122.2	103.5	96.7
安 徽 Anhui	100.6	95.9	122.4	109.0	126.4	102.7	101.3
福 建 Fujian	99.0	97.8	107.6	95.6	105.1	99.3	90.0
江 西 Jiangxi	102.2	98.7	128.9	101.4	121.2	99.6	96.3
山 东 Shandong	96.5	102.7	122.3	103.0	113.5	91.9	106.5
河 南 Henan	97.4	97.7	137.2	83.6	123.1	98.3	97.1
湖 北 Hubei	98.0	96.0	134.2	96.7	103.3	103.4	99.8
湖 南 Hunan	105.6	102.4	126.4	106.5	104.5	101.0	100.1
广 东 Guangdong	106.2	94.1	129.0	98.6	117.6	100.4	
广 西 Guangxi	102.7	96.6	106.5	98.6		100.1	
海 南 Hainan	102.7	102.1	131.1	93.6			
重 庆 Chongqing	95.1	99.0	119.7	113.7	111.0	102.6	
四 川 Sichuan	100.2	99.6	125.4	104.6	153.3	95.1	99.1
贵 州 Guizhou	100.3	102.6	105.2	102.5		101.8	89.6
云 南 Yunnan	100.4	97.5	136.9			101.5	
西 藏 Tibet	100.7	96.5	104.0				
陕 西 Shaanxi	92.7	100.1	122.3	102.0		102.6	102.4
甘 肃 Gansu	100.7	101.7	143.1	94.0		98.2	101.2
青 海 Qinghai	101.4	100.3					
宁 夏 Ningxia	103.6	99.7	135.8	115.4			
新 疆 Xinjiang	95.9	87.5	139.2				

2-1-8 续表 16 Continued 16

(上年价格=100) (Preceding Year=100)

地区	Region	石墨及其他非金属矿物制品制造 Manufacture of Graphite and OtherNon-Metallic Mineral Products	炼铁 Iron Metallurgy	炼钢 Steel Metallurgy	钢压延加工 Smelting and Rolling Processing of Iron	铁合金冶炼 Production of Ferroalloy	常用有色金属冶炼 Production of Common Non-Ferrous Metals
全国	**National**	**113.4**	**126.5**	**130.1**	**128.4**	**127.4**	**127.2**
北京	Beijing	115.4			122.8		
天津	Tianjin	98.8		139.4	124.9		140.2
河北	Hebei	112.2	123.8	137.8	131.6	138.4	
山西	Shanxi	110.1	128.8	136.6	131.6	126.3	117.5
内蒙古	Inner Mongolia	110.8	128.7	137.2	131.5	119.5	132.1
辽宁	Liaoning	128.5	126.0	136.2	133.4	124.0	120.7
吉林	Jilin	123.0			139.2	133.1	141.4
黑龙江	Heilongjiang	110.8			131.0		137.6
上海	Shanghai	102.9			129.4		
江苏	Jiangsu	100.7		112.0	124.9	120.7	124.8
浙江	Zhejiang	97.6		126.9	127.4	130.3	130.3
安徽	Anhui	109.1	136.0	122.9	128.5		134.7
福建	Fujian	99.7	132.5	126.8	127.6	125.2	140.5
江西	Jiangxi	114.3		133.6	129.1		136.0
山东	Shandong	118.7	130.9	139.6	127.7	130.1	123.5
河南	Henan	111.3	126.2	142.1	130.7	113.1	119.3
湖北	Hubei	100.0		119.4	124.5	117.1	135.5
湖南	Hunan	107.3			134.3	117.0	123.4
广东	Guangdong	103.4		119.8	123.5	122.1	127.1
广西	Guangxi	111.7		121.7	125.0	122.7	118.5
海南	Hainan	102.6					
重庆	Chongqing	118.1		137.2	125.3	126.3	133.8
四川	Sichuan	106.9	128.4	116.8	123.8	128.6	124.0
贵州	Guizhou	102.5	112.7		125.4	146.7	121.8
云南	Yunnan	126.9		115.9	118.9	141.2	130.1
西藏	Tibet						116.6
陕西	Shaanxi	126.2			124.8	142.8	125.3
甘肃	Gansu	121.3	132.4		137.6	148.3	124.5
青海	Qinghai	113.1			119.0	138.1	121.4
宁夏	Ningxia	136.3	139.4	130.0	128.8	126.0	126.5
新疆	Xinjiang	180.5			129.9	168.7	127.7

2-1-8 续表 17 Continued 17

(上年价格=100) (Preceding Year=100)

地 区	Region	贵金属冶炼 Production of Precious Metals	稀有稀土金属冶炼 Production of Rare Metal and Rare Earth Metals	有色金属合金制造 Manufacture of Non-Ferrous Metal Alloy	有色金属压延加工 Smelting and Rolling Processing of Non-Ferrous Metals	结构性金属制品制造 Manufacture of Structural Metal Products	金属工具制造 Manufacture of Metal Tools
全 国	**National**	**100.7**	**136.9**	**116.2**	**123.5**	**106.4**	**101.1**
北 京	Beijing		167.8	114.7	109.8	100.6	
天 津	Tianjin			125.2	134.4	103.2	99.2
河 北	Hebei	96.9		112.1	112.2	106.2	104.5
山 西	Shanxi			139.7	115.6	106.2	100.2
内蒙古	Inner Mongolia	88.2	165.2	119.8	105.7	103.7	
辽 宁	Liaoning	94.6	131.0	109.5	117.5	106.5	102.7
吉 林	Jilin	96.6		119.4	107.0	102.0	
黑龙江	Heilongjiang			112.6	115.4	108.2	99.7
上 海	Shanghai			114.1	118.7	100.6	97.9
江 苏	Jiangsu			113.7	122.7	106.7	101.8
浙 江	Zhejiang	98.0		127.5	128.3	102.5	102.5
安 徽	Anhui	99.3		134.5	130.0	107.2	103.2
福 建	Fujian	97.7	110.9	107.4	119.5	108.3	101.2
江 西	Jiangxi	107.5	148.4	118.7	131.9	109.9	93.4
山 东	Shandong	99.5		99.1	120.5	106.9	103.9
河 南	Henan	102.3		114.9	125.9	106.3	98.5
湖 北	Hubei			119.1	117.0	103.6	101.8
湖 南	Hunan	105.7	107.4	107.3	115.8	108.2	102.3
广 东	Guangdong			120.5	123.7	110.6	98.0
广 西	Guangxi		150.5	108.3	124.4	103.4	
海 南	Hainan	101.0				100.1	
重 庆	Chongqing			116.5	121.1	104.4	103.4
四 川	Sichuan	98.6	150.9	109.3	123.8	104.0	101.7
贵 州	Guizhou			112.8	129.9	105.0	105.8
云 南	Yunnan	102.6	123.3	121.6	117.5	110.1	
西 藏	Tibet						
陕 西	Shaanxi	98.7	110.0	105.7	109.5	102.3	98.0
甘 肃	Gansu	100.3	172.2	122.5	125.0	98.2	
青 海	Qinghai	104.6		103.0	116.1	106.1	
宁 夏	Ningxia				122.1	106.5	
新 疆	Xinjiang	96.2		123.9	118.8	116.6	

2-1-8 续表 18 Continued 18

(上年价格=100) (Preceding Year=100)

地 区	Region	集装箱及金属包装容器制造 Manufacture of Metal Container and Metal Packing Vessels	金属丝绳及其制品制造 Manufacture of Wire, Cable and Products of the Alike	建筑、安全用金属制品制造 Manufacture of Metal Products for Construction and Safety	金属表面处理及热处理加工 Treatment on Surface of Metal and Heat Treatment of Metals	搪瓷制品制造 Manufacture of Porcelain Enameling Metal Products	金属制日用品制造 Manufacture of Metal Products for Domestic Use
全 国	**National**	**109.2**	**116.0**	**101.4**	**110.2**	**110.3**	**99.2**
北 京	Beijing	104.4					
天 津	Tianjin	113.1	110.2	100.2	100.4	100.2	85.8
河 北	Hebei	113.5	114.9	100.2	111.1		100.3
山 西	Shanxi		110.2	102.4			
内蒙古	Inner Mongolia	171.3					
辽 宁	Liaoning	112.8	111.0	99.7	108.6		
吉 林	Jilin	108.1	122.5	100.3			
黑龙江	Heilongjiang	103.0			105.5		108.7
上 海	Shanghai	130.4	113.5	97.3	104.5		98.7
江 苏	Jiangsu	111.1	115.3	106.6	109.5		101.3
浙 江	Zhejiang	109.0	120.6	103.6	103.6	109.1	99.8
安 徽	Anhui	109.3	124.4	101.0	110.9		
福 建	Fujian	110.5	110.0	97.6	102.7		96.7
江 西	Jiangxi	101.2	123.7	101.2			96.2
山 东	Shandong	108.2	110.6	99.2	114.9		99.7
河 南	Henan	101.3	118.5	92.6			103.4
湖 北	Hubei	104.2	105.6	106.1	105.5	115.6	106.6
湖 南	Hunan	109.4	115.0	104.8	102.1		104.7
广 东	Guangdong	105.2	122.0	102.0	117.0		97.3
广 西	Guangxi	110.8					101.7
海 南	Hainan	99.5					
重 庆	Chongqing		127.5		99.6		94.5
四 川	Sichuan	102.7			111.4		104.5
贵 州	Guizhou	104.2	116.5				
云 南	Yunnan						
西 藏	Tibet						
陕 西	Shaanxi	99.5		94.6			
甘 肃	Gansu	127.2	106.7				
青 海	Qinghai						
宁 夏	Ningxia		115.4				
新 疆	Xinjiang		120.2				

2-1-8 续表 19 Continued 19

(上年价格=100) (Preceding Year=100)

地 区	Region	锻造及其他金属制品制造 Forging and Manufacture of Other Metal	锅炉及原动设备制造 Manufacture of Boilers and Other Original Motive Power Machinery	金属加工机械制造 Manufacture of Machinery for Metal Processing	物料搬运设备制造 Manufacture of Lifting and Handling Equipment	泵、阀门、压缩机及类似机械制造 Manufacture of Pumps, Valves, Compressor and Similar Machinery	轴承、齿轮、传动部件制造 Manufacture of Bearings, Gears, and Transmission Parts
全 国	**National**	**107.9**	**100.9**	**101.0**	**102.1**	**101.3**	**101.4**
北 京	Beijing	110.4		100.3		101.2	101.7
天 津	Tianjin	104.8	99.8	101.4	105.5	104.1	99.6
河 北	Hebei	106.0	100.1	101.1	98.9	100.6	101.5
山 西	Shanxi	107.1	100.1	97.6	98.4	105.6	100.0
内蒙古	Inner Mongolia	113.6	100.0				
辽 宁	Liaoning	106.3	102.1	97.5	101.2	100.1	103.6
吉 林	Jilin	103.9	99.8	99.8	102.7	97.8	99.8
黑龙江	Heilongjiang	102.0	99.9	99.1	112.3	99.6	100.0
上 海	Shanghai	105.4	100.1	101.5	101.7	99.8	104.4
江 苏	Jiangsu	107.1	103.6	101.5	101.8	100.8	100.8
浙 江	Zhejiang	107.7	102.1	101.0	103.3	102.5	102.1
安 徽	Anhui	107.6	99.5	99.5	102.7	97.7	101.9
福 建	Fujian	110.1	98.8	104.0	102.3	102.0	102.2
江 西	Jiangxi	116.0	100.8	98.0	100.5	105.6	100.3
山 东	Shandong	107.1	101.0	101.2	101.4	101.8	100.7
河 南	Henan	108.8	98.9	97.3	102.8	100.8	99.6
湖 北	Hubei	107.7	97.7	97.6	106.7	102.4	100.9
湖 南	Hunan	105.6	103.9	106.5	98.4	99.2	99.4
广 东	Guangdong	113.9	101.9	101.4	102.2	102.3	103.1
广 西	Guangxi	103.0	102.3		99.3	104.6	99.8
海 南	Hainan						
重 庆	Chongqing	104.3	100.0	100.9	100.1	103.0	100.8
四 川	Sichuan	103.8	97.8	100.9	101.4	99.6	101.6
贵 州	Guizhou	97.8			99.1		99.8
云 南	Yunnan	119.6		96.3			
西 藏	Tibet						
陕 西	Shaanxi	101.7	99.6	100.6	99.8	99.6	
甘 肃	Gansu	107.1	96.8	100.1	103.2	102.0	96.8
青 海	Qinghai	100.3					
宁 夏	Ningxia	103.6	102.2	101.4	100.0	100.1	100.4
新 疆	Xinjiang	108.0					

2-1-8 续表 20 Continued 20

(上年价格=100) (Preceding Year=100)

地 区	Region	烘炉、风机、包装等设备制造 Manufacture of Ovens, Draught Fans, Packing Machinery and Others	文化、办公用机械制造 Manufacture of Machinery for Culture and Office Use	通用零部件制造 Manufacture of General-Purpose Parts	其他通用设备制造 Manufacture of Other General Purpose Machinery	采矿、冶金、建筑专用设备制造 Manufacture of Specialized Facilities for Mining, Metallurgy, and Construction	化工、木材、非金属加工专用设备制造 Manufacture of Specialized Equipment for Chemical, Timber, and Non-Metal Processing
全 国	**National**	**101.4**	**100.4**	**102.6**	**100.5**	**100.8**	**101.2**
北 京	Beijing	99.2			98.9	99.1	105.1
天 津	Tianjin	97.7	100.5	102.2	103.8	101.7	100.6
河 北	Hebei	100.8		110.8	95.5	101.4	98.5
山 西	Shanxi	101.5		96.4		102.2	105.2
内蒙古	Inner Mongolia			100.0		101.1	
辽 宁	Liaoning	98.7	89.5	103.0	96.7	106.9	96.3
吉 林	Jilin	100.2		100.0	100.1	99.6	100.8
黑龙江	Heilongjiang	100.0	108.5	106.1	100.0	99.9	100.9
上 海	Shanghai	101.8	94.6	100.4	99.2	96.3	97.6
江 苏	Jiangsu	100.6	99.4	102.1	99.9	101.0	102.6
浙 江	Zhejiang	103.7	96.9	104.9	102.0	96.7	102.0
安 徽	Anhui	103.0		106.5	100.5	105.8	103.8
福 建	Fujian	101.5	103.3	103.2	100.8	100.5	98.9
江 西	Jiangxi	104.0	106.4	101.0	99.4	98.2	97.5
山 东	Shandong	101.0		98.0	99.5	102.1	98.5
河 南	Henan	100.1		102.2		102.1	100.0
湖 北	Hubei	99.8	95.7	101.3		100.0	98.2
湖 南	Hunan	100.9	100.4	105.7	104.5	98.9	101.1
广 东	Guangdong	101.5	100.9	98.7	99.5	104.2	102.9
广 西	Guangxi			108.0		98.9	97.3
海 南	Hainan	99.0					
重 庆	Chongqing	101.1		101.1	106.1	100.0	98.8
四 川	Sichuan	99.4		103.7		101.9	100.5
贵 州	Guizhou	101.9		97.1		107.1	
云 南	Yunnan						
西 藏	Tibet						
陕 西	Shaanxi	103.3		98.8		101.7	97.8
甘 肃	Gansu			104.0		97.7	103.7
青 海	Qinghai						
宁 夏	Ningxia			100.0	100.1	107.9	101.8
新 疆	Xinjiang					93.9	

2-1-8 续表 21 Continued 21

(上年价格＝100) (Preceding Year=100)

地 区	Region	食品、饮料、烟草及饲料生产专用设备制造 Manufacture of Specialized Equipment for Production of Food, Beverage, Tobacco and Feedstuff	印刷、制药、日化及日用品生产专用设备制造 Manufacture of Special Purpose Equipment for Printing, Pharmacy, and Domestic, Daily Used Chemical Product Processing	纺织、服装、皮革加工专用设备制造 Manufacture of Specialized Machinery for Textile, Clothings and Leather Processing	电子和电工机械专用设备制造 Manufacture of Specialized Machinery for Electronic Machinery and Electrical Machines	农、林、牧、渔专用机械制造 Manufacture of Specialized Machinery for Agriculture, Forestry, Animal Production, Fishing and Aquaculture	医疗仪器设备及器械制造 Manufacture of Medical Instruments and Appliances
全 国	**National**	**100.8**	**101.0**	**98.7**	**100.1**	**101.6**	**98.3**
北 京	Beijing		99.9	99.0	94.0		96.9
天 津	Tianjin	99.2	101.3	99.1		104.9	100.2
河 北	Hebei	104.6	102.9		101.7	102.9	96.4
山 西	Shanxi			117.6	100.0		
内蒙古	Inner Mongolia					100.6	
辽 宁	Liaoning						90.6
吉 林	Jilin	102.0	103.8		99.9	99.1	101.5
黑龙江	Heilongjiang	102.2	99.1			101.9	96.0
上 海	Shanghai	99.7	99.3	99.6	97.4		91.2
江 苏	Jiangsu	100.7	101.0	96.6	99.0	97.6	101.4
浙 江	Zhejiang	100.2	100.6	100.5	100.0	100.4	98.4
安 徽	Anhui	100.0	108.2		99.8	102.0	94.7
福 建	Fujian	96.0	98.6	98.8	102.4	103.6	97.0
江 西	Jiangxi	101.6		91.6	101.2		100.4
山 东	Shandong		100.0	100.2	100.0	101.3	101.7
河 南	Henan	99.8	99.6	96.2		102.8	100.4
湖 北	Hubei	102.8	105.4	97.9	99.4		102.0
湖 南	Hunan	101.4	107.0	100.5	99.2	105.4	99.0
广 东	Guangdong	98.4	99.0	96.6	101.7		96.7
广 西	Guangxi					101.2	98.3
海 南	Hainan						
重 庆	Chongqing			97.3		100.2	99.9
四 川	Sichuan	103.6	110.4		97.8	100.9	104.7
贵 州	Guizhou					100.8	82.3
云 南	Yunnan	100.5					
西 藏	Tibet						103.0
陕 西	Shaanxi	100.0	102.9	100.9	100.3	112.2	91.4
甘 肃	Gansu					107.5	
青 海	Qinghai						
宁 夏	Ningxia						
新 疆	Xinjiang					101.7	

2-1-8 续表 22 Continued 22

(上年价格=100) (Preceding Year=100)

地 区	Region	环保、邮政、社会公共服务及其他专用设备制造 Manufacture of Special Purpose Machinery for Environment, Protection and Social Public Services	汽车整车制造 Manufacture of Finished Automobiles	汽车用发动机制造 Manufacture of Automotive Engine	改装汽车制造 Manufacture of Refitted Automobiles	低速汽车制造 Manufacture of Low-Speed Vehicles	电车制造 Manufacture of Electric Vehicles	汽车车身、挂车制造 Manufacture of Bodies and Trailers of Automobiles
全 国	**National**	**100.0**	**98.6**	**99.5**	**103.3**	**105.1**	**96.7**	**102.5**
北 京	Beijing	100.6	100.5	98.7	99.1			
天 津	Tianjin	100.7	93.2	99.3	97.5			94.9
河 北	Hebei	97.2	99.8	97.6	106.2			100.8
山 西	Shanxi	101.1	101.3		116.7			105.5
内蒙古	Inner Mongolia		101.3					
辽 宁	Liaoning	101.8	100.2	100.1	99.4			103.9
吉 林	Jilin	100.0	99.3	100.0	101.1			100.1
黑龙江	Heilongjiang	101.2	81.1	100.1	100.0			107.7
上 海	Shanghai	98.0	90.3	91.1	100.4			
江 苏	Jiangsu	98.1	101.0	99.1	98.7			101.3
浙 江	Zhejiang	99.9	100.4	99.8				100.1
安 徽	Anhui	103.0	94.9	101.1	101.0			98.9
福 建	Fujian	99.9	98.6		102.0			101.9
江 西	Jiangxi	100.8	99.1	97.3	99.8			111.1
山 东	Shandong	98.6	100.9	101.2	101.3	106.7		107.1
河 南	Henan	103.5	99.9	100.8	101.6		96.7	100.0
湖 北	Hubei	100.0	99.6	99.8	104.0			101.3
湖 南	Hunan	103.7	98.5		100.8			105.2
广 东	Guangdong	100.1	100.0	99.7	101.1	100.2		103.7
广 西	Guangxi	100.6	99.7	98.2	105.6			
海 南	Hainan		100.2					
重 庆	Chongqing	100.9	99.2	99.7	101.9			103.6
四 川	Sichuan	101.9	99.3	100.1	100.0			
贵 州	Guizhou	100.0	102.7		102.2			
云 南	Yunnan	100.0	99.9	100.9				
西 藏	Tibet							
陕 西	Shaanxi	102.4	99.7	111.0	100.4			
甘 肃	Gansu	99.3	98.7					101.4
青 海	Qinghai							
宁 夏	Ningxia							
新 疆	Xinjiang		100.7					

2-1-8 续表 23 Continued 23

(上年价格=100) (Preceding Year=100)

地 区	Region	汽车零部件及配件制造 Manufacture of Parts and Fittings for Automobiles	铁路运输设备制造 Manufacture of Railway Transport Equipment	城市轨道交通设备制造 Manufacture of Urban Rail Transit Equipment	船舶及相关装置制造 Manufacture of Vessels and Similar Equipment	航空、航天器及设备制造 Manufacture of Aircrafts and Spacecrafts	摩托车制造 Manufacture of Motorcycles
全 国	**National**	**100.4**	**100.6**	**100.1**	**99.5**	**98.5**	**101.6**
北 京	Beijing	100.6	100.6	99.9		100.1	
天 津	Tianjin	100.3	96.0	100.0	97.3	94.4	95.0
河 北	Hebei	101.5	100.2	101.2			114.5
山 西	Shanxi	99.2	101.1				
内蒙古	Inner Mongolia	104.3					
辽 宁	Liaoning	102.1	98.9	98.7	98.5		
吉 林	Jilin	100.2	100.0	100.0		100.0	
黑龙江	Heilongjiang	98.4	100.4		100.0	99.8	
上 海	Shanghai	99.4	100.8	99.6	93.8	95.0	97.8
江 苏	Jiangsu	99.4	100.7	100.9	101.6	99.5	102.4
浙 江	Zhejiang	101.1	101.8		100.1		105.2
安 徽	Anhui	100.2	94.7		100.3		
福 建	Fujian	103.4	99.7		99.9		99.1
江 西	Jiangxi	100.2	99.6	100.3			
山 东	Shandong	101.5	100.7		100.0		98.2
河 南	Henan	103.8	105.8				99.4
湖 北	Hubei	99.0	100.1	99.8	99.3		99.3
湖 南	Hunan	109.1	100.5	100.6	103.0	103.6	
广 东	Guangdong	98.9	99.8	100.0	99.5		101.2
广 西	Guangxi	98.2		99.6			
海 南	Hainan	103.0					
重 庆	Chongqing	100.6		97.5	99.0		102.7
四 川	Sichuan	100.3	104.3	100.0			99.1
贵 州	Guizhou	101.5	100.3				
云 南	Yunnan	114.3	101.3				109.3
西 藏	Tibet						
陕 西	Shaanxi	99.2	100.2			100.1	
甘 肃	Gansu	98.7					
青 海	Qinghai						
宁 夏	Ningxia						
新 疆	Xinjiang						

2-1-8 续表 24 Continued 24

(上年价格=100) (Preceding Year=100)

地 区	Region	自行车和残疾人座车制造 Manufacture of Bicycles and Cars for Disabled	助动车制造 Manufacture of Booster Bike	非公路休闲车及零配件制造 Manufacture of Off-Road Recreational Vehicle and Parts	潜水救捞及其他未列明运输设备 Manufacture of Equipment for Diving, Underwater Salvage and Other Transport Equipment	电机制造 Manufacture of Electric Machinery	输配电及控制设备制造 Manufacture of Electricity Power Transmission, Distribution Control Equipment	电线、电缆、光缆及电工器材制造 Manufacture of Electrical Wires, Cables, Optical Fiber Cables and Electrical Materials	电池制造 Manufacture of Battery
全 国	**National**	**105.3**	**100.4**	**101.9**	**105.2**	**104.8**	**102.5**	**114.6**	**101.7**
北 京	Beijing					100.8	100.5	131.4	
天 津	Tianjin	104.3	105.8	100.6		100.6	103.5	121.2	100.7
河 北	Hebei	101.7	113.0			101.5	104.4	116.9	113.4
山 西	Shanxi					102.1	109.5	115.5	
内蒙古	Inner Mongolia					101.1		103.6	
辽 宁	Liaoning					98.9	101.7	115.6	101.8
吉 林	Jilin					100.1	101.2	155.6	99.4
黑龙江	Heilongjiang					101.9	104.3	117.3	110.3
上 海	Shanghai	112.3				100.8	99.5	114.3	97.3
江 苏	Jiangsu	109.6	93.7			106.7	101.8	117.4	98.0
浙 江	Zhejiang	109.8	104.0	101.8		105.7	104.6	112.7	101.8
安 徽	Anhui		100.4			115.1	107.9	116.3	97.8
福 建	Fujian					101.5	102.0	110.1	102.1
江 西	Jiangxi		100.3			104.8	102.7	122.0	112.2
山 东	Shandong		93.6		105.2	106.8	101.2	118.8	103.0
河 南	Henan					101.1	105.2	101.4	103.7
湖 北	Hubei		101.4			110.9	100.5	101.1	101.9
湖 南	Hunan					105.9	100.6	121.2	94.5
广 东	Guangdong	101.3	104.2	102.5		104.1	100.7	110.1	101.2
广 西	Guangxi		101.8			104.1	102.4	120.1	106.2
海 南	Hainan						99.9	82.7	
重 庆	Chongqing					105.3	103.0	111.1	101.8
四 川	Sichuan					100.2	103.8	110.3	107.6
贵 州	Guizhou					103.6	97.8	116.4	104.1
云 南	Yunnan					108.2	101.4	117.8	95.7
西 藏	Tibet							104.4	
陕 西	Shaanxi					100.1	101.0	118.0	103.1
甘 肃	Gansu					107.9	99.8	114.2	104.7
青 海	Qinghai					101.3	102.3	118.7	102.5
宁 夏	Ningxia					99.8	121.2	114.6	145.1
新 疆	Xinjiang					101.7	104.4	112.5	

2-1-8 续表 25 Continued 25

(上年价格=100) (Preceding Year=100)

地 区 Region	家用电力器具制造 Manufacture of Domestic Electrical Appliances	非电力家用器具制造 Manufacture of Domestic Non-Electrical Appliances	照明器具制造 Manufacture of Illuminating Appliances	其他电气机械及器材制造 Manufacture of Other Electrical Machinery and Equipments	计算机制造 Manufacture of Computers	通信设备制造 Manufacture of Communi-cation Equipment	广播电视设备制造 Manufacture of Broadcasting and Television Equipment	雷达及配套设备制造 Manufacture of Radar and Corollary Equipment
全 国 National	**100.3**	**103.4**	**100.3**	**101.1**	**98.5**	**97.1**	**100.5**	**101.1**
北 京 Beijing	102.2				99.9	94.1	94.0	
天 津 Tianjin	102.7	99.5	99.2		100.2	100.3		
河 北 Hebei	111.3	103.5				101.1	100.4	
山 西 Shanxi						92.6		
内蒙古 Inner Mongolia								
辽 宁 Liaoning	99.8		98.7		100.9	107.1		
吉 林 Jilin			100.7		99.6	103.0		
黑龙江 Heilongjiang				98.2	100.0			90.8
上 海 Shanghai	97.6	104.5	95.7	111.1	94.5	94.2	97.5	
江 苏 Jiangsu	101.2	103.8	98.7	100.7	96.1	96.1	98.6	
浙 江 Zhejiang	101.4	100.3	99.4	102.0	99.4	99.0	103.5	
安 徽 Anhui	99.0	108.5	99.9	98.8	103.1	93.0		102.0
福 建 Fujian	101.5	100.5	97.8	98.8	97.8	97.4	100.8	
江 西 Jiangxi	97.0		104.1		105.4	102.5	98.3	
山 东 Shandong	100.3	106.0	101.2		101.9	100.3		
河 南 Henan	103.1	102.2	101.4		92.1	92.6		
湖 北 Hubei	104.1	102.8	97.4		100.3	95.0		
湖 南 Hunan	100.5	111.6	103.3	101.6	100.1			97.9
广 东 Guangdong	99.0	102.0	100.3	99.8	102.7	97.6	100.6	
广 西 Guangxi					103.4	99.5		
海 南 Hainan						100.0		
重 庆 Chongqing	103.1	98.4	100.3		98.5	100.0		
四 川 Sichuan	101.1	107.1	107.8		93.4	103.6	100.0	94.5
贵 州 Guizhou			101.5		103.0	97.2	101.7	
云 南 Yunnan		108.8			95.7	94.9		
西 藏 Tibet								
陕 西 Shaanxi			109.9			99.7	107.7	
甘 肃 Gansu								
青 海 Qinghai								
宁 夏 Ningxia								
新 疆 Xinjiang								

2-1-8 续表 26 Continued 26

(上年价格=100) (Preceding Year=100)

地 区	Region	非专业视听设备制造 Manufacture of Audio and Video Equipment	智能消费设备制造 Manufacture of Intelligent Consumption Equipment	电子器件制造 Manufacture of Electronic Appliances	电子元件及电子专用材料制造 Manufacture of Electronic Components	其他电子设备制造 Manufacture of Other Electronic Equipment	通用仪器仪表制造 Manufacture of General Purpose Measuring Instruments and Meters	专用仪器仪表制造 Manufacture of Special Purpose Measuring Instruments and Meters	钟表与计时仪器制造 Manufacture of Watches and Clocks and Other Timer
全 国	**National**	**110.4**	**96.0**	**100.7**	**103.1**	**99.5**	**100.3**	**99.2**	**100.5**
北 京	Beijing	108.5		98.8	102.5	102.7	100.7	96.0	
天 津	Tianjin	99.9	101.0	102.5	99.6	101.5	97.4	96.5	109.8
河 北	Hebei			96.9	98.7		98.6	99.7	
山 西	Shanxi				113.1		100.6		
内蒙古	Inner Mongolia	141.0		118.0	138.7				
辽 宁	Liaoning	100.6		100.0	109.5	94.6	98.7		
吉 林	Jilin			105.1	99.6	101.3	99.3	94.4	
黑龙江	Heilongjiang		100.0	100.0	102.9		99.6	100.6	
上 海	Shanghai	101.4	93.7	98.5	96.0	98.4	100.7	96.8	
江 苏	Jiangsu	111.3	97.6	98.5	100.7	97.9	99.9		
浙 江	Zhejiang	97.2	102.4	98.7	103.9		100.9	99.9	103.0
安 徽	Anhui	114.3	98.3	100.2	110.6	98.9	102.3	102.1	
福 建	Fujian	102.0	98.4	100.9	101.1	104.5	100.1	83.2	101.6
江 西	Jiangxi	106.8	82.1	98.2	109.1	97.5	99.5		
山 东	Shandong	97.4		97.6	98.1		101.0		
河 南	Henan			92.2	119.1		103.2	97.8	
湖 北	Hubei	96.1	97.8	102.2	108.9	97.8	98.7	100.7	
湖 南	Hunan		98.4	104.3	101.4	99.7	103.2		
广 东	Guangdong	114.2	97.8	101.5	100.7	99.2	100.0	100.1	99.8
广 西	Guangxi	103.9		100.2	98.4	102.8	100.4		99.8
海 南	Hainan								
重 庆	Chongqing	98.5	90.4	96.4	108.1	97.3	97.3	98.4	
四 川	Sichuan	125.8		114.7	104.7	103.8	101.2	102.2	
贵 州	Guizhou	90.6		111.3	101.5		102.2	100.3	
云 南	Yunnan			94.6	118.1				
西 藏	Tibet								
陕 西	Shaanxi			94.3	106.2		100.8	101.1	
甘 肃	Gansu			102.0					
青 海	Qinghai				128.2				
宁 夏	Ningxia		108.0	100.0	144.4		102.2		
新 疆	Xinjiang				220.9				

2-1-8 续表 27 Continued 27

(上年价格=100) (Preceding Year=100)

地 区	Region	光学仪器制造 Manufacture of Optical Instruments	衡器制造 Manufacture of Weighing Apparatus	其他仪器仪表制造业 Manufacture of Other Measuring Instruments and Meters	日用杂品制造 Manufacture of Daily Groceries	核辐射加工 Radiation Processing
全 国	**National**	**95.4**	**102.0**	**100.3**	**100.4**	
北 京	Beijing			98.8		
天 津	Tianjin	100.6		101.2	94.9	
河 北	Hebei				99.6	
山 西	Shanxi					
内蒙古	Inner Mongolia					
辽 宁	Liaoning					
吉 林	Jilin					
黑龙江	Heilongjiang			102.5		
上 海	Shanghai	93.2	102.0	104.2	104.4	
江 苏	Jiangsu	97.6		100.6	96.2	
浙 江	Zhejiang	92.5			99.7	
安 徽	Anhui				101.6	
福 建	Fujian	90.5	102.4		100.1	
江 西	Jiangxi	100.3	104.7		95.3	
山 东	Shandong					
河 南	Henan	91.7	97.7	98.7	100.3	
湖 北	Hubei	97.9	102.2		97.9	
湖 南	Hunan			103.6	107.3	
广 东	Guangdong	95.2		98.8	100.2	
广 西	Guangxi					
海 南	Hainan					
重 庆	Chongqing				100.2	
四 川	Sichuan	99.3			106.2	
贵 州	Guizhou	100.0				
云 南	Yunnan	101.8				
西 藏	Tibet					
陕 西	Shaanxi					
甘 肃	Gansu					
青 海	Qinghai					
宁 夏	Ningxia					
新 疆	Xinjiang					

2-1-8 续表 28 Continued 28

(上年价格=100) (Preceding Year=100)

地 区 Region		其他未列明制造业 Other Manufacturing n.e.c.	金属废料和碎屑加工处理 Recycling and Disposal of Metal Waste and Scrap	非金属废料和碎屑加工处理 Recycling and Disposal of Non-Metal Waste and Scrap	金属制品修理 Repair of Fabricated Metal Products	通用设备修理 Repair of General Purpose Machinery
全 国	**National**	**101.2**	**120.5**	**105.4**		**100.4**
北 京	Beijing	99.7		93.1		
天 津	Tianjin	90.3	122.8	108.5		
河 北	Hebei		108.0	107.6		
山 西	Shanxi		128.5			
内蒙古	Inner Mongolia		117.5			
辽 宁	Liaoning			103.0		
吉 林	Jilin		104.1			
黑龙江	Heilongjiang	104.7	137.4	113.6		
上 海	Shanghai	102.1		100.5		
江 苏	Jiangsu	102.1	135.3			
浙 江	Zhejiang					
安 徽	Anhui	97.4	121.4	103.3		
福 建	Fujian		120.3	104.2		
江 西	Jiangxi	100.8	128.3	103.2		
山 东	Shandong					
河 南	Henan		134.4			
湖 北	Hubei		114.3	111.8		
湖 南	Hunan	112.2	106.9	94.9		
广 东	Guangdong	98.3	115.3	106.5		
广 西	Guangxi		118.4	100.9		
海 南	Hainan					
重 庆	Chongqing		106.9	103.5		100.4
四 川	Sichuan	97.0	132.0	140.8		
贵 州	Guizhou					
云 南	Yunnan					
西 藏	Tibet					
陕 西	Shaanxi					
甘 肃	Gansu		125.6	101.3		
青 海	Qinghai					
宁 夏	Ningxia					
新 疆	Xinjiang		111.5			

2-1-8 续表 29 Continued 29

(上年价格=100) (Preceding Year=100)

地 区	Region	专用设备修理 Repair of Special Purpose Machinery	铁路、船舶、航空航天等运输设备修理 Repair of Railway Transports, Ships and Boats, Air and Spacecrafts and Other Transportation Equipments	电气设备修理 Repair of Electrical Machinery	仪器仪表修理 Repair of Measuring Instrument and Meters	其他机械和设备修理业 Repair of Other Machinery and Equipments
全 国	**National**	**99.2**	**99.7**	**97.3**		**98.2**
北 京	Beijing		101.0			
天 津	Tianjin	100.5	100.8			94.7
河 北	Hebei		108.5			
山 西	Shanxi	96.5	97.0	97.3		
内蒙古	Inner Mongolia					
辽 宁	Liaoning		105.8			
吉 林	Jilin		100.0			
黑龙江	Heilongjiang		103.1			
上 海	Shanghai		98.1			98.6
江 苏	Jiangsu		100.6			
浙 江	Zhejiang		95.2			
安 徽	Anhui					
福 建	Fujian		100.8			
江 西	Jiangxi					
山 东	Shandong					
河 南	Henan					
湖 北	Hubei		99.0			
湖 南	Hunan					
广 东	Guangdong		99.0			
广 西	Guangxi					
海 南	Hainan					
重 庆	Chongqing					
四 川	Sichuan		99.2			
贵 州	Guizhou		100.0			
云 南	Yunnan					
西 藏	Tibet					
陕 西	Shaanxi					
甘 肃	Gansu	105.1	100.0			
青 海	Qinghai					
宁 夏	Ningxia					
新 疆	Xinjiang					

2-1-8 续表 30 Continued 30

(上年价格=100) (Preceding Year=100)

地 区	Region	电力生产 Products of Power Supply	电力供应 Supply of Electricity	热力生产和供应 Production and Supply of Heating Power	燃气生产和供应业 Production and Supply of Gas	生物质燃气生产和供应业 Production and Supply of Biomass Gas
全 国	**National**	**100.0**	**100.1**	**103.1**	**105.1**	**95.0**
北 京	Beijing	98.7	99.6	103.4	105.2	
天 津	Tianjin	97.8	99.6	100.6	102.2	
河 北	Hebei	101.1	100.3	102.6	102.2	
山 西	Shanxi	99.8	99.1	100.3	102.2	
内蒙古	Inner Mongolia	104.8	103.5	100.0	114.2	
辽 宁	Liaoning	98.5		102.7	100.9	
吉 林	Jilin	100.9	99.8	101.9	107.0	
黑龙江	Heilongjiang	100.2	99.5	101.6	100.3	
上 海	Shanghai	101.0	99.7	92.7	100.6	
江 苏	Jiangsu	100.3	104.2	111.2	100.7	
浙 江	Zhejiang	97.6	99.4	121.9	102.9	
安 徽	Anhui	100.1	98.6	100.8	99.3	
福 建	Fujian	99.2	97.8	113.3	94.1	
江 西	Jiangxi	101.6	100.0	109.2	100.1	
山 东	Shandong	101.9	100.4	100.4	103.8	
河 南	Henan	102.3	100.5	99.9	108.1	
湖 北	Hubei	100.0	100.3	101.9	97.4	
湖 南	Hunan	101.9	102.8	102.8	102.0	
广 东	Guangdong	100.7	98.1	106.2	110.3	
广 西	Guangxi	104.0	101.9	102.0	101.8	
海 南	Hainan	99.9	99.0		91.6	95.0
重 庆	Chongqing	101.2	101.0		103.1	
四 川	Sichuan	98.2	98.6		108.4	
贵 州	Guizhou	98.9	101.0		100.7	
云 南	Yunnan	96.9	103.3		103.2	
西 藏	Tibet	98.6	100.0		100.0	
陕 西	Shaanxi	92.9	98.1	100.2	102.0	
甘 肃	Gansu	98.8	99.6	102.2	87.5	
青 海	Qinghai	100.7	101.9		107.7	
宁 夏	Ningxia	102.6	97.1	100.1	138.0	
新 疆	Xinjiang	100.1	99.4	100.8	127.1	

2-1-8 续表 31 Continued 31

(上年价格=100) (Preceding Year=100)

地 区	Region	自来水生产和供应 Production and Supply of Tap Water	污水处理及其再生利用 Recycling and Treatment of Waste Water	海水淡化处理 Disposal of Sea Water Desalination	其他水的处理、利用与分配 Disposal,Utilization and Distribution of Other Water
全 国	**National**	**101.0**	**101.5**	**100.0**	**99.9**
北 京	Beijing	100.0	100.0		
天 津	Tianjin	100.0	100.0	100.0	99.9
河 北	Hebei	104.1	101.0		
山 西	Shanxi	99.6	99.6		
内蒙古	Inner Mongolia	100.0	101.3		
辽 宁	Liaoning	101.1	100.3		
吉 林	Jilin	101.1	100.0		
黑龙江	Heilongjiang	100.4	100.0		
上 海	Shanghai	103.1	108.0		
江 苏	Jiangsu	100.0	99.0		
浙 江	Zhejiang	105.2	105.2		
安 徽	Anhui	100.2	98.8		
福 建	Fujian	99.4	100.7		
江 西	Jiangxi	100.3	105.0		
山 东	Shandong	100.0	100.0		
河 南	Henan	103.4	101.6		
湖 北	Hubei	101.2	100.8		
湖 南	Hunan	100.1	100.2		
广 东	Guangdong	100.0	102.7		
广 西	Guangxi	101.7			
海 南	Hainan	97.7	97.0		
重 庆	Chongqing	100.5			
四 川	Sichuan	100.4	103.0		
贵 州	Guizhou	100.3	103.6		
云 南	Yunnan	101.3			
西 藏	Tibet	100.1			
陕 西	Shaanxi	101.6			
甘 肃	Gansu	99.6	99.3		
青 海	Qinghai	99.6			
宁 夏	Ningxia	100.0	100.0		
新 疆	Xinjiang	100.1			

2-2-1 全国工业生产者购进价格分类指数(1986 ~ 2021年)
Purchasing Price Indices for Industrial Producers by Category (1986 ~ 2021)

(上年价格=100) (Preceding Year=100)

年 份 Year	总指数 General Index	燃料、动力类 Fuel and Power	黑色金属材料类 Ferrous Metals	有色金属材料类 Nonferrous Metals	化工原料类 Raw Chemical Materials	木材及纸浆类 Timber and Paper Pulp	建材类 Building Materials	其他工业原料类 Other Materials	农副产品类 Agricultural Products	纺织原料类 Textile Materials
1986	109.5	109.1	110.6	107.6	105.1	110.9	126.7		107.5	
1987	111.0	109.2	110.4	108.4	115.7	138.2	111.6		107.3	107.8
1988	120.2	112.9	118.3	130.7	133.4	143.1	114.2		122.6	115.7
1989	126.4	124.7	130.3	127.6	124.4	111.4	122.7		128.9	128.5
1990	105.6	110.7	103.9	97.2	95.6	99.4	115.2		107.8	107.4
1991	109.1	112.9	112.5	101.2	99.8	105.6	101.2		106.8	108.9
1992	111.0	116.4	114.5	112.4	102.6	102.0	118.8		103.4	100.5
1993	135.1	136.7	174.1	115.8	114.3	128.6	140.9		112.2	107.1
1994	118.2	118.0	103.8	110.7	111.7	115.1	114.3		148.3	139.6
1995	115.3	108.7	98.2	128.3	127.2	115.8	102.6		143.1	123.6
1996	103.9	110.2	99.3	92.4	98.0	101.9	102.5		114.7	94.5
1997	101.3	109.3	97.4	96.2	97.1	100.9	99.7		102.0	94.7
1998	95.8	99.1	95.1	88.3	93.6	96.7	98.6	93.5	94.5	94.3
1999	96.7	100.9	94.7	98.9	97.6	100.4	98.8	97.5	89.8	96.8
2000	105.1	115.4	100.9	110.3	105.6	99.8	101.5	103.9	99.9	102.4
2001	99.8	100.2	100.5	95.6	98.4	100.4	98.6	98.8	101.2	99.7
2002	97.7	100.1	98.2	96.5	97.5	98.7	98.2	97.5	95.7	97.1
2003	104.8	107.4	107.9	105.3	102.9	100.3	99.7	100.2	106.7	101.4
2004	111.4	109.7	120.4	120.1	108.9	102.8	105.1	105.6	114.2	104.7
2005	108.3	115.0	107.5	114.0	108.3	103.5	103.1	102.5	101.7	102.4
2006	106.0	111.9	98.3	130.8	102.1	102.6	101.9	102.1	104.3	102.9
2007	104.4	104.3	105.4	111.6	103.6	102.7	103.0	102.7	106.1	101.4
2008	110.5	120.6	118.4	98.6	105.2	105.2	109.5	103.4	107.5	103.1
2009	92.1	89.2	86.3	81.1	91.3	95.8	101.1	98.0	97.0	98.8
2010	109.6	116.3	106.6	122.2	107.0	103.0	103.8	102.3	110.4	106.7
2011	109.1	110.8	109.4	112.1	110.4	104.6	108.4	104.4	115.6	112.7
2012	98.2	100.9	92.9	94.5	96.1	100.1	99.7	99.0	100.2	99.1
2013	98.0	96.6	95.7	95.4	97.3	99.6	98.7	99.1	101.6	99.9
2014	97.8	97.1	94.6	96.1	98.3	99.4	99.8	98.8	99.4	98.9
2015	93.9	88.7	88.4	92.7	93.7	99.3	95.9	97.6	97.7	97.8
2016	98.0	95.6	97.7	97.9	97.6	99.7	97.6	99.1	100.1	99.7
2017	108.1	113.0	115.9	115.3	108.4	106.2	108.6	102.6	101.5	104.0
2018	104.1	107.1	106.1	103.9	104.6	105.4	110.5	101.3	99.6	102.2
2019	99.3	98.2	102.3	97.6	94.8	97.5	104.2	99.7	102.8	99.3
2020	97.7	91.6	100.5	99.8	92.7	98.1	100.5	99.9	105.4	96.8
2021	111.0	120.5	120.3	120.9	115.1	105.6	105.5	103.3	104.4	105.0

2-2-2 各地区工业生产者购进价格总指数(1986～2021年)
Purchasing Price Indices for Industrial Producers by Region (1986～2021)

(上年价格=100) (Preceding Year=100)

地 区	Region	1986	1987	1988	1989	1990	1991	1992	1993	1994	1995	1996	1997	1998	1999	2000	2001	2002
全 国	**National**	**109.5**	**111.0**	**120.2**	**126.4**	**105.6**	**109.1**	**111.0**	**135.1**	**118.2**	**115.3**	**103.9**	**101.3**	**95.8**	**96.7**	**105.1**	**99.8**	**97.7**
北 京	Beijing					114.8	111.7	114.2	142.7	123.8	119.8	104.2	103.4	98.1	95.8	100.0	100.5	97.1
天 津	Tianjin							108.4	139.1	121.7	112.8	101.9	99.0	95.9	96.3	104.5	98.8	95.9
河 北	Hebei							111.4	134.9	119.9	110.9	106.3	102.0	96.2	95.4	103.3	101.0	97.3
山 西	Shanxi					107.4	108.0	111.9	135.9	115.1	113.1	104.8	102.0	97.3	97.0	102.0	101.8	102.6
内蒙古	Inner Mongolia		114.9	118.2	124.4	108.3	111.2	112.1	132.6	116.8	112.8	100.8	100.9	98.1	96.8	106.5	101.3	99.9
辽 宁	Liaoning			133.9	133.3	117.6	108.1	121.2	149.9	118.2	114.2	104.8	103.1	99.3	99.1	103.9	99.9	98.3
吉 林	Jilin			115.7	131.5	102.8	114.1	127.1	173.9	113.9	113.8	102.4	103.9	96.6	100.5	106.8	101.8	97.8
黑龙江	Heilongjiang							112.9	139.6	117.6	112.7	104.2	104.4	98.6	98.2	108.6	99.5	99.3
上 海	Shanghai							113.1	129.2	121.4	114.8	101.6	97.8	94.1	97.1	107.1	98.7	97.7
江 苏	Jiangsu						107.0	110.3	125.8	120.1	117.6	104.3	98.0	91.5	94.4	107.1	99.5	98.6
浙 江	Zhejiang					104.7	102.7	106.3	126.4	124.8	119.2	101.5	96.5	92.6	96.2	107.2	99.6	97.5
安 徽	Anhui							113.9	128.8	122.3	117.9	109.9	101.7	96.0	94.5	102.6	101.2	98.2
福 建	Fujian							109.3	129.6	115.2	119.6	104.3	98.6	92.5	97.9	112.4	96.7	97.6
江 西	Jiangxi								129.4	123.4	114.7	105.8	100.4	95.4	96.9	101.2	99.3	98.6
山 东	Shandong				136.7	105.4	107.0	111.0	134.7	120.1	113.2	105.7	100.6	93.4	93.4	104.7	100.0	98.7
河 南	Henan				130.0	105.5	104.4	110.0	133.0	122.0	114.1	105.3	100.7	94.8	94.3	105.1	101.9	97.6
湖 北	Hubei				126.1	108.4	113.1	110.2	135.5	116.6	118.2	108.4	101.5	95.2	95.6	105.6	100.2	97.7
湖 南	Hunan				122.5	103.3	110.4	116.2	139.7	119.6	117.6	105.9	100.1	94.8	96.2	106.7	101.1	99.3
广 东	Guangdong								134.3	121.1	118.7	104.6	97.3	91.4	97.8	110.9	99.1	96.3
广 西	Guangxi	121.0	112.0			102.2	107.8	105.2	141.7	117.8	112.9	103.4	99.3	95.3	93.6	100.9	103.7	95.6
海 南	Hainan																	101.5
重 庆	Chongqing					103.7	109.2	123.8	124.5	124.6	111.6	106.3	100.1	95.1	96.9	105.6	99.5	99.2
四 川	Sichuan				129.4	106.4	108.6	112.5	137.2	119.1	113.5	106.1	101.6	95.3	96.8	101.7	98.5	97.6
贵 州	Guizhou							113.5	144.6	115.0	114.9	108.1	101.9	95.7	97.0	102.9	100.2	97.6
云 南	Yunnan						108.2	115.2	138.1	110.3	113.2	110.3	102.9	100.7	98.8	101.5	99.4	99.1
西 藏	Tibet																	
陕 西	Shaanxi							111.5	138.4	115.6	114.3	109.1	106.8	97.1	95.5	100.0	100.5	98.8
甘 肃	Gansu				129.8	114.1	112.4	122.2	139.4	118.3	113.7	107.4	102.2	96.4	98.3	111.8	101.4	98.4
青 海	Qinghai				123.8	113.9	112.8	105.3	138.9	112.3	110.2	108.3	110.7	101.3	99.1	98.9	99.1	102.8
宁 夏	Ningxia												103.5	101.1	97.0	105.8	102.5	97.8
新 疆	Xinjiang							121.1	136.4	110.9	116.8	107.0	104.5	95.6	98.2	115.2	98.9	94.9

2-2-2 续表 Continued

(上年价格=100) (Preceding Year=100)

地 区 Region	2003	2004	2005	2006	2007	2008	2009	2010	2011	2012	2013	2014	2015	2016	2017	2018	2019	2020	2021
全 国 National	**104.8**	**111.4**	**108.3**	**106.0**	**104.4**	**110.5**	**92.1**	**109.6**	**109.1**	**98.2**	**98.0**	**97.8**	**93.9**	**98.0**	**108.1**	**104.1**	**99.3**	**97.7**	**111.0**
北 京 Beijing	104.7	114.2	111.4	105.5	105.0	115.8	88.6	110.5	108.4	98.7	97.8	98.8	93.7	98.5	104.4	100.8	99.6	99.5	103.7
天 津 Tianjin	108.7	115.4	104.9	104.7	105.7	112.9	90.2	110.0	109.7	97.1	97.4	97.1	92.4	98.3	111.1	106.2	98.8	96.9	114.7
河 北 Hebei	109.4	118.4	107.0	105.0	107.8	115.9	93.5	110.9	110.9	96.2	97.6	95.6	90.3	98.3	114.5	104.0	102.1	98.4	119.8
山 西 Shanxi	107.8	114.5	108.2	102.6	105.3	118.3	96.6	109.0	108.1	98.1	95.5	96.2	93.1	98.1	115.2	105.5	101.1	97.2	116.3
内蒙古 Inner Mongolia	102.9	109.2	109.9	105.9	104.8	111.7	99.1	105.0	106.1	102.0	99.3	98.4	95.9	97.4	106.3	102.4	101.1	99.5	128.0
辽 宁 Liaoning	105.1	112.1	108.1	104.2	104.8	111.5	93.3	108.6	108.3	99.0	98.5	98.0	93.5	97.9	108.0	104.5	100.8	98.2	115.0
吉 林 Jilin	104.8	110.5	107.0	103.8	105.2	111.3	95.3	108.6	106.1	99.3	99.4	99.2	96.6	97.8	103.4	103.5	99.2	98.7	106.2
黑龙江 Heilongjiang	107.6	115.2	111.8	105.6	105.0	114.1	93.4	114.5	111.1	98.8	98.7	97.6	88.2	96.0	110.2	109.0	100.3	95.1	110.5
上 海 Shanghai	106.4	116.4	106.8	104.8	104.1	110.3	89.8	111.2	107.5	94.7	96.5	95.9	90.6	97.7	108.9	105.2	98.7	96.9	107.3
江 苏 Jiangsu	106.5	116.3	107.6	106.4	105.0	115.0	91.9	112.8	108.9	95.8	97.1	97.0	92.1	98.0	109.7	104.6	97.2	96.5	113.8
浙 江 Zhejiang	105.8	113.4	105.4	105.6	105.3	110.6	92.6	112.0	108.3	96.7	97.7	98.2	94.5	97.8	109.6	105.1	97.1	95.9	114.5
安 徽 Anhui	106.7	115.0	107.1	103.9	105.1	112.4	95.3	111.8	110.8	98.2	96.9	97.2	93.5	98.4	109.2	105.3	99.9	98.5	111.5
福 建 Fujian	106.3	113.3	108.1	103.9	104.3	110.2	93.2	107.7	108.0	97.7	98.4	98.3	96.1	98.0	105.3	102.8	99.0	98.6	109.2
江 西 Jiangxi	106.5	114.5	110.0	108.6	107.9	114.2	90.7	111.8	112.4	98.3	98.4	98.4	93.6	97.7	107.2	103.2	98.2	97.0	112.3
山 东 Shandong	105.7	113.4	105.9	104.3	104.8	113.1	95.5	109.3	109.2	99.2	98.4	98.2	95.0	98.0	107.3	103.6	99.2	97.5	109.5
河 南 Henan	107.8	115.7	108.3	105.3	106.4	111.9	97.1	110.2	110.1	99.2	99.3	98.4	95.4	99.2	107.3	104.0	101.2	99.4	109.5
湖 北 Hubei	108.2	113.1	107.0	104.9	104.5	110.9	93.4	110.4	111.5	98.9	98.2	97.8	92.8	98.3	108.3	104.8	99.3	98.4	108.5
湖 南 Hunan	106.7	114.4	109.4	106.5	106.1	112.0	92.6	110.0	110.8	100.1	98.4	97.9	94.5	98.0	107.2	103.5	100.2	98.9	108.1
广 东 Guangdong	104.1	110.7	105.0	103.6	103.3	107.9	93.8	107.3	107.3	99.5	98.2	98.8	95.3	98.0	105.3	102.5	99.2	97.4	108.0
广 西 Guangxi	101.2	116.3	108.2	111.4	106.1	110.6	95.1	111.2	110.0	99.2	98.9	98.2	95.7	98.3	106.5	103.4	99.5	98.5	110.7
海 南 Hainan	102.2	105.9	104.2	101.5	105.0	111.6	85.3	110.3	115.3	99.6	97.0	99.0	88.5	94.8	112.4	110.8	103.1	92.0	116.5
重 庆 Chongqing	104.9	110.3	108.2	104.8	106.2	112.2	95.0	106.9	105.7	99.5	97.6	98.1	97.1	98.4	104.4	102.5	100.1	99.9	107.2
四 川 Sichuan	101.7	112.0	109.3	104.3	105.7	112.4	95.3	106.1	112.6	100.0	99.2	98.7	96.7	98.8	108.3	105.3	100.6	98.1	107.5
贵 州 Guizhou	106.0	109.6	107.4	107.3	107.5	112.5	93.5	109.8	115.0	102.3	96.4	98.6	97.5	98.5	109.7	103.4	99.4	98.6	112.0
云 南 Yunnan	102.7	113.0	106.5	107.6	108.2	111.6	95.0	109.0	108.0	99.3	98.8	99.0	96.9	95.9	106.2	104.4	99.0	97.3	108.9
西 藏 Tibet																			
陕 西 Shaanxi	104.8	110.4	107.5	106.7	106.3	111.2	98.4	109.7	109.6	100.0	99.3	98.5	95.2	95.9	106.4	104.2	100.3	97.6	116.3
甘 肃 Gansu	105.6	112.5	109.9	108.8	104.3	110.2	90.5	114.4	115.1	98.7	97.8	97.6	87.0	94.6	115.5	109.8	99.0	94.1	118.1
青 海 Qinghai	101.8	108.5	105.3	102.8	104.4	110.4	99.8	108.6	107.0	98.6	98.8	97.6	97.7	96.2	108.0	104.5	98.2	96.1	111.5
宁 夏 Ningxia	106.8	117.3	109.7	108.5	107.1	121.8	94.7	114.1	112.8	99.5	97.0	97.0	92.1	96.9	112.9	106.5	97.5	94.7	120.8
新 疆 Xinjiang	114.8	118.2	110.7	111.1	103.8	117.8	90.6	123.9	117.8	97.9	97.8	97.5	84.3	95.5	112.8	109.2	100.0	93.4	115.0

2-2-3 各地区工业生产者购进价格分类指数(2021年)
Purchasing Price Indices for Industrial Producer by Category and Region (2021)

(上年价格=100) (Preceding Year=100)

地区	Region	总指数 General Index	燃料、动力类 Fuel and Power	黑色金属材料类 Ferrous Metals	有色金属材料类 Nonferrous Metals	化工原料类 Raw Chemical Materials	木材及纸浆类 Timber and Paper Pulp	建材类 Building Materials	其他工业原料类 Other Materials	农副产品类 Agricultural Products	纺织原料类 Textile Materials
全国	**National**	**111.0**	**120.5**	**120.3**	**120.9**	**115.1**	**105.6**	**105.5**	**103.3**	**104.4**	**105.0**
北京	Beijing	103.7	106.1	114.7	113.1	105.1	99.9	100.0	100.3	89.8	98.1
天津	Tianjin	114.7	130.0	129.2	123.8	117.6	103.0	104.4	101.1	109.9	98.8
河北	Hebei	119.8	127.9	123.4	127.5	121.4	106.7	108.7	111.4	105.0	113.5
山西	Shanxi	116.3	123.5	119.5	115.8	113.5	108.3	107.5	102.5	107.1	98.5
内蒙古	Inner Mongolia	128.0	140.7	118.1	121.4	124.2	109.3	112.1	107.7	114.3	93.9
辽宁	Liaoning	115.0	126.5	120.1	112.3	117.4	108.7	108.3	102.2	108.7	101.7
吉林	Jilin	106.2	118.1	117.1	113.4	108.5	104.5	112.9	100.8	102.6	103.7
黑龙江	Heilongjiang	110.5	119.3	114.6	120.2	115.2	102.5	104.6	103.9	105.1	95.5
上海	Shanghai	107.3	125.6	116.2	116.1	111.8	105.9	109.4	99.8	115.4	101.7
江苏	Jiangsu	113.8	122.1	119.9	126.0	119.8	107.0	108.3	105.3	116.4	104.4
浙江	Zhejiang	114.5	117.8	123.8	124.8	123.5	106.2	107.9	106.2	103.2	105.0
安徽	Anhui	111.5	117.8	119.8	121.2	114.6	102.9	110.0	105.6	103.8	104.4
福建	Fujian	109.2	120.0	124.5	113.1	114.3	106.2	102.3	103.3	103.8	103.0
江西	Jiangxi	112.3	115.1	118.1	120.0	117.8	108.7	106.8	106.8	105.6	104.7
山东	Shandong	109.5	120.1	121.6	114.1	116.4	109.2	101.3	103.5	101.5	105.7
河南	Henan	109.5	125.8	121.9	116.5	112.0	105.5	104.6	101.8	97.9	110.6
湖北	Hubei	108.5	112.8	121.6	129.8	109.6	104.3	106.0	103.5	106.6	112.2
湖南	Hunan	108.1	108.5	117.2	119.8	107.5	103.2	110.8	101.0	107.1	103.7
广东	Guangdong	108.0	118.4	119.5	126.4	109.8	104.7	102.1	102.8	99.5	100.0
广西	Guangxi	110.7	118.5	114.8	122.1	109.6	104.9	106.5	104.1	108.4	105.8
海南	Hainan	116.5	132.3	115.1	129.5	111.7	114.4	109.2	102.9	97.2	
重庆	Chongqing	107.2	104.4	115.7	125.0	116.0	105.4	110.1	102.3	102.9	100.5
四川	Sichuan	107.5	119.3	115.7	118.2	111.7	103.3	101.5	101.5	102.4	109.2
贵州	Guizhou	112.0	108.9	119.5	115.4	124.3	103.6	108.1	108.7	107.6	104.1
云南	Yunnan	108.9	105.5	112.5	120.5	121.1	100.1	107.6	103.2	101.1	102.2
西藏	Tibet										
陕西	Shaanxi	116.3	136.7	116.9	113.2	112.1	104.4	101.3	104.2	105.4	116.0
甘肃	Gansu	118.1	122.2	115.7	121.4	131.5	106.7	114.8	106.8	99.6	102.5
青海	Qinghai	111.5	108.0	112.7	118.4	120.3	100.0	108.8	104.5	101.8	97.6
宁夏	Ningxia	120.8	125.5	106.8	121.1	125.7	117.8	115.9	110.7	112.5	126.2
新疆	Xinjiang	115.0	118.6	118.4	115.7	114.9	107.4	111.7	107.3	106.8	112.7

2-3-1 2021年1月流通领域重要生产资料市场价格

January,2021 Circulation Field Important Production Materials Price

产品名称	Item	单位	Unit	上旬 Early January		中旬 Middle January		下旬 Late January	
				本期价格(元) Price (RMB)	比上旬涨跌幅(%) Change Rate	本期价格(元) Price (RMB)	比上旬涨跌幅(%) Change Rate	本期价格(元) Price (RMB)	比上旬涨跌幅(%) Change Rate
一、黑色金属	**Ferrous Metal**								
螺纹钢	Deformed Steel Bar	吨	ton	4346.3	-0.3	4300.1	-1.1	4294.6	-0.1
线材	Wire	吨	ton	4500.1	-0.5	4418.4	-1.8	4388.3	-0.7
普通中板	Common Medium Plate	吨	ton	4567.9	-2.6	4532.2	-0.8	4508.5	-0.5
热轧普通薄板	Hot Rolled Sheet	吨	ton	4670.1	-4.1	4622.3	-1.0	4593.9	-0.6
无缝钢管	Seamless Tube	吨	ton	5163.3	0.7	5178.7	0.3	5175.4	-0.1
角钢	Angle Iron	吨	ton	4397.9	-1.4	4408.4	0.2	4404.2	-0.1
二、有色金属	**Non-ferrous Metals**								
电解铜	Electrolytic Copper	吨	ton	58994.0	1.2	58931.3	-0.1	58720.9	-0.4
铝锭	Aluminum Ingot	吨	ton	15667.7	-3.4	14949.4	-4.6	14950.7	0.0
铅锭	Lead Ingot	吨	ton	14901.3	2.5	14777.0	-0.8	15253.6	3.2
锌锭	Zinc Ingot	吨	ton	21556.0	-0.4	20770.0	-3.6	20228.6	-2.6
三、化工产品	**Chemicals**								
硫酸	Sulfuric Acid	吨	ton	385.0	1.6	385.0	0.0	376.4	-2.2
烧碱(液碱)	Caustic Soda (liquid)	吨	ton	462.0	-0.3	456.5	-1.2	456.0	-0.1
甲醇	Methanol	吨	ton	2312.9	-1.5	2313.5	0.0	2229.9	-3.6
纯苯(石油苯)	Benzene (oil-based benzene)	吨	ton	4430.2	4.9	4510.4	1.8	4529.4	0.4
苯乙烯	Styrene	吨	ton	6559.8	-0.7	6915.8	5.4	7040.1	1.8
聚乙烯(LLDPE)	Polyethylene (LLDPE)	吨	ton	7940.0	-1.2	7893.6	-0.6	8011.4	1.5
聚丙烯	Polypropylene	吨	ton	8338.3	-3.0	8347.1	0.1	8544.5	2.4
聚氯乙烯	Polyvinyl Chloride	吨	ton	7309.3	-6.9	7152.9	-2.1	7341.4	2.6
顺丁胶	Polybutadiene Rubber	吨	ton	10418.0	-0.3	11260.0	8.1	11287.9	0.2
涤纶长丝	Polyester Filament Yarn	吨	ton	6015.0	2.5	6121.9	1.8	5971.4	-2.5
四、石油天然气	**Petroleum and Natural Gas**								
液化天然气	Liquefied Natural Gas	吨	ton	6393.3	-1.3	6456.9	1.0	4707.4	-27.1
液化石油气	Liquefied Petroleum Gas	吨	ton	4241.9	10.6	4359.5	2.8	3820.6	-12.4
汽油(95#国VI)	Gasoline(95 RON GB VI)	吨	ton	6243.0	0.3	6381.9	2.2	6487.1	1.6
汽油(92#国VI)	Gasoline(92 RON GB VI)	吨	ton	6004.2	0.5	6147.0	2.4	6252.8	1.7
柴油(0#国VI)	Diesel Oil(0# GB VI)	吨	ton	5266.7	-1.5	5282.1	0.3	5265.3	-0.3
石蜡	Paraffin Wax	吨	ton	5775.0	0.0	5799.0	0.4	5808.3	0.2

2-3-1 续表 Continued

产品名称	Item	单位	Unit	上旬 Early January		中旬 Middle January		下旬 Late January	
				本期价格(元) Price (RMB)	比上旬涨跌幅(%) Change Rate	本期价格(元) Price (RMB)	比上旬涨跌幅(%) Change Rate	本期价格(元) Price (RMB)	比上旬涨跌幅(%) Change Rate
五、煤炭	**Coal**								
无烟煤	Anthracite	吨	ton	900.0	0.0	915.0	1.7	930.0	1.6
普通混煤	Common Steam Coal	吨	ton	666.5	15.1	763.8	14.6	701.8	-8.1
山西大混	Shanxi Dahun Steam Coal	吨	ton	742.5	13.3	839.8	13.1	784.4	-6.6
山西优混	Shanxi Youhun Steam Coal	吨	ton	786.5	12.5	883.8	12.4	880.4	-0.4
大同混煤	Datong Steam Coal	吨	ton	811.5	12.2	908.8	12.0	903.9	-0.5
焦煤	Coking Coal	吨	ton	1400.0	1.4	1480.0	5.7	1505.7	1.7
焦炭	Coke	吨	ton	2370.0	5.6	2497.9	5.4	2657.8	6.4
六、非金属建材	**Nonmetallic Building Materials**								
普通硅酸盐水泥 (P.O 42.5 袋装)	Portland Cement (P.O 42.5 in bags)	吨	ton	480.1	0.4	480.4	0.1	478.5	-0.4
普通硅酸盐水泥 (P.O 42.5 散装)	Portland Cement (P.O 42.5 in bulk)	吨	ton	437.7	-0.7	434.2	-0.8	429.5	-1.1
浮法平板玻璃	Float Glass	吨	ton	2340.1	0.5	2273.5	-2.8	2159.6	-5.0
七、农产品（主要用于生产）	**Agricultural Product (Mainly Used in Production)**								
稻米	Rice	吨	ton	4074.8	1.0	4086.3	0.3	4099.9	0.3
小麦	Wheat	吨	ton	2474.9	0.5	2565.3	3.7	2554.7	-0.4
玉米	Corn	吨	ton	2675.9	5.0	2853.9	6.7	2892.9	1.4
棉花(皮棉)	Cotton (lint)	吨	ton	15529.2	2.1	15479.4	-0.3	15435.1	-0.3
生猪	Live Pig	千克	kg	36.8	5.4	36.3	-1.4	34.5	-5.0
大豆	Soybean	吨	ton	5112.0	1.1	5295.4	3.6	5356.7	1.2
豆粕	Soya Bean Meal	吨	ton	3546.7	7.7	4054.5	14.3	3925.2	-3.2
花生	Peanut	吨	ton	9433.7	0.6	9525.4	1.0	9663.1	1.4
八、农资	**Agriculture Resources**								
尿素	Urea	吨	ton	1929.8	0.4	2018.9	4.6	2070.0	2.5
复合肥	Compound Fertilizer	吨	ton	2290.0	0.0	2290.0	0.0	2290.0	0.0
农药(草甘膦)	Crop Protection Chemicals (glyphosate)	吨	ton	28470.0	0.2	28768.8	1.0	29314.3	1.9
九、林业	**Forestry**								
天然橡胶	Natural Rubber	吨	ton	13751.3	2.3	13907.0	1.1	13791.6	-0.8
纸浆	Paper Pulp	吨	ton	4970.4	8.5	5251.8	5.7	5540.1	5.5
瓦楞纸	Corrugated Paper	吨	ton	3805.2	1.3	3888.0	2.2	4005.5	3.0

2-3-2 2021年2月流通领域重要生产资料市场价格
February,2021 Circulation Field Important Production Materials Price

产品名称	Item	单位	Unit	上旬 Early February		中旬 Middle February		下旬 Late February	
				本期价格(元) Price (RMB)	比上旬涨跌幅(%) Change Rate	本期价格(元) Price (RMB)	比上旬涨跌幅(%) Change Rate	本期价格(元) Price (RMB)	比上旬涨跌幅(%) Change Rate
一、黑色金属	**Ferrous Metal**								
螺纹钢	Deformed Steel Bar	吨	ton	4307.5	0.3	4492.6	4.3	4616.8	2.8
线材	Wire	吨	ton	4398.5	0.2	4590.2	4.4	4716.9	2.8
普通中板	Common Medium Plate	吨	ton	4518.4	0.2	4670.3	3.4	4845.3	3.7
热轧普通薄板	Hot Rolled Sheet	吨	ton	4589.8	-0.1	4807.8	4.7	4958.9	3.1
无缝钢管	Seamless Tube	吨	ton	5167.5	-0.2	5236.9	1.3	5413.3	3.4
角钢	Angle Iron	吨	ton	4385.0	-0.4	4644.1	5.9	4783.4	3.0
二、有色金属	**Non-ferrous Metals**								
电解铜	Electrolytic Copper	吨	ton	57935.2	-1.3	63091.0	8.9	68296.0	8.2
铝锭	Aluminum Ingot	吨	ton	15298.1	2.3	16336.7	6.8	17004.7	4.1
铅锭	Lead Ingot	吨	ton	15028.3	-1.5	15423.5	2.6	15775.4	2.3
锌锭	Zinc Ingot	吨	ton	19895.0	-1.6	21450.0	7.8	21824.0	1.7
三、化工产品	**Chemicals**								
硫酸	Sulfuric Acid	吨	ton	375.0	-0.4	375.0	0.0	399.0	6.4
烧碱(液碱)	Caustic Soda (liquid)	吨	ton	438.3	-3.9	435.6	-0.6	433.5	-0.5
甲醇	Methanol	吨	ton	2136.5	-4.2	2150.4	0.7	2189.7	1.8
纯苯(石油苯)	Benzene (oil-based benzene)	吨	ton	5057.5	11.7	5938.0	17.4	6463.0	8.8
苯乙烯	Styrene	吨	ton	7537.2	7.1	8829.4	17.1	9612.7	8.9
聚乙烯(LLDPE)	Polyethylene (LLDPE)	吨	ton	8087.0	0.9	8590.0	6.2	9007.9	4.9
聚丙烯	Polypropylene	吨	ton	8553.4	0.1	8961.8	4.8	9469.8	5.7
聚氯乙烯	Polyvinyl Chloride	吨	ton	7464.2	1.7	8033.3	7.6	8686.7	8.1
顺丁胶	Polybutadiene Rubber	吨	ton	11110.0	-1.6	11852.5	6.7	12901.0	8.8
涤纶长丝	Polyester Filament Yarn	吨	ton	6416.7	7.5	6850.0	6.8	7605.0	11.0
四、石油天然气	**Petroleum and Natural Gas**								
液化天然气	Liquefied Natural Gas	吨	ton	4155.3	-11.7	3695.3	-11.1	3513.9	-4.9
液化石油气	Liquefied Petroleum Gas	吨	ton	3647.9	-4.5	3896.6	6.8	3727.6	-4.3
汽油(95＃国VI)	Gasoline(95 RON GB VI)	吨	ton	6608.3	1.9	6979.4	5.6	7151.7	2.5
汽油(92＃国VI)	Gasoline(92 RON GB VI)	吨	ton	6367.5	1.8	6732.7	5.7	6903.8	2.5
柴油(0＃国VI)	Diesel Oil(0# GB VI)	吨	ton	5281.3	0.3	5570.8	5.5	5768.3	3.5
石蜡	Paraffin Wax	吨	ton	5808.3	0.0	5933.3	2.2	5988.3	0.9

2-3-2 续表 Continued

产品名称	Item	单位	Unit	上旬 Early February		中旬 Middle February		下旬 Late February	
				本期价格(元) Price (RMB)	比上旬涨跌幅(%) Change Rate	本期价格(元) Price (RMB)	比上旬涨跌幅(%) Change Rate	本期价格(元) Price (RMB)	比上旬涨跌幅(%) Change Rate
五、煤炭	**Coal**								
无烟煤	Anthracite	吨	ton	950.0	2.2	950.0	0.0	950.0	0.0
普通混煤	Common Steam Coal	吨	ton	558.3	-20.4	492.5	-11.8	461.0	-6.4
山西大混	Shanxi Dahun Steam Coal	吨	ton	626.7	-20.1	550.0	-12.2	514.5	-6.5
山西优混	Shanxi Youhun Steam Coal	吨	ton	726.7	-17.5	637.5	-12.3	585.5	-8.2
大同混煤	Datong Steam Coal	吨	ton	748.3	-17.2	667.5	-10.8	619.0	-7.3
焦煤	Coking Coal	吨	ton	1540.0	2.3	1540.0	0.0	1540.0	0.0
焦炭	Coke	吨	ton	2722.3	2.4	2726.0	0.1	2646.0	-2.9
六、非金属建材	**Nonmetallic Building Materials**								
普通硅酸盐水泥	Portland Cement	吨	ton	475.5	-0.6	473.6	-0.4	469.6	-0.8
(P.O 42.5 袋装)	(P.O 42.5 in bags)								
普通硅酸盐水泥	Portland Cement	吨	ton	424.0	-1.3	424.6	0.1	417.8	-1.6
(P.O 42.5 散装)	(P.O 42.5 in bulk)								
浮法平板玻璃	Float Glass	吨	ton	2143.6	-0.7	2081.4	-2.9	2115.3	1.6
七、农产品	**Agricultural Product**								
(主要用于生产)	**(Mainly Used in Production)**								
稻米	Rice	吨	ton	4102.0	0.1	4099.5	-0.1	4099.5	0.0
小麦	Wheat	吨	ton	2546.1	-0.3	2547.3	0.0	2546.8	0.0
玉米	Corn	吨	ton	2878.8	-0.5	2879.8	0.0	2908.2	1.0
棉花(皮棉)	Cotton (lint)	吨	ton	15434.5	0.0	15984.5	3.6	16517.2	3.3
生猪	Live Pig	千克	kg	31.4	-9.0	29.9	-4.8	27.4	-8.4
大豆	Soybean	吨	ton	5356.7	0.0	5356.7	0.0	5381.3	0.5
豆粕	Soya Bean Meal	吨	ton	3808.9	-3.0	3800.3	-0.2	3795.4	-0.1
花生	Peanut	吨	ton	9675.0	0.1	9675.0	0.0	9675.0	0.0
八、农资	**Agriculture Resources**								
尿素	Urea	吨	ton	2183.2	5.5	2220.8	1.7	2227.3	0.3
复合肥	Compound Fertilizer	吨	ton	2290.0	0.0	2293.8	0.2	2377.5	3.6
农药(草甘膦)	Crop Protection Chemicals (glyphosate)	吨	ton	29400.0	0.3	29400.0	0.0	29400.0	0.0
九、林业	**Forestry**								
天然橡胶	Natural Rubber	吨	ton	14075.2	2.1	14802.5	5.2	15731.3	6.3
纸浆	Paper Pulp	吨	ton	5742.1	3.6	5936.3	3.4	6404.0	7.9
瓦楞纸	Corrugated Paper	吨	ton	4029.9	0.6	4053.8	0.6	4230.0	4.3

2-3-3 2021年3月流通领域重要生产资料市场价格
March,2021 Circulation Field Important Production Materials Price

产品名称	Item	单位	Unit	上旬 Early March		中旬 Middle March		下旬 Late March	
				本期价格(元) Price (RMB)	比上旬涨跌幅(%) Change Rate	本期价格(元) Price (RMB)	比上旬涨跌幅(%) Change Rate	本期价格(元) Price (RMB)	比上旬涨跌幅(%) Change Rate
一、黑色金属	**Ferrous Metal**								
螺纹钢	Deformed Steel Bar	吨	ton	4672.0	1.2	4665.8	-0.1	4775.4	2.3
线材	Wire	吨	ton	4783.9	1.4	4795.1	0.2	4912.5	2.4
普通中板	Common Medium Plate	吨	ton	4935.2	1.9	4978.3	0.9	5162.9	3.7
热轧普通薄板	Hot Rolled Sheet	吨	ton	5009.3	1.0	5045.1	0.7	5268.7	4.4
无缝钢管	Seamless Tube	吨	ton	5515.1	1.9	5550.3	0.6	5614.4	1.2
角钢	Angle Iron	吨	ton	4875.6	1.9	4932.7	1.2	5074.3	2.9
二、有色金属	**Non-ferrous Metals**								
电解铜	Electrolytic Copper	吨	ton	66493.5	-2.6	66696.0	0.3	66101.6	-0.9
铝锭	Aluminum Ingot	吨	ton	17223.3	1.3	17516.9	1.7	17273.5	-1.4
铅锭	Lead Ingot	吨	ton	15027.4	-4.7	14765.1	-1.7	15111.9	2.3
锌锭	Zinc Ingot	吨	ton	21398.8	-1.9	21710.0	1.5	21743.8	0.2
三、化工产品	**Chemicals**								
硫酸	Sulfuric Acid	吨	ton	462.5	15.9	490.7	6.1	510.0	3.9
烧碱(液碱)	Caustic Soda (liquid)	吨	ton	436.4	0.7	443.9	1.7	460.2	3.7
甲醇	Methanol	吨	ton	2286.8	4.4	2277.5	-0.4	2238.2	-1.7
纯苯(石油苯)	Benzene (oil-based benzene)	吨	ton	6576.9	1.8	6415.3	-2.5	6229.9	-2.9
苯乙烯	Styrene	吨	ton	9632.0	0.2	8947.9	-7.1	8526.2	-4.7
聚乙烯(LLDPE)	Polyethylene (LLDPE)	吨	ton	9148.3	1.6	9164.3	0.2	8940.7	-2.4
聚丙烯	Polypropylene	吨	ton	9583.0	1.2	9638.5	0.6	9426.5	-2.2
聚氯乙烯	Polyvinyl Chloride	吨	ton	8528.1	-1.8	8921.2	4.6	8733.8	-2.1
顺丁胶	Polybutadiene Rubber	吨	ton	13297.5	3.1	13509.3	1.6	13607.2	0.7
涤纶长丝	Polyester Filament Yarn	吨	ton	8065.6	6.1	8103.6	0.5	7775.0	-4.1
四、石油天然气	**Petroleum and Natural Gas**								
液化天然气	Liquefied Natural Gas	吨	ton	3320.0	-5.5	3493.8	5.2	3707.3	6.1
液化石油气	Liquefied Petroleum Gas	吨	ton	3875.6	4.0	3917.8	1.1	3952.5	0.9
汽油(95#国VI)	Gasoline(95 RON GB VI)	吨	ton	7402.3	3.5	7622.1	3.0	7557.5	-0.8
汽油(92#国VI)	Gasoline(92 RON GB VI)	吨	ton	7157.5	3.7	7377.3	3.1	7306.8	-1.0
柴油(0#国VI)	Diesel Oil(0# GB VI)	吨	ton	6024.1	4.4	6197.4	2.9	6045.4	-2.5
石蜡	Paraffin Wax	吨	ton	6294.6	5.1	6802.6	8.1	7181.3	5.6

2-3-3 续表 Continued

产品名称	Item	单位	Unit	上旬 Early March 本期价格(元) Price (RMB)	上旬 Early March 比上旬涨跌幅(%) Change Rate	中旬 Middle March 本期价格(元) Price (RMB)	中旬 Middle March 比上旬涨跌幅(%) Change Rate	下旬 Late March 本期价格(元) Price (RMB)	下旬 Late March 比上旬涨跌幅(%) Change Rate
五、煤炭	**Coal**								
无烟煤	Anthracite	吨	ton	950.0	0.0	950.0	0.0	950.0	0.0
普通混煤	Common Steam Coal	吨	ton	466.6	1.2	485.4	4.0	525.6	8.3
山西大混	Shanxi Dahun Steam Coal	吨	ton	530.3	3.1	555.0	4.7	605.0	9.0
山西优混	Shanxi Youhun Steam Coal	吨	ton	603.4	3.1	635.0	5.2	688.1	8.4
大同混煤	Datong Steam Coal	吨	ton	633.4	2.3	660.0	4.2	713.1	8.0
焦煤	Coking Coal	吨	ton	1540.0	0.0	1482.9	-3.7	1440.0	-2.9
焦炭	Coke	吨	ton	2511.0	-5.1	2297.4	-8.5	2026.0	-11.8
六、非金属建材	**Nonmetallic Building Materials**								
普通硅酸盐水泥 (P.O 42.5 袋装)	Portland Cement (P.O 42.5 in bags)	吨	ton	465.7	-0.8	460.0	-1.2	465.4	1.2
普通硅酸盐水泥 (P.O 42.5 散装)	Portland Cement (P.O 42.5 in bulk)	吨	ton	416.1	-0.4	413.5	-0.6	417.4	0.9
浮法平板玻璃	Float Glass	吨	ton	2211.8	4.6	2270.5	2.7	2279.5	0.4
七、农产品 (主要用于生产)	**Agricultural Product (Mainly Used in Production)**								
稻米	Rice	吨	ton	4097.5	0.0	4095.5	0.0	4076.1	-0.5
小麦	Wheat	吨	ton	2561.3	0.6	2562.6	0.1	2538.1	-1.0
玉米	Corn	吨	ton	2915.2	0.2	2849.6	-2.3	2808.2	-1.5
棉花(皮棉)	Cotton (lint)	吨	ton	16527.8	0.1	16176.9	-2.1	15565.0	-3.8
生猪	Live Pig	千克	kg	29.2	6.6	27.9	-4.5	26.0	-6.8
大豆	Soybean	吨	ton	5442.5	1.1	5427.6	-0.3	5349.2	-1.4
豆粕	Soya Bean Meal	吨	ton	3615.3	-4.7	3346.8	-7.4	3299.0	-1.4
花生	Peanut	吨	ton	9612.5	-0.6	9556.0	-0.6	9475.0	-0.8
八、农资	**Agriculture Resources**								
尿素	Urea	吨	ton	2179.9	-2.1	2173.7	-0.3	2199.3	1.2
复合肥	Compound Fertilizer	吨	ton	2401.6	1.0	2425.0	1.0	2427.3	0.1
农药(草甘膦)	Crop Protection Chemicals (glyphosate)	吨	ton	29862.5	1.6	30778.6	3.1	31800.0	3.3
九、林业	**Forestry**								
天然橡胶	Natural Rubber	吨	ton	14813.4	-5.8	14601.4	-1.4	13709.5	-6.1
纸浆	Paper Pulp	吨	ton	6515.0	1.7	6331.3	-2.8	6161.6	-2.7
瓦楞纸	Corrugated Paper	吨	ton	4231.0	0.0	4216.3	-0.3	4180.6	-0.8

2-3-4 2021年4月流通领域重要生产资料市场价格

April,2021 Circulation Field Important Production Materials Price

产品名称	Item	单位	Unit	上旬 Early April		中旬 Middle April		下旬 Late April	
				本期价格(元) Price (RMB)	比上旬涨跌幅(%) Change Rate	本期价格(元) Price (RMB)	比上旬涨跌幅(%) Change Rate	本期价格(元) Price (RMB)	比上旬涨跌幅(%) Change Rate
一、黑色金属	**Ferrous Metal**								
螺纹钢	Deformed Steel Bar	吨	ton	4993.3	4.6	5020.9	0.6	5119.2	2.0
线材	Wire	吨	ton	5162.1	5.1	5216.5	1.1	5352.1	2.6
普通中板	Common Medium Plate	吨	ton	5535.0	7.2	5560.3	0.5	5649.7	1.6
热轧普通薄板	Hot Rolled Sheet	吨	ton	5661.0	7.4	5644.7	-0.3	5794.5	2.7
无缝钢管	Seamless Tube	吨	ton	5750.7	2.4	5869.3	2.1	5916.3	0.8
角钢	Angle Iron	吨	ton	5388.2	6.2	5472.3	1.6	5465.2	-0.1
二、有色金属	**Non-ferrous Metals**								
电解铜	Electrolytic Copper	吨	ton	66314.3	0.3	67109.6	1.2	70406.0	4.9
铝锭	Aluminum Ingot	吨	ton	17438.6	1.0	17893.8	2.6	18413.4	2.9
铅锭	Lead Ingot	吨	ton	14943.8	-1.1	14837.6	-0.7	15156.0	2.1
锌锭	Zinc Ingot	吨	ton	21715.0	-0.1	21631.4	-0.4	21762.5	0.6
三、化工产品	**Chemicals**								
硫酸	Sulfuric Acid	吨	ton	525.0	2.9	538.6	2.6	563.1	4.5
烧碱(液碱)	Caustic Soda (liquid)	吨	ton	466.8	1.4	491.8	5.4	493.3	0.3
甲醇	Methanol	吨	ton	2308.4	3.1	2351.7	1.9	2433.9	3.5
纯苯(石油苯)	Benzene (oil-based benzene)	吨	ton	6602.3	6.0	6784.7	2.8	7291.0	7.5
苯乙烯	Styrene	吨	ton	9206.8	8.0	9360.2	1.7	10151.5	8.5
聚乙烯(LLDPE)	Polyethylene (LLDPE)	吨	ton	8901.9	-0.4	8655.9	-2.8	8502.5	-1.8
聚丙烯	Polypropylene	吨	ton	9392.0	-0.4	9211.1	-1.9	9050.7	-1.7
聚氯乙烯	Polyvinyl Chloride	吨	ton	8872.5	1.6	8833.8	-0.4	9024.2	2.2
顺丁胶	Polybutadiene Rubber	吨	ton	13508.3	-0.7	12742.9	-5.7	12098.1	-5.1
涤纶长丝	Polyester Filament Yarn	吨	ton	7804.2	0.4	7682.1	-1.6	7600.0	-1.1
四、石油天然气	**Petroleum and Natural Gas**								
液化天然气	Liquefied Natural Gas	吨	ton	3538.2	-4.6	3381.5	-4.4	3270.6	-3.3
液化石油气	Liquefied Petroleum Gas	吨	ton	4118.2	4.2	4323.5	5.0	4216.4	-2.5
汽油(95#国VI)	Gasoline(95 RON GB VI)	吨	ton	7461.7	-1.3	7769.6	4.1	7928.2	2.0
汽油(92#国VI)	Gasoline(92 RON GB VI)	吨	ton	7212.6	-1.3	7531.7	4.4	7698.9	2.2
柴油(0#国VI)	Diesel Oil(0# GB VI)	吨	ton	5907.8	-2.3	6055.9	2.5	6110.3	0.9
石蜡	Paraffin Wax	吨	ton	7225.0	0.6	7225.0	0.0	7225.0	0.0

2-3-4 续表 Continued

产品名称	Item	单位	Unit	上旬 Early April 本期价格(元) Price (RMB)	比上旬涨跌幅(%) Change Rate	中旬 Middle April 本期价格(元) Price (RMB)	比上旬涨跌幅(%) Change Rate	下旬 Late April 本期价格(元) Price (RMB)	比上旬涨跌幅(%) Change Rate
五、煤炭	**Coal**								
无烟煤	Anthracite	吨	ton	916.7	-3.5	900.0	-1.8	900.0	0.0
普通混煤	Common Steam Coal	吨	ton	567.5	8.0	579.3	2.1	628.1	8.4
山西大混	Shanxi Dahun Steam Coal	吨	ton	652.5	7.9	664.3	1.8	713.8	7.5
山西优混	Shanxi Youhun Steam Coal	吨	ton	739.2	7.4	750.7	1.6	805.0	7.2
大同混煤	Datong Steam Coal	吨	ton	764.2	7.2	775.7	1.5	830.0	7.0
焦煤	Coking Coal	吨	ton	1440.0	0.0	1461.4	1.5	1556.7	6.5
焦炭	Coke	吨	ton	1926.0	-4.9	1943.1	0.9	2119.8	9.1
六、非金属建材	**Nonmetallic Building Materials**								
普通硅酸盐水泥 (P.O 42.5 袋装)	Portland Cement (P.O 42.5 in bags)	吨	ton	468.6	0.7	474.9	1.3	479.5	1.0
普通硅酸盐水泥 (P.O 42.5 散装)	Portland Cement (P.O 42.5 in bulk)	吨	ton	428.3	2.6	436.0	1.8	443.9	1.8
浮法平板玻璃	Float Glass	吨	ton	2292.3	0.6	2342.0	2.2	2374.0	1.4
七、农产品 (主要用于生产)	**Agricultural Product (Mainly Used in Production)**								
稻米	Rice	吨	ton	4059.8	-0.4	4040.5	-0.5	4026.8	-0.3
小麦	Wheat	吨	ton	2534.5	-0.1	2535.8	0.1	2535.4	0.0
玉米	Corn	吨	ton	2735.7	-2.6	2777.6	1.5	2803.3	0.9
棉花(皮棉)	Cotton (lint)	吨	ton	15502.0	-0.4	15589.4	0.6	15988.8	2.6
生猪	Live Pig	千克	kg	22.9	-11.9	23.4	2.2	22.8	-2.6
大豆	Soybean	吨	ton	5303.9	-0.8	5217.1	-1.6	5216.3	0.0
豆粕	Soya Bean Meal	吨	ton	3363.6	2.0	3369.5	0.2	3516.8	4.4
花生	Peanut	吨	ton	9375.6	-1.0	9126.9	-2.7	8808.3	-3.5
八、农资	**Agriculture Resources**								
尿素	Urea	吨	ton	2182.4	-0.8	2176.2	-0.3	2210.9	1.6
复合肥	Compound Fertilizer	吨	ton	2462.5	1.5	2462.5	0.0	2487.5	1.0
农药(草甘膦)	Crop Protection Chemicals (glyphosate)	吨	ton	32500.0	2.2	33357.1	2.6	35250.0	5.7
九、林业	**Forestry**								
天然橡胶	Natural Rubber	吨	ton	13496.9	-1.6	13065.4	-3.2	13419.7	2.7
纸浆	Paper Pulp	吨	ton	6130.8	-0.5	6061.4	-1.1	5967.5	-1.5
瓦楞纸	Corrugated Paper	吨	ton	4034.3	-3.5	3958.7	-1.9	3813.8	-3.7

2-3-5 2021年5月流通领域重要生产资料市场价格
May,2021 Circulation Field Important Production Materials Price

产品名称	Item	单位	Unit	上旬 Early May		中旬 Middle May		下旬 Late May	
				本期价格(元) Price (RMB)	比上旬涨跌幅(%) Change Rate	本期价格(元) Price (RMB)	比上旬涨跌幅(%) Change Rate	本期价格(元) Price (RMB)	比上旬涨跌幅(%) Change Rate
一、黑色金属	**Ferrous Metal**								
螺纹钢	Deformed Steel Bar	吨	ton	5684.5	11.0	5857.3	3.0	5058.6	-13.6
线材	Wire	吨	ton	5929.1	10.8	6178.4	4.2	5361.8	-13.2
普通中板	Common Medium Plate	吨	ton	6121.2	8.3	6369.5	4.1	5607.2	-12.0
热轧普通薄板	Hot Rolled Sheet	吨	ton	6293.1	8.6	6457.5	2.6	5608.5	-13.1
无缝钢管	Seamless Tube	吨	ton	6162.2	4.2	6835.6	10.9	6445.8	-5.7
角钢	Angle Iron	吨	ton	5766.9	5.5	6130.9	6.3	5486.6	-10.5
二、有色金属	**Non-ferrous Metals**								
电解铜	Electrolytic Copper	吨	ton	74607.7	6.0	74953.5	0.5	72253.1	-3.6
铝锭	Aluminum Ingot	吨	ton	19656.1	6.7	19702.1	0.2	18571.4	-5.7
铅锭	Lead Ingot	吨	ton	15410.0	1.7	15262.5	-1.0	15268.1	0.0
锌锭	Zinc Ingot	吨	ton	22303.3	2.5	22421.3	0.5	22544.3	0.5
三、化工产品	**Chemicals**								
硫酸	Sulfuric Acid	吨	ton	575.0	2.1	585.0	1.7	600.0	2.6
烧碱(液碱)	Caustic Soda (liquid)	吨	ton	490.3	-0.6	485.3	-1.0	501.3	3.3
甲醇	Methanol	吨	ton	2493.5	2.4	2646.1	6.1	2607.6	-1.5
纯苯(石油苯)	Benzene (oil-based benzene)	吨	ton	7866.7	7.9	8131.6	3.4	7623.6	-6.2
苯乙烯	Styrene	吨	ton	10364.3	2.1	10682.2	3.1	10026.4	-6.1
聚乙烯(LLDPE)	Polyethylene (LLDPE)	吨	ton	8623.8	1.4	8561.8	-0.7	8306.0	-3.0
聚丙烯	Polypropylene	吨	ton	9162.8	1.2	9083.7	-0.9	8780.7	-3.3
聚氯乙烯	Polyvinyl Chloride	吨	ton	9381.7	4.0	9374.8	-0.1	9131.9	-2.6
顺丁胶	Polybutadiene Rubber	吨	ton	12088.3	-0.1	12136.3	0.4	12015.7	-1.0
涤纶长丝	Polyester Filament Yarn	吨	ton	7466.7	-1.8	7465.6	0.0	7389.3	-1.0
四、石油天然气	**Petroleum and Natural Gas**								
液化天然气	Liquefied Natural Gas	吨	ton	3329.1	1.8	3729.5	12.0	3701.2	-0.8
液化石油气	Liquefied Petroleum Gas	吨	ton	4265.0	1.2	4200.3	-1.5	4083.4	-2.8
汽油(95#国VI)	Gasoline(95 RON GB VI)	吨	ton	7979.9	0.7	8046.5	0.8	8099.4	0.7
汽油(92#国VI)	Gasoline(92 RON GB VI)	吨	ton	7746.3	0.6	7807.7	0.8	7856.4	0.6
柴油(0#国VI)	Diesel Oil(0# GB VI)	吨	ton	6133.7	0.4	6262.8	2.1	6367.2	1.7
石蜡	Paraffin Wax	吨	ton	7233.3	0.1	7266.7	0.5	7266.7	0.0

2-3-5 续表 Continued

产品名称	Item	单位	Unit	上旬 Early May 本期价格(元) Price (RMB)	上旬 Early May 比上旬涨跌幅(%) Change Rate	中旬 Middle May 本期价格(元) Price (RMB)	中旬 Middle May 比上旬涨跌幅(%) Change Rate	下旬 Late May 本期价格(元) Price (RMB)	下旬 Late May 比上旬涨跌幅(%) Change Rate
五、煤炭	**Coal**								
无烟煤	Anthracite	吨	ton	1000.0	11.1	1175.0	17.5	1350.0	14.9
普通混煤	Common Steam Coal	吨	ton	681.7	8.5	733.1	7.5	680.7	-7.1
山西大混	Shanxi Dahun Steam Coal	吨	ton	801.7	12.3	821.9	2.5	770.7	-6.2
山西优混	Shanxi Youhun Steam Coal	吨	ton	861.7	7.0	913.1	6.0	860.7	-5.7
大同混煤	Datong Steam Coal	吨	ton	886.7	6.8	938.1	5.8	885.7	-5.6
焦煤	Coking Coal	吨	ton	1668.8	7.2	1775.0	6.4	1950.0	9.9
焦炭	Coke	吨	ton	2376.8	12.1	2624.5	10.4	2761.5	5.2
六、非金属建材	**Nonmetallic Building Materials**								
普通硅酸盐水泥 (P.O 42.5 袋装)	Portland Cement (P.O 42.5 in bags)	吨	ton	487.9	1.8	487.9	0.0	482.3	-1.1
普通硅酸盐水泥 (P.O 42.5 散装)	Portland Cement (P.O 42.5 in bulk)	吨	ton	448.9	1.1	450.2	0.3	446.1	-0.9
浮法平板玻璃	Float Glass	吨	ton	2430.0	2.4	2619.0	7.8	2782.2	6.2
七、农产品（主要用于生产）	**Agricultural Product (Mainly Used in Production)**								
稻米	Rice	吨	ton	4021.2	-0.1	4014.5	-0.2	4014.5	0.0
小麦	Wheat	吨	ton	2530.5	-0.2	2528.6	-0.1	2570.3	1.6
玉米	Corn	吨	ton	2818.4	0.5	2826.9	0.3	2833.6	0.2
棉花(皮棉)	Cotton (lint)	吨	ton	16298.7	1.9	16303.6	0.0	16188.3	-0.7
生猪	Live Pig	千克	kg	20.1	-11.8	18.5	-8.0	17.8	-3.8
大豆	Soybean	吨	ton	5253.3	0.7	5308.3	1.0	5278.6	-0.6
豆粕	Soya Bean Meal	吨	ton	3631.7	3.3	3598.1	-0.9	3545.0	-1.5
花生	Peanut	吨	ton	8805.6	0.0	8779.2	-0.3	8695.7	-1.0
八、农资	**Agriculture Resources**								
尿素	Urea	吨	ton	2226.7	0.7	2347.3	5.4	2454.3	4.6
复合肥	Compound Fertilizer	吨	ton	2512.5	1.0	2512.5	0.0	2512.5	0.0
农药(草甘膦)	Crop Protection Chemicals (glyphosate)	吨	ton	37833.3	7.3	40000.0	5.7	43785.7	9.5
九、林业	**Forestry**								
天然橡胶	Natural Rubber	吨	ton	13917.3	3.7	13112.5	-5.8	13148.4	0.3
纸浆	Paper Pulp	吨	ton	5955.0	-0.2	5935.0	-0.3	5682.9	-4.2
瓦楞纸	Corrugated Paper	吨	ton	3829.8	0.4	3933.1	2.7	4064.8	3.3

2-3-6 2021年6月流通领域重要生产资料市场价格
June,2021 Circulation Field Important Production Materials Price

产品名称	Item	单位	Unit	上旬 Early June		中旬 Middle June		下旬 Late June	
				本期价格(元) Price (RMB)	比上旬涨跌幅(%) Change Rate	本期价格(元) Price (RMB)	比上旬涨跌幅(%) Change Rate	本期价格(元) Price (RMB)	比上旬涨跌幅(%) Change Rate
一、黑色金属	**Ferrous Metal**								
螺纹钢	Deformed Steel Bar	吨	ton	5108.1	1.0	5075.1	-0.6	4883.9	-3.8
线材	Wire	吨	ton	5425.2	1.2	5412.5	-0.2	5233.0	-3.3
普通中板	Common Medium Plate	吨	ton	5588.9	-0.3	5524.1	-1.2	5372.5	-2.7
热轧普通薄板	Hot Rolled Sheet	吨	ton	5673.6	1.2	5666.8	-0.1	5499.9	-2.9
无缝钢管	Seamless Tube	吨	ton	6278.7	-2.6	6139.7	-2.2	6047.8	-1.5
角钢	Angle Iron	吨	ton	5451.3	-0.6	5400.6	-0.9	5289.3	-2.1
二、有色金属	**Non-ferrous Metals**								
电解铜	Electrolytic Copper	吨	ton	72121.6	-0.2	69363.0	-3.8	68032.3	-1.9
铝锭	Aluminum Ingot	吨	ton	18585.4	0.1	18820.0	1.3	18735.4	-0.4
铅锭	Lead Ingot	吨	ton	15117.9	-1.0	15153.2	0.2	15311.6	1.0
锌锭	Zinc Ingot	吨	ton	22770.0	1.0	22560.0	-0.9	21915.0	-2.9
三、化工产品	**Chemicals**								
硫酸	Sulfuric Acid	吨	ton	600.0	0.0	640.0	6.7	649.4	1.5
烧碱(液碱)	Caustic Soda (liquid)	吨	ton	516.6	3.1	516.5	0.0	534.2	3.4
甲醇	Methanol	吨	ton	2431.5	-6.8	2389.5	-1.7	2396.7	0.3
纯苯(石油苯)	Benzene (oil-based benzene)	吨	ton	7767.5	1.9	7694.0	-0.9	8181.4	6.3
苯乙烯	Styrene	吨	ton	9468.3	-5.6	8898.8	-6.0	9127.6	2.6
聚乙烯(LLDPE)	Polyethylene (LLDPE)	吨	ton	8199.4	-1.3	8120.7	-1.0	8375.7	3.1
聚丙烯	Polypropylene	吨	ton	8677.3	-1.2	8587.5	-1.0	8656.9	0.8
聚氯乙烯	Polyvinyl Chloride	吨	ton	9170.0	0.4	9144.3	-0.3	8968.3	-1.9
顺丁胶	Polybutadiene Rubber	吨	ton	11740.0	-2.3	11920.0	1.5	12249.4	2.8
涤纶长丝	Polyester Filament Yarn	吨	ton	7412.5	0.3	7495.0	1.1	7671.9	2.4
四、石油天然气	**Petroleum and Natural Gas**								
液化天然气	Liquefied Natural Gas	吨	ton	3797.7	2.6	3809.9	0.3	3795.4	-0.4
液化石油气	Liquefied Petroleum Gas	吨	ton	4093.4	0.2	4096.1	0.1	4121.1	0.6
汽油(95#国VI)	Gasoline(95 RON GB VI)	吨	ton	8189.2	1.1	8290.0	1.2	8329.6	0.5
汽油(92#国VI)	Gasoline(92 RON GB VI)	吨	ton	7949.0	1.2	8049.4	1.3	8089.9	0.5
柴油(0#国VI)	Diesel Oil(0# GB VI)	吨	ton	6486.0	1.9	6555.4	1.1	6546.8	-0.1
石蜡	Paraffin Wax	吨	ton	7266.7	0.0	7269.7	0.0	7279.2	0.1

2-3-6 续表 Continued

产品名称	Item	单位	Unit	上旬 Early June 本期价格(元) Price (RMB)	上旬 Early June 比上旬涨跌幅(%) Change Rate	中旬 Middle June 本期价格(元) Price (RMB)	中旬 Middle June 比上旬涨跌幅(%) Change Rate	下旬 Late June 本期价格(元) Price (RMB)	下旬 Late June 比上旬涨跌幅(%) Change Rate
五、煤炭	**Coal**								
无烟煤	Anthracite	吨	ton	1262.5	-6.5	1300.0	3.0	1343.8	3.4
普通混煤	Common Steam Coal	吨	ton	698.1	2.6	709.0	1.6	721.9	1.8
山西大混	Shanxi Dahun Steam Coal	吨	ton	788.1	2.3	799.0	1.4	811.9	1.6
山西优混	Shanxi Youhun Steam Coal	吨	ton	878.1	2.0	889.0	1.2	901.9	1.5
大同混煤	Datong Steam Coal	吨	ton	903.1	2.0	914.0	1.2	926.9	1.4
焦煤	Coking Coal	吨	ton	1950.0	0.0	1950.0	0.0	2036.3	4.4
焦炭	Coke	吨	ton	2641.9	-4.3	2626.8	-0.6	2640.6	0.5
六、非金属建材	**Nonmetallic Building Materials**								
普通硅酸盐水泥 (P.O 42.5 袋装)	Portland Cement (P.O 42.5 in bags)	吨	ton	469.9	-2.6	459.3	-2.3	454.6	-1.0
普通硅酸盐水泥 (P.O 42.5 散装)	Portland Cement (P.O 42.5 in bulk)	吨	ton	437.0	-2.0	427.5	-2.2	413.3	-3.3
浮法平板玻璃	Float Glass	吨	ton	2847.2	2.3	2856.9	0.3	2867.4	0.4
七、农产品 (主要用于生产)	**Agricultural Product (Mainly Used in Production)**								
稻米	Rice	吨	ton	3999.5	-0.4	3980.1	-0.5	3964.3	-0.4
小麦	Wheat	吨	ton	2526.4	-1.7	2532.5	0.2	2546.4	0.5
玉米	Corn	吨	ton	2828.1	-0.2	2818.3	-0.3	2753.0	-2.3
棉花(皮棉)	Cotton (lint)	吨	ton	16301.4	0.7	16278.9	-0.1	16356.2	0.5
生猪	Live Pig	千克	kg	15.8	-11.2	13.9	-12.0	13.9	0.0
大豆	Soybean	吨	ton	5261.2	-0.3	5259.3	0.0	5239.2	-0.4
豆粕	Soya Bean Meal	吨	ton	3581.6	1.0	3473.9	-3.0	3418.1	-1.6
花生	Peanut	吨	ton	8385.4	-3.6	8240.0	-1.7	8233.3	-0.1
八、农资	**Agriculture Resources**								
尿素	Urea	吨	ton	2674.2	9.0	2724.8	1.9	2795.6	2.6
复合肥	Compound Fertilizer	吨	ton	2601.6	3.5	2686.3	3.3	2768.8	3.1
农药(草甘膦)	Crop Protection Chemicals (glyphosate)	吨	ton	47656.3	8.8	47750.0	0.2	48250.0	1.0
九、林业	**Forestry**								
天然橡胶	Natural Rubber	吨	ton	12700.2	-3.4	12306.2	-3.1	12591.3	2.3
纸浆	Paper Pulp	吨	ton	5515.9	-2.9	5412.5	-1.9	5366.9	-0.8
瓦楞纸	Corrugated Paper	吨	ton	4072.2	0.2	4097.6	0.6	4124.7	0.7

2-3-7 2021年7月流通领域重要生产资料市场价格
July,2021 Circulation Field Important Production Materials Price

产品名称	Item	单位	Unit	上旬 Early July		中旬 Middle July		下旬 Late July	
				本期价格(元) Price (RMB)	比上旬涨跌幅(%) Change Rate	本期价格(元) Price (RMB)	比上旬涨跌幅(%) Change Rate	本期价格(元) Price (RMB)	比上旬涨跌幅(%) Change Rate
一、黑色金属	**Ferrous Metal**								
螺纹钢	Deformed Steel Bar	吨	ton	4929.6	0.9	5192.3	5.3	5322.8	2.5
线材	Wire	吨	ton	5234.5	0.0	5488.1	4.8	5617.5	2.4
普通中板	Common Medium Plate	吨	ton	5391.4	0.4	5599.4	3.9	5688.1	1.6
热轧普通薄板	Hot Rolled Sheet	吨	ton	5606.0	1.9	5863.8	4.6	5931.7	1.2
无缝钢管	Seamless Tube	吨	ton	5979.8	-1.1	6045.2	1.1	6151.8	1.8
角钢	Angle Iron	吨	ton	5323.6	0.6	5531.2	3.9	5615.0	1.5
二、有色金属	**Non-ferrous Metals**								
电解铜	Electrolytic Copper	吨	ton	68668.9	0.9	69025.3	0.5	70879.1	2.7
铝锭	Aluminum Ingot	吨	ton	18900.2	0.9	19211.2	1.6	19443.1	1.2
铅锭	Lead Ingot	吨	ton	15530.7	1.4	15545.6	0.1	15721.9	1.1
锌锭	Zinc Ingot	吨	ton	22357.1	2.0	22425.7	0.3	22476.3	0.2
三、化工产品	**Chemicals**								
硫酸	Sulfuric Acid	吨	ton	666.4	2.6	683.6	2.6	741.3	8.4
烧碱(液碱)	Caustic Soda (liquid)	吨	ton	555.8	4.0	603.3	8.5	659.7	9.3
甲醇	Methanol	吨	ton	2397.3	0.0	2427.3	1.3	2476.7	2.0
纯苯(石油苯)	Benzene (oil-based benzene)	吨	ton	8593.6	5.0	8415.3	-2.1	8119.0	-3.5
苯乙烯	Styrene	吨	ton	9521.9	4.3	9362.6	-1.7	9370.5	0.1
聚乙烯(LLDPE)	Polyethylene (LLDPE)	吨	ton	8515.6	1.7	8589.2	0.9	8583.2	-0.1
聚丙烯	Polypropylene	吨	ton	8713.7	0.7	8725.3	0.1	8658.0	-0.8
聚氯乙烯	Polyvinyl Chloride	吨	ton	9071.7	1.2	9165.5	1.0	9246.0	0.9
顺丁胶	Polybutadiene Rubber	吨	ton	12520.7	2.2	14110.7	12.7	14133.1	0.2
涤纶长丝	Polyester Filament Yarn	吨	ton	7914.3	3.2	8035.7	1.5	8062.5	0.3
四、石油天然气	**Petroleum and Natural Gas**								
液化天然气	Liquefied Natural Gas	吨	ton	4050.3	6.7	4372.0	7.9	4900.8	12.1
液化石油气	Liquefied Petroleum Gas	吨	ton	4323.8	4.9	4388.3	1.5	4474.0	2.0
汽油(95＃国Ⅵ)	Gasoline(95 RON GB Ⅵ)	吨	ton	8359.1	0.4	8315.7	-0.5	8257.2	-0.7
汽油(92＃国Ⅵ)	Gasoline(92 RON GB Ⅵ)	吨	ton	8121.4	0.4	8078.3	-0.5	8016.3	-0.8
柴油(0＃国Ⅵ)	Diesel Oil(0# GB Ⅵ)	吨	ton	6556.3	0.1	6496.8	-0.9	6427.2	-1.1
石蜡	Paraffin Wax	吨	ton	7303.1	0.3	7332.9	0.4	7356.7	0.3

2-3-7 续表 Continued

产品名称	Item	单位	Unit	上旬 Early July 本期价格(元) Price (RMB)	上旬 Early July 比上旬涨跌幅(%) Change Rate	中旬 Middle July 本期价格(元) Price (RMB)	中旬 Middle July 比上旬涨跌幅(%) Change Rate	下旬 Late July 本期价格(元) Price (RMB)	下旬 Late July 比上旬涨跌幅(%) Change Rate
五、煤炭	**Coal**								
无烟煤	Anthracite	吨	ton	1385.7	3.1	1400.0	1.0	1400.0	0.0
普通混煤	Common Steam Coal	吨	ton	725.0	0.4	749.3	3.4	773.1	3.2
山西大混	Shanxi Dahun Steam Coal	吨	ton	815.0	0.4	839.3	3.0	863.1	2.8
山西优混	Shanxi Youhun Steam Coal	吨	ton	905.0	0.3	920.0	1.7	943.1	2.5
大同混煤	Datong Steam Coal	吨	ton	930.0	0.3	945.0	1.6	968.1	2.4
焦煤	Coking Coal	吨	ton	2050.0	0.7	2057.1	0.3	2181.3	6.0
焦炭	Coke	吨	ton	2677.8	1.4	2566.8	-4.1	2506.8	-2.3
六、非金属建材	**Nonmetallic Building Materials**								
普通硅酸盐水泥 (P.O 42.5 袋装)	Portland Cement (P.O 42.5 in bags)	吨	ton	450.3	-0.9	437.6	-2.8	430.7	-1.6
普通硅酸盐水泥 (P.O 42.5 散装)	Portland Cement (P.O 42.5 in bulk)	吨	ton	399.6	-3.3	386.4	-3.3	379.3	-1.8
浮法平板玻璃	Float Glass	吨	ton	2889.2	0.8	2955.4	2.3	3064.8	3.7
七、农产品 （主要用于生产）	**Agricultural Product (Mainly Used in Production)**								
稻米	Rice	吨	ton	3943.2	-0.5	3918.2	-0.6	3902.8	-0.4
小麦	Wheat	吨	ton	2536.2	-0.4	2527.5	-0.3	2520.8	-0.3
玉米	Corn	吨	ton	2735.5	-0.6	2695.8	-1.5	2634.1	-2.3
棉花(皮棉)	Cotton (lint)	吨	ton	16793.8	2.7	17145.2	2.1	17706.7	3.3
生猪	Live Pig	千克	kg	16.0	15.1	15.6	-2.5	15.5	-0.6
大豆	Soybean	吨	ton	5221.0	-0.3	5223.8	0.1	5204.2	-0.4
豆粕	Soya Bean Meal	吨	ton	3590.8	5.1	3606.3	0.4	3581.8	-0.7
花生	Peanut	吨	ton	8166.7	-0.8	8061.9	-1.3	8093.7	0.4
八、农资	**Agriculture Resources**								
尿素	Urea	吨	ton	2814.3	0.7	2800.7	-0.5	2822.5	0.8
复合肥	Compound Fertilizer	吨	ton	2955.4	6.7	3025.0	2.4	3097.7	2.4
农药(草甘膦)	Crop Protection Chemicals (glyphosate)	吨	ton	49750.0	3.1	49750.0	0.0	50625.0	1.8
九、林业	**Forestry**								
天然橡胶	Natural Rubber	吨	ton	12767.0	1.4	12947.3	1.4	12863.5	-0.6
纸浆	Paper Pulp	吨	ton	5361.4	-0.1	5420.3	1.1	5327.3	-1.7
瓦楞纸	Corrugated Paper	吨	ton	4131.8	0.2	4137.8	0.1	4103.3	-0.8

2-3-8 2021年8月流通领域重要生产资料市场价格
August,2021 Circulation Field Important Production Materials Price

产品名称	Item	单位	Unit	上旬 Early August		中旬 Middle August		下旬 Late August	
				本期价格(元) Price (RMB)	比上旬涨跌幅(%) Change Rate	本期价格(元) Price (RMB)	比上旬涨跌幅(%) Change Rate	本期价格(元) Price (RMB)	比上旬涨跌幅(%) Change Rate
一、黑色金属	**Ferrous Metal**								
螺纹钢	Deformed Steel Bar	吨	ton	5230.6	-1.7	5206.4	-0.5	5167.9	-0.7
线材	Wire	吨	ton	5520.3	-1.7	5506.6	-0.2	5486.0	-0.4
普通中板	Common Medium Plate	吨	ton	5704.6	0.3	5691.0	-0.2	5652.9	-0.7
热轧普通薄板	Hot Rolled Sheet	吨	ton	5862.6	-1.2	5840.1	-0.4	5820.2	-0.3
无缝钢管	Seamless Tube	吨	ton	6177.5	0.4	6146.1	-0.5	6112.0	-0.6
角钢	Angle Iron	吨	ton	5615.8	0.0	5613.2	0.0	5588.3	-0.4
二、有色金属	**Non-ferrous Metals**								
电解铜	Electrolytic Copper	吨	ton	70211.0	-0.9	69391.0	-1.2	69394.6	0.0
铝锭	Aluminum Ingot	吨	ton	19874.3	2.2	20199.2	1.6	20736.4	2.7
铅锭	Lead Ingot	吨	ton	15539.3	-1.2	15234.4	-2.0	15235.7	0.0
锌锭	Zinc Ingot	吨	ton	22432.9	-0.2	22725.0	1.3	22604.3	-0.5
三、化工产品	**Chemicals**								
硫酸	Sulfuric Acid	吨	ton	810.7	9.4	870.6	7.4	917.1	5.3
烧碱(液碱)	Caustic Soda (liquid)	吨	ton	679.8	3.0	682.0	0.3	676.2	-0.9
甲醇	Methanol	吨	ton	2462.5	-0.6	2492.1	1.2	2533.6	1.7
纯苯(石油苯)	Benzene (oil-based benzene)	吨	ton	7541.9	-7.1	7482.3	-0.8	7563.6	1.1
苯乙烯	Styrene	吨	ton	8891.7	-5.1	8837.8	-0.6	8729.5	-1.2
聚乙烯(LLDPE)	Polyethylene (LLDPE)	吨	ton	8543.0	-0.5	8614.1	0.8	8566.8	-0.5
聚丙烯	Polypropylene	吨	ton	8550.0	-1.2	8562.2	0.1	8475.9	-1.0
聚氯乙烯	Polyvinyl Chloride	吨	ton	9170.2	-0.8	9344.0	1.9	9417.6	0.8
顺丁胶	Polybutadiene Rubber	吨	ton	13994.3	-1.0	14258.8	1.9	14078.6	-1.3
涤纶长丝	Polyester Filament Yarn	吨	ton	8014.3	-0.6	7771.9	-3.0	7692.9	-1.0
四、石油天然气	**Petroleum and Natural Gas**								
液化天然气	Liquefied Natural Gas	吨	ton	5402.5	10.2	5579.5	3.3	5762.9	3.3
液化石油气	Liquefied Petroleum Gas	吨	ton	4747.4	6.1	4773.8	0.6	4737.4	-0.8
汽油(95#国VI)	Gasoline(95 RON GB VI)	吨	ton	8179.5	-0.9	8035.6	-1.8	7866.5	-2.1
汽油(92#国VI)	Gasoline(92 RON GB VI)	吨	ton	7939.3	-1.0	7794.3	-1.8	7629.4	-2.1
柴油(0#国VI)	Diesel Oil(0# GB VI)	吨	ton	6378.1	-0.8	6319.4	-0.9	6286.8	-0.5
石蜡	Paraffin Wax	吨	ton	7456.7	1.4	7477.5	0.3	7517.4	0.5

2-3-8 续表 Continued

产品名称	Item	单位	Unit	上旬 Early August 本期价格(元) Price (RMB)	上旬 Early August 比上旬涨跌幅(%) Change Rate	中旬 Middle August 本期价格(元) Price (RMB)	中旬 Middle August 比上旬涨跌幅(%) Change Rate	下旬 Late August 本期价格(元) Price (RMB)	下旬 Late August 比上旬涨跌幅(%) Change Rate
五、煤炭	**Coal**								
无烟煤	Anthracite	吨	ton	1447.1	3.4	1521.3	5.1	1540.0	1.2
普通混煤	Common Steam Coal	吨	ton	775.0	0.2	775.0	0.0	775.0	0.0
山西大混	Shanxi Dahun Steam Coal	吨	ton	865.0	0.2	865.0	0.0	865.0	0.0
山西优混	Shanxi Youhun Steam Coal	吨	ton	945.0	0.2	945.0	0.0	945.0	0.0
大同混煤	Datong Steam Coal	吨	ton	970.0	0.2	970.0	0.0	970.0	0.0
焦煤	Coking Coal	吨	ton	2300.0	5.4	2525.0	9.8	3150.0	24.8
焦炭	Coke	吨	ton	2647.6	5.6	2880.1	8.8	3243.8	12.6
六、非金属建材	**Nonmetallic Building Materials**								
普通硅酸盐水泥 (P.O 42.5 袋装)	Portland Cement (P.O 42.5 in bags)	吨	ton	434.5	0.9	438.2	0.9	445.7	1.7
普通硅酸盐水泥 (P.O 42.5 散装)	Portland Cement (P.O 42.5 in bulk)	吨	ton	385.6	1.7	397.8	3.2	405.5	1.9
浮法平板玻璃	Float Glass	吨	ton	3137.5	2.4	3140.4	0.1	3142.7	0.1
七、农产品 (主要用于生产)	**Agricultural Product (Mainly Used in Production)**								
稻米	Rice	吨	ton	3894.3	-0.2	3899.0	0.1	3901.0	0.1
小麦	Wheat	吨	ton	2530.8	0.4	2550.3	0.8	2555.6	0.2
玉米	Corn	吨	ton	2684.7	1.9	2707.7	0.9	2697.5	-0.4
棉花(皮棉)	Cotton (lint)	吨	ton	17903.4	1.1	18402.5	2.8	18109.7	-1.6
生猪	Live Pig	千克	kg	15.3	-1.3	14.9	-2.6	14.1	-5.4
大豆	Soybean	吨	ton	5210.0	0.1	5234.6	0.5	5257.6	0.4
豆粕	Soya Bean Meal	吨	ton	3655.7	2.1	3678.2	0.6	3654.1	-0.7
花生	Peanut	吨	ton	8145.2	0.6	8150.0	0.1	8233.3	1.0
八、农资	**Agriculture Resources**								
尿素	Urea	吨	ton	2825.6	0.1	2727.9	-3.5	2537.7	-7.0
复合肥	Compound Fertilizer	吨	ton	3124.1	0.9	3131.3	0.2	3184.8	1.7
农药(草甘膦)	Crop Protection Chemicals (glyphosate)	吨	ton	51500.0	1.7	51500.0	0.0	51535.7	0.1
九、林业	**Forestry**								
天然橡胶	Natural Rubber	吨	ton	13198.9	2.6	13311.1	0.9	12909.3	-3.0
纸浆	Paper Pulp	吨	ton	5324.6	-0.1	5336.3	0.2	5271.6	-1.2
瓦楞纸	Corrugated Paper	吨	ton	4154.3	1.2	4242.8	2.1	4258.6	0.4

2-3-9 2021年9月流通领域重要生产资料市场价格
September,2021 Circulation Field Important Production Materials Price

产品名称	Item	单位	Unit	上旬 Early September		中旬 Middle September		下旬 Late September	
				本期价格(元) Price (RMB)	比上旬涨跌幅(%) Change Rate	本期价格(元) Price (RMB)	比上旬涨跌幅(%) Change Rate	本期价格(元) Price (RMB)	比上旬涨跌幅(%) Change Rate
一、黑色金属	**Ferrous Metal**								
螺纹钢	Deformed Steel Bar	吨	ton	5278.8	2.1	5463.0	3.5	5684.9	4.1
线材	Wire	吨	ton	5586.0	1.8	5762.3	3.2	5959.1	3.4
普通中板	Common Medium Plate	吨	ton	5699.4	0.8	5736.5	0.7	5747.4	0.2
热轧普通薄板	Hot Rolled Sheet	吨	ton	5876.6	1.0	5897.8	0.4	5891.1	-0.1
无缝钢管	Seamless Tube	吨	ton	6181.3	1.1	6293.8	1.8	6376.1	1.3
角钢	Angle Iron	吨	ton	5629.2	0.7	5666.1	0.7	5695.2	0.5
二、有色金属	**Non-ferrous Metals**								
电解铜	Electrolytic Copper	吨	ton	69502.9	0.2	70322.0	1.2	69223.1	-1.6
铝锭	Aluminum Ingot	吨	ton	21761.3	4.9	22794.0	4.7	22848.3	0.2
铅锭	Lead Ingot	吨	ton	14859.4	-2.5	14720.0	-0.9	14385.7	-2.3
锌锭	Zinc Ingot	吨	ton	22697.5	0.4	22905.0	0.9	22808.6	-0.4
三、化工产品	**Chemicals**								
硫酸	Sulfuric Acid	吨	ton	1007.5	9.9	1031.0	2.3	1009.3	-2.1
烧碱(液碱)	Caustic Soda (liquid)	吨	ton	673.8	-0.4	803.6	19.3	1193.6	48.5
甲醇	Methanol	吨	ton	2618.8	3.4	2904.4	10.9	3253.7	12.0
纯苯(石油苯)	Benzene (oil-based benzene)	吨	ton	7917.4	4.7	8680.6	9.6	7840.1	-9.7
苯乙烯	Styrene	吨	ton	8981.4	2.9	9488.7	5.6	9165.4	-3.4
聚乙烯(LLDPE)	Polyethylene (LLDPE)	吨	ton	8671.1	1.2	9014.4	4.0	9338.4	3.6
聚丙烯	Polypropylene	吨	ton	8523.4	0.6	8820.5	3.5	9230.9	4.7
聚氯乙烯	Polyvinyl Chloride	吨	ton	9754.4	3.6	10131.0	3.9	11439.5	12.9
顺丁胶	Polybutadiene Rubber	吨	ton	13624.1	-3.2	13170.0	-3.3	13333.6	1.2
涤纶长丝	Polyester Filament Yarn	吨	ton	7662.5	-0.4	7695.0	0.4	7910.7	2.8
四、石油天然气	**Petroleum and Natural Gas**								
液化天然气	Liquefied Natural Gas	吨	ton	5976.3	3.7	6086.2	1.8	6072.8	-0.2
液化石油气	Liquefied Petroleum Gas	吨	ton	4853.9	2.5	5115.3	5.4	5209.5	1.8
汽油(95＃国Ⅵ)	Gasoline(95 RON GB Ⅵ)	吨	ton	7861.5	-0.1	8128.4	3.4	8157.0	0.4
汽油(92＃国Ⅵ)	Gasoline(92 RON GB Ⅵ)	吨	ton	7623.8	-0.1	7895.0	3.6	7922.5	0.3
柴油(0＃国Ⅵ)	Diesel Oil(0# GB Ⅵ)	吨	ton	6379.1	1.5	6840.1	7.2	7004.0	2.4
石蜡	Paraffin Wax	吨	ton	7533.8	0.2	7580.0	0.6	7615.0	0.5

2-3-9 续表 Continued

产品名称	Item	单位	Unit	上旬 Early September 本期价格(元) Price (RMB)	上旬 Early September 比上旬涨跌幅(%) Change Rate	中旬 Middle September 本期价格(元) Price (RMB)	中旬 Middle September 比上旬涨跌幅(%) Change Rate	下旬 Late September 本期价格(元) Price (RMB)	下旬 Late September 比上旬涨跌幅(%) Change Rate
五、煤炭	**Coal**								
无烟煤	Anthracite	吨	ton	1623.8	5.4	1682.0	3.6	1714.4	1.9
普通混煤	Common Steam Coal	吨	ton	775.0	0.0	905.2	16.8	1043.7	15.3
山西大混	Shanxi Dahun Steam Coal	吨	ton	865.0	0.0	1054.4	21.9	1204.1	14.2
山西优混	Shanxi Youhun Steam Coal	吨	ton	945.0	0.0	1116.0	18.1	1270.0	13.8
大同混煤	Datong Steam Coal	吨	ton	970.0	0.0	1137.8	17.3	1289.1	13.3
焦煤	Coking Coal	吨	ton	3750.0	19.0	3980.0	6.1	4100.0	3.0
焦炭	Coke	吨	ton	3619.9	11.6	3950.0	9.1	4086.0	3.4
六、非金属建材	**Nonmetallic Building Materials**								
普通硅酸盐水泥	Portland Cement	吨	ton	466.4	4.6	481.4	3.2	562.2	16.8
(P.O 42.5 袋装)	(P.O 42.5 in bags)								
普通硅酸盐水泥	Portland Cement	吨	ton	423.6	4.5	460.4	8.7	547.8	19.0
(P.O 42.5 散装)	(P.O 42.5 in bulk)								
浮法平板玻璃	Float Glass	吨	ton	3151.7	0.3	3137.1	-0.5	3074.3	-2.0
七、农产品	**Agricultural Product**								
(主要用于生产)	**(Mainly Used in Production)**								
稻米	Rice	吨	ton	3901.0	0.0	3901.0	0.0	3881.0	-0.5
小麦	Wheat	吨	ton	2567.2	0.5	2566.2	0.0	2566.0	0.0
玉米	Corn	吨	ton	2666.3	-1.2	2580.8	-3.2	2519.8	-2.4
棉花(皮棉)	Cotton (lint)	吨	ton	18272.3	0.9	18088.6	-1.0	18420.0	1.8
生猪	Live Pig	千克	kg	13.5	-4.3	12.4	-8.1	11.1	-10.5
大豆	Soybean	吨	ton	5268.3	0.2	5273.3	0.1	5273.3	0.0
豆粕	Soya Bean Meal	吨	ton	3709.4	1.5	3801.2	2.5	3874.2	1.9
花生	Peanut	吨	ton	8385.4	1.8	8420.0	0.4	8345.2	-0.9
八、农资	**Agriculture Resources**								
尿素	Urea	吨	ton	2590.5	2.1	2650.2	2.3	2845.2	7.4
复合肥	Compound Fertilizer	吨	ton	3200.0	0.5	3206.3	0.2	3206.3	0.0
农药(草甘膦)	Crop Protection Chemicals (glyphosate)	吨	ton	53375.0	3.6	58600.0	9.8	69571.4	18.7
九、林业	**Forestry**								
天然橡胶	Natural Rubber	吨	ton	12506.5	-3.1	12726.9	1.8	12688.7	-0.3
纸浆	Paper Pulp	吨	ton	5240.9	-0.6	5200.8	-0.8	5142.9	-1.1
瓦楞纸	Corrugated Paper	吨	ton	4251.9	-0.2	4213.7	-0.9	4231.6	0.4

2-3-10　2021年10月流通领域重要生产资料市场价格
October,2021 Circulation Field Important Production Materials Price

产品名称	Item	单位	Unit	上旬 Early October		中旬 Middle October		下旬 Late October	
				本期价格(元) Price (RMB)	比上旬涨跌幅(%) Change Rate	本期价格(元) Price (RMB)	比上旬涨跌幅(%) Change Rate	本期价格(元) Price (RMB)	比上旬涨跌幅(%) Change Rate
一、黑色金属	**Ferrous Metal**								
螺纹钢	Deformed Steel Bar	吨	ton	5900.4	3.8	5755.8	-2.5	5371.7	-6.7
线材	Wire	吨	ton	6143.5	3.1	5998.9	-2.4	5606.4	-6.5
普通中板	Common Medium Plate	吨	ton	5876.3	2.2	5881.9	0.1	5771.4	-1.9
热轧普通薄板	Hot Rolled Sheet	吨	ton	5993.9	1.7	5941.7	-0.9	5708.1	-3.9
无缝钢管	Seamless Tube	吨	ton	6455.6	1.2	6527.0	1.1	6478.2	-0.7
角钢	Angle Iron	吨	ton	5848.1	2.7	5820.5	-0.5	5693.2	-2.2
二、有色金属	**Non-ferrous Metals**								
电解铜	Electrolytic Copper	吨	ton	69896.0	1.0	72719.1	4.0	72566.7	-0.2
铝锭	Aluminum Ingot	吨	ton	22666.7	-0.8	23447.5	3.4	21112.9	-10.0
铅锭	Lead Ingot	吨	ton	14475.0	0.6	15021.9	3.8	15621.4	4.0
锌锭	Zinc Ingot	吨	ton	22930.0	0.5	25160.0	9.7	24488.6	-2.7
三、化工产品	**Chemicals**								
硫酸	Sulfuric Acid	吨	ton	990.0	-1.9	926.3	-6.4	839.3	-9.4
烧碱(液碱)	Caustic Soda (liquid)	吨	ton	1370.0	14.8	1596.2	16.5	1826.0	14.4
甲醇	Methanol	吨	ton	3614.5	11.1	3991.3	10.4	3266.3	-18.2
纯苯(石油苯)	Benzene (oil-based benzene)	吨	ton	8240.0	5.1	8476.8	2.9	7862.4	-7.2
苯乙烯	Styrene	吨	ton	9552.8	4.2	9752.6	2.1	9486.4	-2.7
聚乙烯(LLDPE)	Polyethylene (LLDPE)	吨	ton	10086.1	8.0	10040.0	-0.5	9403.6	-6.3
聚丙烯	Polypropylene	吨	ton	10085.0	9.3	9917.2	-1.7	9150.7	-7.7
聚氯乙烯	Polyvinyl Chloride	吨	ton	13008.3	13.7	13271.5	2.0	10716.2	-19.3
顺丁胶	Polybutadiene Rubber	吨	ton	13730.0	3.0	15159.4	10.4	15022.9	-0.9
涤纶长丝	Polyester Filament Yarn	吨	ton	8275.0	4.6	8931.3	7.9	9078.6	1.6
四、石油天然气	**Petroleum and Natural Gas**								
液化天然气	Liquefied Natural Gas	吨	ton	5902.1	-2.8	6385.5	8.2	7115.4	11.4
液化石油气	Liquefied Petroleum Gas	吨	ton	5710.0	9.6	6154.3	7.8	6410.0	4.2
汽油(95#国Ⅵ)	Gasoline(95 RON GB Ⅵ)	吨	ton	8319.6	2.0	8909.9	7.1	9517.2	6.8
汽油(92#国Ⅵ)	Gasoline(92 RON GB Ⅵ)	吨	ton	8086.0	2.1	8665.8	7.2	9240.7	6.6
柴油(0#国Ⅵ)	Diesel Oil(0# GB Ⅵ)	吨	ton	7440.2	6.2	7842.9	5.4	8023.2	2.3
石蜡	Paraffin Wax	吨	ton	7700.0	1.1	7852.1	2.0	8038.1	2.4

2-3-10 续表 Continued

产品名称	Item	单位	Unit	上旬 Early October		中旬 Middle October		下旬 Late October	
				本期价格(元) Price (RMB)	比上旬涨跌幅(%) Change Rate	本期价格(元) Price (RMB)	比上旬涨跌幅(%) Change Rate	本期价格(元) Price (RMB)	比上旬涨跌幅(%) Change Rate
五、煤炭	**Coal**								
无烟煤	Anthracite	吨	ton	1930.0	12.6	2593.8	34.4	2678.6	3.3
普通混煤	Common Steam Coal	吨	ton	1138.0	9.0	1556.8	36.8	1303.0	-16.3
山西大混	Shanxi Dahun Steam Coal	吨	ton	1336.9	11.0	1759.4	31.6	1514.8	-13.9
山西优混	Shanxi Youhun Steam Coal	吨	ton	1398.3	10.1	1820.6	30.2	1620.3	-11.0
大同混煤	Datong Steam Coal	吨	ton	1414.2	9.7	1880.9	33.0	1702.2	-9.5
焦煤	Coking Coal	吨	ton	4100.0	0.0	4100.0	0.0	3981.4	-2.9
焦炭	Coke	吨	ton	4086.0	0.0	4086.0	0.0	4086.0	0.0
六、非金属建材	**Nonmetallic Building Materials**								
普通硅酸盐水泥 (P.O 42.5 袋装)	Portland Cement (P.O 42.5 in bags)	吨	ton	602.9	7.2	665.7	10.4	698.6	4.9
普通硅酸盐水泥 (P.O 42.5 散装)	Portland Cement (P.O 42.5 in bulk)	吨	ton	588.3	7.4	616.3	4.8	618.9	0.4
浮法平板玻璃	Float Glass	吨	ton	2850.2	-7.3	2808.6	-1.5	2662.9	-5.2
七、农产品 (主要用于生产)	**Agricultural Product (Mainly Used in Production)**								
稻米	Rice	吨	ton	3873.0	-0.2	3843.5	-0.8	3816.7	-0.7
小麦	Wheat	吨	ton	2610.0	1.7	2633.8	0.9	2656.3	0.9
玉米	Corn	吨	ton	2511.5	-0.3	2514.4	0.1	2564.3	2.0
棉花(皮棉)	Cotton (lint)	吨	ton	21482.4	16.6	21582.6	0.5	21941.1	1.7
生猪	Live Pig	千克	kg	10.5	-5.4	12.8	21.9	15.8	23.4
大豆	Soybean	吨	ton	5283.3	0.2	5383.8	1.9	5423.8	0.7
豆粕	Soya Bean Meal	吨	ton	3768.0	-2.7	3651.3	-3.1	3630.1	-0.6
花生	Peanut	吨	ton	8283.3	-0.7	8266.7	-0.2	8161.9	-1.3
八、农资	**Agriculture Resources**								
尿素	Urea	吨	ton	3005.0	5.6	3144.4	4.6	3158.9	0.5
复合肥	Compound Fertilizer	吨	ton	3206.3	0.0	3217.2	0.3	3243.8	0.8
农药(草甘膦)	Crop Protection Chemicals (glyphosate)	吨	ton	72500.0	4.2	77937.5	7.5	80000.0	2.6
九、林业	**Forestry**								
天然橡胶	Natural Rubber	吨	ton	13369.2	5.4	13868.3	3.7	14059.3	1.4
纸浆	Paper Pulp	吨	ton	5100.0	-0.8	4945.0	-3.0	4781.4	-3.3
瓦楞纸	Corrugated Paper	吨	ton	4345.0	2.7	4550.2	4.7	4768.9	4.8

2-3-11 2021年11月流通领域重要生产资料市场价格
November,2021 Circulation Field Important Production Materials Price

产品名称	Item	单位	Unit	上旬 Early November		中旬 Middle November		下旬 Late November	
				本期价格（元） Price (RMB)	比上旬涨跌幅（%） Change Rate	本期价格（元） Price (RMB)	比上旬涨跌幅（%） Change Rate	本期价格（元） Price (RMB)	比上旬涨跌幅（%） Change Rate
一、黑色金属	**Ferrous Metal**								
螺纹钢	Deformed Steel Bar	吨	ton	4923.8	-8.3	4631.4	-5.9	4667.1	0.8
线材	Wire	吨	ton	5142.5	-8.3	4873.3	-5.2	4893.0	0.4
普通中板	Common Medium Plate	吨	ton	5507.5	-4.6	5193.0	-5.7	5122.1	-1.4
热轧普通薄板	Hot Rolled Sheet	吨	ton	5284.4	-7.4	4943.7	-6.4	4867.6	-1.5
无缝钢管	Seamless Tube	吨	ton	6300.1	-2.7	6031.6	-4.3	5881.6	-2.5
角钢	Angle Iron	吨	ton	5494.6	-3.5	5186.2	-5.6	5146.5	-0.8
二、有色金属	**Non-ferrous Metals**								
电解铜	Electrolytic Copper	吨	ton	70952.9	-2.2	71231.7	0.4	71614.6	0.5
铝锭	Aluminum Ingot	吨	ton	19387.7	-8.2	18877.4	-2.6	19090.7	1.1
铅锭	Lead Ingot	吨	ton	15421.9	-1.3	15067.9	-2.3	15117.9	0.3
锌锭	Zinc Ingot	吨	ton	23497.5	-4.0	22980.0	-2.2	23362.9	1.7
三、化工产品	**Chemicals**								
硫酸	Sulfuric Acid	吨	ton	706.3	-15.8	650.0	-8.0	605.0	-6.9
烧碱(液碱)	Caustic Soda (liquid)	吨	ton	1323.5	-27.5	1065.8	-19.5	911.0	-14.5
甲醇	Methanol	吨	ton	2890.6	-11.5	2694.9	-6.8	2678.3	-0.6
纯苯(石油苯)	Benzene (oil-based benzene)	吨	ton	7618.1	-3.1	7213.4	-5.3	6664.3	-7.6
苯乙烯	Styrene	吨	ton	9310.3	-1.9	8825.8	-5.2	8138.6	-7.8
聚乙烯(LLDPE)	Polyethylene (LLDPE)	吨	ton	9235.6	-1.8	9347.3	1.2	9295.0	-0.6
聚丙烯	Polypropylene	吨	ton	8912.6	-2.6	8842.8	-0.8	8744.9	-1.1
聚氯乙烯	Polyvinyl Chloride	吨	ton	9492.7	-11.4	9391.9	-1.1	9415.5	0.3
顺丁胶	Polybutadiene Rubber	吨	ton	13956.9	-7.1	15250.0	9.3	15826.6	3.8
涤纶长丝	Polyester Filament Yarn	吨	ton	8546.9	-5.9	8103.6	-5.2	7657.1	-5.5
四、石油天然气	**Petroleum and Natural Gas**								
液化天然气	Liquefied Natural Gas	吨	ton	7635.0	7.3	7508.4	-1.7	7493.2	-0.2
液化石油气	Liquefied Petroleum Gas	吨	ton	5785.0	-9.8	5481.3	-5.2	5347.7	-2.4
汽油(95＃国VI)	Gasoline(95 RON GB VI)	吨	ton	9003.4	-5.4	8631.6	-4.1	8539.2	-1.1
汽油(92＃国VI)	Gasoline(92 RON GB VI)	吨	ton	8758.0	-5.2	8388.7	-4.2	8299.8	-1.1
柴油(0＃国VI)	Diesel Oil(0# GB VI)	吨	ton	7973.4	-0.6	7723.4	-3.1	7626.7	-1.3
石蜡	Paraffin Wax	吨	ton	8207.0	2.1	8252.0	0.5	8252.0	0.0

2-3-11 续表 Continued

产品名称	Item	单位	Unit	上旬 Early November 本期价格(元) Price (RMB)	上旬 Early November 比上旬涨跌幅(%) Change Rate	中旬 Middle November 本期价格(元) Price (RMB)	中旬 Middle November 比上旬涨跌幅(%) Change Rate	下旬 Late November 本期价格(元) Price (RMB)	下旬 Late November 比上旬涨跌幅(%) Change Rate
五、煤炭	**Coal**								
无烟煤	Anthracite	吨	ton	1884.4	-29.6	1887.9	0.2	1971.4	4.4
普通混煤	Common Steam Coal	吨	ton	881.3	-32.4	874.3	-0.8	897.1	2.6
山西大混	Shanxi Dahun Steam Coal	吨	ton	1036.3	-31.6	1002.1	-3.3	1052.9	5.1
山西优混	Shanxi Youhun Steam Coal	吨	ton	1216.3	-24.9	1178.6	-3.1	1230.7	4.4
大同混煤	Datong Steam Coal	吨	ton	1310.0	-23.0	1258.6	-3.9	1315.0	4.5
焦煤	Coking Coal	吨	ton	3753.1	-5.7	3010.7	-19.8	2035.7	-32.4
焦炭	Coke	吨	ton	3898.5	-4.6	3243.5	-16.8	2647.1	-18.4
六、非金属建材	**Nonmetallic Building Materials**								
普通硅酸盐水泥 (P.O 42.5 袋装)	Portland Cement (P.O 42.5 in bags)	吨	ton	676.6	-3.1	657.4	-2.8	638.6	-2.9
普通硅酸盐水泥 (P.O 42.5 散装)	Portland Cement (P.O 42.5 in bulk)	吨	ton	598.8	-3.2	585.7	-2.2	565.1	-3.5
浮法平板玻璃	Float Glass	吨	ton	2441.2	-8.3	2168.9	-11.2	2102.5	-3.1
七、农产品（主要用于生产）	**Agricultural Product (Mainly Used in Production)**								
稻米	Rice	吨	ton	3815.0	0.0	3841.3	0.7	3842.0	0.0
小麦	Wheat	吨	ton	2762.8	4.0	2822.9	2.2	2823.6	0.0
玉米	Corn	吨	ton	2629.8	2.6	2659.1	1.1	2655.6	-0.1
棉花(皮棉)	Cotton (lint)	吨	ton	22358.2	1.9	22566.6	0.9	22543.7	-0.1
生猪	Live Pig	千克	kg	16.8	6.3	17.7	5.4	18.2	2.8
大豆	Soybean	吨	ton	5554.6	2.4	5615.7	1.1	5588.1	-0.5
豆粕	Soya Bean Meal	吨	ton	3404.8	-6.2	3427.5	0.7	3428.8	0.0
花生	Peanut	吨	ton	8206.3	0.5	8216.7	0.1	8111.9	-1.3
八、农资	**Agriculture Resources**								
尿素	Urea	吨	ton	2658.9	-15.8	2563.9	-3.6	2477.1	-3.4
复合肥	Compound Fertilizer	吨	ton	3282.5	1.2	3282.5	0.0	3282.5	0.0
农药(草甘膦)	Crop Protection Chemicals (glyphosate)	吨	ton	80000.0	0.0	79500.0	-0.6	79357.1	-0.2
九、林业	**Forestry**								
天然橡胶	Natural Rubber	吨	ton	13335.1	-5.2	13654.1	2.4	14383.3	5.3
纸浆	Paper Pulp	吨	ton	4724.7	-1.2	4681.1	-0.9	4861.6	3.9
瓦楞纸	Corrugated Paper	吨	ton	4816.8	1.0	4795.2	-0.4	4589.9	-4.3

2-3-12　2021年12月流通领域重要生产资料市场价格
December,2021 Circulation Field Important Production Materials Price

产品名称	Item	单位	Unit	上旬 Early December		中旬 Middle December		下旬 Late December	
				本期价格(元) Price (RMB)	比上旬涨跌幅(%) Change Rate	本期价格(元) Price (RMB)	比上旬涨跌幅(%) Change Rate	本期价格(元) Price (RMB)	比上旬涨跌幅(%) Change Rate
一、黑色金属	**Ferrous Metal**								
螺纹钢	Deformed Steel Bar	吨	ton	4719.0	1.1	4756.0	0.8	4707.1	-1.0
线材	Wire	吨	ton	4929.7	0.8	4953.1	0.5	4903.1	-1.0
普通中板	Common Medium Plate	吨	ton	5136.0	0.3	5134.3	0.0	5109.3	-0.5
热轧普通薄板	Hot Rolled Sheet	吨	ton	4899.5	0.7	4928.9	0.6	4911.2	-0.4
无缝钢管	Seamless Tube	吨	ton	5838.9	-0.7	5821.9	-0.3	5820.0	0.0
角钢	Angle Iron	吨	ton	5141.1	-0.1	5182.6	0.8	5180.4	0.0
二、有色金属	**Non-ferrous Metals**								
电解铜	Electrolytic Copper	吨	ton	69844.1	-2.5	69064.3	-1.1	69869.8	1.2
铝锭	Aluminum Ingot	吨	ton	18799.2	-1.5	19185.6	2.1	19867.3	3.6
铅锭	Lead Ingot	吨	ton	15121.9	0.0	15454.2	2.2	15287.5	-1.1
锌锭	Zinc Ingot	吨	ton	23142.5	-0.9	23548.3	1.8	23983.8	1.8
三、化工产品	**Chemicals**								
硫酸	Sulfuric Acid	吨	ton	555.4	-8.2	536.6	-3.4	532.0	-0.9
烧碱(液碱)	Caustic Soda (liquid)	吨	ton	835.9	-8.2	852.2	1.9	985.9	15.7
甲醇	Methanol	吨	ton	2613.9	-2.4	2566.1	-1.8	2445.9	-4.7
纯苯(石油苯)	Benzene (oil-based benzene)	吨	ton	6417.1	-3.7	6714.5	4.6	6828.5	1.7
苯乙烯	Styrene	吨	ton	8051.9	-1.1	8242.8	2.4	8183.1	-0.7
聚乙烯(LLDPE)	Polyethylene (LLDPE)	吨	ton	9089.2	-2.2	9004.5	-0.9	8946.1	-0.6
聚丙烯	Polypropylene	吨	ton	8514.8	-2.6	8554.0	0.5	8488.6	-0.8
聚氯乙烯	Polyvinyl Chloride	吨	ton	8989.0	-4.5	8607.6	-4.2	8566.0	-0.5
顺丁胶	Polybutadiene Rubber	吨	ton	15297.6	-3.3	14583.3	-4.7	14340.4	-1.7
涤纶长丝	Polyester Filament Yarn	吨	ton	7418.8	-3.1	7400.0	-0.3	7293.8	-1.4
四、石油天然气	**Petroleum and Natural Gas**								
液化天然气	Liquefied Natural Gas	吨	ton	6113.9	-18.4	4717.6	-22.8	4776.3	1.2
液化石油气	Liquefied Petroleum Gas	吨	ton	5177.5	-3.2	4970.3	-4.0	4888.9	-1.6
汽油(95＃国VI)	Gasoline(95 RON GB VI)	吨	ton	8390.1	-1.7	8211.1	-2.1	8029.3	-2.2
汽油(92＃国VI)	Gasoline(92 RON GB VI)	吨	ton	8149.8	-1.8	7973.0	-2.2	7798.8	-2.2
柴油(0＃国VI)	Diesel Oil(0# GB VI)	吨	ton	7446.2	-2.4	7373.8	-1.0	7316.3	-0.8
石蜡	Paraffin Wax	吨	ton	8252.0	0.0	8262.9	0.1	8268.3	0.1

2-3-12 续表 Continued

产品名称	Item	单位	Unit	上旬 Early December		中旬 Middle December		下旬 Late December	
				本期价格(元) Price (RMB)	比上旬涨跌幅(%) Change rate	本期价格(元) Price (RMB)	比上旬涨跌幅(%) Change rate	本期价格(元) Price (RMB)	比上旬涨跌幅(%) Change rate
五、煤炭	**Coal**								
无烟煤	Anthracite	吨	ton	1994.4	1.2	1984.2	-0.5	1979.4	-0.2
普通混煤	Common Steam Coal	吨	ton	858.8	-4.3	801.7	-6.6	617.5	-23.0
山西大混	Shanxi Dahun Steam Coal	吨	ton	985.0	-6.4	926.7	-5.9	788.1	-15.0
山西优混	Shanxi Youhun Steam Coal	吨	ton	1159.4	-5.8	1073.3	-7.4	895.0	-16.6
大同混煤	Datong Steam Coal	吨	ton	1244.4	-5.4	1153.3	-7.3	964.4	-16.4
焦煤	Coking Coal	吨	ton	2000.0	-1.8	2091.7	4.6	2275.0	8.8
焦炭	Coke	吨	ton	2478.5	-6.4	2478.5	0.0	2478.5	0.0
六、非金属建材	**Nonmetallic Building Materials**								
普通硅酸盐水泥	Portland Cement	吨	ton	595.3	-6.8	577.4	-3.0	551.8	-4.4
(P.O 42.5 袋装)	(P.O 42.5 in bags)								
普通硅酸盐水泥	Portland Cement	吨	ton	539.5	-4.5	520.9	-3.4	509.1	-2.3
(P.O 42.5 散装)	(P.O 42.5 in bulk)								
浮法平板玻璃	Float Glass	吨	ton	2180.6	3.7	2226.7	2.1	2177.8	-2.2
七、农产品	**Agricultural Product**								
(主要用于生产)	**(Mainly Used in Production)**								
稻米	Rice	吨	ton	3842.0	0.0	3842.0	0.0	3826.6	-0.4
小麦	Wheat	吨	ton	2827.0	0.1	2830.5	0.1	2832.4	0.1
玉米	Corn	吨	ton	2641.6	-0.5	2632.6	-0.3	2624.3	-0.3
棉花(皮棉)	Cotton (lint)	吨	ton	21846.5	-3.1	22075.8	1.0	22239.1	0.7
生猪	Live Pig	千克	kg	17.6	-3.3	16.3	-7.4	16.0	-1.8
大豆	Soybean	吨	ton	5556.7	-0.6	5533.9	-0.4	5504.2	-0.5
豆粕	Soya Bean Meal	吨	ton	3434.9	0.2	3484.8	1.5	3539.2	1.6
花生	Peanut	吨	ton	8041.7	-0.9	7872.2	-2.1	7660.4	-2.7
八、农资	**Agriculture Resources**								
尿素	Urea	吨	ton	2501.6	1.0	2480.0	-0.9	2470.9	-0.4
复合肥	Compound Fertilizer	吨	ton	3273.8	-0.3	3272.5	0.0	3272.5	0.0
农药(草甘膦)	Crop Protection Chemicals (glyphosate)	吨	ton	80250.0	1.1	80250.0	0.0	80000.0	-0.3
九、林业	**Forestry**								
天然橡胶	Natural Rubber	吨	ton	13627.1	-5.3	13605.6	-0.2	13492.7	-0.8
纸浆	Paper Pulp	吨	ton	5195.6	6.9	5224.9	0.6	5311.3	1.7
瓦楞纸	Corrugated Paper	吨	ton	4564.5	-0.6	4532.1	-0.7	4379.8	-3.4

流通消费价格指数
Consumer Price Index

3

3-1-1 居民消费和商品零售价格指数(2001～2021年)
Consumer Price Indices and Retail Price Indices(2001～2021)

(上年价格=100) (Preceding Year =100)

年份 Year	居民消费价格指数 Consumer Price Indices	城市 Urban	农村 Rural	商品零售价格指数 Retail Price Index
2001	100.7	100.7	100.8	99.2
2002	99.2	99.0	99.6	98.7
2003	101.2	100.9	101.6	99.9
2004	103.9	103.3	104.8	102.8
2005	101.8	101.6	102.2	100.8
2006	101.5	101.5	101.5	101.0
2007	104.8	104.5	105.4	103.8
2008	105.9	105.6	106.5	105.9
2009	99.3	99.1	99.7	98.8
2010	103.3	103.2	103.6	103.1
2011	105.4	105.3	105.8	104.9
2012	102.6	102.7	102.5	102.0
2013	102.6	102.6	102.8	101.4
2014	102.0	102.1	101.8	101.0
2015	101.4	101.5	101.3	100.1
2016	102.0	102.1	101.9	100.7
2017	101.6	101.7	101.3	101.1
2018	102.1	102.1	102.1	101.9
2019	102.9	102.8	103.2	102.0
2020	102.5	102.3	103.0	101.4
2021	100.9	101.0	100.7	101.6

3-1-2 居民消费价格月度指数(2021年)
Monthly Consumer Price Indices(2021)

月 份	Month	环比 (上月价格=100) Month-to-month (Last Month=100)	同比 (上年同月价格=100) Year-on-year (Same Month of Preceding Year=100)	1—当月 (上年同期价格=100) 1-Current Month (Same Period of Preceding Year=100)
1月	January	101.0	99.7	99.7
2月	February	100.6	99.8	99.7
3月	March	99.5	100.4	100.0
4月	April	99.7	100.9	100.2
5月	May	99.8	101.3	100.4
6月	June	99.6	101.1	100.5
7月	July	100.3	101.0	100.6
8月	August	100.1	100.8	100.6
9月	September	100.0	100.7	100.6
10月	October	100.7	101.5	100.7
11月	November	100.4	102.3	100.9
12月	December	99.7	101.5	100.9

3-1-3 各地区居民消费价格月度环比指数(2021年)
Month-to-month Consumer Price Indices by Region(2021)

(上月价格=100) (Last Month=100)

地区	Region	1月 January	2月 February	3月 March	4月 April	5月 May	6月 June
北京	Beijing	100.7	100.4	99.8	100.0	99.9	99.6
天津	Tianjin	101.2	100.8	99.8	99.9	99.8	99.9
河北	Hebei	101.2	100.3	99.4	99.6	99.7	99.5
山西	Shanxi	101.4	100.3	99.5	99.4	100.0	99.3
内蒙古	Inner Mongolia	101.2	100.6	99.2	99.6	99.7	99.5
辽宁	Liaoning	101.2	100.6	99.4	99.6	99.7	99.5
吉林	Jilin	101.2	100.5	99.4	99.2	99.7	99.3
黑龙江	Heilongjiang	101.1	100.4	99.4	99.4	99.6	99.3
上海	Shanghai	100.9	100.6	99.7	100.0	99.9	99.7
江苏	Jiangsu	101.1	100.5	99.5	99.9	100.0	99.9
浙江	Zhejiang	101.0	101.0	99.4	99.7	99.8	99.8
安徽	Anhui	101.2	100.5	99.4	99.6	100.0	99.4
福建	Fujian	101.1	100.5	99.5	99.7	99.9	99.7
江西	Jiangxi	101.0	100.5	99.4	99.8	99.9	99.7
山东	Shandong	101.3	100.4	99.5	99.7	99.9	99.6
河南	Henan	101.2	100.4	99.3	99.6	99.6	99.5
湖北	Hubei	101.0	100.7	99.5	99.7	99.9	99.7
湖南	Hunan	100.9	100.3	99.5	99.6	99.8	99.6
广东	Guangdong	100.6	101.2	99.4	99.9	100.0	99.8
广西	Guangxi	100.7	100.7	99.7	99.8	99.8	99.4
海南	Hainan	100.6	101.0	99.1	100.0	99.8	99.5
重庆	Chongqing	100.9	100.4	99.5	100.0	100.0	99.5
四川	Sichuan	100.8	100.6	99.5	99.8	99.7	99.3
贵州	Guizhou	100.8	100.5	99.6	99.7	99.7	99.5
云南	Yunnan	100.5	100.3	99.7	99.8	99.7	99.6
西藏	Tibet	100.5	100.4	99.7	99.7	99.5	99.8
陕西	Shaanxi	101.1	100.5	99.4	99.9	100.1	99.5
甘肃	Gansu	100.9	100.3	99.4	99.7	99.7	99.7
青海	Qinghai	100.8	100.3	99.5	100.2	99.8	99.7
宁夏	Ningxia	101.0	100.2	99.8	100.1	99.9	99.5
新疆	Xinjiang	100.9	100.5	99.7	99.6	99.8	99.7

3-1-3 续表 continued

(上月价格=100) (Last Month=100)

地 区	Region	7月 July	8月 August	9月 September	10月 October	11月 November	12月 December
北 京	Beijing	100.7	100.1	99.9	100.9	100.0	99.7
天 津	Tianjin	100.8	99.7	99.7	100.8	100.1	99.8
河 北	Hebei	100.3	100.1	100.0	101.0	100.5	99.9
山 西	Shanxi	100.1	100.1	100.2	100.9	100.4	99.8
内蒙古	Inner Mongolia	100.4	100.0	99.8	100.9	101.0	99.7
辽 宁	Liaoning	100.3	100.0	99.8	100.9	100.9	99.5
吉 林	Jilin	100.3	100.2	99.6	101.2	100.9	99.7
黑龙江	Heilongjiang	100.3	100.1	99.9	100.9	101.1	99.8
上 海	Shanghai	100.3	100.1	100.0	100.9	100.1	99.8
江 苏	Jiangsu	100.5	100.2	99.9	100.3	100.1	99.9
浙 江	Zhejiang	100.4	99.9	100.2	100.7	100.1	99.7
安 徽	Anhui	100.3	100.2	100.3	100.6	100.4	99.8
福 建	Fujian	100.1	100.2	100.1	100.5	100.4	99.4
江 西	Jiangxi	100.1	100.0	100.2	100.6	100.3	99.6
山 东	Shandong	100.4	100.0	99.9	100.6	100.4	99.8
河 南	Henan	100.3	100.4	99.8	100.5	100.7	99.9
湖 北	Hubei	100.2	100.0	100.2	100.4	100.3	99.8
湖 南	Hunan	100.2	100.3	100.2	100.6	100.4	99.6
广 东	Guangdong	100.4	100.0	100.2	100.7	100.0	99.6
广 西	Guangxi	100.1	100.1	100.4	100.6	100.5	99.6
海 南	Hainan	100.2	99.9	100.1	101.2	99.7	99.6
重 庆	Chongqing	100.2	100.0	99.8	100.6	100.6	99.5
四 川	Sichuan	100.3	100.1	99.9	100.7	100.8	99.6
贵 州	Guizhou	100.3	100.0	99.9	100.7	100.6	99.6
云 南	Yunnan	100.2	99.8	100.1	100.2	100.6	99.9
西 藏	Tibet	100.3	100.0	99.8	100.1	100.5	100.0
陕 西	Shaanxi	100.2	100.0	100.5	100.7	100.3	100.0
甘 肃	Gansu	100.2	100.0	100.0	100.9	100.6	99.7
青 海	Qinghai	100.5	100.0	99.9	100.7	100.7	99.8
宁 夏	Ningxia	100.2	100.0	100.0	101.0	100.8	99.9
新 疆	Xinjiang	100.2	99.8	99.4	100.7	100.8	100.1

3-1-4 各地区居民消费价格月度同比指数(2021年)
Year-on-year Consumer Price Indices by Region(2021)

(上年同月价格=100) (Same Month of Preceding Year=100)

地区	Region	1月 January	2月 February	3月 March	4月 April	5月 May	6月 June
北京	Beijing	99.2	99.9	100.6	101.1	101.2	100.9
天津	Tianjin	99.4	99.9	100.6	101.2	101.6	101.5
河北	Hebei	99.9	99.9	100.4	100.9	101.3	100.9
山西	Shanxi	100.0	100.1	100.7	100.9	101.2	100.7
内蒙古	Inner Mongolia	99.9	100.3	100.3	100.9	101.1	100.9
辽宁	Liaoning	99.9	100.2	100.7	101.4	101.4	101.2
吉林	Jilin	99.4	99.7	100.4	100.6	100.9	100.6
黑龙江	Heilongjiang	99.6	99.3	99.7	100.3	101.0	100.6
上海	Shanghai	99.8	100.3	100.7	100.9	101.2	101.2
江苏	Jiangsu	100.4	100.3	100.9	101.4	102.0	102.1
浙江	Zhejiang	100.3	100.7	101.3	101.6	101.9	101.7
安徽	Anhui	99.8	99.8	100.6	101.0	101.4	100.9
福建	Fujian	99.7	99.8	100.4	100.7	101.2	100.7
江西	Jiangxi	100.2	100.0	100.7	101.0	101.4	101.0
山东	Shandong	99.9	100.3	100.8	101.4	101.9	101.5
河南	Henan	100.3	100.1	100.4	100.9	101.5	101.2
湖北	Hubei	98.9	98.2	98.4	99.6	101.0	101.1
湖南	Hunan	100.0	99.9	100.4	100.5	100.9	100.4
广东	Guangdong	98.3	99.3	100.2	100.5	101.1	101.0
广西	Guangxi	100.0	100.1	100.9	101.0	101.3	100.9
海南	Hainan	98.0	98.4	99.7	100.4	100.7	100.4
重庆	Chongqing	99.0	98.2	99.7	100.9	101.2	100.9
四川	Sichuan	99.3	99.1	100.1	100.8	100.9	100.2
贵州	Guizhou	98.9	98.9	99.8	100.2	100.4	100.4
云南	Yunnan	99.4	99.4	100.3	100.7	100.8	100.7
西藏	Tibet	100.7	101.0	101.2	101.6	101.4	101.1
陕西	Shaanxi	100.3	100.2	100.8	101.4	101.9	101.4
甘肃	Gansu	100.4	100.5	100.6	101.0	101.1	100.8
青海	Qinghai	100.1	100.0	100.7	101.5	101.6	101.2
宁夏	Ningxia	99.6	99.3	100.3	101.6	102.0	101.8
新疆	Xinjiang	100.2	100.3	101.2	101.7	102.2	101.9

3-1-4 续表 continued

(上年同月价格=100) (Same Month of Preceding Year=100)

地　区	Region	7月 July	8月 August	9月 September	10月 October	11月 November	12月 December
北　京	Beijing	101.5	101.4	101.2	102.0	102.4	101.8
天　津	Tianjin	102.0	101.3	101.0	102.4	103.0	102.2
河　北	Hebei	101.0	100.8	100.6	102.0	102.5	101.5
山　西	Shanxi	101.0	100.9	100.8	101.9	102.5	101.5
内蒙古	Inner Mongolia	101.0	100.7	100.2	101.3	102.4	101.4
辽　宁	Liaoning	101.1	100.9	100.4	101.7	102.7	101.3
吉　林	Jilin	100.7	100.7	99.8	101.3	102.5	101.2
黑龙江	Heilongjiang	101.1	100.9	100.3	101.2	102.4	101.3
上　海	Shanghai	101.3	101.3	101.1	102.2	102.5	101.8
江　苏	Jiangsu	101.9	101.7	101.5	102.2	102.7	101.8
浙　江	Zhejiang	101.5	101.2	101.1	102.1	102.7	101.8
安　徽	Anhui	100.5	100.6	100.7	101.7	102.6	101.7
福　建	Fujian	100.5	100.5	100.5	101.2	102.2	101.1
江　西	Jiangxi	100.5	100.4	100.5	101.3	102.2	101.2
山　东	Shandong	101.4	101.1	100.8	101.8	102.6	101.5
河　南	Henan	101.1	101.1	100.4	101.0	102.1	101.1
湖　北	Hubei	100.6	100.6	100.7	101.4	102.2	101.5
湖　南	Hunan	99.8	99.9	100.0	101.0	102.0	101.2
广　东	Guangdong	101.2	101.0	101.3	101.9	102.5	101.8
广　西	Guangxi	100.5	100.4	100.6	101.2	102.2	101.4
海　南	Hainan	100.5	100.4	100.8	101.5	101.6	100.7
重　庆	Chongqing	100.3	100.3	99.8	100.2	101.6	101.0
四　川	Sichuan	100.3	99.7	99.6	100.5	102.0	101.0
贵　州	Guizhou	100.2	99.8	99.6	100.4	101.7	100.8
云　南	Yunnan	100.4	99.8	99.7	100.0	100.8	100.4
西　藏	Tibet	100.9	100.5	100.5	100.5	100.9	100.5
陕　西	Shaanxi	101.6	101.2	101.4	102.2	102.7	102.4
甘　肃	Gansu	100.9	100.5	100.4	101.5	102.1	101.1
青　海	Qinghai	101.6	101.3	101.2	102.0	102.8	102.0
宁　夏	Ningxia	101.9	101.8	101.4	102.3	103.0	102.3
新　疆	Xinjiang	101.8	101.0	100.5	101.2	101.8	101.1

3-1-5 居民消费价格分类月度环比指数(2021年)
Month-to-month Consumer Price Indices by Category(2021)

(上月价格=100) (Last Month=100)

项　　目	Item	1月 January	2月 February	3月 March	4月 April	5月 May	6月 June
居民消费价格指数	**Consumer Price Index**	**101.0**	**100.6**	**99.5**	**99.7**	**99.8**	**99.6**
一、食品烟酒	**Food,Tobacco and Alcohol**	**102.8**	**101.2**	**97.6**	**98.5**	**99.0**	**98.6**
食品	Food	104.1	101.6	96.4	97.6	98.3	97.8
粮　食	Grain	100.3	100.3	100.0	100.1	100.0	100.0
食用油	Edible Oil and Fats	102.1	100.5	100.6	100.5	100.4	100.2
鲜　菜	Fresh Vegetables	119.0	101.8	85.5	91.2	94.4	97.7
畜肉类	Meat of Livestock	103.7	99.0	93.5	93.9	94.0	92.4
其中：猪 肉	of which:Pork	105.6	96.9	89.1	89.0	89.0	86.4
牛 肉	Beef	101.2	102.0	98.3	99.5	99.7	99.7
羊 肉	Mutton	102.7	102.2	99.6	100.2	99.8	98.2
水产品	Aquatic Products	103.3	108.7	98.6	103.0	103.0	100.1
蛋　类	Eggs	109.4	96.2	96.2	101.4	102.8	99.4
奶　类	Milk	100.2	99.8	100.6	100.2	99.9	100.1
鲜　果	Fresh Fruits	102.3	106.1	99.8	96.2	97.3	95.5
茶及饮料	Tea and Beverages	99.9	99.7	100.4	100.4	100.2	100.2
烟酒	Tobacco and Alcohol	100.1	99.9	100.4	100.1	100.1	100.2
卷烟	Tobacco	100.1	100.1	100.0	100.1	100.1	100.2
酒类	Alcohol	100.0	99.7	101.0	100.2	100.2	100.3
在外餐饮	Dining Out	100.3	100.9	99.7	100.1	100.2	100.0
二、衣着	**Clothing**	**99.6**	**99.5**	**100.4**	**100.0**	**100.3**	**99.8**
服装	Garments	99.6	99.5	100.4	99.9	100.3	99.8
鞋类	Footware	99.8	99.8	100.3	100.0	100.3	99.6
三、居住	**Residence**	**100.1**	**100.1**	**100.2**	**100.1**	**100.1**	**100.1**
租赁房房租	Rent of Rental Housing	99.9	100.2	100.3	100.1	100.1	100.2
住房保养维修及管理	Housing Maintenance and Management	100.3	100.2	100.3	100.3	100.3	100.1
水电燃料	Water,Electricity and Fuels	100.5	100.1	100.0	100.0	100.1	99.8

3-1-5 续表 1 continued 1

(上月价格=100) (Last Month=100)

项　目	Item	1月 January	2月 February	3月 March	4月 April	5月 May	6月 June
四、生活用品及服务	**Articles for Daily Use and Services**	**100.2**	**100.1**	**99.9**	**100.3**	**99.9**	**99.8**
家具及室内装饰品	Furniture and Interior Decorations	100.1	100.3	100.3	100.0	100.2	100.1
家用器具	Home Appliances	100.2	100.2	100.3	100.5	100.2	99.7
家用纺织品	Home Textiles	100.0	100.0	100.1	100.0	100.1	100.0
家庭日用杂品	Daily Use Household Articles	100.4	100.2	99.8	100.3	99.7	99.9
个人护理用品	Personal-care Supplies	99.6	99.0	99.9	100.5	99.4	99.4
家庭服务	Household Service	101.9	101.7	97.9	100.1	100.2	100.1
五、交通通信	**Transportaion and Communications**	**100.9**	**101.1**	**101.3**	**100.4**	**100.4**	**100.1**
交通	Transport	101.1	101.4	101.8	100.6	100.5	100.2
交通工具	Transport Facility	99.8	100.1	100.0	100.1	100.0	99.7
交通工具用燃料	Fuels for Transport Facility	104.1	103.3	106.4	99.3	101.6	102.0
交通工具使用和维修	Use and Maintenance of Transport Facility	100.5	101.5	98.7	100.3	100.2	100.0
通信	Communications	100.1	100.1	99.9	100.0	99.9	99.9
通信工具	Communication Facility	100.5	100.2	100.1	100.0	99.6	99.8
通信服务	Communicaiton Service	99.9	100.0	100.0	100.0	100.0	99.9
邮递服务	Postal Service	100.2	100.7	99.2	100.0	100.0	100.0
六、教育文化娱乐	**Education, Culture and Recreation**	**100.4**	**100.8**	**99.6**	**100.7**	**100.3**	**99.8**
教育	Education	100.1	100.1	100.2	100.1	100.0	100.1
教育服务	Education Services	100.2	100.1	100.2	100.1	100.0	100.1
文化娱乐	Culture and Recreation	100.9	102.0	98.6	101.8	100.7	99.3
旅游	Touring and Outing	101.1	105.0	95.8	104.7	101.9	98.0
七、医疗保健	**Health Care**	**100.1**	**100.0**	**100.0**	**100.1**	**100.0**	**100.0**
药品及医疗器具	Medicine and Medical Instrument	99.9	100.0	99.9	100.0	100.0	100.1
中药	Traditional chinese Medicine	100.2	100.1	100.0	100.2	100.1	100.2
西药	Western Medicine	99.8	100.0	99.9	100.0	100.0	100.0
医疗服务	Medical Services	100.2	100.1	100.1	100.1	100.0	100.0
八、其他用品及服务	**Other Articles and Services**	**100.5**	**99.7**	**99.2**	**100.4**	**100.6**	**100.1**
其他用品	Other Articles	100.7	98.8	98.9	100.2	100.6	100.6
其他服务	Other Services	100.3	100.6	99.5	100.5	100.5	99.6

3-1-5 续表 2 continued 2

(上月价格=100) (Last Month=100)

项　　目	Item	7月 July	8月 August	9月 September	10月 October	11月 November	12月 December
居民消费价格指数	**Consumer Price Index**	**100.3**	**100.1**	**100.0**	**100.7**	**100.4**	**99.7**
一、食品烟酒	**Food,Tobacco and Alcohol**	**99.8**	**100.5**	**99.6**	**101.2**	**101.6**	**99.7**
食品	Food	99.6	100.8	99.3	101.7	102.4	99.4
粮　食	Grain	100.0	100.1	99.9	100.2	100.7	100.6
食用油	Edible Oil and Fats	100.1	100.0	99.9	100.3	101.0	100.4
鲜　菜	Fresh Vegetables	101.3	108.6	101.0	116.6	106.8	91.7
畜肉类	Meat of Livestock	98.3	99.1	97.7	98.7	105.2	100.5
其中：猪 肉	of which:Pork	98.1	98.6	94.9	98.0	112.2	100.4
牛 肉	Beef	99.7	100.1	100.2	100.2	100.4	100.3
羊 肉	Mutton	98.4	99.2	99.8	99.9	99.9	100.6
水产品	Aquatic Products	100.0	97.7	97.5	97.7	98.3	100.3
蛋　类	Eggs	100.9	107.3	99.8	98.1	103.0	98.2
奶　类	Milk	100.1	100.1	99.6	100.0	100.3	100.4
鲜　果	Fresh Fruits	97.9	99.6	100.0	102.9	104.3	103.4
茶及饮料	Tea and Beverages	100.3	100.1	100.0	100.0	100.4	100.3
烟酒	Tobacco and Alcohol	100.2	100.1	99.9	100.3	100.3	100.1
卷烟	Tobacco	100.2	100.2	100.1	100.1	100.2	100.1
酒类	Alcohol	100.3	100.0	99.5	100.6	100.4	100.0
在外餐饮	Dining Out	100.0	100.2	100.0	100.3	99.9	100.2
二、衣着	**Clothing**	**99.6**	**99.9**	**100.8**	**100.3**	**100.3**	**100.1**
服装	Garments	99.6	99.9	100.8	100.3	100.4	100.1
鞋类	Footware	99.6	99.8	100.7	100.1	99.9	100.2
三、居住	**Residence**	**100.2**	**100.1**	**100.2**	**100.4**	**100.0**	**99.9**
租赁房房租	Rent of Rental Housing	100.1	100.2	100.0	99.9	99.8	99.8
住房保养维修及管理	Housing Maintenance and Management	100.2	100.1	100.4	100.9	100.3	100.1
水电燃料	Water,Electricity and Fuels	100.2	100.2	100.9	102.0	100.2	99.8

3-1-5 续表 3 continued 3

(上月价格=100) (Last Month=100)

项 目	Item	7月 July	8月 August	9月 September	10月 October	11月 November	12月 December
四、生活用品及服务	**Articles for Daily Use and Services**	**100.4**	**100.1**	**99.9**	**100.3**	**99.6**	**100.3**
家具及室内装饰品	Furniture and Interior Decorations	100.2	100.1	100.0	100.2	100.4	99.9
家用器具	Home Appliances	100.6	99.9	100.1	100.0	99.7	100.6
家用纺织品	Home Textiles	99.8	99.9	99.9	100.3	100.1	100.0
家庭日用杂品	Daily Use Household Articles	101.1	99.3	100.0	100.3	99.2	100.1
个人护理用品	Personal-care Supplies	99.5	101.3	99.2	100.8	98.9	100.4
家庭服务	Household Service	100.2	100.2	100.1	100.2	100.2	100.6
五、交通通信	**Transportaion and Communications**	**101.5**	**99.4**	**99.8**	**101.0**	**100.3**	**98.7**
交通	Transport	102.0	99.3	99.8	101.5	100.6	98.3
交通工具	Transport Facility	100.1	100.2	100.5	100.3	100.2	100.0
交通工具用燃料	Fuels for Transport Facility	103.4	98.7	99.6	104.7	103.0	94.8
交通工具使用和维修	Use and Maintenance of Transport Facility	100.0	100.0	100.1	100.1	100.1	100.2
通信	Communications	100.0	99.8	99.7	99.6	99.5	99.9
通信工具	Communication Facility	100.1	99.3	99.3	98.6	98.3	99.9
通信服务	Communicaiton Service	100.0	100.0	100.0	100.0	100.1	100.0
邮递服务	Postal Service	100.0	100.0	100.0	100.0	100.0	100.0
六、教育文化娱乐	**Education, Culture and Recreation**	**101.0**	**100.0**	**100.7**	**100.2**	**99.5**	**100.0**
教育	Education	100.2	100.1	101.7	100.1	100.0	100.0
教育服务	Education Services	100.2	100.1	101.7	100.2	100.0	100.0
文化娱乐	Culture and Recreation	102.6	100.0	99.1	100.4	98.4	100.1
旅游	Touring and Outing	107.3	100.2	97.0	100.3	96.5	100.0
七、医疗保健	**Health Care**	**100.1**	**100.0**	**100.0**	**100.2**	**100.0**	**100.0**
药品及医疗器具	Medicine and Medical Instrument	100.1	100.0	100.0	100.1	99.8	99.9
中药	Traditional chinese Medicine	100.1	100.1	100.2	100.2	100.2	100.1
西药	Western Medicine	100.1	99.9	100.0	100.0	99.6	99.8
医疗服务	Medical Services	100.1	100.0	100.0	100.3	100.1	100.1
八、其他用品及服务	**Other Articles and Services**	**100.2**	**99.1**	**100.3**	**100.1**	**99.5**	**99.9**
其他用品	Other Articles	99.7	98.5	100.6	99.7	99.5	99.8
其他服务	Other Services	100.6	99.6	100.0	100.5	99.5	100.0

3-1-6 居民消费价格分类月度同比指数(2021年)
Year-on-year Consumer Price Indices by Category(2021)

(上年同月价格=100) (Same Month of Preceding Year=100)

项目	Item	1月 January	2月 February	3月 March	4月 April	5月 May	6月 June
居民消费价格指数	**Consumer Price Index**	**99.7**	**99.8**	**100.4**	**100.9**	**101.3**	**101.1**
一、食品烟酒	**Food,Tobacco and Alcohol**	**101.4**	**100.3**	**100.1**	**100.1**	**100.8**	**99.6**
食品	Food	101.6	99.8	99.3	99.3	100.3	98.3
粮　食	Grain	101.6	101.4	101.4	101.1	100.8	100.7
食用油	Edible Oil and Fats	106.0	106.2	106.9	107.5	108.1	107.7
鲜　菜	Fresh Vegetables	110.9	103.3	100.2	98.7	105.4	100.1
畜肉类	Meat of Livestock	99.6	92.7	90.9	89.7	88.7	80.5
其中：猪 肉	of which:Pork	96.1	85.1	81.6	78.6	76.2	63.5
牛 肉	Beef	104.1	103.5	103.3	104.1	104.8	104.8
羊 肉	Mutton	106.7	107.5	108.2	109.4	109.7	107.3
水产品	Aquatic Products	100.2	105.9	108.1	111.3	113.8	114.2
蛋　类	Eggs	101.2	103.0	103.4	106.8	114.3	117.9
奶　类	Milk	101.7	101.2	102.1	102.3	102.4	102.2
鲜　果	Fresh Fruits	101.3	103.1	104.0	102.7	101.4	103.1
茶及饮料	Tea and Beverages	100.6	100.1	100.5	100.8	101.0	101.1
烟酒	Tobacco and Alcohol	101.2	100.9	101.2	101.3	101.5	101.7
卷烟	Tobacco	100.7	100.8	100.8	100.9	101.0	101.1
酒类	Alcohol	102.0	101.1	101.8	101.9	102.3	102.7
在外餐饮	Dining Out	101.1	101.8	101.8	101.9	102.2	102.2
二、衣着	**Clothing**	**99.8**	**99.5**	**100.1**	**100.2**	**100.4**	**100.4**
服装	Garments	99.9	99.6	100.2	100.2	100.5	100.5
鞋类	Footware	99.3	99.2	99.7	99.9	100.0	99.9
三、居住	**Residence**	**99.6**	**99.7**	**100.2**	**100.4**	**100.7**	**100.9**
租赁房房租	Rent of Rental Housing	99.3	99.7	100.0	100.2	100.3	100.7
住房保养维修及管理	Housing Maintenance and Management	100.9	101.0	101.5	101.7	101.9	102.1
水电燃料	Water,Electricity and Fuels	99.8	99.9	100.4	100.9	101.2	101.3

3-1-6 续表 1 continued 1

(上年同月价格=100) (Same Month of Preceding Year=100)

项　　目	Item	1月 January	2月 February	3月 March	4月 April	5月 May	6月 June
四、生活用品及服务	**Articles for Daily Use and Services**	**100.0**	**99.8**	**100.0**	**100.4**	**100.4**	**100.3**
家具及室内装饰品	Furniture and Interior Decorations	99.9	100.2	100.5	100.8	100.9	101.1
家用器具	Home Appliances	99.2	99.5	99.8	100.5	101.0	101.0
家用纺织品	Home Textiles	99.5	99.5	99.7	99.9	100.0	100.2
家庭日用杂品	Daily Use Household Articles	100.0	99.6	99.4	100.1	99.4	99.3
个人护理用品	Personal-care Supplies	100.9	98.3	99.4	99.7	99.5	98.7
家庭服务	Household Service	100.9	103.9	102.4	102.2	102.4	102.6
五、交通通信	**Transportaion and Communications**	**95.4**	**98.1**	**102.7**	**104.9**	**105.5**	**105.8**
交通	Transport	93.5	97.0	103.1	106.0	106.8	107.2
交通工具	Transport Facility	98.1	98.0	98.1	98.6	99.1	99.2
交通工具用燃料	Fuels for Transport Facility	86.6	94.8	111.5	119.4	121.3	123.6
交通工具使用和维修	Use and Maintenance of Transport Facility	99.8	102.7	101.8	102.2	101.5	101.3
通信	Communications	101.1	101.4	101.6	101.9	101.8	101.7
通信工具	Communication Facility	104.3	105.0	106.0	106.7	106.5	106.2
通信服务	Communicaiton Service	99.7	99.7	99.7	99.7	99.7	99.7
邮递服务	Postal Service	99.1	100.4	99.4	99.6	99.9	100.0
六、教育文化娱乐	**Education, Culture and Recreation**	**100.0**	**100.6**	**100.4**	**101.3**	**101.5**	**101.5**
教育	Education	101.6	101.6	101.9	101.9	101.9	101.9
教育服务	Education Services	101.6	101.6	101.9	102.0	101.9	101.9
文化娱乐	Culture and Recreation	97.1	99.0	97.7	100.1	100.8	100.7
旅游	Touring and Outing	91.4	95.7	91.8	97.6	99.0	98.9
七、医疗保健	**Health Care**	**100.4**	**100.3**	**100.2**	**100.1**	**100.2**	**100.3**
药品及医疗器具	Medicine and Medical Instrument	99.6	99.2	98.8	98.9	99.3	99.6
中药	Traditional chinese Medicine	101.6	101.6	101.5	101.4	101.4	101.5
西药	Western Medicine	98.2	98.2	98.1	98.3	99.0	99.2
医疗服务	Medical Services	100.8	100.8	100.7	100.7	100.6	100.7
八、其他用品及服务	**Other Articles and Services**	**99.1**	**99.2**	**98.5**	**98.7**	**99.1**	**99.1**
其他用品	Other Articles	103.2	102.3	101.0	100.5	100.7	101.3
其他服务	Other Services	95.3	96.3	96.2	97.1	97.6	97.2

3-1-6 续表 2 continued 2

(上年同月价格=100) (Same Month of Preceding Year=100)

项　　目	Item	7月 July	8月 August	9月 September	10月 October	11月 November	12月 December
居民消费价格指数	**Consumer Price Index**	**101.0**	**100.8**	**100.7**	**101.5**	**102.3**	**101.5**
一、食品烟酒	**Food,Tobacco and Alcohol**	**98.2**	**98.0**	**97.2**	**99.1**	**101.7**	**99.9**
食品	Food	96.3	95.9	94.8	97.6	101.6	98.8
粮　食	Grain	100.7	100.8	100.7	100.9	101.5	102.0
食用油	Edible Oil and Fats	107.2	106.8	106.5	106.4	107.2	106.4
鲜　菜	Fresh Vegetables	96.0	98.5	97.5	115.9	130.6	110.6
畜肉类	Meat of Livestock	74.5	72.9	71.5	73.3	80.3	77.8
其中：猪 肉	of which:Pork	56.5	55.1	53.1	56.0	67.3	63.3
牛 肉	Beef	104.0	102.9	101.4	101.0	101.4	101.3
羊 肉	Mutton	104.5	103.1	102.7	102.3	102.4	100.4
水产品	Aquatic Products	113.8	111.7	109.8	108.3	108.5	107.9
蛋　类	Eggs	115.6	113.9	112.6	112.6	117.6	112.7
奶　类	Milk	102.0	101.8	101.6	101.4	101.2	101.4
鲜　果	Fresh Fruits	105.2	105.0	99.2	100.5	104.1	104.8
茶及饮料	Tea and Beverages	101.4	101.4	101.4	101.4	101.6	101.7
烟酒	Tobacco and Alcohol	101.7	101.8	101.7	101.7	101.8	101.8
卷烟	Tobacco	101.3	101.5	101.5	101.5	101.6	101.6
酒类	Alcohol	102.6	102.4	102.1	102.1	102.3	102.1
在外餐饮	Dining Out	102.1	102.2	102.2	102.2	102.0	102.0
二、衣着	**Clothing**	**100.4**	**100.5**	**100.5**	**100.5**	**100.5**	**100.6**
服装	Garments	100.5	100.6	100.7	100.6	100.7	100.7
鞋类	Footware	100.1	100.0	100.1	100.1	99.8	100.1
三、居住	**Residence**	**101.1**	**101.1**	**101.3**	**101.7**	**101.7**	**101.6**
租赁房房租	Rent of Rental Housing	100.8	100.8	100.8	100.8	100.8	100.7
住房保养维修及管理	Housing Maintenance and Management	102.2	102.3	102.8	103.5	103.7	103.7
水电燃料	Water,Electricity and Fuels	101.5	101.8	102.6	104.5	104.4	103.9

3-1-6 续表 3 continued 3

(上年同月价格=100) (Same Month of Preceding Year=100)

项　　目	Item	7月 July	8月 August	9月 September	10月 October	11月 November	12月 December
四、生活用品及服务	**Articles for Daily Use and Services**	**100.3**	**100.6**	**100.5**	**100.9**	**100.5**	**100.8**
家具及室内装饰品	Furniture and Interior Decorations	101.3	101.4	101.5	101.4	101.8	101.8
家用器具	Home Appliances	101.3	101.3	101.5	101.5	101.7	102.0
家用纺织品	Home Textiles	99.9	100.0	99.8	100.2	100.3	100.3
家庭日用杂品	Daily Use Household Articles	100.3	100.0	100.2	100.5	100.2	100.2
个人护理用品	Personal-care Supplies	97.3	98.9	98.3	99.6	97.3	98.0
家庭服务	Household Service	102.7	102.8	102.9	102.9	103.1	103.4
五、交通通信	**Transportaion and Communications**	**106.9**	**105.9**	**105.8**	**107.0**	**107.6**	**105.0**
交通	Transport	108.7	107.5	107.4	109.5	110.9	107.3
交通工具	Transport Facility	99.6	99.9	100.5	100.9	101.1	101.0
交通工具用燃料	Fuels for Transport Facility	124.7	122.1	122.8	131.4	135.7	122.5
交通工具使用和维修	Use and Maintenance of Transport Facility	101.3	101.3	101.3	101.8	101.6	101.8
通信	Communications	101.7	101.5	101.4	99.8	98.6	98.4
通信工具	Communication Facility	106.2	105.2	105.2	99.9	96.1	95.7
通信服务	Communicaiton Service	99.7	99.7	99.7	99.7	99.8	99.7
邮递服务	Postal Service	100.0	100.0	99.9	100.0	100.1	100.1
六、教育文化娱乐	**Education, Culture and Recreation**	**102.7**	**103.0**	**103.2**	**102.9**	**103.0**	**103.1**
教育	Education	102.1	102.1	102.6	102.7	102.7	102.7
教育服务	Education Services	102.2	102.1	102.6	102.8	102.8	102.7
文化娱乐	Culture and Recreation	103.7	104.8	104.2	103.3	103.6	104.0
旅游	Touring and Outing	107.8	109.7	107.8	104.8	106.6	107.5
七、医疗保健	**Health Care**	**100.4**	**100.4**	**100.4**	**100.6**	**100.6**	**100.7**
药品及医疗器具	Medicine and Medical Instrument	99.9	99.8	99.8	99.9	99.8	99.8
中药	Traditional chinese Medicine	101.6	101.6	101.8	101.8	101.9	101.8
西药	Western Medicine	99.4	99.3	99.3	99.3	99.0	99.0
医疗服务	Medical Services	100.7	100.7	100.7	100.9	101.0	101.1
八、其他用品及服务	**Other Articles and Services**	**98.7**	**96.1**	**97.2**	**99.5**	**99.4**	**99.5**
其他用品	Other Articles	100.0	95.3	97.1	97.8	97.4	97.5
其他服务	Other Services	97.6	96.9	97.2	101.1	101.3	101.4

3-1-7 全国居民消费价格分类指数(2021年)
Consumer Price Indices by Category(2021)

(上年价格=100) (Preceding Year=100)

项目	Item	全国 National Index	城市 Urban Index	农村 Rural Index
居民消费价格总指数	**Consumer Price Index**	**100.9**	**101.0**	**100.7**
一、食品烟酒	**Food,Tobacco and Alcohol**	**99.7**	**100.0**	**98.8**
1.食品	Food	98.6	99.0	97.7
(1)粮食	Grain	101.1	101.1	101.2
(2)薯类	Tubers	99.7	99.4	100.5
(3)豆类	Beans	106.6	106.6	106.5
(4)食用油	Edible Oil and Fats	106.9	107.4	105.9
(5)菜及食用菌	Vegetables and Edible Mushrooms	105.0	105.0	105.0
(6)畜肉类	Meat of Livestock	82.8	83.7	80.2
(7)禽肉类	Meat of Poultry	96.8	96.5	97.7
(8)水产品	Aquatic Products	109.4	109.0	111.0
(9)蛋类	Eggs	110.8	110.2	112.4
(10)奶类	Milk	101.8	101.9	101.2
(11)干鲜瓜果类	Dried and Fresh Melons and Fruits	102.1	102.1	101.9
(12)糖果糕点类	Candy and Cake	101.4	101.6	100.7
(13)调味品	Falvoring	101.2	101.2	101.1
(14)其他食品类	Other Foods	100.4	100.4	100.4
2.茶及饮料	Tea and Beverages	101.1	101.2	100.9
3.烟酒	Tobacco and Alcohol	101.5	101.6	101.3
(1)卷烟	Tobacco	101.2	101.3	100.9
(2)酒类	Alcohol	102.1	102.1	102.2
4.在外餐饮	Dining Out	102.0	102.0	101.6
二、衣着	**Clothing**	**100.3**	**100.3**	**100.0**
1.服装	Garments	100.4	100.5	100.1
(1)男式服装	Garments for Men	100.5	100.6	100.1
(2)女式服装	Garments for Women	100.4	100.5	99.9
(3)儿童服装	Garments for Children	99.9	99.9	100.2
2.鞋类	Footware	99.8	99.9	99.7
(1)鞋	Shoes	99.8	99.8	99.7
(2)鞋类服务	Footware Services	101.5	101.6	101.2
三、居住	**Residence**	**100.8**	**100.8**	**101.1**
1.租赁房房租	Rent of Rental Housing	100.4	100.4	100.5
2.住房保养维修及管理	Housing Maintenance and Management	102.3	102.3	102.1
3.水电燃料	Water,Electricity and Fuels	101.8	101.6	102.7
(1)水	Water	100.8	100.7	101.5
(2)电	Electricity	99.9	99.9	99.9
(3)燃气	Gas	105.5	104.5	108.6
四、生活用品及服务	**Articles for Daily Use and Services**	**100.4**	**100.4**	**100.4**
1.家具及室内装饰品	Furniture and Interior Decorations	101.0	101.1	100.8
(1)家具	Furniture	101.1	101.2	100.8
(2)室内装饰品	Interior Decorations	100.2	100.1	100.2
2.家用器具	Home Appliances	100.8	100.8	101.1
(1)大型家用器具	Large Houshold Appliances	100.5	100.5	100.7
(2)小家电	Small Household Appliances	102.4	102.3	102.8
3.家用纺织品	Home Textiles	99.9	99.9	100.2
(1)床上用品	Bed Articles	99.9	99.8	100.1

3-1-7 续表 continued

(上年价格=100) (Preceding Year=100)

项　　目	Item	全 国 National Index	城 市 Urban Index	农 村 Rural Index
(2)窗帘门帘	Curtains	100.6	100.5	100.9
(3)其他家用纺织品	Other Home Textiles	99.8	99.8	100.0
4.家庭日用杂品	Daily Use Household Articles	99.9	99.9	100.0
(1)洗涤卫生用品	Clearing Products	100.5	100.6	100.4
(2)厨具餐具茶具	Kichenware Tableware and Teaset	97.6	97.7	97.4
5.个人护理用品	Personal-care Supplies	98.8	98.8	98.7
(1)化妆品	Cosmetics	98.1	98.1	97.6
(2)其他护理用品类	Other Nursing Materials	99.9	100.0	99.8
6.家庭服务	Household Service	102.7	102.8	102.2
五、交通通信	**Transportaion and Communications**	**104.1**	**104.2**	**103.9**
1.交通	Transport	105.3	105.3	105.2
(1)交通工具	Transport Facility	99.5	99.4	99.7
(2)交通工具用燃料	Fuels for Transport Facility	117.1	117.0	117.3
(3)交通工具使用和维修	Use and Maintenance of Transport Facility	101.5	101.6	101.2
(4)交通费	Traffic Fee	102.3	102.5	101.4
2.通信	Communications	100.9	101.0	100.7
(1)通信工具	Communication Facility	103.5	103.7	102.9
(2)通信服务	Communicaiton Service	99.7	99.7	99.7
(3)邮递服务	Postal Service	99.9	99.8	100.2
六、教育文化娱乐	**Education, Culture and Recreation**	**101.9**	**102.0**	**101.7**
1.教育	Education	102.1	102.2	101.9
(1)教育用品	Education Articles	101.2	101.2	101.3
(2)教育服务	Education Services	102.2	102.3	101.9
2.文化娱乐	Culture and Recreation	101.5	101.6	101.3
(1)文娱耐用消费品	Durable Consumer Goods for Culture and Recreation	101.5	101.3	102.0
(2)其他文娱用品	Other Articles for Culture and Recreation	100.6	100.7	100.2
(3)文化娱乐服务	Services for Culture and Recreation	102.6	102.8	101.4
(4)旅游	Touring and Outing	101.4	101.3	101.9
七、医疗保健	**Health Care**	**100.4**	**100.3**	**100.7**
1.药品及医疗器具	Medicine and Medical Instrument	99.5	99.5	99.6
(1)中药	Traditional chinese Medicine	101.7	101.7	101.4
(2)西药	Western Medicine	98.9	98.6	99.7
(3)滋补保健品	Health Care Articles	100.6	100.7	99.9
(4)医疗卫生器具	Medical Instrument	96.2	97.0	93.6
(5)保健器具	Health Care Appliances	99.9	99.9	100.0
2.医疗服务	Medical Services	100.8	100.7	101.0
(1)综合医疗类	General Practice	101.3	101.2	101.6
(2)诊断类	Diagnostic Medical	100.1	100.0	100.2
(3)治疗类	Medical Treatment	101.2	101.0	101.8
(4)康复类	Rehabilitation	100.6	100.7	100.4
(5)中医医疗服务类	Traditional Chinese Medical	102.7	102.7	102.7
(6)其他医疗保健服务	Other Health Care Services	100.5	100.5	100.6
八、其他用品及服务	**Other Articles and Services**	**98.7**	**98.6**	**98.8**
1.其他用品	Other Articles	99.5	99.4	99.8
(1)首饰手表	Jewelry and Watches	99.7	99.5	100.5
(2)母婴用品	Maternal and infant products	98.6	98.7	98.5
(3)其他杂项用品	Other Miscellaneous Articles	99.8	99.7	99.9
2.其他服务	Other Services	97.9	97.9	97.8
(1)在外住宿	Out accommodation	101.9	102.2	100.0
(2)美容美发洗浴	Beaty Salon,Hair Salon and Scouring Bath	101.8	101.8	102.2
(3)养老服务	Elderly Care	101.7	101.9	100.8
(4)金融及保险服务	Finance and Insurance	93.8	93.7	94.0
(5)中介法律及其他服务	Intermediary legal and other services	100.5	100.5	100.4

3-1-8 各地区居民消费价格总指数(2000～2021年)
Consumer Price Indices by Region(2000~2021)

(上年价格=100) (Preceding Year=100)

地 区	Region	2000	2001	2002	2003	2004	2005	2006	2007	2008	2009	2010
全国平均	**National**	**100.4**	**100.7**	**99.2**	**101.2**	**103.9**	**101.8**	**101.5**	**104.8**	**105.9**	**99.3**	**103.3**
北 京	Beijing	103.5	103.1	98.2	100.2	101.0	101.5	100.9	102.4	105.1	98.5	102.4
天 津	Tianjin	99.6	101.2	99.6	101.0	102.3	101.5	101.5	104.2	105.4	99.0	103.5
河 北	Hebei	99.7	100.5	99.0	102.2	104.3	101.8	101.7	104.7	106.2	99.3	103.1
山 西	Shanxi	103.9	99.8	98.4	101.8	104.1	102.3	102.0	104.6	107.2	99.6	103.0
内蒙古	Inner Mongolia	101.3	100.6	100.2	102.2	102.9	102.4	101.5	104.6	105.7	99.7	103.2
辽 宁	Liaoning	99.9	100.0	98.9	101.7	103.5	101.4	101.2	105.1	104.6	100.0	103.0
吉 林	Jilin	98.6	101.3	99.5	101.2	104.1	101.5	101.4	104.8	105.1	100.1	103.7
黑龙江	Heilongjiang	98.3	100.8	99.3	100.9	103.8	101.2	101.9	105.4	105.6	100.2	103.9
上 海	Shanghai	102.5	100.0	100.5	100.1	102.2	101.0	101.2	103.2	105.8	99.6	103.1
江 苏	Jiangsu	100.1	100.8	99.2	101.0	104.1	102.1	101.6	104.3	105.4	99.6	103.8
浙 江	Zhejiang	101.0	99.8	99.1	101.9	103.9	101.3	101.1	104.2	105.0	98.5	103.8
安 徽	Anhui	100.7	100.5	99.0	101.7	104.5	101.4	101.2	105.3	106.2	99.1	103.1
福 建	Fujian	102.1	98.7	99.5	100.8	104.0	102.2	100.8	105.2	104.6	98.2	103.2
江 西	Jiangxi	100.3	99.5	100.1	100.8	103.5	101.7	101.2	104.8	106.0	99.3	103.0
山 东	Shandong	100.2	101.8	99.3	101.1	103.6	101.7	101.0	104.4	105.3	100.0	102.9
河 南	Henan	99.2	100.7	100.1	101.6	105.4	102.1	101.3	105.4	107.0	99.4	103.5
湖 北	Hubei	99.0	100.3	99.6	102.2	104.9	102.9	101.6	104.8	106.3	99.6	102.9
湖 南	Hunan	101.4	99.1	99.5	102.4	105.1	102.3	101.4	105.6	106.0	99.6	103.1
广 东	Guangdong	101.4	99.3	98.6	100.6	103.0	102.3	101.8	103.7	105.6	97.7	103.1
广 西	Guangxi	99.7	100.6	99.1	101.1	104.4	102.4	101.3	106.1	107.8	97.9	103.0
海 南	Hainan	101.1	98.5	99.5	100.1	104.4	101.5	101.5	105.0	106.9	99.3	104.8
重 庆	Chongqing	96.7	101.7	99.6	100.6	103.7	100.8	102.4	104.7	105.6	98.4	103.2
四 川	Sichuan	100.1	102.1	99.7	101.7	104.9	101.7	102.3	105.9	105.1	100.8	103.2
贵 州	Guizhou	99.5	101.8	99.0	101.2	104.0	101.0	101.7	106.4	107.6	98.7	102.9
云 南	Yunnan	97.9	99.1	99.8	101.2	106.0	101.4	101.9	105.9	105.7	100.4	103.7
西 藏	Tibet	99.9	100.1	100.4	100.9	102.7	101.5	102.0	103.4	105.7	101.4	102.2
陕 西	Shaanxi	99.5	101.0	98.9	101.7	103.1	101.2	101.5	105.1	106.4	100.5	104.0
甘 肃	Gansu	99.5	104.0	100.0	101.1	102.3	101.7	101.3	105.5	108.2	101.3	104.1
青 海	Qinghai	99.5	102.6	102.3	102.0	103.2	100.8	101.6	106.6	110.1	102.6	105.4
宁 夏	Ningxia	99.6	101.6	99.4	101.7	103.7	101.5	101.9	105.4	108.5	100.7	104.1
新 疆	Xinjiang	99.4	104.0	99.4	100.4	102.7	100.7	101.3	105.5	108.1	100.7	104.3

3-1-8 续表 continued

(上年价格=100) (Preceding Year=100)

地 区	Region	2011	2012	2013	2014	2015	2016	2017	2018	2019	2020	2021
全国平均	**National**	**105.4**	**102.6**	**102.6**	**102.0**	**101.4**	**102.0**	**101.6**	**102.1**	**102.9**	**102.5**	**100.9**
北 京	Beijing	105.6	103.3	103.3	101.6	101.8	101.4	101.9	102.5	102.3	101.7	101.1
天 津	Tianjin	104.9	102.7	103.1	101.9	101.7	102.1	102.1	102.0	102.7	102.0	101.3
河 北	Hebei	105.7	102.6	103.0	101.7	100.9	101.5	101.7	102.4	103.0	102.1	101.0
山 西	Shanxi	105.2	102.5	103.1	101.7	100.6	101.1	101.1	101.8	102.7	102.9	101.0
内蒙古	Inner Mongolia	105.6	103.1	103.2	101.6	101.1	101.2	101.7	101.8	102.4	101.9	100.9
辽 宁	Liaoning	105.2	102.8	102.4	101.7	101.4	101.6	101.4	102.5	102.4	102.4	101.1
吉 林	Jilin	105.2	102.5	102.9	102.0	101.7	101.6	101.6	102.1	103.0	102.3	100.6
黑龙江	Heilongjiang	105.8	103.2	102.2	101.5	101.1	101.5	101.3	102.0	102.8	102.3	100.6
上 海	Shanghai	105.2	102.8	102.3	102.7	102.4	103.2	101.7	101.6	102.5	101.7	101.2
江 苏	Jiangsu	105.3	102.6	102.3	102.2	101.7	102.3	101.7	102.3	103.1	102.5	101.6
浙 江	Zhejiang	105.4	102.2	102.3	102.1	101.4	101.9	102.1	102.3	102.9	102.3	101.5
安 徽	Anhui	105.6	102.3	102.4	101.6	101.3	101.8	101.2	102.0	102.7	102.7	100.9
福 建	Fujian	105.3	102.4	102.5	102.0	101.7	101.7	101.2	101.5	102.6	102.2	100.7
江 西	Jiangxi	105.2	102.7	102.5	102.3	101.5	102.0	102.0	102.1	102.9	102.6	100.9
山 东	Shandong	105.0	102.1	102.2	101.9	101.2	102.1	101.5	102.5	103.2	102.8	101.2
河 南	Henan	105.6	102.5	102.9	101.9	101.3	101.9	101.4	102.3	103.0	102.8	100.9
湖 北	Hubei	105.8	102.9	102.8	102.0	101.5	102.2	101.5	101.9	103.1	102.7	100.3
湖 南	Hunan	105.5	102.0	102.5	101.9	101.4	101.9	101.4	102.0	102.9	102.3	100.5
广 东	Guangdong	105.3	102.8	102.5	102.3	101.5	102.3	101.5	102.2	103.4	102.6	100.8
广 西	Guangxi	105.9	103.2	102.2	102.1	101.5	101.6	101.6	102.3	103.7	102.8	100.9
海 南	Hainan	106.1	103.2	102.8	102.4	101.0	102.8	102.8	102.5	103.4	102.3	100.3
重 庆	Chongqing	105.3	102.6	102.7	101.8	101.3	101.8	101.0	102.0	102.7	102.3	100.3
四 川	Sichuan	105.3	102.5	102.8	101.6	101.5	101.9	101.4	101.7	103.2	103.2	100.3
贵 州	Guizhou	105.1	102.7	102.5	102.4	101.8	101.4	100.9	101.8	102.4	102.6	100.1
云 南	Yunnan	104.9	102.7	103.1	102.4	101.9	101.5	100.9	101.6	102.5	103.6	100.2
西 藏	Tibet	105.0	103.5	103.6	102.9	102.0	102.5	101.6	101.7	102.3	102.2	100.9
陕 西	Shaanxi	105.7	102.8	103.0	101.6	101.0	101.3	101.6	102.1	102.9	102.5	101.5
甘 肃	Gansu	105.9	102.7	103.2	102.1	101.6	101.3	101.4	102.0	102.3	102.0	100.9
青 海	Qinghai	106.1	103.1	103.9	102.8	102.6	101.8	101.5	102.5	102.5	102.6	101.3
宁 夏	Ningxia	106.3	102.0	103.4	101.9	101.1	101.5	101.6	102.3	102.1	101.5	101.4
新 疆	Xinjiang	105.9	103.8	103.9	102.1	100.6	101.4	102.2	102.0	101.9	101.5	101.2

3-1-9 各地区居民消费价格分类指数(2021年)
Consumer Price Indices by Category and Region (2021)

(上年价格=100) (Preceding Year=100)

地 区	Region	居民消费价格总指数 Consumer Price Index	一、食品烟酒 Food, Tobacco and Alcohol	1.食品 Food	(1)粮食 Grain	(2)薯类 Tubers	(3)豆类 Beans
全 国	**National**	**100.9**	**99.7**	**98.6**	**101.1**	**99.7**	**106.6**
北 京	Beijing	101.1	100.5	99.0	99.8	101.5	104.7
天 津	Tianjin	101.3	101.3	100.2	101.3	98.6	108.5
河 北	Hebei	101.0	100.9	100.8	100.5	101.3	106.6
山 西	Shanxi	101.0	100.4	99.8	101.9	97.4	106.2
内 蒙 古	Inner Mongolia	100.9	100.5	99.9	101.2	101.6	105.4
辽 宁	Liaoning	101.1	100.3	99.9	102.1	101.6	108.4
吉 林	Jilin	100.6	99.7	99.4	101.2	99.4	113.4
黑 龙 江	Heilongjiang	100.6	99.5	98.9	100.4	99.5	107.6
上 海	Shanghai	101.2	100.5	99.6	99.1	100.9	117.3
江 苏	Jiangsu	101.6	100.9	100.5	100.8	104.8	109.9
浙 江	Zhejiang	101.5	100.7	99.8	100.5	97.9	105.6
安 徽	Anhui	100.9	99.5	98.5	100.7	100.5	107.7
福 建	Fujian	100.7	98.9	97.6	100.6	92.5	104.4
江 西	Jiangxi	100.9	99.3	98.1	101.1	99.1	104.1
山 东	Shandong	101.2	100.9	100.0	101.1	99.8	108.4
河 南	Henan	100.9	100.2	99.7	101.7	102.1	106.5
湖 北	Hubei	100.3	98.5	96.7	100.9	96.0	105.7
湖 南	Hunan	100.5	98.0	96.6	102.1	99.5	104.3
广 东	Guangdong	100.8	99.4	97.7	101.4	99.6	103.2
广 西	Guangxi	100.9	98.8	97.3	101.6	95.0	105.1
海 南	Hainan	100.3	98.9	96.7	100.3	92.2	105.3
重 庆	Chongqing	100.3	97.8	95.6	98.5	101.5	107.5
四 川	Sichuan	100.3	98.0	96.0	101.6	101.3	104.6
贵 州	Guizhou	100.1	97.7	95.8	100.4	99.2	105.6
云 南	Yunnan	100.2	98.4	96.4	101.2	101.8	104.9
西 藏	Tibet	100.9	100.5	100.4	100.6	93.4	99.8
陕 西	Shaanxi	101.5	101.4	100.5	103.7	93.7	105.2
甘 肃	Gansu	100.9	100.3	99.3	101.8	96.9	105.9
青 海	Qinghai	101.3	100.1	99.3	101.0	97.0	104.7
宁 夏	Ningxia	101.4	101.5	101.7	102.1	97.4	110.9
新 疆	Xinjiang	101.2	100.7	100.5	101.4	97.9	104.2

3-1-9 续表 1 continued 1

(上年价格=100) (Preceding Year=100)

地 区	Region	(4)食用油 Edible Oil and Fats	(5)菜及食用菌 Vegetables and Edible Mushrooms	(6)畜肉类 Meat of Livestock	(7)禽肉类 Meat of Poultry	(8)水产品 Aquatic Products	(9)蛋类 Eggs
全 国	**National**	**106.9**	**105.0**	**82.8**	**96.8**	**109.4**	**110.8**
北 京	Beijing	106.2	106.7	88.8	94.1	101.0	106.3
天 津	Tianjin	106.3	106.1	88.2	97.4	106.6	120.2
河 北	Hebei	108.7	109.3	85.4	96.5	112.4	113.8
山 西	Shanxi	106.7	107.6	84.7	94.1	109.3	119.0
内 蒙 古	Inner Mongolia	103.1	107.8	91.0	97.0	113.4	114.5
辽 宁	Liaoning	104.8	107.7	85.1	98.1	105.6	114.7
吉 林	Jilin	112.4	106.0	83.5	98.0	110.1	114.1
黑 龙 江	Heilongjiang	110.1	106.1	83.6	96.7	108.2	115.4
上 海	Shanghai	107.4	105.2	86.2	89.7	105.4	104.5
江 苏	Jiangsu	106.3	106.2	85.0	97.1	114.0	112.5
浙 江	Zhejiang	109.8	105.1	81.6	95.6	110.3	106.8
安 徽	Anhui	104.2	103.6	81.2	97.2	114.3	112.3
福 建	Fujian	108.0	104.1	80.4	97.8	105.6	110.5
江 西	Jiangxi	108.6	106.3	79.8	95.2	112.3	107.1
山 东	Shandong	108.2	108.0	83.1	98.1	110.3	112.8
河 南	Henan	106.9	109.4	82.0	99.0	114.8	115.4
湖 北	Hubei	108.8	100.3	79.1	93.3	114.6	104.7
湖 南	Hunan	102.3	104.0	78.0	97.7	116.8	105.7
广 东	Guangdong	109.0	102.5	81.5	98.3	105.4	107.3
广 西	Guangxi	108.5	103.3	78.7	97.9	107.0	107.3
海 南	Hainan	107.2	100.6	87.5	95.1	97.6	102.9
重 庆	Chongqing	106.6	101.2	78.1	94.0	107.6	109.7
四 川	Sichuan	102.8	103.1	79.1	95.7	110.5	102.5
贵 州	Guizhou	100.4	101.9	80.7	92.8	112.0	103.1
云 南	Yunnan	100.4	101.9	81.4	99.2	109.7	107.6
西 藏	Tibet	100.5	99.6	100.3	97.9	107.3	104.6
陕 西	Shaanxi	111.3	107.4	85.6	94.3	113.5	117.5
甘 肃	Gansu	106.1	103.9	85.8	97.4	111.0	114.9
青 海	Qinghai	106.1	104.8	92.0	95.2	107.2	116.2
宁 夏	Ningxia	108.0	106.3	94.6	96.5	115.8	117.9
新 疆	Xinjiang	110.0	101.4	97.1	97.4	114.0	112.9

3-1-9 续表 2 continued 2

(上年价格=100) (Preceding Year=100)

地 区	Region	(10)奶类 Milk	(11)干鲜瓜果类 Dried and Fresh Melons and Fruits	(12)糖果糕点类 Candy and Cake	(13)调味品 Flavoring	(14)其他食品类 Other Foods	2.茶及饮料 Tea and Beverages
全 国	**National**	**101.8**	**102.1**	**101.4**	**101.2**	**100.4**	**101.1**
北 京	Beijing	101.2	100.0	100.7	100.6	101.0	102.4
天 津	Tianjin	101.1	98.3	102.1	100.9	101.8	101.8
河 北	Hebei	103.7	104.3	101.0	100.7	100.0	100.3
山 西	Shanxi	101.6	101.0	100.6	101.9	100.9	101.0
内 蒙 古	Inner Mongolia	101.4	101.5	100.0	100.5	100.7	99.5
辽 宁	Liaoning	101.1	102.5	101.3	100.5	99.7	100.0
吉 林	Jilin	102.5	101.0	101.6	100.4	100.3	101.3
黑 龙 江	Heilongjiang	101.8	101.4	101.2	100.6	100.0	99.7
上 海	Shanghai	103.7	105.6	102.5	100.9	100.4	101.0
江 苏	Jiangsu	102.4	103.6	102.4	101.3	100.9	101.0
浙 江	Zhejiang	103.3	103.1	102.5	101.5	101.1	101.2
安 徽	Anhui	101.8	103.7	101.7	101.6	100.4	104.1
福 建	Fujian	101.6	101.2	102.1	101.1	100.4	99.3
江 西	Jiangxi	100.5	102.3	102.0	100.8	100.5	100.6
山 东	Shandong	101.8	103.4	101.1	101.7	99.7	100.8
河 南	Henan	100.8	102.5	101.1	100.5	100.2	100.6
湖 北	Hubei	102.0	101.3	100.5	102.2	101.3	101.0
湖 南	Hunan	100.8	102.8	100.8	101.4	100.5	100.4
广 东	Guangdong	101.7	100.9	101.4	101.4	100.3	101.9
广 西	Guangxi	100.4	101.4	101.1	101.2	99.6	101.0
海 南	Hainan	102.2	100.0	98.1	101.5	99.2	100.0
重 庆	Chongqing	98.8	99.9	104.0	101.9	96.3	100.1
四 川	Sichuan	103.0	101.5	101.0	101.7	100.0	101.5
贵 州	Guizhou	100.4	99.4	101.4	101.3	99.6	100.4
云 南	Yunnan	100.3	99.7	101.6	101.5	100.3	101.6
西 藏	Tibet	102.9	97.4	100.3	101.1	101.8	100.8
陕 西	Shaanxi	100.9	101.7	100.1	101.2	102.5	101.1
甘 肃	Gansu	101.5	104.2	101.2	100.6	100.9	101.2
青 海	Qinghai	100.4	100.3	101.2	101.3	100.1	99.7
宁 夏	Ningxia	101.6	103.0	102.1	102.3	100.0	100.2
新 疆	Xinjiang	100.9	98.5	100.3	100.8	100.2	99.8

3-1-9 续表 3 continued 3

(上年价格=100) (Preceding Year=100)

地 区	Region	3.烟酒 Tobacco and Alcohol	(1)卷烟 Tobacco	(2)酒类 Alcohol	4.在外餐饮 Dining Out	二、衣着 Clothing	1.服装 Garments
全 国	**National**	**101.5**	**101.2**	**102.1**	**102.0**	**100.3**	**100.4**
北 京	Beijing	104.0	103.1	105.0	102.9	99.8	99.9
天 津	Tianjin	103.5	103.7	103.1	102.9	97.8	99.2
河 北	Hebei	101.3	100.3	102.4	101.2	99.3	99.5
山 西	Shanxi	101.2	101.1	101.4	102.3	100.3	100.2
内蒙古	Inner Mongolia	101.3	100.5	102.7	102.3	99.2	99.3
辽 宁	Liaoning	102.0	101.9	102.3	100.9	100.5	100.3
吉 林	Jilin	100.3	100.3	100.3	100.4	99.9	99.7
黑龙江	Heilongjiang	100.6	100.3	101.2	100.8	100.8	100.5
上 海	Shanghai	104.0	104.4	103.3	101.8	99.5	99.4
江 苏	Jiangsu	101.8	101.4	102.6	101.5	101.5	101.6
浙 江	Zhejiang	101.4	100.9	102.7	102.8	101.0	100.8
安 徽	Anhui	100.6	101.4	99.4	102.0	101.1	101.1
福 建	Fujian	100.3	100.7	99.6	101.9	101.5	101.3
江 西	Jiangxi	101.5	101.8	101.0	101.6	99.7	99.9
山 东	Shandong	101.4	100.7	102.1	103.5	100.1	100.3
河 南	Henan	100.9	100.3	101.7	101.9	99.4	99.4
湖 北	Hubei	100.5	100.1	101.8	102.4	100.0	100.0
湖 南	Hunan	102.3	102.5	101.2	100.6	100.7	100.7
广 东	Guangdong	102.6	102.7	102.4	101.9	100.3	100.6
广 西	Guangxi	100.6	100.4	101.0	102.1	101.0	101.0
海 南	Hainan	100.9	101.3	99.4	104.7	100.9	100.9
重 庆	Chongqing	100.2	101.6	97.5	102.1	101.4	101.4
四 川	Sichuan	102.2	100.6	105.2	101.4	99.8	100.4
贵 州	Guizhou	101.7	100.3	106.0	101.1	99.3	99.3
云 南	Yunnan	101.2	101.1	101.4	102.3	99.7	99.8
西 藏	Tibet	100.5	99.7	101.8	101.4	100.7	100.8
陕 西	Shaanxi	101.9	100.7	104.5	103.2	100.5	100.4
甘 肃	Gansu	100.9	99.4	103.5	102.7	100.0	100.4
青 海	Qinghai	100.9	100.1	101.9	102.1	101.0	101.1
宁 夏	Ningxia	101.3	101.4	101.2	101.1	99.0	99.3
新 疆	Xinjiang	100.9	100.3	101.9	101.2	102.0	102.4

3-1-9 续表 4 continued 4

(上年价格=100) (Preceding Year=100)

地 区	Region	(1)男式服装 Garments for Men	(2)女式服装 Garments for Women	(3)儿童服装 Garments for Children	2 鞋类 Footware	(1)鞋 Shoes	(2)鞋类服务 Footware Services
全 国	**National**	**100.5**	**100.4**	**99.9**	**99.8**	**99.8**	**101.5**
北 京	Beijing	101.5	99.3	97.6	99.5	99.5	101.8
天 津	Tianjin	98.8	99.7	98.0	93.3	93.3	99.0
河 北	Hebei	99.3	99.6	98.9	98.9	98.9	100.0
山 西	Shanxi	101.1	99.7	99.9	101.0	101.0	101.0
内蒙古	Inner Mongolia	99.7	99.1	99.1	98.7	98.6	100.9
辽 宁	Liaoning	100.6	100.2	100.3	101.0	101.0	100.0
吉 林	Jilin	100.1	100.0	98.0	100.4	100.4	101.3
黑龙江	Heilongjiang	101.5	99.7	101.1	102.1	102.1	100.0
上 海	Shanghai	99.5	99.2	98.8	99.8	99.8	101.9
江 苏	Jiangsu	101.8	101.6	101.1	100.8	100.8	103.0
浙 江	Zhejiang	101.0	100.6	100.5	101.7	101.7	103.7
安 徽	Anhui	101.4	100.7	101.4	100.7	100.7	101.3
福 建	Fujian	100.3	102.7	99.9	102.7	102.7	108.0
江 西	Jiangxi	99.5	100.2	99.8	98.7	98.7	102.0
山 东	Shandong	100.7	100.0	100.3	99.3	99.3	101.4
河 南	Henan	99.1	99.8	98.7	99.3	99.3	101.5
湖 北	Hubei	99.7	100.3	99.2	100.0	100.0	105.4
湖 南	Hunan	100.8	100.6	100.7	101.0	101.0	100.1
广 东	Guangdong	100.6	100.8	100.1	99.0	99.0	101.8
广 西	Guangxi	101.3	100.9	100.5	100.9	101.0	100.5
海 南	Hainan	102.4	100.1	100.4	100.5	100.5	101.9
重 庆	Chongqing	101.6	101.4	99.7	101.7	101.7	106.1
四 川	Sichuan	99.4	101.0	100.0	97.5	97.3	100.9
贵 州	Guizhou	99.5	99.0	99.4	99.4	99.3	104.4
云 南	Yunnan	100.1	99.6	99.7	99.3	99.2	101.6
西 藏	Tibet	101.2	100.7	100.5	100.5	100.4	103.6
陕 西	Shaanxi	100.4	100.9	98.5	100.9	100.9	100.6
甘 肃	Gansu	100.6	100.7	99.4	98.5	98.4	100.0
青 海	Qinghai	102.5	101.6	98.5	100.6	100.7	100.0
宁 夏	Ningxia	99.4	99.2	99.4	97.4	97.4	100.0
新 疆	Xinjiang	103.1	102.6	101.5	100.4	100.4	100.4

3-1-9 续表 5 continued 5

(上年价格=100) (Preceding Year=100)

地 区	Region	三、居住 Residence	1.租赁房房租 Rent of Rental Housing	2.住房保养维修及管理 Housing Maintenance and Management	3.水电燃料 Water,Electricity and Fuels	四、生活用品及服务 Articles for Daily Use and Services	1.家具及室内装饰品 Furniture and Interior Decorations
全 国	**National**	**100.8**	**100.4**	**102.3**	**101.8**	**100.4**	**101.0**
北 京	Beijing	101.1	101.3	102.4	100.0	99.7	101.2
天 津	Tianjin	100.7	100.1	103.4	98.8	101.0	103.8
河 北	Hebei	100.2	99.8	100.5	102.2	99.7	100.4
山 西	Shanxi	100.4	99.6	101.3	102.3	100.4	100.9
内蒙古	Inner Mongolia	100.5	99.7	100.9	103.4	99.8	100.9
辽 宁	Liaoning	100.6	100.1	101.3	102.7	99.9	99.8
吉 林	Jilin	101.3	98.8	101.3	104.3	99.9	102.1
黑龙江	Heilongjiang	100.3	98.6	100.7	103.8	99.8	100.5
上 海	Shanghai	101.1	101.1	102.3	101.0	100.7	101.6
江 苏	Jiangsu	101.3	101.3	102.7	101.1	101.1	102.9
浙 江	Zhejiang	100.9	99.9	104.7	101.7	101.6	101.4
安 徽	Anhui	100.7	100.1	102.2	101.4	100.1	100.2
福 建	Fujian	101.3	101.1	102.6	101.4	100.7	101.2
江 西	Jiangxi	100.9	100.1	102.2	102.6	100.4	100.4
山 东	Shandong	101.1	100.7	102.4	101.9	99.8	101.0
河 南	Henan	100.7	100.3	103.0	100.7	100.0	101.2
湖 北	Hubei	100.0	99.4	101.5	100.5	100.4	100.9
湖 南	Hunan	101.2	101.6	101.1	101.1	100.3	100.5
广 东	Guangdong	101.0	100.0	102.8	103.1	100.6	100.8
广 西	Guangxi	100.8	100.2	101.9	102.7	100.4	100.4
海 南	Hainan	101.0	100.4	101.2	102.3	101.2	101.2
重 庆	Chongqing	100.4	102.9	101.1	100.4	100.7	101.4
四 川	Sichuan	100.3	99.6	102.0	100.0	100.6	102.0
贵 州	Guizhou	100.0	99.0	101.7	101.3	99.7	100.6
云 南	Yunnan	100.2	99.5	102.2	102.0	99.6	98.8
西 藏	Tibet	100.2	100.2	100.3	97.7	99.8	101.2
陕 西	Shaanxi	101.9	102.0	102.4	102.2	100.3	102.1
甘 肃	Gansu	101.1	100.5	101.8	102.9	100.3	100.2
青 海	Qinghai	101.3	100.8	101.1	102.8	99.9	101.8
宁 夏	Ningxia	100.8	98.5	103.3	101.6	100.7	101.5
新 疆	Xinjiang	101.2	98.8	103.6	102.4	100.4	100.1

3-1-9 续表 6 continued 6

(上年价格=100) (Preceding Year=100)

地 区 Region	(1)家具 Furniture	(2)室内装饰品 Interior Decorations	2.家用器具 Home Appliances	(1)大型家用器具 Large Houshold Appliances	(2)小家电 Small Household Appliances	3.家用纺织品 Home Textiles
全 国 National	**101.1**	**100.2**	**100.8**	**100.5**	**102.4**	**99.9**
北 京 Beijing	101.5	99.2	100.4	100.2	101.5	99.7
天 津 Tianjin	104.3	97.9	97.9	97.2	100.7	100.9
河 北 Hebei	100.8	97.4	99.9	99.3	103.0	99.7
山 西 Shanxi	100.9	100.9	101.0	100.6	102.8	100.2
内蒙古 Inner Mongolia	100.9	100.6	100.2	99.5	102.7	99.7
辽 宁 Liaoning	99.6	100.9	100.3	99.9	102.4	99.8
吉 林 Jilin	102.3	100.1	100.7	100.6	101.3	100.5
黑龙江 Heilongjiang	100.5	100.2	100.1	99.6	102.1	99.2
上 海 Shanghai	101.9	98.2	102.0	101.5	104.1	97.8
江 苏 Jiangsu	103.1	100.7	101.7	101.5	103.1	101.0
浙 江 Zhejiang	101.6	100.5	102.2	102.5	101.0	101.6
安 徽 Anhui	100.1	100.5	100.8	100.5	102.5	100.4
福 建 Fujian	101.3	100.0	100.9	100.5	102.1	100.0
江 西 Jiangxi	100.5	99.3	100.7	100.6	100.7	100.3
山 东 Shandong	100.9	101.2	100.2	99.9	101.9	99.4
河 南 Henan	101.3	100.4	100.6	100.2	103.2	99.7
湖 北 Hubei	100.9	101.2	100.6	99.9	103.3	100.5
湖 南 Hunan	100.5	100.6	101.1	100.7	103.1	100.3
广 东 Guangdong	100.8	100.9	101.1	100.8	102.1	98.8
广 西 Guangxi	100.4	99.4	101.0	100.8	101.9	99.9
海 南 Hainan	101.2	100.9	101.6	101.0	103.6	100.4
重 庆 Chongqing	101.4	101.1	102.5	102.3	103.6	99.1
四 川 Sichuan	102.1	100.3	101.3	100.9	102.8	99.4
贵 州 Guizhou	100.9	99.0	99.5	98.8	102.5	100.0
云 南 Yunnan	98.7	99.8	99.8	99.5	100.7	99.8
西 藏 Tibet	101.4	100.0	100.3	100.0	103.1	100.0
陕 西 Shaanxi	102.5	99.2	100.3	100.0	102.6	100.9
甘 肃 Gansu	100.2	100.3	101.9	101.7	103.0	100.5
青 海 Qinghai	102.0	100.4	98.6	98.5	100.1	102.0
宁 夏 Ningxia	101.5	101.6	101.1	100.9	101.7	100.2
新 疆 Xinjiang	99.9	100.8	101.4	101.0	103.4	100.2

3-1-9 续表 7 continued 7

(上年价格=100) (Preceding Year=100)

地 区	Region	(1)床上用品 Bed Articles	(2)窗帘门帘 Curtains	(3)其他家用纺织品 Other Home Textiles	4.家庭日用杂品 Daily Use Household Articles	(1)洗涤卫生用品 Clearing Products	(2)厨具餐具茶具 Kichenware Tableware and Teaset
全 国	**National**	**99.9**	**100.6**	**99.8**	**99.9**	**100.5**	**97.6**
北 京	Beijing	99.9	96.4	100.6	98.1	98.3	96.3
天 津	Tianjin	101.0	100.9	99.9	100.3	101.5	99.9
河 北	Hebei	99.9	100.1	98.3	99.7	100.3	97.4
山 西	Shanxi	100.5	99.1	99.7	100.2	100.7	97.5
内蒙古	Inner Mongolia	100.1	99.7	97.1	99.9	100.7	97.3
辽 宁	Liaoning	99.7	100.0	100.0	99.8	100.8	97.3
吉 林	Jilin	100.6	99.7	101.0	98.8	99.7	96.0
黑龙江	Heilongjiang	99.0	100.2	99.2	100.3	101.9	98.0
上 海	Shanghai	97.8	102.3	94.2	99.8	101.6	94.6
江 苏	Jiangsu	101.0	101.2	100.6	100.3	100.6	97.2
浙 江	Zhejiang	101.3	104.0	102.0	101.2	101.4	99.7
安 徽	Anhui	100.4	100.0	100.4	99.8	100.4	97.9
福 建	Fujian	99.8	101.5	100.3	100.3	100.8	98.8
江 西	Jiangxi	100.3	101.6	98.8	100.6	101.3	98.6
山 东	Shandong	99.4	99.8	98.7	99.4	99.9	96.2
河 南	Henan	99.7	99.9	99.2	99.2	99.9	97.2
湖 北	Hubei	100.7	99.9	100.0	100.2	100.7	98.6
湖 南	Hunan	100.2	100.5	101.0	99.9	100.5	97.8
广 东	Guangdong	98.2	99.8	101.0	100.3	100.9	97.7
广 西	Guangxi	99.9	101.5	98.6	100.0	99.8	98.2
海 南	Hainan	100.9	98.0	99.5	100.7	101.8	98.4
重 庆	Chongqing	99.5	99.4	95.5	99.6	99.3	98.8
四 川	Sichuan	98.9	101.7	100.8	99.9	100.6	98.2
贵 州	Guizhou	99.9	101.8	99.4	99.5	99.8	97.2
云 南	Yunnan	99.6	100.6	100.2	99.9	100.3	97.6
西 藏	Tibet	100.0	100.0	100.1	99.6	100.0	97.0
陕 西	Shaanxi	101.0	101.4	100.2	99.5	100.9	97.8
甘 肃	Gansu	100.4	100.4	101.2	99.6	100.7	97.1
青 海	Qinghai	101.0	106.8	100.7	100.3	101.7	98.1
宁 夏	Ningxia	100.0	100.8	100.4	100.8	101.3	98.6
新 疆	Xinjiang	99.9	100.6	100.8	100.2	101.5	96.9

3-1-9 续表 8 continued 8

(上年价格=100) (Preceding Year=100)

地区	Region	5.个人护理用品 Personal-care Supplies	(1)化妆品 Cosmetics	(2)其他护理用品类 Other Nursing Materials	6.家庭服务 Household Services	五、交通通信 Transport and Communi-cations	1.交通 Transport
全　国	**National**	**98.8**	**98.1**	**99.9**	**102.7**	**104.1**	**105.3**
北　京	Beijing	97.3	97.1	97.9	103.7	105.1	106.2
天　津	Tianjin	101.9	102.1	101.6	103.5	104.7	105.8
河　北	Hebei	98.0	97.0	99.6	101.7	104.5	105.5
山　西	Shanxi	98.3	97.4	99.7	103.9	104.4	105.4
内蒙古	Inner Mongolia	98.4	97.9	99.8	101.4	104.0	105.3
辽　宁	Liaoning	99.1	98.6	100.0	101.8	104.7	105.6
吉　林	Jilin	98.6	98.2	99.8	100.4	103.8	104.7
黑龙江	Heilongjiang	98.3	97.5	100.1	101.2	104.0	105.2
上　海	Shanghai	98.8	98.6	99.0	103.4	104.0	104.7
江　苏	Jiangsu	98.7	98.1	100.0	103.0	104.3	105.1
浙　江	Zhejiang	99.9	99.1	101.5	104.0	104.1	105.0
安　徽	Anhui	98.7	97.6	99.9	103.1	104.8	105.8
福　建	Fujian	99.2	98.5	99.9	103.8	103.7	104.9
江　西	Jiangxi	98.8	98.2	99.7	101.6	104.3	105.7
山　东	Shandong	97.5	96.2	99.6	102.6	104.5	105.7
河　南	Henan	98.4	97.5	99.5	102.9	102.8	104.0
湖　北	Hubei	99.3	98.0	100.8	102.6	104.0	104.7
湖　南	Hunan	99.1	98.3	100.1	100.8	104.8	106.0
广　东	Guangdong	99.3	98.5	100.1	102.8	104.4	105.8
广　西	Guangxi	99.5	99.1	99.9	102.3	102.7	104.2
海　南	Hainan	98.8	97.2	99.7	106.6	103.7	104.6
重　庆	Chongqing	98.7	98.1	99.7	102.7	104.7	106.0
四　川	Sichuan	99.2	98.8	99.7	104.0	104.1	105.5
贵　州	Guizhou	98.9	98.2	100.2	101.9	103.9	105.3
云　南	Yunnan	99.1	98.6	99.5	101.9	103.6	104.6
西　藏	Tibet	98.3	97.9	99.9	100.8	103.8	105.7
陕　西	Shaanxi	98.8	97.9	100.2	100.7	102.9	103.4
甘　肃	Gansu	98.8	97.8	99.9	101.0	103.8	105.1
青　海	Qinghai	98.0	97.7	99.1	100.2	103.7	104.5
宁　夏	Ningxia	99.5	98.4	101.5	102.0	104.1	105.3
新　疆	Xinjiang	98.8	98.2	99.7	104.3	104.5	105.4

3-1-9 续表 9 continued 9

(上年价格=100) (Preceding Year=100)

地 区	Region	(1)交通工具 Transport Facility	(2)交通工具用燃料 Fuels for Transport Facility	(3)交通工具使用和维修 Use and Maintenance of Transport Facility	(4)交通费 Traffic Fee	2.通信 Communications	(1)通信工具 Communication Facility
全 国	**National**	**99.5**	**117.1**	**101.5**	**102.3**	**100.9**	**103.5**
北 京	Beijing	100.7	117.4	103.7	102.9	101.5	104.6
天 津	Tianjin	98.9	117.6	103.4	99.7	101.1	104.9
河 北	Hebei	100.6	117.4	100.7	100.2	102.2	105.6
山 西	Shanxi	99.9	117.3	98.3	104.7	101.9	105.5
内蒙古	Inner Mongolia	99.5	117.1	100.9	100.0	100.3	99.8
辽 宁	Liaoning	99.5	117.6	101.0	100.1	102.2	106.2
吉 林	Jilin	98.4	117.5	102.0	101.0	101.2	102.9
黑龙江	Heilongjiang	99.8	117.5	100.2	99.8	101.3	103.3
上 海	Shanghai	98.2	117.3	103.5	102.5	101.4	104.8
江 苏	Jiangsu	100.0	116.9	101.0	103.4	101.4	105.0
浙 江	Zhejiang	99.4	117.0	103.5	102.1	101.1	104.3
安 徽	Anhui	101.8	117.0	99.9	101.8	101.9	105.7
福 建	Fujian	98.2	117.3	100.0	103.7	100.6	102.8
江 西	Jiangxi	99.7	117.6	101.2	102.1	100.5	101.6
山 东	Shandong	99.3	117.5	102.2	106.9	100.7	102.4
河 南	Henan	98.7	117.2	101.2	100.6	99.8	101.6
湖 北	Hubei	99.6	117.4	102.8	100.0	101.3	103.9
湖 南	Hunan	100.8	117.6	100.7	100.9	100.6	101.9
广 东	Guangdong	98.9	115.9	102.7	103.2	100.5	102.5
广 西	Guangxi	98.4	117.0	100.7	102.6	98.7	100.5
海 南	Hainan	98.0	118.3	100.1	100.1	101.5	106.9
重 庆	Chongqing	101.1	116.8	100.7	103.9	101.5	104.8
四 川	Sichuan	99.0	117.0	100.4	102.3	100.1	102.5
贵 州	Guizhou	98.2	116.5	99.6	103.8	100.2	102.1
云 南	Yunnan	99.1	116.8	100.5	102.9	100.6	102.3
西 藏	Tibet	99.9	113.8	100.4	102.1	100.3	101.9
陕 西	Shaanxi	98.6	116.5	101.1	102.2	101.7	105.6
甘 肃	Gansu	99.9	118.4	100.4	101.5	100.5	102.3
青 海	Qinghai	98.9	115.6	101.5	100.7	101.5	104.5
宁 夏	Ningxia	99.3	115.8	100.9	99.2	100.9	103.0
新 疆	Xinjiang	100.7	116.4	101.6	102.9	101.5	104.6

3-1-9 续表 10 continued 10

(上年价格=100) (Preceding Year=100)

地区	Region	(2)通信服务 Communicaiton Service	(3)邮递服务 Postal Serice	六、教育文化娱乐 Education, Culture and Recreation	1.教育 Education	(1)教育用品 Education Articles	(2)教育服务 Education Services
全国	**National**	**99.7**	**99.9**	**101.9**	**102.1**	**101.2**	**102.2**
北京	Beijing	99.9	101.1	100.9	100.9	100.9	100.9
天津	Tianjin	99.8	97.6	103.4	102.9	102.0	103.0
河北	Hebei	100.0	103.0	101.2	101.3	101.5	101.3
山西	Shanxi	99.8	99.0	102.6	101.9	102.4	101.9
内蒙古	Inner Mongolia	100.6	99.6	101.0	101.4	101.2	101.4
辽宁	Liaoning	99.9	99.2	102.3	102.9	101.2	103.0
吉林	Jilin	100.1	100.9	100.4	100.0	102.3	99.9
黑龙江	Heilongjiang	99.8	101.4	100.5	100.7	101.7	100.7
上海	Shanghai	100.0	99.2	102.7	102.3	100.6	102.3
江苏	Jiangsu	99.9	100.0	101.8	101.6	102.7	101.6
浙江	Zhejiang	99.8	99.7	103.5	103.9	101.0	104.0
安徽	Anhui	100.0	99.4	102.8	103.7	99.8	103.9
福建	Fujian	99.7	99.8	102.0	102.7	100.4	102.8
江西	Jiangxi	99.9	100.4	103.0	102.9	102.5	102.9
山东	Shandong	99.7	99.7	101.3	101.0	101.4	101.0
河南	Henan	98.7	99.7	103.5	104.5	101.2	104.6
湖北	Hubei	100.0	100.0	102.4	101.7	100.5	101.7
湖南	Hunan	99.9	100.0	101.0	101.1	100.0	101.1
广东	Guangdong	99.9	98.8	101.8	102.6	101.6	102.6
广西	Guangxi	97.5	99.9	103.7	103.7	100.4	104.0
海南	Hainan	99.5	99.3	99.3	100.5	102.0	100.4
重庆	Chongqing	99.9	100.3	101.7	101.9	102.8	101.9
四川	Sichuan	99.2	100.4	100.9	101.8	101.1	101.8
贵州	Guizhou	99.5	99.2	101.3	100.9	100.7	100.9
云南	Yunnan	99.9	99.9	100.7	100.1	102.6	99.9
西藏	Tibet	99.9	100.2	100.4	100.2	100.5	100.1
陕西	Shaanxi	100.1	99.2	102.9	103.5	100.9	103.9
甘肃	Gansu	99.9	99.1	100.6	100.5	101.4	100.4
青海	Qinghai	99.8	100.0	102.0	101.8	102.9	101.7
宁夏	Ningxia	100.0	99.5	101.5	102.5	101.8	102.5
新疆	Xinjiang	99.9	101.3	99.9	100.1	101.6	100.0

3-1-9 续表 11 continued 11

(上年价格=100) (Preceding Year=100)

地 区	Region	2.文化娱乐 Cultural and Recreational Articles	(1)文娱耐用消费品 Durable Consumer Goods for Culture and Recreation	(2)其他文娱用品 Other Articles for Culture and Recreation	(3)文化娱乐服务 Cultural and Recreational Services	(4)旅游 Touring and Outing	七、医疗保健 Health Care
全 国	**National**	**101.5**	**101.5**	**100.6**	**102.6**	**101.4**	**100.4**
北 京	Beijing	100.9	100.7	101.0	101.9	100.5	99.8
天 津	Tianjin	103.9	101.3	102.5	101.8	107.7	100.0
河 北	Hebei	101.0	100.7	100.4	101.3	101.6	100.3
山 西	Shanxi	104.2	101.3	100.3	112.7	100.4	99.5
内 蒙 古	Inner Mongolia	100.1	99.4	99.4	100.5	101.0	100.3
辽 宁	Liaoning	101.1	101.3	101.0	102.6	100.1	99.8
吉 林	Jilin	101.3	102.3	100.4	100.9	101.6	100.0
黑 龙 江	Heilongjiang	99.9	101.4	100.3	99.8	98.8	101.1
上 海	Shanghai	103.1	102.2	99.9	103.9	105.4	98.9
江 苏	Jiangsu	102.0	101.5	100.8	102.5	102.5	101.0
浙 江	Zhejiang	102.9	102.4	100.4	102.2	104.6	100.8
安 徽	Anhui	100.8	100.5	99.5	101.3	101.6	100.5
福 建	Fujian	100.6	100.7	101.1	101.2	99.9	100.0
江 西	Jiangxi	103.2	101.0	100.1	102.4	107.0	99.9
山 东	Shandong	101.7	99.8	100.6	105.4	100.0	100.1
河 南	Henan	101.3	103.8	100.2	101.1	98.8	100.4
湖 北	Hubei	104.1	101.7	101.3	110.1	103.7	100.1
湖 南	Hunan	101.0	101.1	100.5	101.2	101.2	100.7
广 东	Guangdong	100.5	100.3	101.0	101.3	99.8	100.2
广 西	Guangxi	103.7	102.5	101.3	101.6	109.3	102.4
海 南	Hainan	96.5	102.7	100.6	99.0	88.4	99.4
重 庆	Chongqing	101.4	103.6	100.0	101.6	100.9	99.6
四 川	Sichuan	99.8	101.2	100.4	101.9	97.3	101.9
贵 州	Guizhou	102.2	100.0	100.7	106.1	100.2	100.4
云 南	Yunnan	101.8	103.0	100.5	103.2	100.8	100.1
西 藏	Tibet	100.7	99.8	100.0	99.0	111.5	100.8
陕 西	Shaanxi	101.5	101.0	100.6	100.8	103.0	99.3
甘 肃	Gansu	100.8	101.8	100.3	100.4	101.0	100.2
青 海	Qinghai	102.5	105.3	100.4	101.5	102.8	102.2
宁 夏	Ningxia	99.6	102.8	100.9	103.8	92.9	101.7
新 疆	Xinjiang	99.4	102.5	100.8	101.6	94.4	100.2

3-1-9 续表 12 continued 12

(上年价格=100) (Preceding Year=100)

地 区	Region	1.药品及医疗器具 Medicine and Medical Instrument	(1)中药 Traditional Chinese Medicine	(2)西药 Western Medicine	(3)滋补保健品 Health Care Articles	(4)医疗卫生器具 Medical Instrument	(5)保健器具 Health Care Appliances
全 国	**National**	**99.5**	**101.7**	**98.9**	**100.6**	**96.2**	**99.9**
北 京	Beijing	98.9	100.8	95.6	103.0	98.3	101.1
天 津	Tianjin	99.0	102.2	94.9	100.7	102.4	99.8
河 北	Hebei	100.1	101.0	100.8	101.6	92.4	99.8
山 西	Shanxi	98.5	100.9	98.7	99.4	93.3	99.8
内蒙古	Inner Mongolia	100.0	101.0	100.5	101.9	90.5	99.7
辽 宁	Liaoning	98.7	100.7	97.9	100.3	97.4	100.0
吉 林	Jilin	99.8	102.3	99.6	100.6	94.0	100.1
黑龙江	Heilongjiang	99.5	101.4	100.2	102.0	89.0	99.7
上 海	Shanghai	94.9	102.2	90.6	95.6	100.1	98.8
江 苏	Jiangsu	100.1	102.3	99.3	100.9	97.3	101.5
浙 江	Zhejiang	100.0	100.4	99.5	99.5	102.3	99.6
安 徽	Anhui	99.3	101.7	98.7	99.8	96.9	99.7
福 建	Fujian	100.0	101.7	99.9	100.4	97.1	100.6
江 西	Jiangxi	99.5	102.0	98.4	101.5	93.0	100.1
山 东	Shandong	99.9	101.7	99.2	100.9	97.0	100.4
河 南	Henan	100.1	102.7	100.1	102.0	91.2	100.2
湖 北	Hubei	98.8	100.9	98.7	98.8	95.3	100.2
湖 南	Hunan	101.0	102.7	100.8	99.7	99.9	100.3
广 东	Guangdong	100.8	103.0	99.5	102.6	96.9	99.1
广 西	Guangxi	98.5	100.8	97.0	99.6	98.6	100.4
海 南	Hainan	99.0	100.8	97.7	102.8	97.3	100.7
重 庆	Chongqing	98.8	101.5	99.4	95.9	96.4	100.0
四 川	Sichuan	100.2	102.4	99.3	100.6	98.7	99.4
贵 州	Guizhou	100.6	101.2	100.3	103.0	97.4	100.0
云 南	Yunnan	100.0	101.5	99.7	98.9	99.6	99.3
西 藏	Tibet	99.5	99.4	99.7	98.8	97.7	99.4
陕 西	Shaanxi	97.6	100.3	96.1	99.6	93.7	100.3
甘 肃	Gansu	100.3	100.9	100.5	100.5	97.1	100.0
青 海	Qinghai	101.8	100.8	102.8	100.5	99.3	99.8
宁 夏	Ningxia	100.6	101.8	99.9	101.9	98.8	100.0
新 疆	Xinjiang	99.9	102.7	98.9	100.9	98.0	100.1

3-1-9 续表 13 continued 13

(上年价格=100) (Preceding Year=100)

地 区 Region	2.医疗服务 Medical Services	(1)综合医疗类 General Practice	(2)诊断类 Diagnostic Medical	(3)治疗类 Medical Treatment	(4)康复类 Rehabilitation	(5)中医医疗服务类 Traditional Chinese Medical
全 国 National	**100.8**	**101.3**	**100.1**	**101.2**	**100.6**	**102.7**
北 京 Beijing	100.2	100.0	100.6	100.0	97.7	100.0
天 津 Tianjin	100.5	100.0	101.1	100.0	100.0	100.0
河 北 Hebei	100.5	100.5	100.6	100.2	99.8	101.0
山 西 Shanxi	100.0	100.2	100.0	99.9	100.0	99.9
内蒙古 Inner Mongolia	100.5	101.2	100.2	100.1	100.3	100.0
辽 宁 Liaoning	100.3	100.4	100.1	100.4	101.0	102.7
吉 林 Jilin	100.0	100.2	100.0	100.0	100.0	100.0
黑龙江 Heilongjiang	101.9	101.2	99.7	107.3	99.8	101.2
上 海 Shanghai	101.7	101.6	100.7	102.7	103.2	102.2
江 苏 Jiangsu	101.3	102.2	99.8	100.5	104.1	117.2
浙 江 Zhejiang	101.1	102.0	101.2	100.4	100.2	101.0
安 徽 Anhui	101.0	102.4	99.8	101.7	100.3	101.4
福 建 Fujian	100.0	104.0	97.6	100.1	99.6	103.2
江 西 Jiangxi	100.1	100.6	99.7	100.0	99.8	100.9
山 东 Shandong	100.2	100.1	99.8	100.7	100.6	100.7
河 南 Henan	100.6	102.3	99.7	100.2	100.2	104.0
湖 北 Hubei	100.6	100.7	101.1	99.8	100.0	99.8
湖 南 Hunan	100.7	100.5	99.9	101.5	99.1	105.9
广 东 Guangdong	100.1	100.8	99.6	100.2	100.4	101.4
广 西 Guangxi	104.4	108.2	102.1	106.3	100.6	106.1
海 南 Hainan	99.7	100.1	99.2	100.3	100.0	100.5
重 庆 Chongqing	100.1	100.0	99.9	100.0	100.0	100.0
四 川 Sichuan	102.7	103.6	100.1	107.8	101.4	102.8
贵 州 Guizhou	100.3	100.7	99.8	101.0	100.3	100.1
云 南 Yunnan	100.2	100.4	99.8	100.7	99.9	100.4
西 藏 Tibet	101.5	99.9	100.7	102.9	100.0	100.1
陕 西 Shaanxi	100.1	100.8	99.7	99.9	101.2	99.7
甘 肃 Gansu	100.1	100.5	100.0	100.4	100.2	99.6
青 海 Qinghai	102.3	109.3	100.4	100.0	100.4	100.0
宁 夏 Ningxia	102.2	102.9	100.1	104.9	103.1	102.9
新 疆 Xinjiang	100.3	100.2	100.7	100.2	100.2	100.2

3-1-9 续表 14 continued 14

(上年价格=100) (Preceding Year=100)

地 区	Region	(6)其他医疗保健服务 Other Health Care Services	八、其他用品及服务 Other Articles and Services	1.其他用品 Other Articles	(1)首饰手表 Jewelry and Watches	(2)母婴用品 Maternal and Infant Products	(3)其他杂项用品 Other Miscellaneous Articles
全 国	**National**	**100.5**	**98.7**	**99.5**	**99.7**	**98.6**	**99.8**
北 京	Beijing	100.7	99.5	98.3	97.8	100.5	98.9
天 津	Tianjin	99.2	97.8	98.8	99.0	98.0	98.7
河 北	Hebei	100.0	99.3	99.2	100.1	98.0	98.8
山 西	Shanxi	100.3	98.1	99.4	99.5	98.3	99.9
内蒙古	Inner Mongolia	100.1	99.4	99.8	100.8	98.5	98.7
辽 宁	Liaoning	100.3	99.3	99.3	99.3	98.6	99.6
吉 林	Jilin	100.0	98.1	99.5	99.9	98.0	99.8
黑龙江	Heilongjiang	100.3	99.4	100.3	100.8	98.9	100.1
上 海	Shanghai	99.4	100.9	102.8	103.2	99.6	102.7
江 苏	Jiangsu	101.7	98.9	100.1	100.6	98.4	100.6
浙 江	Zhejiang	100.8	97.1	99.0	98.0	99.6	100.8
安 徽	Anhui	100.1	96.1	99.3	99.4	98.4	100.4
福 建	Fujian	100.0	96.3	98.9	98.5	99.7	99.1
江 西	Jiangxi	100.8	98.7	100.5	101.2	99.2	100.4
山 东	Shandong	100.7	98.5	98.6	98.0	98.7	99.9
河 南	Henan	99.9	98.2	99.0	99.5	98.1	98.6
湖 北	Hubei	100.0	97.7	98.4	98.3	98.3	98.5
湖 南	Hunan	99.9	97.9	99.4	99.5	99.1	99.9
广 东	Guangdong	99.6	98.5	99.4	100.2	98.7	99.4
广 西	Guangxi	105.3	99.7	99.7	101.3	98.4	99.6
海 南	Hainan	100.4	98.8	99.9	100.8	99.8	99.2
重 庆	Chongqing	107.9	97.3	98.0	97.0	98.1	99.6
四 川	Sichuan	100.6	100.1	100.0	101.1	98.7	99.1
贵 州	Guizhou	101.8	100.2	100.2	101.8	99.1	99.2
云 南	Yunnan	100.1	100.0	99.8	100.7	98.4	100.0
西 藏	Tibet	105.1	99.2	98.1	97.9	97.5	99.6
陕 西	Shaanxi	100.7	101.0	100.0	100.7	98.4	100.1
甘 肃	Gansu	99.5	100.5	99.4	99.6	97.8	100.2
青 海	Qinghai	99.0	98.8	98.2	98.1	98.6	98.1
宁 夏	Ningxia	101.2	98.5	99.2	99.1	98.9	99.4
新 疆	Xinjiang	100.2	99.3	98.6	98.8	97.4	99.5

3-1-9 续表 15 continued 15

(上年价格=100) (Preceding Year=100)

地 区	Region	2.其他服务 Other Services	(1)在外住宿 Out Accommodation	(2)美容美发洗浴 Beauty Salon, Hair Salon and Scouring Bath	(3)养老服务 Elderly Care	(4)金融及保险服务 Finance and Insurance	(5)中介法律及其他服务 Intermediary legal and Other Services
全 国	**National**	**97.9**	**101.9**	**101.8**	**101.7**	**93.8**	**100.5**
北 京	Beijing	100.6	101.9	102.1	103.0	98.7	102.3
天 津	Tianjin	97.0	101.2	100.3	102.4	89.9	106.0
河 北	Hebei	99.4	101.4	102.0	100.3	97.1	100.1
山 西	Shanxi	96.6	99.6	100.9	101.6	92.7	102.3
内 蒙 古	Inner Mongolia	98.9	103.1	101.6	102.9	94.5	100.1
辽 宁	Liaoning	99.2	101.7	102.0	100.3	97.0	100.0
吉 林	Jilin	96.9	97.6	100.5	101.2	94.0	99.7
黑 龙 江	Heilongjiang	98.5	100.6	100.9	100.4	96.2	101.3
上 海	Shanghai	99.1	106.7	101.4	103.0	93.1	101.1
江 苏	Jiangsu	97.5	102.2	101.8	103.3	93.7	100.5
浙 江	Zhejiang	95.4	101.5	101.9	103.7	87.4	100.5
安 徽	Anhui	92.2	100.9	102.5	101.6	80.8	100.8
福 建	Fujian	93.7	105.4	102.5	100.2	83.6	102.7
江 西	Jiangxi	96.2	98.6	102.6	103.8	90.3	100.9
山 东	Shandong	98.4	106.9	101.9	101.0	94.8	100.3
河 南	Henan	97.4	100.0	101.8	101.7	91.1	99.4
湖 北	Hubei	97.0	101.6	101.3	100.7	94.1	100.0
湖 南	Hunan	96.4	101.0	100.5	100.5	93.3	100.3
广 东	Guangdong	97.8	100.4	102.7	101.4	95.0	99.5
广 西	Guangxi	99.7	99.8	100.3	101.0	98.2	100.1
海 南	Hainan	97.7	104.5	99.6	101.5	91.3	100.2
重 庆	Chongqing	96.9	104.3	102.5	101.4	90.4	100.0
四 川	Sichuan	100.2	100.7	101.4	101.9	99.3	100.0
贵 州	Guizhou	100.2	99.5	101.7	101.0	99.6	99.8
云 南	Yunnan	100.2	102.3	101.9	104.3	96.4	101.0
西 藏	Tibet	100.2	92.9	105.3	100.0	99.7	100.0
陕 西	Shaanxi	101.8	102.8	103.5	100.3	101.4	99.2
甘 肃	Gansu	101.6	103.8	102.3	100.3	96.0	100.1
青 海	Qinghai	99.4	103.7	101.0	100.1	96.9	100.5
宁 夏	Ningxia	97.5	96.7	100.3	100.4	94.2	101.5
新 疆	Xinjiang	100.2	104.1	102.5	101.1	96.5	100.2

3-1-10 各地区城市居民消费价格分类指数(2021年)
Urban Consumer Price Indices by Category and Region (2021)

(上年价格=100) (Preceding Year=100)

地区	Region	居民消费价格总指数 Consumer Price Index	一、食品烟酒 Food, Tobacco and Alcohol	1.食品 Food	(1)粮食 Grain	(2)薯类 Tubers	(3)豆类 Beans
全国	**National**	**101.0**	**100.0**	**99.0**	**101.1**	**99.4**	**106.6**
北京	Beijing	101.1	100.5	99.0	99.8	101.5	104.7
天津	Tianjin	101.3	101.3	100.2	101.3	98.6	108.5
河北	Hebei	100.9	101.0	100.9	100.6	103.2	106.7
山西	Shanxi	101.1	100.5	99.8	101.3	97.7	105.6
内蒙古	Inner Mongolia	100.8	100.6	99.9	100.9	98.0	106.0
辽宁	Liaoning	101.1	100.6	100.3	102.5	101.1	108.2
吉林	Jilin	100.5	100.1	100.0	100.7	98.4	112.7
黑龙江	Heilongjiang	100.6	99.8	99.4	100.4	99.6	109.9
上海	Shanghai	101.2	100.5	99.6	99.1	100.9	117.3
江苏	Jiangsu	101.6	101.0	100.7	100.8	104.2	109.3
浙江	Zhejiang	101.5	100.8	99.9	100.5	98.2	105.4
安徽	Anhui	101.1	99.9	99.1	100.8	98.3	108.0
福建	Fujian	100.8	99.0	97.7	100.6	91.1	104.8
江西	Jiangxi	100.9	99.5	98.5	100.4	99.1	104.0
山东	Shandong	101.3	101.1	100.3	101.8	101.5	108.8
河南	Henan	101.0	100.5	100.1	101.9	103.1	104.0
湖北	Hubei	100.4	98.8	97.0	100.7	95.4	105.6
湖南	Hunan	100.7	98.6	97.1	102.6	101.1	104.0
广东	Guangdong	101.0	99.8	98.3	101.4	99.3	103.9
广西	Guangxi	101.1	99.4	98.0	101.0	96.7	105.4
海南	Hainan	100.5	99.3	96.9	100.6	93.2	105.6
重庆	Chongqing	100.3	97.8	95.6	98.5	101.5	107.5
四川	Sichuan	100.3	98.4	96.6	101.6	98.8	105.2
贵州	Guizhou	100.1	97.9	96.0	101.1	99.4	104.4
云南	Yunnan	100.2	98.3	96.1	100.8	100.3	105.9
西藏	Tibet	100.9	100.8	100.6	101.3	94.2	100.7
陕西	Shaanxi	101.5	101.5	100.5	104.1	93.1	104.6
甘肃	Gansu	101.1	100.7	99.7	102.1	95.3	106.2
青海	Qinghai	101.3	100.0	99.2	101.4	97.2	105.0
宁夏	Ningxia	101.5	101.6	101.8	102.4	94.6	110.7
新疆	Xinjiang	101.3	100.5	100.2	101.3	96.5	104.1

3-1-10 续表 1 continued 1

(上年价格=100) (Preceding Year=100)

地 区	Region	(4)食用油 Edible Oil and Fats	(5)菜及食用菌 Vegetables and Edible Mushrooms	(6)畜肉类 Meat of Livestock	(7)禽肉类 Meat of Poultry	(8)水产品 Aquatic Products	(9)蛋类 Eggs
全 国	**National**	**107.4**	**105.0**	**83.7**	**96.5**	**109.0**	**110.2**
北 京	Beijing	106.2	106.7	88.8	94.1	101.0	106.3
天 津	Tianjin	106.3	106.1	88.2	97.4	106.6	120.2
河 北	Hebei	108.7	108.0	86.1	94.7	110.2	113.1
山 西	Shanxi	106.0	106.8	86.8	93.5	108.9	116.2
内蒙古	Inner Mongolia	102.3	106.5	91.9	97.7	111.9	115.2
辽 宁	Liaoning	105.3	107.7	86.5	98.2	105.5	114.3
吉 林	Jilin	110.1	105.9	86.7	98.2	109.2	113.2
黑龙江	Heilongjiang	110.7	106.2	85.5	96.7	107.7	116.0
上 海	Shanghai	107.4	105.2	86.2	89.7	105.4	104.5
江 苏	Jiangsu	105.7	106.0	85.4	97.1	113.7	112.1
浙 江	Zhejiang	110.0	104.6	82.3	95.3	109.9	106.2
安 徽	Anhui	105.0	104.1	82.3	98.3	114.3	113.4
福 建	Fujian	109.2	104.2	80.7	96.9	105.2	109.4
江 西	Jiangxi	109.4	106.6	80.7	94.3	111.5	107.2
山 东	Shandong	108.5	107.1	83.8	97.7	110.4	111.4
河 南	Henan	105.7	110.1	83.6	98.0	115.7	113.9
湖 北	Hubei	109.2	100.0	80.2	92.7	113.6	105.7
湖 南	Hunan	103.5	104.4	79.2	97.0	114.6	105.2
广 东	Guangdong	109.2	103.0	82.8	98.7	105.8	106.5
广 西	Guangxi	110.1	104.4	80.8	97.1	106.5	107.3
海 南	Hainan	109.4	101.2	87.8	94.1	97.3	102.1
重 庆	Chongqing	106.6	101.2	78.1	94.0	107.6	109.7
四 川	Sichuan	105.0	103.5	80.2	96.1	110.7	102.2
贵 州	Guizhou	101.2	101.5	80.5	91.9	114.0	103.7
云 南	Yunnan	103.0	101.3	81.4	98.4	109.1	105.7
西 藏	Tibet	102.8	101.5	100.1	97.4	107.4	105.4
陕 西	Shaanxi	111.0	107.4	86.0	93.3	112.6	120.1
甘 肃	Gansu	105.1	104.1	84.9	95.6	110.9	115.6
青 海	Qinghai	106.2	105.5	91.0	95.7	106.9	115.4
宁 夏	Ningxia	110.1	105.7	94.9	95.1	114.8	118.4
新 疆	Xinjiang	110.8	101.1	96.2	97.6	113.9	112.8

3-1-10 续表 2 continued 2

(上年价格=100) (Preceding Year=100)

地 区 Region	(10)奶类 Milk	(11)干鲜瓜果类 Dried and Fresh Melons and Fruits	(12)糖果糕点类 Candy and Cake	(13)调味品 Falvoring	(14)其他食品类 Other Foods	2.茶及饮料 Tea and Beverages
全 国 National	**101.9**	**102.1**	**101.6**	**101.2**	**100.4**	**101.2**
北 京 Beijing	101.2	100.0	100.7	100.6	101.0	102.4
天 津 Tianjin	101.1	98.3	102.1	100.9	101.8	101.8
河 北 Hebei	104.4	105.4	101.1	100.7	100.1	100.0
山 西 Shanxi	101.3	101.6	100.7	101.7	100.9	101.4
内蒙古 Inner Mongolia	101.6	101.8	99.4	101.1	101.1	100.1
辽 宁 Liaoning	101.2	102.4	101.4	100.7	99.6	100.0
吉 林 Jilin	102.3	101.7	101.7	100.3	99.7	101.7
黑龙江 Heilongjiang	102.0	100.7	101.4	100.8	99.9	99.5
上 海 Shanghai	103.7	105.6	102.5	100.9	100.4	101.0
江 苏 Jiangsu	102.4	103.6	102.5	101.0	101.0	101.0
浙 江 Zhejiang	103.3	102.9	102.6	101.6	100.9	101.4
安 徽 Anhui	101.5	104.1	102.0	101.4	100.4	103.0
福 建 Fujian	102.1	100.8	102.2	101.1	100.8	98.8
江 西 Jiangxi	100.2	102.9	102.5	101.1	100.5	100.9
山 东 Shandong	101.8	103.4	102.3	102.3	99.8	101.2
河 南 Henan	100.7	102.5	100.9	99.9	100.4	100.3
湖 北 Hubei	102.5	101.4	100.7	102.4	101.7	101.5
湖 南 Hunan	100.7	103.0	100.8	100.8	100.6	100.3
广 东 Guangdong	102.0	100.8	101.5	101.3	99.9	102.4
广 西 Guangxi	101.2	101.9	101.1	101.6	99.5	101.0
海 南 Hainan	102.8	100.4	97.7	102.2	99.3	100.0
重 庆 Chongqing	98.8	99.9	104.0	101.9	96.3	100.1
四 川 Sichuan	104.8	101.3	101.5	102.1	99.6	101.3
贵 州 Guizhou	100.3	99.6	102.1	101.7	100.2	101.1
云 南 Yunnan	100.2	97.6	102.2	102.0	100.4	102.4
西 藏 Tibet	100.5	98.3	100.9	100.5	100.5	99.5
陕 西 Shaanxi	101.1	101.6	100.3	101.0	102.4	100.7
甘 肃 Gansu	101.8	105.1	101.5	101.1	101.0	101.4
青 海 Qinghai	99.5	100.7	101.5	101.1	100.8	99.6
宁 夏 Ningxia	101.9	103.1	102.7	103.1	100.3	100.5
新 疆 Xinjiang	100.8	97.9	100.8	100.7	100.3	99.9

3-1-10 续表 3 continued 3

(上年价格=100) (Preceding Year=100)

地 区	Region	3.烟酒 Tobacco and Alcohol	(1)卷烟 Tobacco	(2)酒类 Alcohol	4.在外餐饮 Dining Out	二、衣着 Clothing	1.服装 Garments
全 国	**National**	**101.6**	**101.3**	**102.1**	**102.0**	**100.3**	**100.5**
北 京	Beijing	104.0	103.1	105.0	102.9	99.8	99.9
天 津	Tianjin	103.5	103.7	103.1	102.9	97.8	99.2
河 北	Hebei	101.4	100.5	102.3	101.4	99.6	99.8
山 西	Shanxi	101.3	101.2	101.5	102.3	100.6	100.4
内蒙古	Inner Mongolia	101.6	100.7	103.2	102.5	99.2	99.3
辽 宁	Liaoning	102.3	102.2	102.7	101.0	100.6	100.4
吉 林	Jilin	100.4	100.5	100.2	100.2	99.7	99.4
黑龙江	Heilongjiang	100.9	100.6	101.6	100.7	101.1	100.6
上 海	Shanghai	104.0	104.4	103.3	101.8	99.5	99.4
江 苏	Jiangsu	102.1	101.6	102.9	101.5	101.4	101.6
浙 江	Zhejiang	101.5	100.7	103.1	102.8	100.8	100.7
安 徽	Anhui	100.4	101.3	99.1	102.0	100.9	101.0
福 建	Fujian	100.0	100.3	99.5	102.0	102.1	101.8
江 西	Jiangxi	101.5	101.9	100.6	101.4	99.7	99.9
山 东	Shandong	101.0	100.5	101.5	103.7	100.2	100.4
河 南	Henan	100.4	100.3	100.4	102.0	99.4	99.3
湖 北	Hubei	100.5	100.0	102.1	102.6	100.2	100.2
湖 南	Hunan	103.4	103.8	101.8	100.8	100.8	100.8
广 东	Guangdong	102.7	102.7	102.5	102.0	100.4	100.8
广 西	Guangxi	100.6	100.3	101.3	102.4	101.4	101.3
海 南	Hainan	100.9	101.5	99.2	105.4	101.1	101.2
重 庆	Chongqing	100.2	101.6	97.5	102.1	101.4	101.4
四 川	Sichuan	102.1	100.4	105.0	101.5	99.6	100.2
贵 州	Guizhou	102.1	100.5	106.9	101.0	99.2	99.1
云 南	Yunnan	101.2	101.1	102.0	102.1	99.5	99.7
西 藏	Tibet	102.0	101.7	102.5	101.3	100.7	100.3
陕 西	Shaanxi	101.7	100.5	104.3	103.5	100.6	100.5
甘 肃	Gansu	100.7	98.4	104.2	102.9	100.2	100.6
青 海	Qinghai	101.0	100.1	102.2	101.7	101.8	101.7
宁 夏	Ningxia	101.6	101.5	101.6	101.3	99.6	100.1
新 疆	Xinjiang	101.1	100.5	102.0	101.0	103.1	103.5

3-1-10 续表 4 continued 4

(上年价格=100) (Preceding Year=100)

地 区	Region	(1)男式服装 Garments for Men	(2)女式服装 Garments for Women	(3)儿童服装 Garments for Children	5 鞋类 Footware	(1)鞋 Shoes	(2)鞋类服务 Footware Services
全 国	**National**	**100.6**	**100.5**	**99.9**	**99.9**	**99.8**	**101.6**
北 京	Beijing	101.5	99.3	97.6	99.5	99.5	101.8
天 津	Tianjin	98.8	99.7	98.0	93.3	93.3	99.0
河 北	Hebei	99.6	100.0	99.1	98.9	98.9	100.0
山 西	Shanxi	101.4	99.9	100.1	101.2	101.2	100.0
内蒙古	Inner Mongolia	99.9	98.9	99.3	98.9	98.9	101.4
辽 宁	Liaoning	100.6	100.4	100.6	101.0	101.0	100.0
吉 林	Jilin	99.5	100.0	97.3	100.6	100.6	100.8
黑龙江	Heilongjiang	101.9	99.7	101.4	102.7	102.7	100.0
上 海	Shanghai	99.5	99.2	98.8	99.8	99.8	101.9
江 苏	Jiangsu	101.7	101.5	101.0	100.5	100.5	104.0
浙 江	Zhejiang	101.1	100.5	100.0	101.3	101.3	103.1
安 徽	Anhui	101.4	100.4	101.2	100.7	100.7	101.4
福 建	Fujian	100.8	103.5	100.1	103.5	103.4	109.6
江 西	Jiangxi	99.2	100.4	100.1	98.2	98.2	101.2
山 东	Shandong	100.9	100.2	99.9	99.4	99.4	101.7
河 南	Henan	98.9	100.0	98.2	99.5	99.5	102.4
湖 北	Hubei	100.0	100.6	99.1	100.4	100.3	107.4
湖 南	Hunan	100.8	100.8	100.8	101.2	101.2	100.0
广 东	Guangdong	100.9	101.0	100.1	98.9	98.9	101.9
广 西	Guangxi	101.6	101.4	100.7	101.6	101.6	100.8
海 南	Hainan	103.2	100.3	100.5	100.4	100.4	102.5
重 庆	Chongqing	101.6	101.4	99.7	101.7	101.7	106.1
四 川	Sichuan	98.9	101.0	99.7	97.1	96.9	100.4
贵 州	Guizhou	99.0	98.8	99.7	99.9	99.8	104.9
云 南	Yunnan	100.0	99.4	99.7	98.9	98.9	100.4
西 藏	Tibet	100.5	100.0	100.4	101.8	101.7	109.9
陕 西	Shaanxi	100.6	101.1	98.4	100.8	100.8	100.8
甘 肃	Gansu	100.7	101.0	99.4	98.6	98.6	100.0
青 海	Qinghai	103.2	102.6	98.6	102.0	102.0	100.0
宁 夏	Ningxia	100.5	99.8	100.1	97.5	97.4	100.0
新 疆	Xinjiang	104.2	104.0	101.9	101.5	101.6	100.5

3-1-10 续表 5 continued 5

(上年价格=100) (Preceding Year=100)

地 区 Region	三、居住 Residence	1.租赁房房租 Rent of Rental Housing	2.住房保养维修及管理 Housing Maintenance and Management	3.水电燃料 Water, Electricity and Fuels	四、生活用品及服务 Articles for Daily Use and Services	1.家具及室内装饰品 Furniture and Interior Decorations
全 国 National	**100.8**	**100.4**	**102.3**	**101.6**	**100.4**	**101.1**
北 京 Beijing	101.1	101.3	102.4	100.0	99.7	101.2
天 津 Tianjin	100.7	100.1	103.4	98.8	101.0	103.8
河 北 Hebei	100.0	99.8	100.5	101.8	99.6	100.4
山 西 Shanxi	100.2	99.5	101.0	102.5	100.2	101.0
内蒙古 Inner Mongolia	99.9	99.4	100.9	102.9	99.8	101.0
辽 宁 Liaoning	100.4	99.9	101.5	102.6	99.9	99.8
吉 林 Jilin	100.7	98.2	101.2	103.7	99.6	101.7
黑龙江 Heilongjiang	100.1	98.4	100.5	104.4	99.9	100.5
上 海 Shanghai	101.1	101.1	102.3	101.0	100.7	101.6
江 苏 Jiangsu	101.3	101.3	102.7	100.9	101.1	102.9
浙 江 Zhejiang	100.8	99.9	105.2	101.4	101.4	100.6
安 徽 Anhui	100.6	100.3	102.5	100.9	100.2	100.3
福 建 Fujian	101.4	101.4	102.3	101.0	100.8	100.0
江 西 Jiangxi	100.6	100.1	102.2	102.0	100.4	100.6
山 东 Shandong	101.0	100.6	102.0	101.5	99.8	101.0
河 南 Henan	100.5	100.1	103.3	100.2	100.0	101.4
湖 北 Hubei	100.1	99.5	101.4	100.5	100.2	100.6
湖 南 Hunan	101.1	101.7	101.0	100.9	100.3	100.8
广 东 Guangdong	100.8	99.8	103.0	102.4	100.6	101.0
广 西 Guangxi	100.7	100.3	101.5	102.6	100.6	100.3
海 南 Hainan	101.1	101.3	100.7	101.7	101.2	101.5
重 庆 Chongqing	100.4	102.9	101.1	100.4	100.7	101.4
四 川 Sichuan	100.1	99.2	102.1	99.5	100.8	102.3
贵 州 Guizhou	99.9	99.0	101.7	101.8	100.0	101.5
云 南 Yunnan	100.6	100.0	102.0	102.6	99.6	99.4
西 藏 Tibet	100.4	100.2	100.4	97.5	99.5	102.3
陕 西 Shaanxi	101.9	101.9	102.3	102.8	100.3	102.5
甘 肃 Gansu	101.3	100.5	102.4	103.8	100.5	100.3
青 海 Qinghai	100.6	100.3	99.6	102.9	100.0	102.2
宁 夏 Ningxia	100.6	98.2	103.3	101.2	100.8	102.2
新 疆 Xinjiang	101.1	99.0	103.8	101.9	100.6	100.2

3-1-10 续表 6 continued 6

(上年价格=100) (Preceding Year=100)

地 区	Region	(1)家具 Furniture	(2)室内装饰品 Interior Decorations	2.家用器具 Home Appliances	(1)大型家用器具 Large Houshold Appliances	(2)小家电 Small Household Appliances	3.家用纺织品 Home Textiles
全 国	**National**	**101.2**	**100.1**	**100.8**	**100.5**	**102.3**	**99.9**
北 京	Beijing	101.5	99.2	100.4	100.2	101.5	99.7
天 津	Tianjin	104.3	97.9	97.9	97.2	100.7	100.9
河 北	Hebei	100.9	97.0	99.9	99.4	103.0	99.7
山 西	Shanxi	101.0	101.1	100.2	99.8	102.5	100.2
内 蒙 古	Inner Mongolia	101.1	100.4	100.3	99.7	102.8	99.5
辽 宁	Liaoning	99.7	101.1	100.1	99.8	102.2	99.7
吉 林	Jilin	101.9	100.1	100.2	100.0	100.8	100.4
黑 龙 江	Heilongjiang	100.6	100.0	100.2	99.7	102.1	99.0
上 海	Shanghai	101.9	98.2	102.0	101.5	104.1	97.8
江 苏	Jiangsu	103.1	100.7	101.7	101.4	103.2	101.3
浙 江	Zhejiang	100.7	99.9	101.8	102.2	100.5	101.3
安 徽	Anhui	100.3	100.6	101.2	100.9	102.9	100.7
福 建	Fujian	100.0	100.0	101.2	101.0	101.9	100.6
江 西	Jiangxi	100.8	99.3	100.7	100.6	101.1	100.5
山 东	Shandong	101.0	101.1	100.2	99.9	101.7	99.3
河 南	Henan	101.5	100.0	100.1	99.7	102.8	99.5
湖 北	Hubei	100.6	101.3	100.1	99.2	103.2	100.5
湖 南	Hunan	100.8	100.8	101.0	100.6	103.0	100.3
广 东	Guangdong	101.0	101.0	100.9	100.6	101.8	98.5
广 西	Guangxi	100.4	99.2	101.2	101.1	101.8	99.8
海 南	Hainan	101.6	101.2	100.8	99.9	103.7	100.8
重 庆	Chongqing	101.4	101.1	102.5	102.3	103.6	99.1
四 川	Sichuan	102.5	100.1	101.3	101.1	102.6	99.0
贵 州	Guizhou	101.7	100.4	99.8	99.2	102.4	100.7
云 南	Yunnan	99.3	99.8	99.3	99.1	100.0	99.6
西 藏	Tibet	102.7	100.0	99.6	99.3	102.7	99.9
陕 西	Shaanxi	103.0	99.0	100.3	99.9	102.6	100.6
甘 肃	Gansu	100.3	100.3	101.9	101.8	102.9	100.6
青 海	Qinghai	102.6	99.4	99.3	99.2	99.8	101.8
宁 夏	Ningxia	102.2	101.9	101.2	101.1	101.6	100.1
新 疆	Xinjiang	100.0	101.1	102.0	101.6	103.9	100.1

3-1-10 续表 7 continued 7

(上年价格=100) (Preceding Year=100)

地 区	Region	(1)床上用品 Bed Articles	(2)窗帘门帘 Curtains	(3)其他家用纺织品 Other Home Textiles	4.家庭日用杂品 Daily Use Household Articles	(1)洗涤卫生用品 Clearing Products	(2)厨具餐具茶具 Kichenware Tableware and Teaset
全 国	**National**	**99.8**	**100.5**	**99.8**	**99.9**	**100.6**	**97.7**
北 京	Beijing	99.9	96.4	100.6	98.1	98.3	96.3
天 津	Tianjin	101.0	100.9	99.9	100.3	101.5	99.9
河 北	Hebei	99.9	100.1	97.7	99.7	100.3	97.9
山 西	Shanxi	100.5	98.2	99.6	100.1	100.8	97.5
内 蒙 古	Inner Mongolia	100.0	99.5	96.5	99.7	100.7	97.1
辽 宁	Liaoning	99.6	100.0	100.0	99.8	100.8	97.3
吉 林	Jilin	100.4	99.4	101.0	98.3	99.3	95.6
黑 龙 江	Heilongjiang	98.7	100.2	99.1	100.6	102.5	98.3
上 海	Shanghai	97.8	102.3	94.2	99.8	101.6	94.6
江 苏	Jiangsu	101.4	101.1	100.7	100.3	100.6	97.2
浙 江	Zhejiang	100.9	103.8	102.7	101.3	101.6	100.1
安 徽	Anhui	100.9	99.9	100.6	99.6	100.3	98.1
福 建	Fujian	100.4	101.7	100.7	100.6	101.2	99.2
江 西	Jiangxi	100.6	101.3	98.1	100.7	101.7	98.8
山 东	Shandong	99.3	99.7	98.9	99.3	100.3	96.1
河 南	Henan	99.4	100.1	99.5	98.9	99.4	97.6
湖 北	Hubei	100.6	100.2	100.0	100.0	100.6	98.9
湖 南	Hunan	100.2	100.8	100.8	100.0	100.5	98.1
广 东	Guangdong	97.9	99.4	101.1	100.4	101.1	97.7
广 西	Guangxi	100.1	100.6	98.3	100.3	100.0	98.3
海 南	Hainan	101.5	97.3	99.4	100.7	101.4	98.5
重 庆	Chongqing	99.5	99.4	95.5	99.6	99.3	98.8
四 川	Sichuan	98.4	102.8	100.7	99.9	100.8	98.5
贵 州	Guizhou	100.9	100.7	99.4	99.2	99.4	96.7
云 南	Yunnan	99.3	101.2	100.5	99.9	100.2	97.5
西 藏	Tibet	99.9	100.0	99.5	99.2	99.7	97.1
陕 西	Shaanxi	100.6	100.9	100.2	99.4	100.9	97.7
甘 肃	Gansu	100.5	100.1	101.4	99.8	100.9	97.1
青 海	Qinghai	101.1	106.6	99.6	100.2	101.8	97.8
宁 夏	Ningxia	100.0	100.6	100.5	100.6	101.5	98.9
新 疆	Xinjiang	99.9	100.5	100.6	99.9	101.9	96.2

3-1-10 续表 8 continued 8

(上年价格=100) (Preceding Year=100)

地 区	Region	5.个人护理用品 Personal-care Supplies	(1)化妆品 Cosmetics	(2)其他护理用品类 Other Nursing Materials	6.家庭服务 Household Services	五、交通通信 Transport and Communications	1.交通 Transport
全 国	**National**	**98.8**	**98.1**	**100.0**	**102.8**	**104.2**	**105.3**
北 京	Beijing	97.3	97.1	97.9	103.7	105.1	106.2
天 津	Tianjin	101.9	102.1	101.6	103.5	104.7	105.8
河 北	Hebei	98.0	97.0	99.7	101.6	104.5	105.5
山 西	Shanxi	98.3	97.4	99.8	104.4	104.5	105.2
内蒙古	Inner Mongolia	98.5	97.9	99.9	101.5	104.2	105.6
辽 宁	Liaoning	99.1	98.6	100.1	101.8	104.8	105.5
吉 林	Jilin	98.7	98.3	99.9	100.4	103.5	104.6
黑龙江	Heilongjiang	98.3	97.5	100.2	101.4	103.8	105.0
上 海	Shanghai	98.8	98.6	99.0	103.4	104.0	104.7
江 苏	Jiangsu	98.7	98.1	99.9	103.2	104.4	105.3
浙 江	Zhejiang	100.1	99.3	101.7	103.8	104.2	105.1
安 徽	Anhui	98.6	97.7	99.8	103.1	104.9	105.9
福 建	Fujian	99.4	98.8	100.0	104.0	103.6	104.7
江 西	Jiangxi	98.7	98.1	99.7	101.8	104.4	105.7
山 东	Shandong	97.3	96.0	99.6	102.6	104.7	105.8
河 南	Henan	98.4	97.8	99.5	103.8	103.0	104.2
湖 北	Hubei	99.4	98.2	101.0	102.6	104.2	105.0
湖 南	Hunan	99.0	98.3	100.3	100.9	105.0	106.2
广 东	Guangdong	99.3	98.6	100.1	102.7	104.3	105.6
广 西	Guangxi	99.7	99.3	100.0	102.4	102.6	104.0
海 南	Hainan	98.4	97.3	99.2	107.6	103.5	104.0
重 庆	Chongqing	98.7	98.1	99.7	102.7	104.7	106.0
四 川	Sichuan	99.4	99.2	99.8	104.8	103.9	105.3
贵 州	Guizhou	99.2	98.7	100.3	102.1	103.8	105.3
云 南	Yunnan	99.0	98.7	99.4	101.5	103.7	104.6
西 藏	Tibet	98.3	97.9	99.9	100.8	103.6	105.3
陕 西	Shaanxi	98.9	98.0	100.4	100.5	102.9	103.3
甘 肃	Gansu	98.9	97.7	100.0	101.0	103.7	105.1
青 海	Qinghai	97.9	97.7	98.8	100.4	103.4	104.0
宁 夏	Ningxia	99.8	98.6	101.9	102.3	104.1	105.1
新 疆	Xinjiang	98.9	98.4	99.7	105.0	104.4	105.2

3-1-10 续表 9 continued 9

(上年价格=100) (Preceding Year=100)

地　区	Region	(1)交通工具 Transport Facility	(2)交通工具用燃料 Fuels for Transport Facility	(3)交通工具使用和维修 Use and Maintenance of Facility	(4)交通费 Traffic Fee	2.通信 Communications	(1)通信工具 Communication Facility
全　国	**National**	**99.4**	**117.0**	**101.6**	**102.5**	**101.0**	**103.7**
北　京	Beijing	100.7	117.4	103.7	102.9	101.5	104.6
天　津	Tianjin	98.9	117.6	103.4	99.7	101.1	104.9
河　北	Hebei	100.7	117.4	100.6	100.1	102.3	105.6
山　西	Shanxi	99.8	117.3	97.7	105.6	102.2	106.3
内蒙古	Inner Mongolia	99.3	117.2	101.1	99.9	100.3	99.5
辽　宁	Liaoning	99.3	117.7	101.2	100.1	102.6	107.3
吉　林	Jilin	98.2	117.6	101.2	101.3	100.5	100.8
黑龙江	Heilongjiang	99.8	117.7	100.3	99.7	101.2	103.3
上　海	Shanghai	98.2	117.3	103.5	102.5	101.4	104.8
江　苏	Jiangsu	100.1	116.9	100.7	103.5	101.5	105.0
浙　江	Zhejiang	99.4	116.9	103.9	102.2	101.1	104.3
安　徽	Anhui	101.8	117.0	99.9	101.9	101.9	105.8
福　建	Fujian	98.2	117.2	100.0	103.8	100.7	103.2
江　西	Jiangxi	99.7	117.7	101.2	102.3	100.4	101.5
山　东	Shandong	99.1	117.4	102.3	107.6	100.9	102.4
河　南	Henan	98.7	117.1	101.5	101.2	99.6	101.5
湖　北	Hubei	99.5	117.4	103.3	100.1	101.6	104.7
湖　南	Hunan	100.8	117.6	100.6	101.1	100.5	101.7
广　东	Guangdong	99.1	115.7	102.9	103.3	100.6	102.5
广　西	Guangxi	97.8	116.8	100.6	103.4	98.8	101.1
海　南	Hainan	97.6	118.3	100.4	99.7	102.1	108.2
重　庆	Chongqing	101.1	116.8	100.7	103.9	101.5	104.8
四　川	Sichuan	98.6	117.0	99.6	101.9	100.0	102.6
贵　州	Guizhou	97.9	116.4	99.5	105.1	99.9	101.4
云　南	Yunnan	99.1	116.9	100.4	103.8	100.6	102.6
西　藏	Tibet	99.6	114.4	101.4	102.6	100.5	103.3
陕　西	Shaanxi	98.3	116.5	101.2	102.6	102.1	106.8
甘　肃	Gansu	99.8	118.4	100.7	101.9	100.4	102.0
青　海	Qinghai	98.5	115.7	101.3	100.8	101.5	104.2
宁　夏	Ningxia	99.3	115.7	100.9	99.0	101.0	103.4
新　疆	Xinjiang	101.0	116.3	99.5	102.8	101.8	105.6

3-1-10 续表 10 continued 10

(上年价格=100) (Preceding Year=100)

地 区	Region	(2)通信服务 Communicaiton Service	(3)邮递服务 Postal Serice	六、教育文化娱乐 Education, Culture and Recreation	1 教育 Education	(1)教育用品 Education Articles	(2)教育服务 Education Services
全 国	**National**	**99.7**	**99.8**	**102.0**	**102.2**	**101.2**	**102.3**
北 京	Beijing	99.9	101.1	100.9	100.9	100.9	100.9
天 津	Tianjin	99.8	97.6	103.4	102.9	102.0	103.0
河 北	Hebei	100.0	103.1	101.1	101.0	101.8	101.0
山 西	Shanxi	99.7	99.8	103.0	102.1	101.7	102.2
内蒙古	Inner Mongolia	100.8	99.7	101.0	101.6	101.9	101.6
辽 宁	Liaoning	100.0	98.9	102.3	103.0	101.4	103.1
吉 林	Jilin	100.2	101.0	100.2	99.6	103.1	99.5
黑龙江	Heilongjiang	99.7	101.9	100.4	100.7	101.9	100.7
上 海	Shanghai	100.0	99.2	102.7	102.3	100.6	102.3
江 苏	Jiangsu	99.9	99.9	101.9	101.7	103.0	101.6
浙 江	Zhejiang	99.8	99.4	103.7	104.2	101.0	104.3
安 徽	Anhui	100.0	99.3	102.6	103.6	99.7	103.8
福 建	Fujian	99.6	99.8	102.1	102.9	100.1	103.0
江 西	Jiangxi	99.9	100.3	103.2	103.3	102.5	103.3
山 东	Shandong	100.1	99.4	101.3	101.0	101.4	101.0
河 南	Henan	98.5	99.5	103.6	105.0	100.8	105.1
湖 北	Hubei	100.0	100.0	102.6	101.7	100.2	101.7
湖 南	Hunan	99.8	100.0	101.1	101.0	99.8	101.1
广 东	Guangdong	100.0	98.8	101.9	102.6	101.9	102.7
广 西	Guangxi	97.2	99.9	104.3	104.3	100.3	104.7
海 南	Hainan	100.0	99.1	99.6	101.5	101.2	101.5
重 庆	Chongqing	99.9	100.3	101.7	101.9	102.8	101.9
四 川	Sichuan	99.0	100.0	100.6	102.0	100.6	102.1
贵 州	Guizhou	99.3	99.0	101.7	100.8	100.5	100.9
云 南	Yunnan	99.9	99.6	100.3	99.4	101.1	99.3
西 藏	Tibet	99.9	99.6	100.5	100.2	100.5	100.2
陕 西	Shaanxi	100.0	99.0	103.1	103.8	101.4	104.2
甘 肃	Gansu	99.9	99.1	100.6	100.6	101.5	100.5
青 海	Qinghai	100.0	100.1	102.6	102.6	103.2	102.5
宁 夏	Ningxia	100.0	99.8	101.3	102.5	102.1	102.6
新 疆	Xinjiang	99.9	101.6	100.1	100.5	101.6	100.4

3-1-10 续表 11 continued 11

(上年价格=100) (Preceding Year=100)

地 区	Region	2.文化娱乐 Cultural and Recreational Articles	(1)文娱耐用消费品 Durable Consumer Goods for Culture and Recreation	(2)其他文娱用品 Other Articles for Culture and Recreation	(3)文化娱乐服务 Cultural and Recreational Services	(4)旅游 Touring and Outing	七、医疗保健 Health Care
全 国	**National**	**101.6**	**101.3**	**100.7**	**102.8**	**101.3**	**100.3**
北 京	Beijing	100.9	100.7	101.0	101.9	100.5	99.8
天 津	Tianjin	103.9	101.3	102.5	101.8	107.7	100.0
河 北	Hebei	101.1	100.6	100.5	101.5	101.5	100.1
山 西	Shanxi	104.5	101.0	100.2	113.1	100.7	99.5
内蒙古	Inner Mongolia	100.1	99.3	99.2	100.5	101.1	100.2
辽 宁	Liaoning	101.1	101.3	101.1	102.8	100.1	99.9
吉 林	Jilin	101.2	101.7	100.4	101.0	101.5	100.0
黑龙江	Heilongjiang	99.8	101.5	100.4	99.7	98.4	100.2
上 海	Shanghai	103.1	102.2	99.9	103.9	105.4	98.9
江 苏	Jiangsu	102.1	101.4	100.8	102.7	102.7	101.1
浙 江	Zhejiang	103.0	102.5	100.4	102.2	104.6	100.5
安 徽	Anhui	100.5	100.8	99.2	101.3	100.7	100.7
福 建	Fujian	100.7	101.1	101.1	101.3	100.0	99.9
江 西	Jiangxi	103.0	100.4	100.0	102.7	106.5	100.2
山 东	Shandong	101.8	99.5	100.6	106.1	99.7	100.1
河 南	Henan	101.0	103.4	100.3	101.2	98.5	100.8
湖 北	Hubei	104.6	101.5	101.4	111.3	103.9	99.6
湖 南	Hunan	101.3	101.2	100.6	101.4	101.6	100.9
广 东	Guangdong	100.7	99.9	101.7	101.1	100.1	100.5
广 西	Guangxi	104.4	102.7	101.8	101.8	109.5	101.8
海 南	Hainan	95.9	102.2	100.7	98.8	87.9	99.1
重 庆	Chongqing	101.4	103.6	100.0	101.6	100.9	99.6
四 川	Sichuan	99.2	100.9	100.4	102.2	96.1	101.5
贵 州	Guizhou	102.9	100.6	101.1	107.5	100.0	100.6
云 南	Yunnan	101.6	101.2	100.6	103.5	100.6	100.3
西 藏	Tibet	100.8	99.7	99.4	99.0	112.2	100.1
陕 西	Shaanxi	101.5	100.5	100.4	100.6	103.2	99.2
甘 肃	Gansu	100.6	101.7	100.2	100.2	100.7	100.3
青 海	Qinghai	102.7	105.8	100.4	101.6	102.9	102.2
宁 夏	Ningxia	99.3	103.3	100.7	104.0	92.6	102.1
新 疆	Xinjiang	99.3	102.8	101.0	101.8	94.0	100.2

3-1-10 续表 12 continued 12

(上年价格=100) (Preceding Year=100)

地 区	Region	1.药品及医疗器具 Medicine and Medical Instrument	(1)中药 Traditional Chinese Medicine	(2)西药 Western Medicine	(3)滋补保健品 Health Care Articles	(4)医疗卫生器具 Medical Instrument	(5)保健器具 Health Care Appliances
全 国	**National**	**99.5**	**101.7**	**98.6**	**100.7**	**97.0**	**99.9**
北 京	Beijing	98.9	100.8	95.6	103.0	98.3	101.1
天 津	Tianjin	99.0	102.2	94.9	100.7	102.4	99.8
河 北	Hebei	100.2	100.9	100.6	101.6	95.0	99.7
山 西	Shanxi	98.6	101.6	98.9	99.3	93.0	99.8
内蒙古	Inner Mongolia	99.7	100.6	100.5	102.3	89.4	99.7
辽 宁	Liaoning	98.9	100.9	98.0	100.2	98.8	99.7
吉 林	Jilin	99.9	102.8	98.8	100.7	98.0	100.0
黑龙江	Heilongjiang	99.5	101.9	100.0	102.2	88.4	99.6
上 海	Shanghai	94.9	102.2	90.6	95.6	100.1	98.8
江 苏	Jiangsu	100.1	102.3	99.1	101.0	98.0	102.3
浙 江	Zhejiang	99.9	100.5	99.3	99.4	102.3	99.6
安 徽	Anhui	99.3	101.0	99.1	100.1	95.5	99.5
福 建	Fujian	99.7	101.5	99.3	100.3	97.3	100.8
江 西	Jiangxi	99.9	102.0	98.5	101.7	96.2	100.2
山 东	Shandong	99.8	101.9	98.9	101.1	95.6	100.5
河 南	Henan	100.8	104.1	100.3	103.2	92.8	100.4
湖 北	Hubei	98.7	100.5	98.4	98.7	96.4	100.2
湖 南	Hunan	100.9	102.7	100.8	100.2	99.2	100.1
广 东	Guangdong	101.3	103.7	99.9	103.1	97.2	99.2
广 西	Guangxi	98.1	101.2	96.0	99.5	98.6	100.9
海 南	Hainan	98.4	100.7	97.0	102.7	95.6	100.9
重 庆	Chongqing	98.8	101.5	99.4	95.9	96.4	100.0
四 川	Sichuan	100.3	102.1	99.5	100.9	99.4	99.2
贵 州	Guizhou	100.8	101.0	100.0	103.8	99.5	99.9
云 南	Yunnan	100.2	101.0	100.1	98.6	101.8	98.9
西 藏	Tibet	99.9	98.9	100.8	98.7	97.7	98.8
陕 西	Shaanxi	97.0	99.7	94.9	98.8	96.0	100.4
甘 肃	Gansu	100.4	101.2	100.6	100.5	97.0	100.0
青 海	Qinghai	100.8	99.9	101.6	100.5	97.7	99.1
宁 夏	Ningxia	100.7	102.1	99.7	102.1	99.5	100.0
新 疆	Xinjiang	99.7	103.7	98.3	100.7	97.4	100.1

3-1-10 续表 13 continued 13

(上年价格=100) (Preceding Year=100)

地 区	Region	2.医疗服务 Medical Services	(1)综合医疗类 General Practice	(2)诊断类 Diagnostic Medical	(3)治疗类 Medical Treatment	(4)康复类 Rehabilitation	(5)中医医疗服务类 Traditional Chinese Medical
全 国	**National**	**100.7**	**101.2**	**100.0**	**101.0**	**100.7**	**102.7**
北 京	Beijing	100.2	100.0	100.6	100.0	97.7	100.0
天 津	Tianjin	100.5	100.0	101.1	100.0	100.0	100.0
河 北	Hebei	100.0	100.3	99.7	100.2	99.8	100.7
山 西	Shanxi	100.0	100.3	100.0	99.9	100.0	99.9
内蒙古	Inner Mongolia	100.5	101.6	99.9	100.1	100.4	100.6
辽 宁	Liaoning	100.3	100.4	100.1	100.3	100.9	103.6
吉 林	Jilin	100.1	100.2	100.0	100.1	100.0	100.0
黑龙江	Heilongjiang	100.6	101.1	99.8	101.7	99.8	101.7
上 海	Shanghai	101.7	101.6	100.7	102.7	103.2	102.2
江 苏	Jiangsu	101.4	102.2	99.8	100.6	105.0	118.5
浙 江	Zhejiang	100.8	101.4	100.7	100.5	100.3	100.4
安 徽	Anhui	101.2	102.1	100.2	101.9	100.5	102.2
福 建	Fujian	100.0	104.9	97.1	100.1	99.5	103.6
江 西	Jiangxi	100.3	100.6	100.2	100.3	99.9	100.9
山 东	Shandong	100.2	100.4	99.8	100.6	100.6	100.7
河 南	Henan	100.8	102.5	100.1	100.3	99.8	103.2
湖 北	Hubei	100.0	100.0	99.9	100.0	100.0	100.0
湖 南	Hunan	100.9	100.8	100.3	100.9	99.9	110.3
广 东	Guangdong	100.2	100.8	100.0	100.0	100.0	101.0
广 西	Guangxi	104.1	106.1	102.0	106.8	100.1	104.6
海 南	Hainan	99.5	100.1	98.7	100.6	100.1	100.6
重 庆	Chongqing	100.1	100.0	99.9	100.0	100.0	100.0
四 川	Sichuan	102.2	102.9	99.7	107.6	100.0	100.6
贵 州	Guizhou	100.5	101.0	99.8	101.3	100.4	100.0
云 南	Yunnan	100.4	101.4	99.8	101.0	99.9	100.6
西 藏	Tibet	100.3	99.9	101.5	100.0	100.0	100.3
陕 西	Shaanxi	100.3	100.9	100.1	100.2	101.9	99.4
甘 肃	Gansu	100.2	100.5	100.0	100.4	100.4	99.8
青 海	Qinghai	102.7	110.4	100.5	100.4	100.3	100.1
宁 夏	Ningxia	102.8	103.7	99.9	106.7	103.4	102.7
新 疆	Xinjiang	100.5	100.2	101.0	100.4	100.3	100.3

3-1-10 续表 14 continued 14

(上年价格=100) (Preceding Year=100)

地 区	Region	(6)其他医疗保健服务 Other Health Care Services	八、其他用品及服务 Other Articles and Services	1.其他用品 Other Articles	(1)首饰手表 Jewelry and Watches	(2)母婴用品 Maternal and Infant Products	(3)其他杂项用品 Other Miscellaneous Articles
全 国	**National**	**100.5**	**98.6**	**99.4**	**99.5**	**98.7**	**99.7**
北 京	Beijing	100.7	99.5	98.3	97.8	100.5	98.9
天 津	Tianjin	99.2	97.8	98.8	99.0	98.0	98.7
河 北	Hebei	100.0	99.3	98.9	99.4	97.9	98.8
山 西	Shanxi	100.0	97.7	99.4	99.4	98.3	99.8
内蒙古	Inner Mongolia	100.2	99.2	99.4	100.1	98.3	98.4
辽 宁	Liaoning	100.4	99.3	99.3	99.3	98.6	99.6
吉 林	Jilin	100.0	98.0	99.4	99.7	97.8	99.9
黑龙江	Heilongjiang	100.3	99.3	100.3	100.6	99.1	100.3
上 海	Shanghai	99.4	100.9	102.8	103.2	99.6	102.7
江 苏	Jiangsu	101.7	99.0	100.3	100.7	98.6	100.8
浙 江	Zhejiang	100.7	97.1	99.0	97.9	99.7	101.0
安 徽	Anhui	100.6	96.1	99.3	99.7	98.2	100.2
福 建	Fujian	99.9	96.1	99.0	98.5	99.9	99.0
江 西	Jiangxi	100.6	98.9	100.7	101.2	99.0	100.7
山 东	Shandong	100.9	98.5	98.3	97.6	98.9	99.6
河 南	Henan	100.1	97.9	98.8	99.1	98.5	98.3
湖 北	Hubei	100.0	97.5	97.7	97.3	98.2	97.9
湖 南	Hunan	100.0	97.8	99.4	99.1	99.3	100.2
广 东	Guangdong	100.2	98.2	99.5	100.3	98.7	99.2
广 西	Guangxi	104.6	99.8	99.5	101.1	98.2	99.3
海 南	Hainan	100.6	98.9	99.9	100.7	100.2	98.4
重 庆	Chongqing	107.9	97.3	98.0	97.0	98.1	99.6
四 川	Sichuan	99.7	100.1	99.9	100.7	98.5	99.1
贵 州	Guizhou	103.1	100.1	100.1	101.6	99.6	98.7
云 南	Yunnan	100.1	100.0	99.3	99.8	98.4	99.6
西 藏	Tibet	99.9	100.3	98.3	98.2	97.5	100.2
陕 西	Shaanxi	100.2	100.9	99.7	100.1	98.1	100.2
甘 肃	Gansu	100.1	100.8	99.5	99.9	97.9	99.6
青 海	Qinghai	98.8	98.9	98.5	98.5	99.4	97.8
宁 夏	Ningxia	100.0	98.8	99.3	99.4	99.0	99.4
新 疆	Xinjiang	100.3	99.2	98.4	98.7	97.0	99.4

3-1-10 续表 15 continued 15

(上年价格=100) (Preceding Year=100)

地 区	Region	2.其他服务 Other Services	(1)在外住宿 Out Accommodation	(2)美容美发洗浴 Beauty Salon, Hair Salon and Scouring Bath	(3)养老服务 Elderly Care	(4)金融及保险服务 Finance and Insurance	(5)中介法律及其他服务 Intermediary legal and Other Services
全 国	**National**	**97.9**	**102.2**	**101.8**	**101.9**	**93.7**	**100.5**
北 京	Beijing	100.6	101.9	102.1	103.0	98.7	102.3
天 津	Tianjin	97.0	101.2	100.3	102.4	89.9	106.0
河 北	Hebei	99.6	101.6	102.0	100.3	97.3	100.2
山 西	Shanxi	95.9	99.7	100.9	101.6	92.0	100.0
内蒙古	Inner Mongolia	99.0	102.8	101.6	103.2	94.5	100.0
辽 宁	Liaoning	99.2	101.8	102.2	100.4	96.7	100.0
吉 林	Jilin	96.8	97.3	100.2	101.2	93.9	99.6
黑龙江	Heilongjiang	98.4	100.8	101.0	100.5	95.9	101.5
上 海	Shanghai	99.1	106.7	101.4	103.0	93.1	101.1
江 苏	Jiangsu	97.6	102.4	101.8	103.7	93.7	100.6
浙 江	Zhejiang	95.4	101.6	101.7	104.1	87.6	100.4
安 徽	Anhui	92.5	101.2	102.7	102.3	81.4	101.7
福 建	Fujian	93.5	106.0	102.6	100.2	83.1	103.4
江 西	Jiangxi	96.6	98.2	102.1	104.7	90.7	100.9
山 东	Shandong	98.7	107.7	101.9	100.7	95.3	100.4
河 南	Henan	97.1	100.2	101.8	101.7	89.6	99.0
湖 北	Hubei	97.2	101.8	101.6	100.5	94.4	100.0
湖 南	Hunan	96.5	100.6	100.4	100.6	93.9	100.4
广 东	Guangdong	97.4	100.5	102.5	101.6	94.4	99.3
广 西	Guangxi	99.9	100.7	100.3	101.1	98.0	100.1
海 南	Hainan	98.0	105.5	99.5	101.9	91.7	100.1
重 庆	Chongqing	96.9	104.3	102.5	101.4	90.4	100.0
四 川	Sichuan	100.3	101.0	100.6	102.1	99.7	100.0
贵 州	Guizhou	100.1	99.0	100.9	101.5	100.0	99.7
云 南	Yunnan	100.7	102.8	102.0	104.6	96.8	101.3
西 藏	Tibet	102.4	100.7	106.7	100.0	99.2	100.0
陕 西	Shaanxi	101.8	103.0	103.2	100.3	101.4	98.7
甘 肃	Gansu	102.1	104.3	102.6	100.4	95.7	100.1
青 海	Qinghai	99.2	105.5	101.0	100.0	95.7	100.2
宁 夏	Ningxia	98.0	96.2	100.3	100.4	95.5	101.2
新 疆	Xinjiang	100.0	103.7	102.7	101.3	95.5	100.0

3-1-11 各地区农村居民消费价格分类指数(2021年)
Rural Consumer Price Indices by Category and Region (2021)

(上年价格=100) (Preceding Year=100)

地 区	Region	居民消费价格总指数 Consumer Price Index	一、食品烟酒 Food, Tobacco and Alcohol	1.食品 Food	(1)粮食 Grain	(2)薯类 Tubers	(3)豆类 Beans
全 国	**National**	**100.7**	**98.8**	**97.7**	**101.2**	**100.5**	**106.5**
北 京	Beijing						
天 津	Tianjin						
河 北	Hebei	101.2	100.6	100.5	100.4	97.8	106.5
山 西	Shanxi	100.9	100.1	99.5	102.9	97.0	107.4
内 蒙 古	Inner Mongolia	101.1	100.0	99.8	101.8	110.3	104.2
辽 宁	Liaoning	100.7	98.7	98.0	101.1	103.5	109.1
吉 林	Jilin	101.0	98.6	97.9	101.9	102.4	114.5
黑 龙 江	Heilongjiang	100.8	98.5	97.8	100.4	99.4	104.2
上 海	Shanghai						
江 苏	Jiangsu	101.5	100.5	99.9	100.8	106.7	111.3
浙 江	Zhejiang	101.4	100.1	99.3	100.6	96.7	106.3
安 徽	Anhui	100.7	98.8	97.3	100.7	103.8	107.3
福 建	Fujian	100.3	98.5	97.4	100.7	97.3	103.3
江 西	Jiangxi	100.7	98.8	97.3	102.5	99.2	104.2
山 东	Shandong	101.0	100.1	99.3	99.8	95.2	107.5
河 南	Henan	100.8	99.6	98.8	101.5	100.3	111.8
湖 北	Hubei	100.0	97.6	96.0	101.1	97.9	105.9
湖 南	Hunan	100.0	96.7	95.4	101.2	92.9	105.1
广 东	Guangdong	100.1	97.3	95.6	101.4	101.8	101.4
广 西	Guangxi	100.5	97.6	96.2	102.3	91.2	104.6
海 南	Hainan	99.7	97.7	96.2	99.4	88.6	104.7
重 庆	Chongqing						
四 川	Sichuan	100.3	97.2	95.0	101.7	105.4	103.7
贵 州	Guizhou	99.9	97.4	95.4	99.6	98.8	107.4
云 南	Yunnan	100.2	98.6	97.1	101.7	103.4	103.7
西 藏	Tibet	100.9	100.1	100.1	100.2	91.9	98.3
陕 西	Shaanxi	101.3	101.0	100.6	103.0	95.2	106.5
甘 肃	Gansu	100.5	99.4	98.6	101.4	99.1	105.3
青 海	Qinghai	101.5	100.2	99.3	100.5	96.6	103.8
宁 夏	Ningxia	101.2	101.1	101.3	101.5	101.9	111.8
新 疆	Xinjiang	101.2	101.2	101.2	101.4	101.7	104.7

3-1-11 续表 1 continued 1

(上年价格=100) (Preceding Year=100)

地 区	Region	(4)食用油 Edible Oil and Fats	(5)菜及食用菌 Vegetables and Edible Mushrooms	(6)畜肉类 Meat of Livestock	(7)禽肉类 Meat of Poultry	(8)水产品 Aquatic Products	(9)蛋类 Eggs
全 国	**National**	**105.9**	**105.0**	**80.2**	**97.7**	**111.0**	**112.4**
北 京	Beijing						
天 津	Tianjin						
河 北	Hebei	108.8	112.6	83.8	100.4	118.7	115.0
山 西	Shanxi	108.1	110.3	78.7	96.5	110.8	124.9
内蒙古	Inner Mongolia	105.5	112.4	87.9	94.7	118.6	112.4
辽 宁	Liaoning	103.3	108.2	79.4	97.9	106.3	116.6
吉 林	Jilin	116.0	106.5	75.5	97.5	113.1	116.4
黑龙江	Heilongjiang	109.3	105.7	79.0	96.4	110.1	113.6
上 海	Shanghai						
江 苏	Jiangsu	107.8	107.4	83.5	97.2	115.3	114.0
浙 江	Zhejiang	109.1	107.1	79.7	96.6	112.0	109.0
安 徽	Anhui	102.9	102.3	79.1	95.2	114.3	110.2
福 建	Fujian	105.2	103.8	79.6	100.8	107.0	114.2
江 西	Jiangxi	106.9	105.6	78.1	97.1	114.2	107.0
山 东	Shandong	107.5	111.1	80.9	99.6	109.7	116.2
河 南	Henan	108.8	107.5	79.0	101.3	112.1	118.1
湖 北	Hubei	108.0	100.9	76.8	95.0	117.6	102.3
湖 南	Hunan	100.2	102.9	75.8	99.6	122.4	106.8
广 东	Guangdong	108.5	100.0	77.8	97.3	104.2	110.1
广 西	Guangxi	107.0	101.3	75.6	99.4	108.2	107.2
海 南	Hainan	101.9	99.2	86.7	97.6	98.2	104.9
重 庆	Chongqing						
四 川	Sichuan	99.7	102.1	77.2	94.9	110.2	103.2
贵 州	Guizhou	99.1	102.9	81.2	94.7	107.4	101.8
云 南	Yunnan	96.9	103.5	81.6	101.3	111.3	110.7
西 藏	Tibet	97.3	97.0	100.5	100.3	106.4	103.1
陕 西	Shaanxi	111.8	107.4	84.4	97.5	117.1	111.6
甘 肃	Gansu	107.6	103.2	87.3	100.4	111.7	113.6
青 海	Qinghai	106.0	103.4	93.9	94.3	108.8	118.1
宁 夏	Ningxia	105.4	108.0	94.0	100.0	121.1	116.4
新 疆	Xinjiang	109.0	102.2	98.6	96.5	114.5	113.3

3-1-11 续表 2 continued 2

(上年价格=100) (Preceding Year=100)

地 区	Region	(10)奶类 Milk	(11)干鲜瓜果类 Dried and Fresh Melons and Fruits	(12)糖果糕点类 Candy and Cake	(13)调味品 Falvoring	(14)其他食品类 Other Foods	2.茶及饮料 Tea and Beverages
全 国	**National**	**101.2**	**101.9**	**100.7**	**101.1**	**100.4**	**100.9**
北 京	Beijing						
天 津	Tianjin						
河 北	Hebei	101.6	101.0	100.6	100.8	99.6	101.2
山 西	Shanxi	102.7	98.5	100.4	102.2	101.1	99.8
内蒙古	Inner Mongolia	100.6	100.3	101.7	99.3	99.9	97.8
辽 宁	Liaoning	100.6	103.2	100.5	100.1	100.1	99.9
吉 林	Jilin	103.7	98.4	101.4	100.5	101.7	99.9
黑龙江	Heilongjiang	101.0	103.6	100.6	100.4	100.4	100.1
上 海	Shanghai						
江 苏	Jiangsu	102.4	103.7	102.2	101.9	100.5	101.2
浙 江	Zhejiang	103.3	103.9	102.0	101.3	101.8	100.2
安 徽	Anhui	102.4	102.8	101.0	101.8	100.4	105.8
福 建	Fujian	99.4	103.0	101.9	101.3	99.4	100.9
江 西	Jiangxi	101.5	100.8	100.7	99.9	100.6	100.2
山 东	Shandong	102.1	103.3	97.6	100.3	99.5	99.7
河 南	Henan	101.0	102.8	101.4	101.7	99.8	101.1
湖 北	Hubei	101.0	100.7	100.0	101.7	100.4	100.1
湖 南	Hunan	100.8	102.0	100.7	102.1	100.2	100.6
广 东	Guangdong	100.0	101.6	101.0	101.7	102.1	99.8
广 西	Guangxi	99.0	100.2	101.2	100.8	99.8	100.8
海 南	Hainan	100.4	98.8	99.2	100.2	98.8	99.9
重 庆	Chongqing						
四 川	Sichuan	99.3	102.0	100.3	101.2	100.8	101.6
贵 州	Guizhou	100.5	99.0	100.1	100.5	98.4	99.2
云 南	Yunnan	100.4	104.3	100.4	100.8	100.0	100.3
西 藏	Tibet	107.6	95.3	99.8	101.7	102.5	101.8
陕 西	Shaanxi	100.3	102.3	99.6	101.7	102.6	102.0
甘 肃	Gansu	100.7	101.3	100.3	100.0	100.6	100.8
青 海	Qinghai	103.0	99.1	100.2	101.6	98.1	99.9
宁 夏	Ningxia	100.5	102.7	100.6	101.1	99.1	99.2
新 疆	Xinjiang	101.3	100.5	99.0	100.9	99.8	99.5

3-1-11 续表 3 continued 3

(上年价格=100) (Preceding Year=100)

地 区	Region	3.烟酒 Tobacco and Alcohol	(1)卷烟 Tobacco	(2)酒类 Alcohol	4.在外餐饮 Dining Out	二、衣着 Clothing	1.服装 Garments
全 国	**National**	**101.3**	**100.9**	**102.2**	**101.6**	**100.0**	**100.1**
北 京	Beijing						
天 津	Tianjin						
河 北	Hebei	101.1	100.0	102.6	100.6	98.7	98.6
山 西	Shanxi	100.9	100.8	101.3	102.6	99.6	99.3
内蒙古	Inner Mongolia	100.7	100.2	101.8	100.9	99.2	99.6
辽 宁	Liaoning	101.2	101.2	101.1	100.4	99.8	99.5
吉 林	Jilin	100.2	100.0	100.5	101.5	100.7	101.0
黑龙江	Heilongjiang	100.2	100.0	100.7	101.1	100.0	99.9
上 海	Shanghai						
江 苏	Jiangsu	101.3	101.0	101.7	102.1	101.8	101.8
浙 江	Zhejiang	101.4	101.4	101.5	103.1	101.7	101.4
安 徽	Anhui	100.9	101.6	99.9	102.1	101.3	101.5
福 建	Fujian	101.1	101.6	99.9	101.0	99.3	99.1
江 西	Jiangxi	101.6	101.6	101.6	102.4	100.0	100.0
山 东	Shandong	102.3	101.2	103.7	102.5	99.7	99.9
河 南	Henan	101.9	100.5	104.4	101.5	99.5	99.6
湖 北	Hubei	100.5	100.2	101.3	101.7	99.2	99.3
湖 南	Hunan	100.2	100.3	99.7	99.9	100.4	100.3
广 东	Guangdong	102.5	102.6	102.1	101.6	99.6	99.7
广 西	Guangxi	100.4	100.4	100.5	101.4	99.9	100.0
海 南	Hainan	100.8	101.0	99.7	101.8	100.0	99.8
重 庆	Chongqing						
四 川	Sichuan	102.5	100.8	105.4	101.0	100.2	100.8
贵 州	Guizhou	101.3	100.1	104.8	101.3	99.4	99.8
云 南	Yunnan	101.1	101.2	100.8	103.2	100.0	100.0
西 藏	Tibet	98.0	95.6	100.8	101.9	100.8	101.4
陕 西	Shaanxi	102.3	101.2	104.8	101.7	100.1	99.8
甘 肃	Gansu	101.3	100.8	102.3	101.3	99.4	99.8
青 海	Qinghai	100.4	100.1	100.8	103.7	98.6	98.8
宁 夏	Ningxia	100.6	100.9	99.4	100.2	96.5	96.3
新 疆	Xinjiang	100.6	100.0	101.8	102.1	99.0	99.4

3-1-11 续表 4 continued 4

(上年价格=100) (Preceding Year=100)

地区	Region	(1)男式服装 Garments for Men	(2)女式服装 Garments for Women	(3)儿童服装 Garments for Children	5 鞋类 Footware	(1)鞋 Shoes	(2)鞋类服务 Footware Services
全国	**National**	**100.1**	**99.9**	**100.2**	**99.7**	**99.7**	**101.2**
北京	Beijing						
天津	Tianjin						
河北	Hebei	98.6	98.5	98.2	98.9	98.9	100.0
山西	Shanxi	100.3	98.8	98.9	100.5	100.5	104.3
内蒙古	Inner Mongolia	98.9	100.4	98.7	97.8	97.7	99.7
辽宁	Liaoning	100.4	98.9	99.5	100.8	100.8	100.0
吉林	Jilin	102.2	100.2	100.8	100.0	99.9	102.2
黑龙江	Heilongjiang	100.0	99.8	100.0	100.2	100.2	100.0
上海	Shanghai						
江苏	Jiangsu	101.9	101.9	101.6	101.8	101.8	100.9
浙江	Zhejiang	100.9	101.2	102.5	103.2	103.2	106.0
安徽	Anhui	101.2	101.6	101.9	100.7	100.7	101.2
福建	Fujian	98.4	99.5	99.2	100.0	100.0	100.4
江西	Jiangxi	100.4	99.6	99.2	99.9	99.8	103.6
山东	Shandong	99.5	99.6	102.0	98.9	98.9	99.9
河南	Henan	99.8	99.3	100.0	99.0	99.0	100.3
湖北	Hubei	98.9	99.4	99.6	99.0	99.0	101.3
湖南	Hunan	100.8	100.1	100.4	100.5	100.5	100.3
广东	Guangdong	99.0	99.5	99.9	99.6	99.6	101.3
广西	Guangxi	100.5	99.5	100.1	99.6	99.6	100.0
海南	Hainan	99.8	99.3	99.8	100.6	100.7	100.2
重庆	Chongqing						
四川	Sichuan	100.9	100.9	100.7	98.4	98.1	101.9
贵州	Guizhou	100.7	99.5	98.8	98.2	98.2	103.4
云南	Yunnan	100.2	100.0	99.6	100.0	100.0	104.7
西藏	Tibet	102.0	101.5	100.7	99.2	99.2	100.0
陕西	Shaanxi	99.4	100.3	98.8	101.2	101.2	100.0
甘肃	Gansu	100.2	99.6	99.5	98.2	98.2	100.0
青海	Qinghai	99.8	98.1	98.3	98.1	98.1	100.0
宁夏	Ningxia	95.6	96.6	97.0	97.2	97.2	100.0
新疆	Xinjiang	99.7	98.7	100.3	97.8	97.8	100.2

3-1-11 续表 5 continued 5

(上年价格=100) (Preceding Year=100)

地 区 Region	三、居住 Residence	1.租赁房房租 Rent of Rental Housing	2.住房保养维修及管理 Housing Maintenance and Management	3.水电燃料 Water, Electricity and Fuels	四、生活用品及服务 Articles for Daily Use and Services	1.家具及室内装饰品 Furniture and Interior Decorations
全 国 National	**101.1**	**100.5**	**102.1**	**102.7**	**100.4**	**100.8**
北 京 Beijing						
天 津 Tianjin						
河 北 Hebei	100.9	100.4	100.6	103.3	99.8	100.3
山 西 Shanxi	101.1	100.2	102.2	101.8	100.9	100.7
内蒙古 Inner Mongolia	102.3	101.3	101.0	104.7	99.8	100.2
辽 宁 Liaoning	101.2	100.9	100.6	102.9	100.1	99.5
吉 林 Jilin	103.1	101.3	101.4	105.8	101.1	103.5
黑龙江 Heilongjiang	100.8	99.5	101.1	102.3	99.6	100.3
上 海 Shanghai						
江 苏 Jiangsu	101.7	101.4	102.5	101.9	101.1	103.1
浙 江 Zhejiang	101.1	100.3	102.8	102.7	102.5	104.2
安 徽 Anhui	100.8	99.3	101.7	102.2	100.0	100.0
福 建 Fujian	100.8	99.2	103.4	102.7	100.4	105.3
江 西 Jiangxi	101.6	100.3	102.2	103.9	100.2	99.7
山 东 Shandong	101.6	102.1	103.9	103.0	100.0	100.6
河 南 Henan	101.3	101.0	102.4	101.7	100.2	100.8
湖 北 Hubei	99.7	99.3	101.8	100.4	101.0	101.6
湖 南 Hunan	101.2	100.8	101.4	101.4	100.2	99.7
广 东 Guangdong	101.8	101.8	101.8	107.1	100.6	99.8
广 西 Guangxi	100.9	99.9	102.5	102.8	100.1	100.5
海 南 Hainan	100.4	95.1	102.5	104.0	101.2	100.2
重 庆 Chongqing						
四 川 Sichuan	100.7	100.7	101.8	100.8	100.4	101.5
贵 州 Guizhou	100.3	99.0	101.6	100.5	99.2	99.0
云 南 Yunnan	99.5	98.1	102.6	100.8	99.6	97.8
西 藏 Tibet	99.8	100.0	100.2	98.3	100.3	100.4
陕 西 Shaanxi	101.8	102.5	102.5	100.9	100.4	100.6
甘 肃 Gansu	100.6	100.1	100.7	101.3	99.9	99.9
青 海 Qinghai	103.1	103.2	104.2	102.6	99.5	100.5
宁 夏 Ningxia	101.4	100.4	103.4	102.7	100.2	99.6
新 疆 Xinjiang	101.5	98.1	103.3	103.6	100.0	99.7

3-1-11 续表 6 continued 6

(上年价格=100) (Preceding Year=100)

地 区	Region	(1)家具 Furniture	(2)室内装饰品 Interior Decorations	2.家用器具 Home Appliances	(1)大型家用器具 Large Houshold Appliances	(2)小家电 Small Household Appliances	3.家用纺织品 Home Textiles
全 国	**National**	**100.8**	**100.2**	**101.1**	**100.7**	**102.8**	**100.2**
北 京	Beijing						
天 津	Tianjin						
河 北	Hebei	100.5	98.7	99.9	99.2	102.9	99.9
山 西	Shanxi	100.8	99.9	103.2	103.1	103.9	100.6
内蒙古	Inner Mongolia	100.0	101.4	99.6	98.8	102.5	100.7
辽 宁	Liaoning	99.5	99.7	101.2	100.7	103.4	100.3
吉 林	Jilin	103.9	100.0	102.8	102.8	102.8	101.2
黑龙江	Heilongjiang	100.2	100.5	99.9	99.1	102.3	100.2
上 海	Shanghai						
江 苏	Jiangsu	103.3	100.8	101.8	101.7	102.6	99.2
浙 江	Zhejiang	104.4	102.6	103.6	103.7	103.0	102.8
安 徽	Anhui	99.9	100.2	99.9	99.6	101.6	99.4
福 建	Fujian	105.7	100.1	99.7	98.9	102.8	98.2
江 西	Jiangxi	99.7	99.2	100.5	100.7	99.7	99.7
山 东	Shandong	100.6	101.4	100.2	99.8	102.7	99.6
河 南	Henan	100.8	101.3	101.6	101.2	104.0	100.1
湖 北	Hubei	101.6	101.1	102.3	102.1	103.7	100.4
湖 南	Hunan	99.8	99.5	101.2	100.7	103.5	100.3
广 东	Guangdong	99.8	99.5	102.0	101.6	103.5	100.7
广 西	Guangxi	100.5	99.8	100.5	100.1	102.1	100.0
海 南	Hainan	100.2	100.0	103.9	104.0	103.3	98.8
重 庆	Chongqing						
四 川	Sichuan	101.5	101.0	101.1	100.7	103.1	100.3
贵 州	Guizhou	99.5	96.9	99.0	98.1	102.7	98.6
云 南	Yunnan	97.5	99.8	100.8	100.5	102.4	100.1
西 藏	Tibet	100.5	100.0	101.8	101.6	103.9	100.2
陕 西	Shaanxi	100.7	99.6	100.5	100.1	102.9	102.3
甘 肃	Gansu	99.9	100.4	101.7	101.4	103.3	100.3
青 海	Qinghai	100.1	103.7	96.7	96.3	101.6	102.4
宁 夏	Ningxia	99.5	100.5	100.8	100.5	102.0	100.3
新 疆	Xinjiang	99.7	100.0	100.1	99.7	102.3	100.3

3-1-11 续表 7 continued 7

(上年价格=100) (Preceding Year=100)

地 区	Region	(1)床上用品 Bed Articles	(2)窗帘门帘 Curtains	(3)其他家用纺织品 Other Home Textiles	4.家庭日用杂品 Household Articles for Daily Use	(1)洗涤卫生用品 Clearing Products	(2)厨具餐具茶具 Kichenware Tableware and Teaset
全 国	**National**	**100.1**	**100.9**	**100.0**	**100.0**	**100.4**	**97.4**
北 京	Beijing						
天 津	Tianjin						
河 北	Hebei	99.9	100.1	99.8	99.5	100.6	96.1
山 西	Shanxi	100.3	101.7	100.7	100.4	100.5	97.7
内蒙古	Inner Mongolia	100.7	100.7	101.1	100.2	100.8	98.0
辽 宁	Liaoning	100.4	100.0	100.2	99.8	100.9	97.1
吉 林	Jilin	101.3	100.7	100.9	100.4	100.7	97.5
黑龙江	Heilongjiang	100.3	100.4	99.6	99.5	100.4	97.2
上 海	Shanghai						
江 苏	Jiangsu	98.8	101.4	100.1	100.3	100.8	97.2
浙 江	Zhejiang	103.0	104.6	98.2	101.1	100.6	98.1
安 徽	Anhui	99.2	100.3	100.0	100.2	100.5	97.6
福 建	Fujian	97.5	101.0	98.9	99.4	99.6	97.3
江 西	Jiangxi	98.9	102.6	100.9	100.3	100.6	98.0
山 东	Shandong	99.7	100.1	97.6	99.8	98.7	96.5
河 南	Henan	100.3	99.5	98.2	99.5	100.7	96.2
湖 北	Hubei	100.8	99.4	100.0	100.5	100.8	97.9
湖 南	Hunan	100.2	100.0	102.0	99.6	100.5	96.9
广 东	Guangdong	100.6	102.1	100.5	99.9	100.5	97.5
广 西	Guangxi	99.3	103.0	100.0	99.7	99.5	98.1
海 南	Hainan	98.4	100.0	100.0	100.8	102.5	98.4
重 庆	Chongqing						
四 川	Sichuan	100.3	100.0	101.0	99.9	100.3	97.7
贵 州	Guizhou	97.7	103.9	99.5	99.9	100.5	98.0
云 南	Yunnan	100.3	99.8	99.1	99.7	100.4	97.8
西 藏	Tibet	100.2	100.0	100.5	100.0	100.3	96.8
陕 西	Shaanxi	102.4	102.7	100.1	99.9	100.7	98.1
甘 肃	Gansu	100.1	100.7	100.3	99.0	100.2	97.1
青 海	Qinghai	100.8	107.2	103.7	100.5	101.5	98.6
宁 夏	Ningxia	100.1	101.1	100.0	101.3	100.6	97.8
新 疆	Xinjiang	99.8	100.7	101.5	100.7	100.6	99.0

3-1-11 续表 8 continued 8

(上年价格=100) (Preceding Year=100)

地 区	Region	5.个人护理用品 Personal-care Supplies	(1)化妆品 Cosmetics	(2)其他护理用品类 Other Nursing Materials	6.家庭服务 Household Services	五、交通通信 Transport and Communications	1.交通 Transport
全 国	**National**	**98.7**	**97.6**	**99.8**	**102.2**	**103.9**	**105.2**
北 京	Beijing						
天 津	Tianjin						
河 北	Hebei	98.1	97.2	99.3	101.8	104.6	105.6
山 西	Shanxi	98.4	97.4	99.3	100.7	104.3	106.1
内 蒙 古	Inner Mongolia	97.9	97.5	98.6	100.6	103.3	104.4
辽 宁	Liaoning	99.0	98.7	99.7	100.7	104.4	105.9
吉 林	Jilin	98.1	97.3	99.7	100.7	104.5	105.1
黑 龙 江	Heilongjiang	98.3	97.7	99.7	100.0	104.4	105.6
上 海	Shanghai						
江 苏	Jiangsu	98.9	98.2	100.0	101.9	103.9	104.7
浙 江	Zhejiang	98.9	97.8	100.7	105.7	103.6	104.5
安 徽	Anhui	98.8	97.2	100.1	103.2	104.4	105.6
福 建	Fujian	98.3	97.3	99.2	102.2	104.0	105.7
江 西	Jiangxi	99.6	99.2	99.8	101.1	104.1	105.9
山 东	Shandong	98.4	97.5	99.8	103.0	104.0	105.2
河 南	Henan	98.1	96.5	99.7	99.9	102.5	103.6
湖 北	Hubei	99.0	97.2	100.4	102.3	103.4	104.1
湖 南	Hunan	99.5	98.7	99.8	100.4	104.3	105.5
广 东	Guangdong	99.3	97.6	99.9	103.9	104.6	106.5
广 西	Guangxi	99.2	98.4	99.8	101.6	102.9	104.6
海 南	Hainan	100.0	97.1	101.3	100.3	104.4	106.7
重 庆	Chongqing						
四 川	Sichuan	98.6	97.7	99.5	101.3	104.4	106.0
贵 州	Guizhou	98.0	96.6	100.1	101.3	104.1	105.3
云 南	Yunnan	99.1	97.6	99.7	103.9	103.5	104.6
西 藏	Tibet	98.0	97.4	99.6	100.8	104.0	106.0
陕 西	Shaanxi	98.6	97.6	99.8	103.2	102.7	103.8
甘 肃	Gansu	98.7	97.8	99.6	100.5	104.0	105.2
青 海	Qinghai	98.2	97.6	100.0	99.6	104.5	105.4
宁 夏	Ningxia	98.3	97.8	99.4	100.2	104.3	105.7
新 疆	Xinjiang	98.5	97.2	99.7	101.2	104.5	105.8

3-1-11 续表 9 continued 9

(上年价格=100) (Preceding Year=100)

地区	Region	(1)交通工具 Transport Facility	(2)交通工具用燃料 Fuels for Transport Facility	(3)交通工具使用和维修 Use and Maintenance of Transport Facility	(4)交通费 Traffic Fee	2.通信 Communications	(1)通信工具 Communication Facility
全国	**National**	**99.7**	**117.3**	**101.2**	**101.4**	**100.7**	**102.9**
北京	Beijing						
天津	Tianjin						
河北	Hebei	100.3	117.4	101.0	100.4	102.2	105.6
山西	Shanxi	99.9	117.3	100.6	101.2	101.0	103.2
内蒙古	Inner Mongolia	99.9	116.8	100.5	100.1	100.3	100.7
辽宁	Liaoning	100.1	117.6	100.5	99.9	100.6	102.3
吉林	Jilin	98.9	117.4	103.6	99.9	102.9	107.6
黑龙江	Heilongjiang	99.6	117.2	100.0	100.0	101.4	103.3
上海	Shanghai						
江苏	Jiangsu	99.6	117.2	102.2	102.8	101.3	105.0
浙江	Zhejiang	99.4	117.6	101.9	101.5	101.0	104.4
安徽	Anhui	101.8	117.1	100.0	101.7	101.7	105.7
福建	Fujian	98.4	117.5	100.1	103.1	100.4	101.6
江西	Jiangxi	100.0	117.5	100.9	101.3	100.5	101.8
山东	Shandong	99.7	117.9	102.2	104.0	100.0	102.5
河南	Henan	98.9	117.5	100.6	99.0	100.0	101.7
湖北	Hubei	99.7	117.4	101.3	100.0	100.6	101.5
湖南	Hunan	100.8	117.6	100.8	100.3	100.7	102.2
广东	Guangdong	98.3	117.1	100.5	101.4	100.3	102.8
广西	Guangxi	99.5	117.2	100.8	101.1	98.5	99.3
海南	Hainan	99.5	118.3	99.1	102.6	99.8	103.3
重庆	Chongqing						
四川	Sichuan	99.9	117.1	102.2	103.0	100.3	102.1
贵州	Guizhou	98.9	116.6	99.8	101.2	100.9	103.4
云南	Yunnan	99.2	116.7	100.7	100.5	100.6	101.8
西藏	Tibet	100.1	113.4	99.8	100.0	100.1	100.2
陕西	Shaanxi	99.7	116.5	100.8	100.5	100.6	101.7
甘肃	Gansu	100.0	118.5	99.6	100.6	100.8	102.7
青海	Qinghai	99.6	115.4	102.0	100.1	101.5	105.2
宁夏	Ningxia	99.2	116.1	100.9	99.7	100.6	102.0
新疆	Xinjiang	99.8	116.8	106.2	103.2	100.6	101.8

3-1-11 续表 10 continued 10

(上年价格=100) (Preceding Year=100)

地 区	Region	(2)通信服务 Communicaiton Service	(3)邮递服务 Postal Serice	六、教育文化娱乐 Education, Culture and Recreation	1.教育 Education	(1)教育用品 Education Articles	(2)教育服务 Education Services
全 国	**National**	**99.7**	**100.2**	**101.7**	**101.9**	**101.3**	**101.9**
北 京	Beijing						
天 津	Tianjin						
河 北	Hebei	100.0	102.3	101.6	101.9	100.8	102.0
山 西	Shanxi	100.0	96.7	101.3	101.2	104.1	101.0
内蒙古	Inner Mongolia	100.1	99.4	100.9	101.2	100.6	101.2
辽 宁	Liaoning	99.5	100.2	102.2	102.6	100.6	102.7
吉 林	Jilin	99.7	100.6	101.0	100.8	100.7	100.8
黑龙江	Heilongjiang	100.0	100.0	100.7	100.7	101.1	100.7
上 海	Shanghai						
江 苏	Jiangsu	99.8	100.2	101.3	101.5	102.0	101.5
浙 江	Zhejiang	99.6	100.9	102.7	102.9	101.1	102.9
安 徽	Anhui	100.0	99.7	103.3	104.0	100.0	104.2
福 建	Fujian	100.0	99.6	101.5	102.0	101.3	102.1
江 西	Jiangxi	100.0	100.5	102.5	102.0	102.7	102.0
山 东	Shandong	98.5	100.6	101.1	101.0	101.4	101.0
河 南	Henan	99.1	99.9	103.3	103.6	101.9	103.6
湖 北	Hubei	100.1	100.0	101.9	101.8	101.2	101.8
湖 南	Hunan	100.0	99.9	100.8	101.1	100.6	101.1
广 东	Guangdong	99.7	99.0	101.3	102.1	99.8	102.2
广 西	Guangxi	98.0	99.9	102.7	102.9	100.8	103.0
海 南	Hainan	98.4	99.9	98.4	98.0	104.5	97.7
重 庆	Chongqing						
四 川	Sichuan	99.6	101.2	101.6	101.5	101.7	101.4
贵 州	Guizhou	100.0	99.9	100.7	100.9	101.0	100.9
云 南	Yunnan	100.0	101.3	101.6	101.3	105.6	101.1
西 藏	Tibet	100.0	101.0	100.2	100.2	100.4	100.1
陕 西	Shaanxi	100.2	100.0	102.4	102.6	99.7	103.1
甘 肃	Gansu	100.0	99.2	100.5	100.3	101.4	100.2
青 海	Qinghai	99.3	99.6	100.4	100.0	101.8	100.0
宁 夏	Ningxia	100.0	98.1	101.9	102.3	100.1	102.4
新 疆	Xinjiang	100.0	100.8	99.4	99.3	101.7	99.2

3-1-11 续表 11 continued 11

(上年价格=100) (Preceding Year=100)

地 区	Region	2.文化娱乐 Cultural and Recreational Articles	(1)文娱耐用消费品 Durable Consumer Goods for Culture and Recreation	(2)其他文娱用品 Other Articles for Culture and Recreation	(3)文化娱乐服务 Cultural and Recreational Services	(4)旅游 Touring and Outing	七、医疗保健 Health Care
全 国	**National**	**101.3**	**102.0**	**100.2**	**101.4**	**101.9**	**100.7**
北 京	Beijing						
天 津	Tianjin						
河 北	Hebei	100.9	101.1	100.1	100.7	102.5	101.0
山 西	Shanxi	101.7	102.5	100.5	107.8	95.8	99.4
内蒙古	Inner Mongolia	100.0	100.1	100.1	100.4	98.4	100.5
辽 宁	Liaoning	100.8	101.3	100.3	100.4	102.3	99.7
吉 林	Jilin	101.9	104.9	100.5	100.4	103.3	99.9
黑龙江	Heilongjiang	100.7	101.0	100.0	100.1	103.6	102.9
上 海	Shanghai						
江 苏	Jiangsu	100.8	101.8	100.8	101.0	99.6	100.8
浙 江	Zhejiang	102.4	102.0	100.6	102.1	104.2	101.6
安 徽	Anhui	101.5	99.8	100.0	101.4	105.2	100.3
福 建	Fujian	100.0	99.0	100.9	100.8	99.1	100.2
江 西	Jiangxi	103.9	103.0	100.5	101.6	108.7	99.4
山 东	Shandong	101.3	100.8	100.8	101.5	102.6	100.1
河 南	Henan	102.1	105.0	100.0	100.9	100.5	99.8
湖 北	Hubei	102.0	102.2	101.1	103.8	102.3	101.3
湖 南	Hunan	99.8	100.7	100.5	100.3	96.0	100.4
广 东	Guangdong	99.5	102.4	96.9	102.8	95.9	99.5
广 西	Guangxi	102.1	102.1	100.5	100.9	107.8	103.3
海 南	Hainan	100.0	104.6	100.2	100.3	93.9	100.4
重 庆	Chongqing						
四 川	Sichuan	102.1	101.9	100.3	101.1	105.2	102.6
贵 州	Guizhou	100.2	99.0	100.0	101.1	100.9	100.1
云 南	Yunnan	102.5	107.0	100.3	101.4	101.4	99.7
西 藏	Tibet	100.5	100.1	101.0	100.2	92.1	101.7
陕 西	Shaanxi	101.9	102.5	101.2	101.7	102.0	99.4
甘 肃	Gansu	102.0	102.4	100.7	102.1	103.9	100.0
青 海	Qinghai	101.5	103.2	100.2	100.7	102.3	102.1
宁 夏	Ningxia	100.8	101.6	101.7	102.9	95.9	100.6
新 疆	Xinjiang	100.1	101.3	99.7	99.7	99.9	100.1

3-1-11 续表 12 continued 12

(上年价格=100) (Preceding Year=100)

地 区	Region	1.药品及医疗器具 Medicine and Medical Instrument	(1)中药 Traditional Chinese Medicine	(2)西药 Western Medicine	(3)滋补保健品 Health Care Articles	(4)医疗卫生器具 Medical Instrument	(5)保健器具 Health Care Appliances
全 国	**National**	**99.6**	**101.4**	**99.7**	**99.9**	**93.6**	**100.0**
北 京	Beijing						
天 津	Tianjin						
河 北	Hebei	99.8	101.2	101.1	101.5	85.2	99.9
山 西	Shanxi	98.1	99.2	98.1	99.9	94.2	100.0
内蒙古	Inner Mongolia	100.8	101.9	100.6	100.1	98.5	99.7
辽 宁	Liaoning	97.7	100.0	97.8	101.1	91.1	101.4
吉 林	Jilin	99.5	101.3	101.4	100.0	80.9	100.9
黑龙江	Heilongjiang	99.4	100.5	100.8	100.2	90.0	99.9
上 海	Shanghai						
江 苏	Jiangsu	100.1	102.4	100.0	100.3	94.4	100.0
浙 江	Zhejiang	100.3	100.0	100.2	99.8	102.3	99.2
安 徽	Anhui	99.3	102.8	98.0	99.2	99.6	100.1
福 建	Fujian	100.8	102.1	101.4	100.8	96.2	100.2
江 西	Jiangxi	98.8	102.1	98.3	100.5	84.3	99.8
山 东	Shandong	100.3	101.2	99.9	99.6	102.1	99.9
河 南	Henan	98.7	100.3	99.9	99.6	88.2	99.7
湖 北	Hubei	99.2	101.5	99.2	99.3	90.7	100.2
湖 南	Hunan	101.0	102.6	100.6	96.5	104.3	101.3
广 东	Guangdong	98.7	100.7	98.3	98.8	94.9	98.8
广 西	Guangxi	99.3	100.1	99.1	99.9	98.6	99.1
海 南	Hainan	100.9	101.2	99.8	103.3	103.8	100.0
重 庆	Chongqing						
四 川	Sichuan	100.0	103.0	98.7	99.4	96.9	100.1
贵 州	Guizhou	100.4	101.6	100.7	100.9	94.2	100.3
云 南	Yunnan	99.5	102.9	98.7	99.9	92.8	100.2
西 藏	Tibet	98.8	100.2	98.3	100.9	96.9	100.0
陕 西	Shaanxi	99.2	101.8	99.0	102.6	86.7	99.9
甘 肃	Gansu	100.0	100.1	100.1	100.9	97.7	99.9
青 海	Qinghai	104.3	102.8	105.4	99.8	104.4	101.2
宁 夏	Ningxia	100.3	101.1	100.3	100.5	97.5	100.0
新 疆	Xinjiang	100.6	100.1	100.7	102.4	100.3	100.1

3-1-11 续表 13 continued 13

(上年价格=100) (Preceding Year=100)

地 区	Region	2.医疗服务 Medical Services	(1)综合医疗类 General Practice	(2)诊断类 Diagnostic Medical	(3)治疗类 Medical Treatment	(4)康复类 Rehabilitation	(5)中医医疗服务类 Traditional Chinese Medical
全 国	**National**	**101.0**	**101.6**	**100.2**	**101.8**	**100.4**	**102.7**
北 京	Beijing						
天 津	Tianjin						
河 北	Hebei	101.5	101.1	102.5	100.1	99.8	101.7
山 西	Shanxi	100.0	100.0	100.0	100.0	100.0	100.0
内蒙古	Inner Mongolia	100.4	100.1	100.9	100.1	100.0	98.8
辽 宁	Liaoning	100.5	100.4	100.3	100.9	101.2	100.3
吉 林	Jilin	100.0	100.1	100.0	100.0	100.0	100.0
黑龙江	Heilongjiang	104.3	101.3	99.5	117.4	99.5	100.0
上 海	Shanghai						
江 苏	Jiangsu	101.0	102.5	99.7	100.5	99.8	113.1
浙 江	Zhejiang	102.1	104.1	102.5	100.0	100.1	102.9
安 徽	Anhui	100.7	103.0	99.2	101.3	100.0	100.0
福 建	Fujian	100.0	101.5	98.9	100.0	100.1	101.8
江 西	Jiangxi	99.6	100.6	98.8	99.5	99.1	100.6
山 东	Shandong	100.0	99.5	99.9	100.8	100.8	100.6
河 南	Henan	100.2	101.8	99.1	99.9	101.0	105.6
湖 北	Hubei	101.9	102.2	103.5	99.5	100.0	99.3
湖 南	Hunan	100.3	100.0	99.1	102.5	96.7	97.0
广 东	Guangdong	99.6	100.5	98.3	100.5	101.4	102.0
广 西	Guangxi	105.0	110.6	102.2	105.4	101.9	107.9
海 南	Hainan	100.2	100.1	100.3	99.8	100.0	100.4
重 庆	Chongqing						
四 川	Sichuan	103.4	104.5	100.7	108.2	102.9	106.3
贵 州	Guizhou	100.0	100.0	99.8	100.6	100.1	100.1
云 南	Yunnan	99.7	98.7	100.0	100.0	100.0	100.0
西 藏	Tibet	102.8	100.0	100.0	105.9	100.0	100.0
陕 西	Shaanxi	99.5	100.6	98.4	99.3	99.1	100.2
甘 肃	Gansu	100.0	100.4	99.9	100.4	99.5	99.4
青 海	Qinghai	101.4	106.9	100.1	99.4	100.4	99.6
宁 夏	Ningxia	100.8	101.2	100.3	99.9	101.6	103.7
新 疆	Xinjiang	99.9	100.0	99.6	100.0	100.0	100.0

3-1-11 续表 14 continued 14

(上年价格=100) (Preceding Year=100)

地区	Region	(6)其他医疗保健服务 Other Health Care Services	八、其他用品及服务 Other Articles and Services	1 其他用品 Other Articles	(1)首饰手表 Jewelry and Watches	(2)母婴用品 Maternal and Infant Products	(3)其他杂项用品 Other Miscellaneous Articles
全 国	**National**	**100.6**	**98.8**	**99.8**	**100.5**	**98.5**	**99.9**
北 京	Beijing						
天 津	Tianjin						
河 北	Hebei	100.1	99.5	100.2	102.0	98.2	99.1
山 西	Shanxi	101.1	99.8	99.8	100.2	98.2	100.3
内蒙古	Inner Mongolia	100.0	100.1	101.7	105.5	98.9	99.5
辽 宁	Liaoning	100.0	99.2	99.2	99.2	98.4	99.7
吉 林	Jilin	100.0	98.7	99.6	100.4	98.4	99.6
黑龙江	Heilongjiang	100.3	99.6	100.2	101.6	98.5	99.7
上 海	Shanghai						
江 苏	Jiangsu	101.8	98.4	99.3	100.0	97.7	99.7
浙 江	Zhejiang	100.9	97.1	99.0	98.6	98.9	99.9
安 徽	Anhui	99.3	96.1	99.3	98.8	98.8	100.7
福 建	Fujian	100.0	97.0	98.9	98.5	99.0	99.3
江 西	Jiangxi	101.2	98.1	100.2	101.1	99.5	99.9
山 东	Shandong	100.1	98.4	99.8	100.0	98.5	100.8
河 南	Henan	99.7	99.0	99.5	100.2	97.1	99.4
湖 北	Hubei	100.0	98.4	100.2	101.3	98.7	100.2
湖 南	Hunan	99.5	98.2	99.6	100.7	98.3	99.4
广 东	Guangdong	98.2	100.2	99.2	99.4	98.6	100.1
广 西	Guangxi	106.5	99.6	100.2	101.8	98.8	100.1
海 南	Hainan	100.0	98.5	100.1	101.3	98.6	100.4
重 庆	Chongqing						
四 川	Sichuan	101.7	100.2	100.4	102.2	99.0	99.1
贵 州	Guizhou	100.0	100.4	100.4	102.4	98.1	100.0
云 南	Yunnan	100.0	99.8	101.0	104.7	98.3	100.6
西 藏	Tibet	110.4	97.9	97.8	97.5	97.6	99.0
陕 西	Shaanxi	101.6	101.5	101.2	102.7	99.1	99.5
甘 肃	Gansu	98.6	99.2	99.3	98.0	97.5	101.2
青 海	Qinghai	99.9	98.6	97.4	96.7	97.1	98.8
宁 夏	Ningxia	103.2	97.2	98.5	98.0	98.5	99.7
新 疆	Xinjiang	100.0	100.3	99.4	99.2	99.2	100.2

3-1-11 续表 15 continued 15

(上年价格=100) (Preceding Year=100)

地 区	Region	2.其他服务 Other Services	(1)在外住宿 Out Accommodation	(2)美容美发洗浴 Beauty Salon, Hair Salon and Scouring Bath	(3)养老服务 Elderly Care	(4)金融及保险服务 Finance and Insurance	(5)中介法律及其他服务 Intermediary legal and Other Services
全 国	**National**	**97.8**	**100.0**	**102.2**	**100.8**	**94.0**	**100.4**
北 京	Beijing						
天 津	Tianjin						
河 北	Hebei	98.9	100.0	102.1	100.0	96.5	100.0
山 西	Shanxi	99.7	99.0	101.0	101.8	96.4	105.4
内蒙古	Inner Mongolia	98.3	104.9	101.6	100.0	94.7	100.9
辽 宁	Liaoning	99.2	100.4	100.1	100.1	98.6	100.0
吉 林	Jilin	97.4	100.7	102.0	101.1	94.6	100.0
黑龙江	Heilongjiang	98.7	99.5	100.7	100.0	97.5	100.0
上 海	Shanghai						
江 苏	Jiangsu	97.1	100.8	101.5	101.4	93.5	100.2
浙 江	Zhejiang	95.4	100.9	102.4	101.4	86.1	101.1
安 徽	Anhui	91.3	99.7	101.8	99.9	79.1	99.0
福 建	Fujian	94.5	100.8	102.3	100.0	86.1	100.2
江 西	Jiangxi	95.1	102.0	105.4	101.9	89.5	100.9
山 东	Shandong	96.6	100.9	101.8	102.0	92.7	100.3
河 南	Henan	98.5	98.4	101.9	101.6	94.9	100.3
湖 北	Hubei	96.2	100.5	100.1	101.5	93.3	100.0
湖 南	Hunan	96.3	103.3	100.7	100.5	90.1	100.0
广 东	Guangdong	101.2	100.2	104.6	100.2	100.0	100.2
广 西	Guangxi	99.0	97.0	100.2	100.4	98.8	100.2
海 南	Hainan	96.1	98.9	99.7	99.9	89.6	100.5
重 庆	Chongqing						
四 川	Sichuan	100.0	99.6	104.6	101.3	97.8	100.0
贵 州	Guizhou	100.5	100.6	104.0	99.4	98.7	100.2
云 南	Yunnan	98.1	99.6	101.1	102.6	94.9	100.3
西 藏	Tibet	97.9	87.8	102.1	100.0	100.1	100.0
陕 西	Shaanxi	101.8	102.1	104.9	100.0	101.3	100.8
甘 肃	Gansu	99.1	99.5	100.5	100.0	96.6	100.1
青 海	Qinghai	99.9	98.3	100.9	100.4	100.0	101.0
宁 夏	Ningxia	95.7	99.1	100.3	100.0	91.0	102.7
新 疆	Xinjiang	101.4	107.8	100.4	100.1	100.4	101.1

3-2-1 全国商品零售价格分类指数（2021年）
Retail Price Indices by Category (2021)

（上年价格=100） (Precding Year=100)

项　目	Item	全国 National Index	城市 Urban Index	农村 Rural Index
商品零售价格指数	**Retail Price Index**	**101.6**	**101.7**	**101.5**
一、食品	**Food**	**99.7**	**99.8**	**98.6**
1.粮食	Grain	101.2	101.2	101.0
2.薯类	Tubers	99.3	99.2	99.8
3.豆类	Beans	106.4	106.4	106.5
4.食用油	Edible Oil and Fats	107.1	107.2	106.6
5.菜及食用菌	Vegetables and Edible Mushrooms	104.9	104.9	105.3
6.畜肉类	Meat of Livestock	82.9	83.4	80.2
7.禽肉类	Meat of Poultry	96.6	96.4	98.1
8.水产品	Aquatic Products	109.7	109.4	111.2
9.蛋类	Eggs	110.4	110.1	112.4
10.奶类	Milk	101.9	102.1	101.1
11.干鲜瓜果类	Dried and Fresh Melons and Fruits	102.2	102.2	102.3
12.糖果糕点类	Candy and Cake	101.6	101.7	100.8
13.调味品	Flavoring	101.3	101.3	101.2
14.其他食品类	Other Foods	100.5	100.5	100.5
15.餐饮业零售	Food and Beverage Retail	102.1	102.1	101.8
二、饮料烟酒	**Beverages,Tobacco and Alcohol**	**101.5**	**101.5**	**101.4**
1.茶及饮料	Tea and Beverages	101.1	101.1	100.8
2.卷烟	Tobacco	101.3	101.4	101.0
3.酒类	Alcohol	102.2	102.1	102.7
三、服装鞋帽	**Garments , Shoes and Hats**	**100.3**	**100.4**	**99.9**
1.服装	Garments	100.4	100.5	99.9
2.鞋帽袜	Footgear and Hats	100.0	100.0	99.6
3.其他衣着配件	Other Clothing Accessories	100.4	100.4	100.6
四、纺织品	**Textiles**	**100.4**	**100.4**	**100.3**
1.服装材料	Clothing	101.6	101.7	101.0
2.床上用品	Bedding	100.0	100.0	100.1
五、家用电器及音像器材	**Household Appliances,Music and Video Equipment**	**101.1**	**101.1**	**101.6**
1.家庭设备	Household Facilities	100.9	100.8	101.2
2.文娱用耐用消费品	Durable Consumer Goods for Cultural and Recreational Use	101.5	101.5	102.0
3.专业音像器材	Music and Video Equipment	101.6	101.4	103.7
六、文化办公用品	**Cultural and Office Appliances**	**101.5**	**101.5**	**101.4**

3-2-1 续表 continued

(上年价格=100) (Precding Year=100)

项 目	Item	全国 National Index	城市 Urban Index	农村 Rural Index
七、日用品	**Articles for Daily Use**	**99.8**	**99.7**	**99.9**
1.日用百货	General Merchandise for Daily Use	100.0	99.9	100.3
2.厨具餐具茶具	Kichenware,Tableware and Tea set	97.8	97.8	97.4
3.清洗用品	Cleaning Products	100.9	100.9	100.6
4.其他日用品	Other Aritcles for Daily Use	99.8	99.8	99.9
八、体育娱乐用品	**Sports and Recreation Articles**	**100.8**	**100.8**	**100.3**
1.体育户外用品	Sports and Outdoor Articles	100.3	100.3	100.1
2.娱乐用品	Recreation Articles	100.9	101.0	100.4
九、交通通信用品	**Transportation and Communication Appliances**	**100.5**	**100.6**	**100.3**
1.交通运输机械	Transportation Appliances	99.7	99.7	99.7
2.通信器材	Communication Appliances	103.6	103.7	102.7
十、家具	**Furniture**	**101.3**	**101.3**	**101.2**
十一、化妆品	**Cosmetics**	**98.7**	**98.8**	**98.4**
十二、金银饰品	**Gold and Silver Ornaments**	**99.5**	**99.4**	**100.2**
十三、中西药品及医疗保健用品	**Traditional Chinese and Western Medicines and Health Care Articles**	**99.6**	**99.6**	**99.8**
1.医疗卫生器具	Medical Instrument	97.3	97.4	96.2
2.中药	Traditional Chinese Medicines	101.7	101.8	101.4
3.西药	Western Medicines	98.7	98.6	99.6
4.保健器具及用品	Health Care Appliances and Articles	100.7	100.7	99.9
十四、书报杂志及电子出版物	**Books,Newspapers,Magazines and Electronic Pubblications**	**100.6**	**100.6**	**100.7**
1.教材及参考书	Teaching Materials and Reference Books	101.2	101.2	101.3
2.书报杂志及音像制品	Books, magazines and audio-visual products	100.1	100.1	100.0
3.计算机办公软件	Office Software	99.8	99.8	99.6
十五、燃料	**Fuels**	**114.3**	**114.2**	**115.6**
1.煤炭及制品	Coal and its product	121.5	122.8	116.0
2.石油及制品	Petroleum and its product	113.8	113.6	115.6
十六、建筑材料及五金电料	**Building Materials and Hardware**	**101.8**	**101.7**	**102.3**
1.建筑装璜材料	Building Decoration Materials	102.0	101.9	102.4
2.五金水暖	Hardware	101.5	101.4	101.9

3-2-2 各地区商品零售价格分类指数(2021年)
Retail Price Indices by Category and Region(2021)

(上年价格=100) (Preceding Year=100)

地 区	Region	商品零售价格指数 Retail Price Index	一、食品 Food	二、饮料烟酒 Beverages, Tobacco and Alcohol	三、服装鞋帽 Gaments, Shoes and Hats	四、纺织品 Textiles	五、家用电器及音像器材 Household Appliances, Music and Video Equipment
全 国	**National**	**101.6**	**99.7**	**101.5**	**100.3**	**100.4**	**101.1**
北 京	Beijing	101.7	100.3	103.4	99.8	99.6	101.9
天 津	Tianjin	101.5	101.2	103.1	97.9	100.8	98.9
河 北	Hebei	101.9	101.0	100.9	99.5	99.9	100.2
山 西	Shanxi	102.7	100.3	101.2	100.5	100.5	101.0
内蒙古	Inner Mongolia	103.8	100.6	101.3	99.2	100.3	100.4
辽 宁	Liaoning	101.9	100.3	101.8	100.6	99.9	100.8
吉 林	Jilin	101.8	99.9	100.5	99.8	100.5	101.6
黑龙江	Heilongjiang	101.6	99.3	100.6	101.1	99.6	100.3
上 海	Shanghai	101.3	100.5	103.2	99.4	98.3	101.9
江 苏	Jiangsu	102.3	100.8	101.8	101.3	101.4	100.9
浙 江	Zhejiang	102.2	100.6	101.4	100.8	101.4	102.6
安 徽	Anhui	101.6	99.9	100.7	100.9	100.8	101.9
福 建	Fujian	101.1	98.8	99.7	101.1	100.8	101.0
江 西	Jiangxi	101.2	98.6	101.5	99.7	100.0	100.9
山 东	Shandong	101.4	100.8	101.2	100.2	99.4	100.0
河 南	Henan	101.5	100.7	100.9	99.5	99.7	101.7
湖 北	Hubei	101.2	98.3	100.7	100.0	101.8	101.3
湖 南	Hunan	101.6	97.8	102.8	100.8	100.8	101.3
广 东	Guangdong	101.4	99.3	102.5	100.3	100.4	100.7
广 西	Guangxi	101.1	98.0	100.7	101.0	100.1	101.8
海 南	Hainan	101.3	98.6	100.6	100.9	100.7	101.6
重 庆	Chongqing	101.4	97.6	100.1	101.4	99.4	103.2
四 川	Sichuan	101.4	99.0	101.9	99.1	99.0	100.5
贵 州	Guizhou	101.2	96.6	101.9	99.3	101.1	100.0
云 南	Yunnan	101.4	97.7	101.7	99.4	99.8	100.3
西 藏	Tibet	101.5	100.3	101.2	100.6	100.2	100.1
陕 西	Shaanxi	101.6	101.3	101.6	100.7	100.9	100.3
甘 肃	Gansu	102.0	100.4	100.5	100.4	100.2	102.0
青 海	Qinghai	101.5	99.6	100.8	101.5	100.9	100.6
宁 夏	Ningxia	102.0	101.9	101.1	99.2	100.5	102.3
新 疆	Xinjiang	102.0	100.6	100.7	103.1	99.9	102.8

3-2-2 续表 1 continued 1

(上年价格=100) (Preceding Year=100)

地 区	Region	六、文化办公用品 Cultural and Office Appliances	七、日用品 Articles for Daily Use	八、体育娱乐用品 Sports and Recreation Articles	九、交通通信用品 Transportation and Communication Appliances	十、家具 Furniture	十一、化妆品 Cosmetics
全 国	**National**	**101.5**	**99.8**	**100.8**	**100.5**	**101.3**	**98.7**
北 京	Beijing	104.1	98.5	101.0	102.3	101.5	97.1
天 津	Tianjin	102.4	100.4	102.8	100.5	104.3	101.8
河 北	Hebei	100.7	99.6	100.3	102.2	100.7	97.8
山 西	Shanxi	101.1	99.8	100.2	100.5	100.9	98.2
内 蒙 古	Inner Mongolia	100.0	99.2	99.0	99.3	100.9	97.9
辽 宁	Liaoning	101.1	99.8	100.6	101.9	100.0	99.0
吉 林	Jilin	101.5	98.7	100.1	99.4	102.3	98.5
黑 龙 江	Heilongjiang	102.0	100.7	100.4	100.7	100.8	97.9
上 海	Shanghai	101.6	100.6	100.3	101.2	101.9	98.9
江 苏	Jiangsu	102.6	99.8	100.5	101.3	103.2	98.6
浙 江	Zhejiang	101.0	100.5	100.6	100.6	101.4	99.8
安 徽	Anhui	100.3	99.7	100.6	101.6	100.3	97.8
福 建	Fujian	101.5	99.9	101.4	99.3	100.4	99.2
江 西	Jiangxi	99.1	100.2	100.4	99.8	101.0	98.5
山 东	Shandong	100.6	99.5	100.3	99.6	101.0	96.6
河 南	Henan	102.1	99.4	100.8	99.6	101.6	98.6
湖 北	Hubei	100.7	99.9	101.6	100.8	100.8	99.1
湖 南	Hunan	100.7	99.9	100.5	101.0	100.5	99.1
广 东	Guangdong	101.3	99.8	101.5	99.3	101.3	99.4
广 西	Guangxi	101.4	98.9	101.9	99.5	100.3	100.1
海 南	Hainan	101.6	99.5	100.6	100.5	101.4	97.8
重 庆	Chongqing	101.0	99.6	99.9	101.1	101.4	98.4
四 川	Sichuan	103.3	99.6	100.6	100.1	103.2	99.7
贵 州	Guizhou	101.4	99.3	101.8	100.5	101.6	99.0
云 南	Yunnan	101.7	99.8	100.0	100.2	99.6	99.0
西 藏	Tibet	100.3	99.4	99.4	100.2	100.9	98.0
陕 西	Shaanxi	101.4	99.9	100.9	101.0	103.1	98.8
甘 肃	Gansu	101.4	99.5	100.2	100.4	100.2	98.4
青 海	Qinghai	102.8	100.1	100.4	100.2	102.3	98.2
宁 夏	Ningxia	102.9	100.8	101.3	100.9	101.9	99.5
新 疆	Xinjiang	102.6	100.3	100.4	101.5	100.1	98.7

3-2-2 续表 2 continued 2

(上年价格=100) (Preceding Year=100)

地区	Region	十二、金银饰品 Gold and Silver Ornaments	十三、中西药品及医疗保健用品 Traditional Chinese and Western Medicines and Health Care Articles	十四、书报杂志及电子出版物 Books,Newspapers, Magazines and Electronic Publications	十五、燃料 Fuels	十六、建筑材料及五金电料 Building Materials and Hardware
全　国	**National**	**99.5**	**99.6**	**100.6**	**114.3**	**101.8**
北　京	Beijing	98.2	98.3	100.9	113.7	101.5
天　津	Tianjin	99.7	98.7	101.4	113.3	100.7
河　北	Hebei	100.2	100.5	100.8	117.6	100.3
山　西	Shanxi	99.3	98.8	101.1	120.5	101.6
内蒙古	Inner Mongolia	99.6	100.5	99.6	126.1	102.6
辽　宁	Liaoning	98.5	98.8	99.7	115.9	101.1
吉　林	Jilin	99.3	99.8	102.0	116.1	102.3
黑龙江	Heilongjiang	100.8	99.8	100.8	115.7	100.7
上　海	Shanghai	102.8	94.4	99.9	112.9	104.4
江　苏	Jiangsu	100.8	100.0	100.3	114.7	101.9
浙　江	Zhejiang	97.2	99.9	100.2	115.4	104.2
安　徽	Anhui	98.9	99.3	97.7	112.4	101.9
福　建	Fujian	98.2	99.8	100.5	114.4	101.9
江　西	Jiangxi	100.9	99.8	100.9	115.7	102.5
山　东	Shandong	97.4	100.1	101.0	116.7	101.7
河　南	Henan	98.8	100.7	100.6	113.1	101.5
湖　北	Hubei	97.5	98.8	100.8	113.4	100.9
湖　南	Hunan	99.1	100.9	100.3	114.9	101.5
广　东	Guangdong	100.2	100.8	101.4	114.3	101.6
广　西	Guangxi	101.4	98.2	101.0	116.1	101.5
海　南	Hainan	100.8	98.8	101.1	114.7	101.9
重　庆	Chongqing	96.1	98.8	101.7	110.5	101.9
四　川	Sichuan	101.4	99.9	100.4	110.4	101.2
贵　州	Guizhou	102.4	101.0	100.2	114.0	101.6
云　南	Yunnan	100.5	100.2	101.8	113.4	101.9
西　藏	Tibet	98.1	99.9	100.5	108.2	100.1
陕　西	Shaanxi	100.2	96.7	100.6	110.9	100.4
甘　肃	Gansu	100.3	100.3	101.1	114.3	101.6
青　海	Qinghai	97.8	101.0	101.3	111.2	100.6
宁　夏	Ningxia	99.1	100.6	100.8	112.3	103.7
新　疆	Xinjiang	98.4	99.8	101.2	111.8	102.4

70个大中城市商品住宅销售价格指数

70 Large and Medium-Sized Cities Commercial Housing Price Index

以2020年价格为100(2020=100)

4-1-1 2021年70个大中城市新建商品住宅销售价格指数
Housing Price Indices of Newly Constructed Commercial Residential Buildings in 70 Large and Medium-Sized Cities 2021

(以2020年价格为100) (2020=100)

城 市 City	1月	2月	3月	4月	5月	6月	7月	8月	9月	10月	11月	12月
北 京 Beijing	101.8	102.5	102.7	103.3	103.6	104.6	105.4	105.5	105.5	106.1	106.4	106.5
天 津 Tianjin	100.9	101.4	102.0	102.7	103.4	104.3	104.8	105.1	105.0	104.4	103.7	103.0
石家庄 Shijiazhuang	101.4	101.2	101.8	102.3	102.6	102.7	102.9	102.6	103.0	101.9	100.7	99.8
太 原 Taiyuan	98.8	98.7	98.6	98.8	99.1	98.9	98.9	98.6	98.0	97.7	97.2	96.3
呼和浩特 Hohhot	102.5	102.3	102.0	102.0	102.5	102.7	102.6	102.8	102.5	102.0	101.5	101.5
沈 阳 Shenyang	102.3	102.3	102.6	103.2	104.1	104.8	105.3	105.6	105.5	105.2	104.7	104.2
大 连 Dalian	102.1	102.3	103.2	103.9	105.1	106.2	106.8	107.4	107.5	107.3	107.1	106.7
长 春 Changchun	101.0	100.7	100.7	100.9	101.2	101.4	101.5	101.7	102.1	102.2	101.9	101.6
哈尔滨 Harbin	99.0	99.4	99.7	99.9	100.4	100.2	100.3	99.9	99.5	99.1	98.4	97.7
上 海 Shanghai	102.4	103.0	103.3	103.6	103.9	104.5	104.8	105.2	105.4	105.5	105.7	106.1
南 京 Nanjing	102.0	102.5	103.3	103.9	104.7	105.6	105.9	106.0	106.2	106.1	105.7	105.9
杭 州 Hangzhou	101.0	101.2	101.7	102.3	102.8	103.6	104.1	104.7	105.1	105.5	106.0	106.5
宁 波 Ningbo	102.0	102.5	103.3	103.9	104.3	104.9	105.3	105.6	105.6	105.6	105.3	104.9
合 肥 Hefei	103.5	104.1	104.8	105.3	105.5	105.7	105.8	106.0	106.4	106.2	105.9	106.1
福 州 Fuzhou	103.0	103.2	104.2	104.8	105.4	105.9	106.1	106.3	106.4	106.1	105.7	105.8
厦 门 Xiamen	102.9	103.3	103.6	103.8	104.8	105.5	105.9	106.4	106.7	107.0	106.4	106.6
南 昌 Nanchang	100.4	100.5	100.9	101.4	101.4	101.4	101.6	101.7	101.6	101.2	100.8	100.6
济 南 Jinan	99.8	100.1	100.6	101.4	102.5	104.0	104.7	105.3	105.7	105.2	104.7	104.7
青 岛 Qingdao	101.7	102.0	102.5	103.2	104.0	104.7	105.7	106.5	106.6	106.4	106.1	105.9
郑 州 Zhengzhou	99.7	100.2	101.0	101.7	102.5	103.3	103.7	103.6	103.3	102.7	102.1	101.4
武 汉 Wuhan	102.9	103.3	103.7	104.7	105.6	106.4	107.0	107.4	107.5	107.1	106.2	105.9
长 沙 Changsha	102.4	103.5	103.9	104.7	105.6	106.9	107.8	108.3	108.7	108.9	109.1	109.4
广 州 Guangzhou	104.5	105.5	106.5	107.7	109.3	110.3	110.5	110.4	110.3	109.9	109.3	108.7
深 圳 Shenzhen	101.7	101.8	101.9	102.4	103.0	103.5	104.0	105.0	105.2	104.9	104.9	104.8
南 宁 Nanning	102.5	103.0	103.6	104.1	104.7	105.2	105.5	105.1	104.7	104.2	104.1	103.9
海 口 Haikou	102.0	102.5	102.9	103.9	104.3	105.1	106.2	106.5	106.7	106.7	106.1	105.8
重 庆 Chongqing	102.5	102.9	103.8	105.3	107.3	108.4	109.1	109.9	110.0	110.0	109.8	110.1
成 都 Chengdu	102.9	103.6	104.2	104.8	105.1	105.4	105.8	106.0	105.8	105.2	104.9	104.5
贵 阳 Guiyang	102.2	102.7	103.1	103.9	104.2	104.0	104.5	104.5	104.2	103.8	102.7	102.2
昆 明 Kunming	103.0	103.8	104.6	105.6	105.7	104.8	104.2	103.8	103.1	102.2	102.2	102.0
西 安 Xi'an	103.5	104.4	105.3	106.0	106.5	107.6	108.3	109.0	109.6	110.0	110.2	109.7
兰 州 Lanzhou	103.3	104.0	104.6	105.3	105.7	106.3	106.7	106.5	106.1	106.0	105.6	105.2
西 宁 Xining	104.4	105.1	105.6	106.2	107.1	108.0	108.8	109.4	109.6	109.2	108.7	107.6
银 川 Yinchuan	106.7	107.5	108.0	108.6	109.7	110.5	111.6	112.0	112.7	113.3	113.6	113.1
乌鲁木齐 Urumqi	101.6	102.5	103.0	103.2	103.9	104.0	104.5	105.3	105.2	104.9	104.4	104.0

4-1-1 续表 Continued

(以2020年价格为100) (2020=100)

城　市	City	1月	2月	3月	4月	5月	6月	7月	8月	9月	10月	11月	12月
唐　山	Tangshan	104.0	103.8	103.9	104.3	104.4	104.9	104.5	103.8	103.0	102.3	102.0	102.2
秦皇岛	Qinhuangdao	101.1	100.9	101.3	101.3	101.4	101.1	100.9	100.3	99.7	99.0	98.6	97.6
包　头	Baotou	101.6	101.2	101.8	102.1	102.8	102.8	103.0	103.1	102.8	102.5	102.1	101.5
丹　东	Dandong	103.4	104.0	104.1	104.3	104.5	104.6	105.0	105.3	105.5	105.7	105.4	105.0
锦　州	Jinzhou	103.2	103.8	103.8	104.0	104.7	105.3	105.6	105.8	106.3	106.7	106.2	106.0
吉　林	Jilin	100.7	101.4	101.7	102.5	102.8	103.2	103.8	104.0	103.8	103.5	103.1	103.2
牡丹江	Mudanjiang	98.6	98.4	98.5	98.9	99.2	99.4	99.3	99.6	99.0	98.4	97.9	97.3
无　锡	Wuxi	102.1	102.3	103.0	103.6	104.4	105.6	106.5	106.8	107.3	107.3	107.0	106.4
徐　州	Yangzhou	104.5	105.8	106.1	107.1	107.9	108.6	109.0	109.1	108.8	108.5	108.3	107.9
扬　州	Xuzhou	104.2	104.9	105.6	106.5	107.5	108.7	109.3	109.3	108.9	108.5	107.6	107.6
温　州	Wenzhou	102.2	102.5	102.5	103.2	103.9	104.5	105.0	105.2	105.7	105.7	105.6	105.9
金　华	Jinhua	103.5	104.0	104.7	105.0	105.6	106.2	106.5	106.9	107.1	106.9	106.6	106.5
蚌　埠	Bengbu	103.0	103.3	103.5	103.4	103.1	103.5	104.0	104.4	104.3	104.1	103.8	103.6
安　庆	Anqing	100.3	99.8	99.5	99.2	99.0	98.7	98.6	98.6	99.1	99.0	98.8	98.8
泉　州	Quanzhou	103.6	104.3	105.1	105.8	106.5	106.9	107.6	107.9	108.0	107.9	107.3	106.5
九　江	Jiujiang	101.3	102.2	102.6	103.0	103.4	103.7	104.2	104.4	104.3	103.8	103.4	102.9
赣　州	Ganzhou	102.7	103.4	103.7	103.9	104.4	104.9	104.7	104.6	104.6	104.3	104.2	104.6
烟　台	Yantai	102.2	102.5	103.0	103.6	104.0	104.3	104.9	104.8	104.5	104.0	103.7	103.4
济　宁	Jining	105.2	105.9	106.7	107.5	108.6	109.5	110.2	110.3	110.7	110.5	110.1	109.6
洛　阳	Luoyang	101.3	101.3	101.4	102.1	102.8	103.3	103.9	104.3	104.6	104.8	104.6	103.9
平顶山	Pingdingshan	102.0	102.2	102.6	102.8	103.0	103.1	103.0	103.5	103.7	104.0	103.6	103.5
宜　昌	Yichang	101.6	102.1	102.6	103.4	104.1	104.6	105.2	105.2	104.9	104.6	104.3	104.0
襄　阳	Xiangyang	102.4	102.5	102.9	103.6	104.0	104.4	104.8	105.3	105.2	105.0	104.3	103.2
岳　阳	Yueyang	100.1	100.5	100.0	100.2	100.6	100.3	99.6	99.3	98.8	98.1	98.4	98.0
常　德	Changde	98.7	99.0	99.3	99.3	99.0	98.5	98.4	98.1	97.4	96.9	96.6	96.3
韶　关	Huizhou	100.4	101.0	101.6	102.1	102.4	103.3	102.8	103.1	102.6	101.6	101.4	100.8
湛　江	Zhanjiang	101.3	102.1	102.5	103.2	103.9	103.7	104.2	104.0	102.9	102.2	101.8	100.7
惠　州	Shaoguan	103.6	103.8	104.0	104.5	105.1	105.7	105.7	105.3	105.0	104.4	104.5	104.2
桂　林	Guilin	100.3	100.7	101.2	101.6	102.0	102.4	102.1	101.7	101.1	100.4	99.9	100.3
北　海	Beihai	97.4	97.1	97.0	96.8	97.3	97.6	97.9	97.9	97.5	97.2	96.8	96.1
三　亚	Sanya	103.4	103.6	104.4	104.6	105.0	105.5	106.1	106.3	106.4	107.2	108.0	108.2
泸　州	Luzhou	99.5	99.1	100.0	99.7	100.1	100.0	99.8	99.7	98.7	97.7	97.0	97.0
南　充	Nanchong	98.8	99.7	100.1	100.5	100.3	99.9	99.6	99.1	98.9	98.5	97.7	97.0
遵　义	Zunyi	100.5	101.2	101.3	101.6	102.3	102.5	101.9	101.8	101.6	101.0	100.4	100.5
大　理	Dali	100.0	99.8	100.2	100.0	99.5	98.9	98.5	98.6	98.2	97.3	96.4	96.0

4-1-2 2021年70个大中城市90㎡及以下新建商品住宅销售价格指数
Housing Price Indices of 90㎡ and below Newly Constructed Commercial Residential Buildings in 70 Large and Medium-Sized Cities 2021

(以2020年价格为100) (2020=100)

城 市	City	1月	2月	3月	4月	5月	6月	7月	8月	9月	10月	11月	12月
北 京	Beijing	101.1	101.6	102.0	102.7	103.2	104.3	105.7	105.8	105.7	106.1	106.3	106.0
天 津	Tianjin	100.8	101.3	101.6	102.5	103.3	104.1	104.4	104.5	104.3	103.6	103.0	102.0
石家庄	Shijiazhuang	101.6	101.7	102.3	102.5	103.2	104.0	104.6	104.4	105.3	103.5	102.0	101.2
太 原	Taiyuan	99.5	99.5	99.2	99.5	100.3	99.9	100.1	99.3	98.4	98.2	97.8	97.1
呼和浩特	Hohhot	102.2	101.3	101.3	102.2	102.6	102.8	102.6	103.0	102.1	102.0	101.7	101.6
沈 阳	Shenyang	101.9	102.1	102.1	102.9	103.4	103.5	103.6	103.7	103.6	103.2	103.1	102.4
大 连	Dalian	102.1	102.9	103.5	104.1	105.2	106.0	107.0	107.5	107.1	106.6	106.2	105.3
长 春	Changchun	101.3	101.2	101.1	101.0	101.3	101.3	101.5	101.6	102.1	102.2	102.0	101.9
哈尔滨	Harbin	98.8	99.1	99.6	100.1	100.7	100.7	100.8	100.4	99.4	99.1	98.1	97.5
上 海	Shanghai	102.6	102.8	103.0	103.0	103.9	104.0	104.7	104.7	104.7	104.7	105.0	105.2
南 京	Nanjing	101.9	102.3	103.4	103.9	104.6	105.3	105.7	105.8	105.8	106.0	105.3	105.4
杭 州	Hangzhou	101.6	101.7	101.9	103.3	103.9	105.0	105.8	106.6	106.9	107.0	107.3	107.5
宁 波	Ningbo	102.4	102.8	103.3	104.4	104.8	105.0	105.4	105.8	105.7	105.4	104.9	104.6
合 肥	Hefei	102.3	103.3	103.7	104.7	105.1	105.1	105.4	105.4	106.0	105.7	105.2	105.6
福 州	Fuzhou	102.8	103.4	104.3	105.1	105.9	106.0	106.1	106.1	106.1	105.7	105.1	105.4
厦 门	Xiamen	102.7	102.9	103.6	103.6	105.1	105.9	106.3	106.5	106.7	106.9	106.3	106.4
南 昌	Nanchang	100.3	100.8	101.1	101.6	101.6	101.7	102.2	102.1	102.1	101.4	100.9	100.9
济 南	Jinan	99.6	99.8	100.1	100.1	101.5	103.8	104.2	104.9	106.0	105.8	104.8	104.9
青 岛	Qingdao	101.5	101.9	102.7	103.3	103.5	104.1	104.9	105.7	106.0	105.7	105.5	105.1
郑 州	Zhengzhou	99.8	100.3	101.3	101.8	102.4	103.3	104.1	104.0	103.2	102.6	101.9	101.2
武 汉	Wuhan	103.1	103.4	103.9	104.6	105.7	106.3	106.9	107.6	107.7	107.3	106.7	106.2
长 沙	Changsha	102.6	102.9	103.7	105.1	105.7	106.9	107.9	108.7	108.8	108.7	108.7	109.0
广 州	Guangzhou	105.1	106.4	107.7	108.5	109.8	110.6	110.8	110.5	110.1	109.9	109.4	109.0
深 圳	Shenzhen	101.8	102.0	102.1	102.6	102.9	103.5	104.0	105.0	105.4	105.0	104.8	104.6
南 宁	Nanning	103.0	103.6	104.4	104.5	105.7	106.1	106.1	105.2	104.6	104.1	104.0	103.8
海 口	Haikou	101.0	102.4	102.5	103.8	103.8	104.1	105.0	105.1	105.2	105.4	105.3	105.4
重 庆	Chongqing	103.3	103.4	104.4	106.0	108.0	109.3	110.1	110.7	110.1	110.2	109.8	110.0
成 都	Chengdu	103.6	104.2	104.8	105.2	105.2	105.5	105.9	106.3	106.2	105.5	105.5	105.4
贵 阳	Guiyang	102.0	102.0	102.2	102.3	102.6	103.0	103.8	103.8	103.7	103.6	102.5	101.9
昆 明	Kunming	104.4	105.0	105.8	107.1	106.9	106.4	105.8	105.5	104.9	103.8	103.8	102.9
西 安	Xi'an	105.1	105.4	106.1	106.4	106.8	107.7	108.5	108.8	109.4	110.0	110.7	110.7
兰 州	Lanzhou	104.0	105.1	105.4	106.4	106.8	107.1	107.5	107.1	106.6	106.5	106.1	105.4
西 宁	Xining	104.1	104.4	104.9	105.9	107.3	108.4	108.4	109.6	110.1	109.6	108.6	107.1
银 川	Yinchuan	106.4	107.0	108.1	109.0	109.4	111.3	112.0	112.3	112.9	114.0	114.5	114.1
乌鲁木齐	Urumqi	102.4	103.2	103.7	103.9	104.8	104.5	104.6	105.2	105.2	105.3	105.1	104.7

4-1-2 续表 Continued

(以2020年价格为100) (2020=100)

城 市	City	1月	2月	3月	4月	5月	6月	7月	8月	9月	10月	11月	12月
唐 山	Tangshan	104.0	103.7	103.3	103.8	104.1	104.6	103.9	103.3	102.6	101.6	101.2	101.2
秦皇岛	Qinhuangdao	100.8	100.7	101.0	101.1	101.5	101.6	100.9	100.6	99.4	97.9	97.8	96.9
包 头	Baotou	101.9	102.4	102.6	103.3	104.1	104.3	104.7	104.7	104.3	104.0	103.6	102.5
丹 东	Dandong	103.5	104.0	103.9	104.4	104.9	105.0	105.7	105.7	105.7	105.9	105.7	105.2
锦 州	Jinzhou	102.7	103.2	103.5	103.5	104.0	104.8	104.9	105.0	105.3	105.4	105.3	105.2
吉 林	Jilin	100.4	100.8	100.9	101.7	102.2	102.9	103.2	103.3	103.0	102.8	101.9	102.1
牡丹江	Mudanjiang	99.3	98.9	98.9	99.1	99.1	99.1	99.0	99.7	98.7	98.2	98.2	97.4
无 锡	Wuxi	101.5	101.6	102.0	102.3	103.0	104.2	105.1	105.5	105.9	105.9	105.8	105.1
徐 州	Yangzhou	104.7	105.2	105.9	106.1	106.3	106.7	106.7	106.7	106.4	107.0	106.8	106.8
扬 州	Xuzhou	105.4	106.5	107.5	107.7	108.3	108.6	109.5	109.5	109.4	108.5	107.6	107.2
温 州	Wenzhou	102.8	102.8	102.9	103.3	103.8	104.4	105.0	105.2	105.6	105.5	105.4	105.3
金 华	Jinhua	103.7	104.2	104.8	105.2	105.4	106.3	106.8	106.9	107.1	107.0	106.4	106.3
蚌 埠	Bengbu	102.5	102.8	103.1	102.8	102.1	102.1	102.4	102.8	102.5	102.0	101.8	101.8
安 庆	Anqing	99.6	99.1	99.0	99.0	99.0	98.0	97.8	98.3	98.9	99.0	98.8	98.7
泉 州	Quanzhou	105.1	105.5	106.1	107.0	107.1	107.2	107.7	108.2	108.4	108.0	107.4	106.5
九 江	Jiujiang	101.1	101.6	102.3	103.3	103.5	104.1	104.6	104.6	104.6	103.9	103.8	102.6
赣 州	Ganzhou	103.6	104.3	104.7	105.1	105.9	106.3	106.3	106.2	106.6	106.4	106.5	106.9
烟 台	Yantai	102.2	102.4	103.3	103.6	104.5	104.5	105.5	105.1	104.8	104.1	103.8	103.3
济 宁	Jining	104.3	105.7	106.3	107.0	108.2	108.6	109.8	109.9	110.4	110.7	110.3	109.8
洛 阳	Luoyang	100.4	100.4	100.4	100.8	101.4	101.8	102.1	103.0	103.2	103.2	102.2	100.7
平顶山	Pingdingshan	101.9	101.8	102.2	102.4	102.5	102.6	102.4	103.5	103.9	104.6	104.5	103.7
宜 昌	Yichang	102.3	102.5	102.8	103.7	104.4	104.9	105.2	105.2	104.8	104.8	104.8	104.8
襄 阳	Xiangyang	102.5	102.7	103.1	103.7	104.3	104.3	104.7	105.1	105.1	105.1	104.8	103.3
岳 阳	Yueyang	99.3	100.0	99.2	99.5	99.8	99.3	98.6	98.8	98.2	97.5	98.0	97.2
常 德	Changde	99.8	99.7	99.7	99.9	99.3	99.2	99.0	98.7	98.3	98.0	97.9	97.1
韶 关	Huizhou	102.1	102.4	102.6	103.8	104.1	104.9	104.4	104.4	103.7	102.7	102.6	102.4
湛 江	Zhanjiang	101.2	102.7	102.9	103.5	104.7	104.6	104.6	103.9	102.7	102.2	101.6	100.7
惠 州	Shaoguan	103.5	103.6	103.7	104.6	105.5	105.6	105.9	105.6	105.3	104.5	104.9	105.0
桂 林	Guilin	99.6	100.4	101.4	101.4	102.1	103.5	103.0	102.6	102.0	101.0	100.2	100.5
北 海	Beihai	97.7	97.6	97.3	97.1	97.5	98.0	98.4	98.4	97.7	97.5	97.0	96.4
三 亚	Sanya	103.4	103.3	104.1	104.6	105.3	106.1	107.0	107.7	108.1	109.0	109.1	109.3
泸 州	Luzhou	99.5	99.3	99.7	99.8	100.1	99.5	99.2	98.6	97.2	96.4	94.7	95.1
南 充	Nanchong	98.3	99.1	99.2	99.8	99.4	98.7	98.3	97.8	97.2	96.5	95.6	94.6
遵 义	Zunyi	100.0	101.1	101.2	101.3	101.7	102.2	101.1	101.7	101.6	101.4	101.4	101.2
大 理	Dali	100.1	100.8	101.2	100.6	100.4	100.3	99.6	100.1	99.8	99.5	98.2	97.4

4-1-3 2021年70个大中城市90~144㎡新建商品住宅销售价格指数

Housing Price Indices of 90~144㎡ Newly Constructed Commercial Residential Buildings in 70 Large and Medium-Sized Cities 2021

(以2020年价格为100) (2020=100)

城市	City	1月	2月	3月	4月	5月	6月	7月	8月	9月	10月	11月	12月
北京	Beijing	101.0	101.4	101.6	102.3	103.0	103.8	104.5	105.0	105.1	105.4	105.9	105.6
天津	Tianjin	100.8	101.3	101.9	102.5	103.2	104.2	104.8	105.0	104.8	104.2	103.4	102.6
石家庄	Shijiazhuang	101.4	101.0	101.5	101.9	102.3	102.2	102.4	102.0	102.2	101.3	100.1	99.2
太原	Taiyuan	98.6	98.7	98.8	99.0	99.2	98.8	98.6	98.4	97.6	97.3	96.6	95.7
呼和浩特	Hohhot	102.5	102.4	102.1	101.9	102.5	102.7	102.5	102.7	102.4	101.9	101.3	101.2
沈阳	Shenyang	102.3	102.3	102.8	103.2	104.2	105.1	105.7	106.2	106.0	105.5	104.8	104.7
大连	Dalian	101.9	102.0	103.0	103.5	104.8	105.8	106.3	106.9	107.0	106.9	106.7	106.5
长春	Changchun	100.7	100.2	100.2	100.8	101.2	101.2	101.3	101.6	101.9	101.9	101.4	101.2
哈尔滨	Harbin	98.9	99.4	99.7	99.7	100.1	99.9	99.9	99.6	99.3	99.0	98.4	97.5
上海	Shanghai	102.8	103.3	103.6	103.8	104.0	104.2	104.5	105.2	105.2	105.2	105.4	106.1
南京	Nanjing	102.0	102.4	103.1	103.7	104.5	105.3	105.7	105.6	105.9	105.7	105.2	105.6
杭州	Hangzhou	100.8	100.9	101.5	101.8	102.5	103.3	103.6	104.1	104.5	105.2	105.7	106.3
宁波	Ningbo	102.0	102.5	103.3	103.8	104.3	105.0	105.3	105.7	105.8	105.8	105.4	105.0
合肥	Hefei	103.6	104.1	104.9	105.3	105.5	105.5	105.5	105.7	106.0	106.0	105.9	105.9
福州	Fuzhou	102.9	103.1	104.2	104.7	105.1	105.5	105.9	106.2	106.2	106.0	105.6	105.8
厦门	Xiamen	102.8	103.3	103.7	103.8	104.4	105.2	105.4	105.9	106.1	106.1	105.7	106.0
南昌	Nanchang	100.1	100.2	100.6	101.2	101.2	101.1	101.3	101.4	101.3	101.1	100.7	100.5
济南	Jinan	100.0	100.4	100.9	102.0	103.0	104.3	105.0	105.5	105.8	105.2	104.7	104.6
青岛	Qingdao	101.5	101.8	102.2	102.9	103.8	104.5	105.5	106.3	106.1	105.9	105.6	105.6
郑州	Zhengzhou	99.3	99.9	100.7	101.7	102.6	103.6	104.0	103.9	103.6	103.0	102.3	101.3
武汉	Wuhan	102.7	103.2	103.6	104.9	105.7	106.5	107.0	107.4	107.4	106.9	105.9	105.6
长沙	Changsha	102.4	103.8	104.2	105.0	105.8	107.0	107.7	108.1	108.4	108.8	109.0	109.1
广州	Guangzhou	104.5	105.3	106.2	107.7	109.3	110.3	110.4	110.3	110.3	110.0	109.3	108.6
深圳	Shenzhen	101.3	101.3	101.5	102.0	102.8	103.1	103.6	104.9	105.0	104.6	104.5	104.3
南宁	Nanning	102.3	102.7	103.3	103.8	104.4	104.8	105.1	104.9	104.4	104.0	104.0	103.7
海口	Haikou	102.3	102.7	103.0	103.9	104.6	105.6	106.8	107.1	107.4	107.4	106.7	106.1
重庆	Chongqing	102.0	102.8	103.8	105.5	107.6	108.6	109.4	110.2	110.6	110.5	110.4	110.4
成都	Chengdu	102.7	103.4	104.3	104.9	105.0	105.4	105.9	106.1	105.7	104.9	104.4	103.6
贵阳	Guiyang	102.2	102.7	103.3	104.1	104.5	104.3	104.6	104.6	104.3	103.8	102.8	102.3
昆明	Kunming	102.6	103.4	104.3	105.4	105.4	104.5	103.9	103.4	102.5	101.6	101.7	101.6
西安	Xi'an	103.3	104.4	105.2	106.0	106.4	107.4	108.3	109.1	110.0	110.3	110.4	109.9
兰州	Lanzhou	103.3	104.0	104.5	105.2	105.7	106.4	106.7	106.6	106.3	106.2	105.9	105.4
西宁	Xining	104.5	105.1	105.4	105.9	106.7	107.7	108.4	108.8	109.0	108.8	108.2	107.3
银川	Yinchuan	107.0	107.6	108.0	108.5	109.8	110.1	111.3	111.8	112.5	113.0	113.3	112.8
乌鲁木齐	Urumqi	101.1	102.1	102.6	102.9	103.4	103.6	104.2	105.1	104.9	104.5	103.8	103.3

4-1-3 续表 Continued

(以2020年价格为100) (2020=100)

城 市	City	1月	2月	3月	4月	5月	6月	7月	8月	9月	10月	11月	12月
唐 山	Tangshan	104.0	103.9	104.2	104.5	104.8	105.2	104.7	104.2	103.5	102.7	102.5	102.7
秦皇岛	Qinhuangdao	101.2	101.1	101.6	101.6	101.5	101.1	101.1	100.2	99.8	99.3	98.7	97.7
包 头	Baotou	101.5	101.0	101.5	101.7	102.6	102.5	102.6	102.7	102.4	102.1	101.7	101.2
丹 东	Dandong	103.3	104.0	104.2	104.5	104.5	104.6	104.8	105.2	105.5	105.7	105.3	105.0
锦 州	Jinzhou	103.6	104.2	104.1	104.3	105.0	105.6	106.0	106.1	106.8	107.2	106.7	106.4
吉 林	Jilin	101.0	101.7	102.0	102.9	103.2	103.5	104.0	104.3	104.2	103.9	103.6	103.6
牡丹江	Mudanjiang	98.3	98.2	98.2	98.7	99.2	99.5	99.4	99.6	99.0	98.4	97.7	97.1
无 锡	Wuxi	102.4	102.6	103.3	103.9	104.6	105.7	106.4	106.8	107.1	107.2	107.0	106.6
徐 州	Yangzhou	104.8	105.9	106.3	107.4	108.3	108.8	109.2	109.3	108.9	108.6	108.5	108.1
扬 州	Xuzhou	104.1	104.7	105.5	106.5	107.7	108.9	109.5	109.5	108.9	108.6	107.7	107.7
温 州	Wenzhou	102.1	102.4	102.4	103.1	104.0	104.4	105.0	105.3	105.8	105.9	105.8	106.2
金 华	Jinhua	103.7	104.1	105.0	105.1	106.0	106.2	106.4	107.1	107.3	107.0	106.8	106.6
蚌 埠	Bengbu	103.2	103.4	103.6	103.5	103.3	104.0	104.6	105.0	104.9	104.6	104.3	104.0
安 庆	Anqing	100.4	100.0	99.7	99.4	99.0	98.9	98.8	98.8	99.3	99.2	99.0	99.0
泉 州	Quanzhou	103.3	104.2	105.1	105.8	106.5	107.0	107.7	108.0	108.1	107.9	107.4	106.6
九 江	Jiujiang	101.4	102.2	102.4	102.7	103.0	103.3	103.8	104.1	104.0	103.5	103.2	103.1
赣 州	Ganzhou	102.3	103.0	103.3	103.5	104.1	104.7	104.5	104.6	104.4	104.1	103.9	104.4
烟 台	Yantai	102.1	102.4	102.9	103.4	103.7	104.2	104.8	104.7	104.5	104.1	103.7	103.4
济 宁	Jining	105.3	105.7	106.8	107.5	108.6	109.5	110.3	110.3	110.9	110.7	110.3	109.6
洛 阳	Luoyang	101.4	101.4	101.6	102.3	103.2	103.7	104.4	104.7	105.0	105.2	105.1	104.4
平顶山	Pingdingshan	101.9	102.2	102.7	102.9	103.1	103.3	103.2	103.6	103.9	104.0	103.6	103.5
宜 昌	Yichang	101.4	101.9	102.5	103.2	104.0	104.6	105.4	105.4	105.1	104.8	104.5	104.0
襄 阳	Xiangyang	102.2	102.4	102.7	103.6	103.9	104.3	104.8	105.3	105.2	104.9	104.0	103.0
岳 阳	Yueyang	100.2	100.4	99.9	100.0	100.4	100.1	99.6	99.1	98.7	98.0	98.3	98.2
常 德	Changde	98.5	98.8	99.2	99.3	99.0	98.4	98.3	98.0	97.1	96.5	96.2	96.1
韶 关	Huizhou	100.3	101.0	101.3	101.9	102.0	102.9	102.4	102.9	102.5	101.4	101.2	100.6
湛 江	Zhanjiang	101.1	101.8	102.2	102.9	103.5	103.3	103.9	103.8	102.7	102.1	101.6	100.5
惠 州	Shaoguan	103.5	103.8	104.0	104.3	105.0	105.7	105.7	105.2	105.0	104.4	104.3	104.0
桂 林	Guilin	100.4	100.8	101.0	101.6	102.0	102.0	101.9	101.4	100.8	100.1	99.7	100.2
北 海	Beihai	96.9	96.5	96.6	96.3	97.1	97.0	97.1	97.2	97.2	96.8	96.3	95.7
三 亚	Sanya	103.5	103.9	104.6	104.9	105.1	105.6	106.0	106.0	106.0	106.6	107.8	108.0
泸 州	Luzhou	99.4	99.2	100.2	99.8	100.3	100.3	100.2	100.1	99.0	98.0	97.5	97.3
南 充	Nanchong	99.0	100.0	100.6	100.9	100.8	100.4	100.1	99.4	99.6	99.2	98.6	98.1
遵 义	Zunyi	100.7	101.1	101.1	101.6	102.3	102.4	101.9	101.8	101.5	100.7	100.0	100.3
大 理	Dali	100.3	99.9	100.4	100.3	100.0	99.4	99.1	99.2	98.5	97.3	96.3	95.9

4-1-4 2021年70个大中城市144㎡以上新建商品住宅销售价格指数
Housing Price Indices of Above 144㎡ Newly Constructed Commercial Residential Buildings in 70 Large and Medium-Sized Cities 2021

(以2020年价格为100) (2020=100)

城市	City	1月	2月	3月	4月	5月	6月	7月	8月	9月	10月	11月	12月
北京	Beijing	102.9	103.8	103.9	104.3	104.3	105.1	105.6	105.7	105.6	106.6	106.8	107.3
天津	Tianjin	101.6	101.8	102.9	103.7	104.0	104.8	105.5	106.2	106.4	106.0	105.8	105.4
石家庄	Shijiazhuang	101.4	101.3	102.1	103.1	103.3	103.2	103.2	103.3	104.0	102.8	101.7	100.7
太原	Taiyuan	98.8	98.4	97.8	98.1	98.4	98.7	98.9	98.7	98.4	98.4	98.2	97.4
呼和浩特	Hohhot	102.5	102.4	102.1	102.1	102.6	102.6	102.7	102.9	102.8	102.2	102.0	102.0
沈阳	Shenyang	102.6	102.5	102.5	103.5	104.5	105.6	106.1	106.4	106.8	106.6	106.4	105.2
大连	Dalian	102.6	102.3	103.2	104.5	105.7	107.3	108.0	108.9	109.6	109.7	109.6	109.5
长春	Changchun	100.9	100.9	100.9	101.1	101.0	101.8	101.8	102.3	102.5	102.8	102.7	102.0
哈尔滨	Harbin	99.9	99.9	100.0	100.4	100.9	100.8	100.9	100.8	100.1	99.8	99.3	98.7
上海	Shanghai	101.8	102.6	102.9	103.4	104.0	105.0	105.3	105.4	105.9	106.2	106.4	106.4
南京	Nanjing	101.9	103.0	103.7	104.5	105.4	106.4	106.7	107.1	107.2	107.4	107.0	107.1
杭州	Hangzhou	101.2	101.5	102.0	102.6	102.8	103.5	104.2	105.0	105.2	105.5	106.1	106.5
宁波	Ningbo	102.0	102.5	103.5	103.8	104.1	104.7	105.2	105.3	105.3	105.3	105.2	105.0
合肥	Hefei	103.6	104.5	105.2	105.6	105.6	106.5	106.9	107.1	107.7	107.3	106.4	107.3
福州	Fuzhou	103.3	103.4	104.2	104.8	105.5	106.7	106.9	106.9	107.1	107.1	106.6	106.3
厦门	Xiamen	103.0	103.6	103.6	104.0	105.1	105.7	106.4	107.0	107.6	108.3	107.4	107.5
南昌	Nanchang	101.4	101.4	101.7	102.1	102.0	102.0	102.4	102.3	102.2	101.5	101.0	101.0
济南	Jinan	99.2	99.2	100.0	100.3	101.5	103.2	104.2	105.0	105.4	105.2	104.7	104.6
青岛	Qingdao	102.3	102.5	103.2	104.0	104.8	105.4	106.6	107.4	107.9	107.8	107.3	107.1
郑州	Zhengzhou	100.7	100.8	101.3	101.5	102.2	102.4	102.4	102.2	102.1	101.9	101.8	101.7
武汉	Wuhan	103.5	103.5	103.8	104.4	105.1	106.2	106.8	107.4	107.8	107.5	107.5	107.1
长沙	Changsha	102.2	102.8	103.3	103.9	104.9	106.7	107.8	108.6	109.3	109.5	109.7	110.2
广州	Guangzhou	104.1	104.8	106.0	106.5	108.5	110.1	110.5	110.6	110.5	109.5	109.0	108.5
深圳	Shenzhen	102.3	102.7	102.8	103.1	103.3	104.6	104.8	105.3	105.4	105.6	106.0	106.1
南宁	Nanning	103.3	104.5	104.6	105.2	105.6	106.5	107.1	106.4	106.6	105.5	105.3	104.9
海口	Haikou	101.4	102.1	102.5	103.9	103.9	104.5	105.0	105.1	105.4	105.2	104.9	104.9
重庆	Chongqing	103.4	102.9	103.6	104.2	106.1	107.0	107.5	108.7	108.4	108.5	108.2	109.4
成都	Chengdu	102.9	103.9	103.9	104.3	105.3	105.4	105.5	105.9	105.8	105.7	105.6	105.7
贵阳	Guiyang	102.3	102.8	102.7	103.8	104.1	103.7	104.3	104.8	104.2	104.1	102.3	102.1
昆明	Kunming	103.6	104.4	104.9	105.7	105.9	105.0	104.4	104.1	103.9	103.5	103.2	102.9
西安	Xi'an	103.5	104.1	105.3	105.8	106.7	107.9	108.2	108.8	108.8	109.4	109.6	108.7
兰州	Lanzhou	103.0	103.4	103.8	104.4	104.6	105.0	105.8	105.3	105.1	105.0	103.8	103.8
西宁	Xining	104.5	105.4	106.7	107.5	108.1	109.0	110.3	111.0	111.2	110.6	110.3	108.6
银川	Yinchuan	105.6	107.3	108.1	108.8	109.4	111.4	112.5	112.8	113.4	114.1	114.4	113.7
乌鲁木齐	Urumqi	103.2	104.0	104.0	104.4	105.4	105.6	105.6	106.2	106.6	106.5	106.3	106.3

4-1-4 续表 Continued

(以2020年价格为100) (2020=100)

城市	City	1月	2月	3月	4月	5月	6月	7月	8月	9月	10月	11月	12月
唐山	Tangshan	103.9	103.5	103.4	103.8	103.2	103.7	103.8	102.8	101.6	101.2	100.8	100.7
秦皇岛	Qinhuangdao	100.9	100.4	100.8	100.6	100.8	100.3	100.1	100.2	100.0	99.2	99.1	98.6
包头	Baotou	101.7	101.7	102.5	102.9	103.0	103.2	103.6	103.7	103.7	103.3	102.7	102.1
丹东	Dandong	103.6	103.9	103.9	103.9	104.1	104.3	105.0	105.2	105.2	105.4	105.3	104.6
锦州	Jinzhou	102.6	103.0	102.8	103.8	104.9	104.9	105.2	106.2	106.4	106.6	105.8	105.7
吉林	Jilin	100.4	100.7	101.5	102.0	102.2	102.7	103.5	103.6	103.3	103.1	102.9	103.0
牡丹江	Mudanjiang	99.2	99.2	99.0	99.3	99.3	99.7	99.7	100.4	99.5	99.3	99.2	98.2
无锡	Wuxi	101.5	101.6	102.5	103.4	104.5	106.1	107.4	107.5	108.5	108.2	107.4	106.5
徐州	Yangzhou	102.9	105.0	105.1	105.5	106.1	108.0	108.5	108.5	108.8	108.3	107.6	107.0
扬州	Xuzhou	104.1	104.9	105.2	106.2	106.8	108.1	108.7	108.7	108.6	108.0	107.4	107.2
温州	Wenzhou	102.4	102.6	102.6	103.4	103.7	104.6	105.0	105.2	105.4	105.3	105.3	105.3
金华	Jinhua	102.9	103.3	103.7	104.7	104.9	106.4	106.4	106.6	106.6	106.6	106.6	106.6
蚌埠	Bengbu	102.5	103.2	103.5	103.3	102.5	102.8	102.8	103.3	103.1	103.1	103.0	102.9
安庆	Anqing	100.3	99.7	99.1	98.7	98.6	98.1	98.1	98.3	98.3	98.2	98.1	98.0
泉州	Quanzhou	103.2	103.9	104.5	105.1	106.0	106.3	106.6	106.9	107.5	107.5	106.9	106.3
九江	Jiujiang	101.2	102.4	103.7	104.2	104.7	105.0	105.5	105.5	105.0	104.9	104.1	102.7
赣州	Ganzhou	103.5	104.0	104.2	104.4	104.4	104.5	104.2	103.9	103.9	103.4	103.3	103.8
烟台	Yantai	102.6	102.8	103.3	104.3	104.5	104.5	104.7	104.7	104.2	103.7	103.2	103.3
济宁	Jining	105.3	106.3	106.8	107.6	108.6	109.6	110.1	110.4	110.4	110.2	109.7	109.5
洛阳	Luoyang	101.6	101.3	101.5	101.7	102.2	102.3	102.6	103.2	103.4	103.8	103.5	103.4
平顶山	Pingdingshan	102.8	102.6	102.3	102.4	102.8	102.7	102.4	102.5	102.6	103.5	103.2	103.7
宜昌	Yichang	102.4	102.4	103.1	104.0	104.3	104.4	104.5	104.2	103.8	103.5	103.3	103.2
襄阳	Xiangyang	102.9	103.1	103.6	103.8	104.3	104.6	105.4	105.7	105.5	105.5	105.2	104.4
岳阳	Yueyang	100.7	101.1	101.0	101.3	102.0	101.4	100.6	100.1	99.6	98.9	98.9	98.2
常德	Changde	99.3	99.5	99.9	99.4	98.8	98.5	98.3	98.2	98.4	98.3	98.5	97.4
韶关	Huizhou	99.8	100.5	101.9	102.0	103.2	103.7	103.3	103.5	102.7	101.6	101.4	100.9
湛江	Zhanjiang	102.5	103.2	103.3	104.3	105.0	105.0	105.0	104.9	103.9	102.9	102.9	101.7
惠州	Shaoguan	104.1	104.1	104.4	105.1	105.5	106.0	105.7	105.6	104.6	104.2	104.4	104.3
桂林	Guilin	101.0	101.4	101.7	101.6	102.0	102.3	101.4	101.4	101.0	101.1	100.8	100.8
北海	Beihai	98.5	97.4	97.4	97.1	97.1	97.4	98.2	98.7	98.8	98.8	98.2	97.6
三亚	Sanya	102.8	102.8	103.6	103.5	103.5	103.7	104.3	104.7	104.7	106.5	106.6	106.6
泸州	Luzhou	100.2	98.5	99.1	98.7	99.5	99.1	98.9	99.0	98.9	98.1	97.7	97.6
南充	Nanchong	99.2	99.5	99.9	100.3	100.2	100.9	100.5	100.3	100.1	99.7	98.8	98.2
遵义	Zunyi	100.2	101.6	102.3	102.2	102.6	103.1	102.4	102.1	102.0	101.7	101.4	101.0
大理	Dali	99.4	99.2	99.2	99.2	98.4	97.4	96.8	96.9	96.8	96.3	95.5	95.6

4-1-5 2021年70个大中城市二手住宅销售价格指数
Housing Price Indices of Second-Hand Residential Buildings in 70 Large and Medium-Sized Cities 2021

(以2020年价格为100) (2020=100)

城市	City	1月	2月	3月	4月	5月	6月	7月	8月	9月	10月	11月	12月
北京	Beijing	103.9	105.2	106.7	108.0	109.2	110.5	111.2	111.7	111.4	110.9	110.7	111.6
天津	Tianjin	98.5	98.6	99.0	99.3	99.7	100.0	100.1	100.1	100.7	100.5	100.2	99.8
石家庄	Shijiazhuang	98.8	98.6	98.6	98.9	99.0	98.7	98.5	98.0	97.7	97.1	96.4	95.4
太原	Taiyuan	98.4	98.2	98.1	97.8	97.5	97.5	97.9	97.6	97.1	96.7	95.9	94.7
呼和浩特	Hohhot	99.5	99.7	99.9	99.8	99.7	99.6	99.1	99.5	98.9	98.4	98.0	97.9
沈阳	Shenyang	103.1	103.5	104.1	104.7	105.2	105.6	106.0	106.1	106.0	105.9	105.5	105.0
大连	Dalian	103.2	103.8	104.4	105.2	105.8	106.3	106.7	107.1	107.3	107.4	107.3	107.1
长春	Changchun	98.4	97.9	97.8	97.5	98.0	98.4	98.6	98.9	99.0	98.9	98.5	98.1
哈尔滨	Harbin	97.1	97.4	97.8	98.3	98.6	98.9	99.1	98.8	98.2	97.7	96.7	95.7
上海	Shanghai	104.5	105.8	107.0	107.9	108.6	109.6	110.3	110.5	109.9	109.5	109.4	109.8
南京	Nanjing	102.7	103.2	104.2	104.9	105.5	106.2	106.6	107.1	107.2	106.9	106.4	106.1
杭州	Hangzhou	103.9	104.3	105.6	106.7	107.6	108.4	109.0	109.2	108.8	108.3	108.1	108.4
宁波	Ningbo	105.1	105.9	106.8	107.5	107.9	108.5	108.7	108.7	108.4	108.1	107.7	107.5
合肥	Hefei	103.2	104.0	104.7	105.3	105.6	105.9	106.0	106.0	105.8	105.6	105.5	105.1
福州	Fuzhou	102.3	102.9	103.6	104.4	105.0	105.6	105.9	105.6	105.4	105.0	104.9	104.7
厦门	Xiamen	103.0	103.5	103.9	104.3	104.4	104.7	105.1	105.0	104.8	104.4	104.2	103.8
南昌	Nanchang	100.7	100.7	100.8	100.8	100.6	100.5	100.5	100.6	100.5	100.2	100.1	99.8
济南	Jinan	98.8	98.5	98.7	99.3	99.8	100.3	100.7	100.9	100.6	100.4	99.9	99.8
青岛	Qingdao	99.0	99.3	99.8	100.2	100.6	100.9	101.2	101.3	101.2	101.1	100.7	100.3
郑州	Zhengzhou	98.7	99.0	99.5	100.1	100.7	101.2	101.5	101.3	101.0	100.6	99.9	99.4
武汉	Wuhan	100.8	101.3	101.7	102.4	102.7	103.4	103.8	103.8	103.5	103.3	103.0	102.5
长沙	Changsha	101.8	102.4	103.1	103.6	103.9	104.6	105.8	106.3	106.5	106.1	106.1	106.4
广州	Guangzhou	105.9	107.0	108.4	109.7	110.6	111.3	112.1	112.6	112.2	111.4	110.9	110.5
深圳	Shenzhen	107.6	108.6	109.0	109.0	108.9	108.8	108.3	107.9	107.4	107.2	107.0	106.5
南宁	Nanning	101.9	102.1	102.0	101.8	101.7	101.8	101.8	101.4	101.2	100.9	100.3	99.8
海口	Haikou	102.5	103.0	103.7	104.5	105.0	105.9	107.2	108.0	108.6	108.9	109.2	109.4
重庆	Chongqing	100.8	100.9	101.7	103.0	104.1	105.0	105.2	105.2	105.4	105.2	105.3	104.8
成都	Chengdu	103.8	104.7	105.5	105.8	106.5	107.0	107.0	107.6	107.7	107.6	107.0	106.6
贵阳	Guiyang	98.1	98.2	98.5	98.8	99.1	98.9	98.8	98.4	97.9	97.6	96.9	96.3
昆明	Kunming	102.1	102.9	103.2	103.7	104.0	103.4	103.0	102.4	101.9	101.6	101.2	101.8
西安	Xi'an	102.7	103.6	104.2	105.1	106.1	107.1	107.8	108.1	108.3	108.1	107.5	107.3
兰州	Lanzhou	102.5	103.0	103.5	104.1	104.5	104.6	104.8	104.6	104.3	103.9	103.6	103.3
西宁	Xining	104.5	104.9	105.3	105.7	106.1	106.8	107.2	107.6	107.7	107.0	106.3	105.8
银川	Yinchuan	104.9	105.4	106.1	106.8	107.6	108.1	108.4	108.3	108.1	107.9	107.6	107.4
乌鲁木齐	Urumqi	103.3	103.8	103.7	104.3	104.0	103.7	103.5	103.1	102.6	102.1	101.7	101.4

4-1-5 续表 Continued

(以2020年价格为100) (2020=100)

城 市	City	1月	2月	3月	4月	5月	6月	7月	8月	9月	10月	11月	12月
唐 山	Tangshan	103.4	104.0	104.1	103.7	103.2	103.4	102.9	102.6	102.0	101.9	102.1	101.7
秦皇岛	Qinhuangdao	101.6	101.4	101.6	101.4	101.3	100.8	100.3	100.1	99.7	99.5	99.2	98.7
包 头	Baotou	101.1	101.3	101.7	102.3	102.8	103.0	102.7	102.5	102.3	102.2	101.8	101.4
丹 东	Dandong	102.8	102.9	103.1	103.5	103.8	104.0	104.1	104.1	104.2	104.1	103.9	103.1
锦 州	Jinzhou	99.5	99.7	99.9	99.5	99.3	99.0	98.9	99.1	98.8	98.3	97.6	97.3
吉 林	Jilin	98.8	98.9	99.2	99.3	99.3	99.2	99.4	99.2	98.9	98.5	98.4	98.0
牡丹江	Mudanjiang	95.1	94.9	94.9	94.8	94.5	93.9	93.3	92.9	92.1	91.4	91.1	89.9
无 锡	Wuxi	103.9	104.2	105.2	105.9	106.3	107.3	107.8	108.0	108.1	107.7	107.3	106.6
徐 州	Yangzhou	105.0	105.3	106.6	108.1	109.3	109.8	109.6	109.2	109.0	108.5	107.8	107.2
扬 州	Xuzhou	103.3	103.8	104.7	105.5	106.3	107.1	107.4	107.4	107.1	106.7	106.1	105.4
温 州	Wenzhou	103.1	103.9	104.6	105.4	106.1	106.8	107.1	107.2	106.8	106.3	106.0	105.7
金 华	Jinhua	104.3	104.8	105.4	105.7	106.4	107.4	107.8	107.5	107.3	107.0	106.6	106.3
蚌 埠	Bengbu	102.4	102.7	103.4	103.7	104.0	104.7	105.1	105.3	105.1	104.7	104.3	103.8
安 庆	Anqing	98.8	98.5	98.3	98.2	97.8	97.6	97.2	97.0	96.6	96.1	95.6	95.2
泉 州	Quanzhou	103.7	104.5	105.2	106.3	107.1	107.7	108.1	108.3	108.2	107.7	107.0	106.4
九 江	Jiujiang	101.4	101.9	102.5	102.8	103.0	103.5	103.6	103.5	103.4	103.0	102.5	102.1
赣 州	Ganzhou	101.3	101.5	101.6	101.5	101.3	101.5	101.2	101.1	101.3	101.8	102.2	102.2
烟 台	Yantai	100.8	101.1	101.6	102.2	102.5	102.8	103.4	103.5	103.4	103.1	102.9	102.8
济 宁	Jining	103.5	104.0	104.3	104.7	105.4	105.9	105.7	105.5	105.8	105.6	105.5	104.8
洛 阳	Luoyang	101.5	101.4	101.9	102.8	103.4	103.8	104.2	104.2	104.3	104.3	103.4	102.8
平顶山	Pingdingshan	101.8	102.2	102.4	102.6	102.7	102.7	102.6	102.6	102.4	102.3	102.0	101.8
宜 昌	Yichang	99.7	99.5	99.7	99.5	99.4	99.3	99.1	98.9	98.7	98.4	97.9	97.5
襄 阳	Xiangyang	99.3	99.1	99.5	99.8	100.0	100.2	100.1	99.9	99.9	99.4	99.2	98.9
岳 阳	Yueyang	100.3	100.0	99.6	99.5	99.2	99.1	98.5	98.6	98.3	98.0	97.8	97.4
常 德	Changde	99.5	99.4	99.5	99.5	99.4	99.4	98.9	98.5	98.5	98.2	97.9	97.3
韶 关	Huizhou	100.3	100.4	100.8	101.3	101.8	101.4	101.3	101.6	101.5	100.7	100.2	99.9
湛 江	Zhanjiang	99.6	99.9	100.4	101.1	101.0	101.4	101.4	101.1	100.7	100.3	100.2	99.7
惠 州	Shaoguan	102.7	103.3	103.7	104.0	104.2	104.6	104.4	104.1	103.8	103.3	102.9	102.7
桂 林	Guilin	101.4	101.6	101.6	101.5	101.5	101.7	102.0	101.8	101.4	100.8	100.1	99.9
北 海	Beihai	98.3	98.2	98.0	97.7	97.7	98.1	98.2	98.1	97.9	97.7	97.3	96.7
三 亚	Sanya	101.3	102.0	102.7	103.6	104.3	104.8	105.2	105.5	105.7	106.1	106.1	105.5
泸 州	Luzhou	99.1	99.5	99.2	99.6	100.1	100.1	100.3	100.8	100.9	100.1	99.2	98.9
南 充	Nanchong	96.9	96.7	96.3	96.6	96.3	95.8	95.2	94.6	94.1	93.3	92.5	92.0
遵 义	Zunyi	100.5	100.7	101.0	100.8	100.3	100.3	100.2	100.0	99.7	99.2	99.0	98.6
大 理	Dali	100.9	101.5	101.7	101.9	102.0	101.9	101.4	101.2	100.8	100.0	99.0	98.3

4-1-6 2021年70个大中城市90㎡及以下二手住宅销售价格指数
Housing Price Indices of 90㎡ and below Second-Hand Residential Buildings in 70 Large and Medium-Sized Cities 2021

(以2020年价格为100) (2020=100)

城 市	City	1月	2月	3月	4月	5月	6月	7月	8月	9月	10月	11月	12月
北 京	Beijing	103.6	105.2	106.7	108.0	109.2	110.7	111.4	111.6	111.2	110.3	110.0	111.5
天 津	Tianjin	98.8	98.9	99.4	99.8	100.4	100.7	100.9	100.8	101.1	101.1	100.8	100.5
石家庄	Shijiazhuang	99.0	99.4	99.8	99.9	100.0	99.3	99.0	98.4	98.1	97.6	97.0	96.4
太 原	Taiyuan	99.0	98.7	98.5	98.7	98.5	98.3	98.6	97.7	97.4	96.5	95.6	94.3
呼和浩特	Hohhot	99.2	99.5	99.5	99.4	99.4	99.3	98.8	99.2	98.8	98.2	97.9	97.9
沈 阳	Shenyang	102.9	103.7	104.3	105.1	105.8	106.0	106.0	106.1	106.2	106.0	105.5	105.3
大 连	Dalian	103.2	103.8	104.8	105.4	106.0	106.8	107.0	107.4	107.5	107.8	107.6	107.6
长 春	Changchun	98.8	98.7	98.5	98.2	98.4	98.9	98.9	99.0	99.0	98.9	98.6	98.3
哈尔滨	Harbin	97.3	97.6	98.1	98.5	98.9	99.2	99.3	98.9	98.1	97.5	96.7	95.9
上 海	Shanghai	105.1	106.6	107.8	108.8	109.6	110.1	110.7	110.7	109.8	109.3	109.4	109.8
南 京	Nanjing	101.6	102.4	103.6	104.4	105.5	106.2	106.3	106.9	107.0	106.4	105.6	105.0
杭 州	Hangzhou	104.2	104.6	105.8	106.9	107.6	108.5	109.2	109.2	108.6	108.0	107.8	108.0
宁 波	Ningbo	105.5	106.6	107.7	108.3	108.4	108.7	108.7	108.6	108.3	108.3	107.6	107.3
合 肥	Hefei	102.9	103.6	104.4	105.0	105.5	105.9	106.0	106.0	106.0	105.9	105.9	105.6
福 州	Fuzhou	102.5	103.3	104.3	105.3	105.8	106.6	106.8	106.1	105.9	104.9	104.7	104.2
厦 门	Xiamen	103.2	103.8	104.6	105.1	104.9	104.9	105.0	105.1	104.6	104.0	103.9	103.4
南 昌	Nanchang	101.4	100.6	100.6	100.2	99.9	99.6	99.8	99.8	99.8	99.3	99.5	99.3
济 南	Jinan	99.1	98.6	98.8	98.9	99.5	100.3	100.6	100.8	100.7	100.4	99.7	99.4
青 岛	Qingdao	98.6	99.3	99.7	100.2	100.7	101.2	101.4	101.4	101.2	101.1	100.7	100.4
郑 州	Zhengzhou	98.8	99.3	99.7	100.3	101.0	101.3	101.4	101.2	101.1	100.5	99.7	99.0
武 汉	Wuhan	100.2	100.3	101.0	102.0	102.2	102.9	102.9	102.7	102.6	102.5	101.7	101.3
长 沙	Changsha	101.9	102.0	102.9	103.9	104.0	104.6	105.6	106.2	106.4	106.1	105.7	105.8
广 州	Guangzhou	105.8	106.7	107.9	109.2	110.2	110.8	111.3	112.0	111.8	111.1	110.6	110.6
深 圳	Shenzhen	108.7	109.7	109.9	109.6	109.4	109.5	108.7	108.3	107.7	107.4	107.3	107.1
南 宁	Nanning	102.3	102.4	102.3	102.1	102.5	102.4	102.5	102.1	101.8	101.6	101.0	100.8
海 口	Haikou	102.2	102.8	103.3	104.3	104.7	105.2	106.4	106.9	107.8	108.4	108.8	108.9
重 庆	Chongqing	100.6	100.9	101.5	103.0	104.2	105.4	105.5	105.0	105.5	105.2	105.3	105.2
成 都	Chengdu	103.7	104.3	105.3	105.6	106.0	106.2	106.3	106.7	106.6	106.4	105.7	105.5
贵 阳	Guiyang	98.5	98.6	98.7	99.1	99.2	99.1	98.8	98.1	97.1	96.7	96.3	96.2
昆 明	Kunming	101.8	102.6	103.0	103.0	103.7	103.0	102.8	102.1	101.5	101.1	101.1	101.7
西 安	Xi'an	102.1	103.4	104.1	104.6	105.7	107.2	108.3	108.4	108.5	108.2	107.3	107.0
兰 州	Lanzhou	102.7	103.8	104.0	104.9	105.5	105.6	105.9	105.8	105.6	105.3	104.8	104.6
西 宁	Xining	105.5	106.1	106.6	107.0	107.6	108.8	109.0	109.1	109.1	108.0	107.1	106.2
银 川	Yinchuan	104.1	104.5	105.0	106.1	107.2	107.7	108.0	107.6	107.5	107.4	106.9	106.7
乌鲁木齐	Urumqi	103.8	104.9	104.7	104.8	104.8	104.8	104.4	103.6	103.1	102.5	102.4	101.9

4-1-6 续表 Continued

(以2020年价格为100) (2020=100)

城市	City	1月	2月	3月	4月	5月	6月	7月	8月	9月	10月	11月	12月
唐山	Tangshan	103.7	104.2	104.2	103.7	103.1	103.5	103.3	102.9	102.1	102.1	102.3	101.8
秦皇岛	Qinhuangdao	101.9	101.8	101.6	101.4	100.8	100.4	99.9	99.5	99.4	99.3	99.0	98.4
包头	Baotou	101.5	101.8	102.3	102.8	103.7	103.9	103.9	103.5	103.5	103.4	102.9	102.2
丹东	Dandong	102.6	102.9	103.2	103.6	104.1	104.4	104.5	104.4	104.9	104.9	104.3	103.2
锦州	Jinzhou	100.0	100.1	100.1	99.6	99.6	99.4	99.3	99.3	98.9	98.6	97.9	97.8
吉林	Jilin	99.2	99.4	99.8	99.9	99.9	99.8	99.8	99.7	99.4	99.0	99.0	98.6
牡丹江	Mudanjiang	94.7	94.4	94.6	94.7	94.5	93.8	93.2	92.7	91.9	91.0	90.9	89.5
无锡	Wuxi	104.2	104.5	105.3	106.1	106.3	107.1	107.5	107.8	108.1	107.6	107.3	107.2
徐州	Yangzhou	105.3	105.9	106.7	108.0	108.5	108.7	108.7	108.7	108.3	107.8	107.3	107.0
扬州	Xuzhou	103.2	103.2	103.9	105.0	105.3	106.6	106.8	106.8	106.9	106.4	105.9	105.6
温州	Wenzhou	102.9	103.9	104.7	105.7	106.1	106.7	106.9	107.0	106.8	106.0	105.6	105.4
金华	Jinhua	105.0	105.4	105.8	106.1	106.8	107.6	107.9	107.8	107.7	107.6	107.2	107.1
蚌埠	Bengbu	102.4	102.5	103.4	103.8	104.0	104.8	105.1	105.3	104.8	104.6	104.4	103.6
安庆	Anqing	99.0	98.6	98.5	98.3	98.0	97.9	97.2	96.8	96.3	96.0	95.5	95.1
泉州	Quanzhou	103.8	104.7	105.5	106.2	106.7	107.1	107.8	107.8	107.9	107.7	106.9	106.2
九江	Jiujiang	102.2	102.2	102.6	102.8	102.9	103.4	103.4	103.2	103.2	102.5	101.8	101.8
赣州	Ganzhou	101.7	101.7	101.9	101.8	101.2	101.0	100.7	100.6	100.9	101.4	102.1	102.3
烟台	Yantai	100.4	100.8	101.4	101.8	102.0	102.4	103.2	103.5	103.2	102.8	102.7	102.3
济宁	Jining	103.4	103.7	103.8	104.3	104.5	104.6	104.5	104.2	104.3	103.8	103.8	103.2
洛阳	Luoyang	100.8	100.9	101.1	101.6	102.7	102.8	103.2	103.4	103.5	103.9	102.7	102.1
平顶山	Pingdingshan	102.6	102.3	102.4	102.3	102.5	102.5	102.4	102.3	102.2	102.2	102.0	101.7
宜昌	Yichang	100.0	99.9	100.0	100.0	99.8	99.8	99.7	99.5	99.4	99.3	98.9	98.6
襄阳	Xiangyang	99.7	99.3	99.4	99.5	99.5	99.7	99.7	99.6	99.6	99.2	99.0	98.9
岳阳	Yueyang	99.2	98.9	99.0	98.9	98.3	98.4	98.0	98.3	98.2	97.8	97.5	96.9
常德	Changde	99.8	99.7	99.7	99.9	100.0	99.6	99.6	99.8	99.8	98.9	98.8	98.0
韶关	Huizhou	100.8	100.9	101.8	102.0	102.4	101.6	101.6	102.0	102.0	101.5	101.5	100.9
湛江	Zhanjiang	99.6	100.0	100.6	100.8	101.1	101.6	101.7	101.4	101.1	100.7	100.2	99.9
惠州	Shaoguan	102.6	103.1	103.6	103.9	104.1	104.3	104.4	104.2	103.7	103.6	102.9	102.8
桂林	Guilin	100.6	100.6	100.7	100.6	100.9	100.8	101.0	100.3	100.3	99.8	99.6	99.0
北海	Beihai	98.4	98.3	98.2	97.9	97.7	98.1	98.4	98.4	98.3	98.2	97.6	96.8
三亚	Sanya	101.7	101.9	102.8	103.6	104.5	105.1	105.4	105.8	105.9	106.5	106.5	105.7
泸州	Luzhou	99.3	99.5	99.6	99.5	100.1	100.4	100.6	101.1	100.7	100.5	99.8	99.4
南充	Nanchong	97.2	97.0	96.4	96.4	96.1	95.7	95.3	94.9	94.3	93.0	92.8	92.2
遵义	Zunyi	100.9	101.4	102.0	102.1	101.4	100.4	100.9	100.9	100.3	100.2	99.8	99.1
大理	Dali	100.9	101.7	102.2	102.7	102.7	102.2	102.1	101.4	100.9	100.1	99.0	98.0

4-1-7 2021年70个大中城市90~144㎡二手住宅销售价格指数
Housing Price Indices of 90~144㎡ Second-Hand Residential Buildings in 70 Large and Medium-Sized Cities 2021

(以2020年价格为100) (2020=100)

城 市	City	1月	2月	3月	4月	5月	6月	7月	8月	9月	10月	11月	12月
北 京	Beijing	103.6	104.8	106.5	107.6	108.7	110.2	111.0	111.4	111.3	111.2	111.0	111.3
天 津	Tianjin	98.4	98.5	98.8	98.8	99.0	99.2	99.4	99.4	100.3	100.0	99.8	99.4
石家庄	Shijiazhuang	98.5	97.8	97.7	98.1	98.1	98.1	98.0	97.6	97.3	96.5	95.7	94.5
太 原	Taiyuan	98.2	98.3	98.5	97.6	97.3	97.3	97.8	98.2	97.6	97.5	96.8	95.6
呼和浩特	Hohhot	99.7	100.1	100.4	100.3	100.1	100.2	99.7	100.0	99.3	99.0	98.5	98.2
沈 阳	Shenyang	103.1	103.3	104.0	104.2	104.5	104.9	105.9	106.0	105.8	105.6	105.5	104.7
大 连	Dalian	103.5	104.0	104.3	105.2	105.7	105.8	106.4	106.5	106.8	106.8	106.9	106.3
长 春	Changchun	97.8	96.9	96.8	96.6	97.4	97.6	98.1	98.6	98.8	98.6	97.9	97.7
哈尔滨	Harbin	97.2	97.7	97.8	98.2	98.5	98.9	99.3	99.2	98.5	98.1	97.1	95.9
上 海	Shanghai	104.0	105.6	106.6	107.4	108.1	109.4	110.0	110.3	110.0	109.8	109.5	109.8
南 京	Nanjing	103.8	104.1	104.8	105.5	105.7	106.0	106.5	106.8	106.8	107.2	107.1	107.1
杭 州	Hangzhou	103.2	103.8	105.3	106.4	107.9	108.0	108.7	108.9	108.9	108.3	108.3	108.6
宁 波	Ningbo	104.9	105.4	106.2	106.9	107.4	108.1	108.7	108.7	108.5	107.8	107.8	107.7
合 肥	Hefei	103.3	104.0	105.0	105.5	105.8	106.1	106.1	106.0	105.6	105.3	105.4	104.9
福 州	Fuzhou	101.9	102.1	102.8	103.4	104.3	105.0	105.3	105.2	105.2	105.2	105.1	105.1
厦 门	Xiamen	103.1	103.4	103.7	104.2	104.5	104.9	105.5	105.2	105.2	104.6	104.2	104.1
南 昌	Nanchang	100.3	100.7	100.7	101.2	100.9	100.9	101.0	101.0	100.9	100.7	100.3	99.9
济 南	Jinan	98.7	98.5	98.7	99.5	100.2	100.5	100.9	101.1	100.7	100.4	100.1	99.9
青 岛	Qingdao	99.4	99.4	99.9	100.2	100.5	100.5	100.9	100.9	101.0	100.8	100.3	100.0
郑 州	Zhengzhou	98.7	98.7	99.4	99.9	100.4	100.8	101.5	101.4	101.1	100.6	100.1	99.8
武 汉	Wuhan	101.4	102.1	102.3	102.6	102.9	103.8	104.3	104.5	104.3	104.0	104.0	103.6
长 沙	Changsha	102.0	103.1	104.0	104.1	104.4	105.1	106.0	106.4	106.4	106.3	106.5	106.8
广 州	Guangzhou	106.6	107.8	109.3	110.5	111.0	111.7	112.7	113.0	112.4	111.6	111.2	110.5
深 圳	Shenzhen	106.8	107.8	108.7	109.1	108.7	108.1	108.1	107.7	107.1	107.0	106.8	106.2
南 宁	Nanning	101.8	102.0	101.7	101.5	101.3	101.6	101.3	100.9	100.5	100.0	99.4	98.9
海 口	Haikou	102.7	103.1	103.9	104.8	105.3	106.4	107.7	108.8	109.3	109.3	109.3	109.4
重 庆	Chongqing	100.8	100.9	101.9	103.2	104.0	104.9	105.2	105.4	105.5	104.9	105.0	104.1
成 都	Chengdu	103.8	104.7	105.3	105.7	106.8	108.2	107.9	108.7	109.1	109.1	108.4	107.6
贵 阳	Guiyang	98.0	97.8	98.2	98.5	99.0	98.6	98.5	98.2	98.0	97.7	96.6	95.6
昆 明	Kunming	101.6	102.6	102.8	103.5	103.5	103.2	102.9	102.8	102.8	102.3	101.7	101.9
西 安	Xi'an	103.1	103.6	104.1	105.3	106.6	107.4	107.5	108.0	108.1	108.0	107.6	107.3
兰 州	Lanzhou	102.5	102.7	103.3	103.8	104.0	104.2	104.2	104.1	103.5	103.1	102.9	102.5
西 宁	Xining	103.5	103.8	104.2	104.5	105.0	105.3	105.9	106.5	106.7	106.2	105.7	105.5
银 川	Yinchuan	105.1	105.7	106.7	107.1	107.6	108.2	108.3	108.3	108.1	107.7	107.6	107.4
乌鲁木齐	Urumqi	102.8	102.8	102.8	103.7	103.2	102.7	102.7	102.7	102.4	101.7	101.2	101.1

4-1-7 续表 Continued

(以2020年价格为100) (2020=100)

城 市	City	1月	2月	3月	4月	5月	6月	7月	8月	9月	10月	11月	12月
唐 山	Tangshan	103.0	103.7	103.9	103.8	103.4	103.2	102.3	102.2	102.0	101.9	102.2	102.0
秦皇岛	Qinhuangdao	101.3	100.9	101.6	101.4	101.9	101.3	100.7	100.8	100.2	99.9	99.7	99.2
包 头	Baotou	101.1	101.3	101.3	102.0	102.3	102.6	102.1	102.0	101.5	101.5	101.4	101.3
丹 东	Dandong	103.2	103.2	103.3	103.5	103.7	103.7	103.9	103.9	103.5	103.4	103.4	103.0
锦 州	Jinzhou	98.9	99.2	99.7	99.2	98.9	98.5	98.3	98.9	98.6	97.8	97.0	96.5
吉 林	Jilin	98.1	98.2	98.5	98.6	98.7	98.5	98.9	98.8	98.3	98.1	98.0	97.5
牡丹江	Mudanjiang	95.7	95.6	95.3	94.9	94.4	94.0	93.3	93.1	92.3	91.8	91.0	90.2
无 锡	Wuxi	103.6	103.8	105.1	106.0	106.4	107.6	108.1	108.1	108.2	108.0	107.4	106.4
徐 州	Yangzhou	104.7	104.6	106.5	108.3	110.1	110.9	110.5	109.9	109.7	109.3	108.5	107.6
扬 州	Xuzhou	103.4	104.3	105.4	105.9	107.1	107.6	107.9	107.9	107.3	107.0	106.5	105.3
温 州	Wenzhou	103.3	104.1	104.6	105.0	106.0	106.5	106.8	107.2	106.9	106.2	106.0	105.5
金 华	Jinhua	104.3	105.0	105.5	106.0	106.2	107.3	107.7	107.4	107.1	106.7	106.2	106.0
蚌 埠	Bengbu	102.4	102.8	103.4	103.7	104.1	104.7	105.1	105.3	105.2	104.8	104.2	104.0
安 庆	Anqing	98.8	98.5	98.3	98.2	97.8	97.6	97.5	97.3	97.0	96.4	95.9	95.4
泉 州	Quanzhou	103.7	104.7	105.5	106.4	107.2	108.3	108.6	108.8	108.4	108.0	107.0	106.6
九 江	Jiujiang	101.1	101.9	102.6	102.9	103.2	103.6	103.8	103.8	103.8	103.6	103.1	102.5
赣 州	Ganzhou	101.1	101.5	101.4	101.4	101.4	101.8	101.7	101.7	101.7	102.3	102.4	102.2
烟 台	Yantai	101.3	101.5	101.8	102.7	103.3	103.4	103.9	103.9	103.9	103.9	103.5	103.8
济 宁	Jining	103.3	104.0	104.5	104.9	105.9	106.5	106.5	106.3	106.6	106.6	106.6	105.9
洛 阳	Luoyang	101.8	101.8	102.4	103.7	104.1	104.5	105.0	105.1	105.1	104.6	103.8	103.1
平顶山	Pingdingshan	101.4	102.3	102.5	102.7	102.9	102.9	102.8	102.8	102.5	102.3	101.8	101.7
宜 昌	Yichang	99.5	99.3	99.5	99.3	99.3	99.3	99.1	98.9	98.6	98.5	98.0	97.4
襄 阳	Xiangyang	99.2	99.2	99.7	100.2	100.4	100.8	100.6	100.2	100.2	99.7	99.4	98.9
岳 阳	Yueyang	101.0	100.7	100.1	99.9	99.9	99.9	99.2	99.2	99.1	98.9	98.6	98.2
常 德	Changde	99.1	98.9	99.2	99.2	99.0	99.3	98.8	98.3	97.9	98.0	97.4	96.8
韶 关	Huizhou	100.2	100.4	100.7	101.4	101.9	101.5	101.3	101.7	101.6	100.7	99.9	99.9
湛 江	Zhanjiang	99.6	100.0	100.3	101.2	101.0	101.2	101.2	101.2	100.9	100.3	100.2	99.6
惠 州	Shaoguan	102.6	103.3	103.5	103.5	103.7	104.2	104.0	103.7	103.4	102.8	102.4	102.2
桂 林	Guilin	101.6	101.6	101.9	101.6	101.7	102.0	102.3	102.4	101.7	101.1	100.1	100.3
北 海	Beihai	97.7	97.5	97.3	97.3	97.4	98.0	97.8	97.4	96.9	96.6	96.3	95.9
三 亚	Sanya	100.6	102.2	103.0	104.3	104.9	105.1	105.5	106.0	106.2	106.6	106.9	106.3
泸 州	Luzhou	99.0	99.4	98.8	99.6	100.0	100.0	100.2	100.6	101.0	100.0	99.0	98.8
南 充	Nanchong	96.8	96.7	96.3	96.9	96.7	95.9	95.0	94.3	94.0	93.4	92.2	91.7
遵 义	Zunyi	100.4	100.5	100.6	100.6	99.9	100.2	100.1	99.8	99.6	98.9	98.6	98.4
大 理	Dali	101.1	101.5	101.6	102.1	102.3	102.2	101.3	101.6	101.0	100.0	98.9	98.0

4-1-8 2021年70个大中城市144㎡以上二手住宅销售价格指数

Housing Price Indices of Above 144㎡ Second-Hand Residential Buildings in 70 Large and Medium-Sized Cities 2021

(以2020年价格为100) (2020=100)

城市	City	1月	2月	3月	4月	5月	6月	7月	8月	9月	10月	11月	12月
北京	Beijing	105.1	105.6	106.9	108.5	109.7	110.7	111.3	112.2	112.2	112.0	112.1	112.5
天津	Tianjin	98.0	97.6	98.0	98.3	98.4	99.1	99.1	99.4	100.0	99.7	99.3	98.4
石家庄	Shijiazhuang	98.8	98.8	98.2	98.7	99.2	98.6	98.3	97.8	97.6	98.0	97.1	95.6
太原	Taiyuan	97.0	96.5	96.1	95.7	95.3	95.7	96.5	95.8	95.3	95.4	94.7	93.7
呼和浩特	Hohhot	100.2	99.3	99.9	100.1	99.2	99.4	98.5	99.2	98.5	97.9	97.2	97.2
沈阳	Shenyang	103.6	103.5	103.6	104.2	104.5	105.5	106.0	106.4	106.1	106.0	105.6	104.4
大连	Dalian	102.7	103.1	103.3	103.8	105.2	105.5	106.2	107.1	107.7	107.6	107.1	106.8
长春	Changchun	98.2	97.8	97.4	97.3	97.8	98.3	98.7	99.5	99.5	99.7	99.3	98.6
哈尔滨	Harbin	96.0	96.3	96.8	97.7	97.9	97.9	98.0	97.9	97.8	97.1	95.9	94.8
上海	Shanghai	103.6	104.1	105.2	106.3	106.5	108.7	109.9	110.5	110.2	109.2	109.2	110.0
南京	Nanjing	103.3	103.8	104.5	104.8	105.2	107.2	108.6	108.6	109.5	108.4	107.3	106.8
杭州	Hangzhou	103.9	104.3	105.5	106.2	107.2	108.7	109.2	109.7	109.1	108.9	108.9	109.4
宁波	Ningbo	104.6	105.4	105.7	106.6	107.8	108.8	109.1	108.8	108.6	108.1	107.9	107.8
合肥	Hefei	103.7	105.0	105.1	105.3	104.8	105.6	105.9	106.0	105.8	105.4	104.6	104.3
福州	Fuzhou	103.1	104.1	104.3	104.6	104.9	104.9	105.2	105.5	105.1	104.8	104.7	104.6
厦门	Xiamen	102.5	103.1	103.4	103.6	103.8	104.3	104.5	104.7	104.3	104.8	104.7	103.9
南昌	Nanchang	101.0	100.9	101.2	101.0	100.8	100.7	100.4	100.5	100.3	100.2	100.3	100.2
济南	Jinan	98.5	98.4	98.4	99.2	99.2	100.0	100.5	100.7	100.4	100.2	99.8	99.9
青岛	Qingdao	99.1	99.0	99.5	100.3	100.8	101.2	101.7	102.1	101.8	101.6	101.6	101.1
郑州	Zhengzhou	98.6	98.9	99.4	99.8	100.7	101.8	101.7	101.4	100.8	100.5	100.0	99.7
武汉	Wuhan	100.5	101.4	101.4	102.8	103.1	103.8	104.8	104.4	103.6	103.1	102.9	101.9
长沙	Changsha	101.4	101.6	101.8	102.3	102.8	103.7	105.8	106.1	106.7	106.0	106.1	106.5
广州	Guangzhou	104.4	105.4	107.3	108.9	110.7	111.9	112.5	113.3	112.7	112.1	111.0	110.4
深圳	Shenzhen	105.3	106.0	106.3	106.9	107.5	107.3	107.3	106.8	106.5	106.8	106.0	105.0
南宁	Nanning	101.4	101.8	101.7	101.7	101.0	101.1	101.5	101.5	101.9	101.9	101.1	100.4
海口	Haikou	102.4	103.1	103.6	104.3	104.8	105.6	107.2	107.7	108.2	108.7	109.4	109.9
重庆	Chongqing	101.0	101.1	101.7	102.5	103.9	104.4	104.5	105.0	105.2	106.2	105.9	105.3
成都	Chengdu	103.9	105.7	106.3	106.5	107.0	107.1	107.3	107.9	108.0	108.2	107.8	108.0
贵阳	Guiyang	98.0	98.8	98.9	99.0	99.1	99.2	99.8	99.5	98.9	98.8	98.7	98.2
昆明	Kunming	103.4	104.1	104.6	105.5	105.2	104.3	103.5	101.9	100.8	101.0	100.8	101.8
西安	Xi'an	102.3	104.0	104.8	105.3	105.7	106.2	107.7	108.0	108.6	108.3	107.9	107.5
兰州	Lanzhou	101.4	101.4	101.9	102.2	102.3	102.3	102.5	102.1	102.0	101.8	101.2	101.2
西宁	Xining	105.8	106.0	105.8	106.7	106.9	107.3	107.2	107.5	107.8	107.7	106.7	106.2
银川	Yinchuan	105.3	105.6	105.9	106.5	108.4	108.5	109.6	109.3	109.2	109.4	108.9	108.3
乌鲁木齐	Urumqi	103.7	104.5	104.1	105.0	104.7	103.9	103.3	103.1	102.1	101.9	101.2	100.8

4-1-8 续表 Continued

(以2020年价格为100) (2020=100)

城 市	City	1月	2月	3月	4月	5月	6月	7月	8月	9月	10月	11月	12月
唐 山	Tangshan	103.0	103.5	104.0	104.1	103.1	103.2	103.1	102.3	101.4	100.8	100.6	100.2
秦皇岛	Qinhuangdao	101.1	101.0	101.5	100.8	100.9	100.5	100.1	99.6	99.1	98.6	98.5	98.0
包 头	Baotou	100.1	100.0	101.3	101.4	101.6	101.4	101.2	101.1	100.9	100.7	99.6	99.4
丹 东	Dandong	101.8	102.1	102.3	102.6	103.0	103.2	103.3	103.4	103.5	103.4	103.2	102.6
锦 州	Jinzhou	100.1	100.3	100.2	100.0	99.9	99.7	99.5	99.6	99.1	98.9	98.4	98.0
吉 林	Jilin	99.1	99.0	99.1	99.2	99.2	98.9	99.0	98.7	98.4	97.8	97.3	97.1
牡丹江	Mudanjiang	95.4	95.4	95.4	95.4	95.2	95.0	95.0	94.5	94.0	94.0	93.6	93.1
无 锡	Wuxi	103.9	104.6	105.0	105.2	106.1	107.1	107.9	108.3	107.7	107.0	106.8	105.8
徐 州	Yangzhou	105.2	106.0	107.0	107.7	108.8	109.2	109.1	108.7	108.2	107.2	106.5	106.2
扬 州	Xuzhou	103.5	104.0	104.9	106.1	106.7	106.7	107.5	107.5	107.0	106.4	105.7	104.9
温 州	Wenzhou	103.1	103.5	104.2	105.5	106.3	107.5	107.8	107.6	106.8	106.7	106.6	106.2
金 华	Jinhua	103.0	103.4	104.2	104.4	105.9	107.3	107.7	107.1	106.6	106.1	105.7	105.0
蚌 埠	Bengbu	103.0	103.1	103.2	103.4	103.7	104.9	105.1	105.7	105.6	105.4	104.5	103.8
安 庆	Anqing	98.2	97.6	97.8	97.5	97.3	96.7	95.9	95.9	95.7	95.2	94.3	93.8
泉 州	Quanzhou	103.6	104.0	104.6	106.2	107.1	107.3	107.5	108.1	108.0	107.3	107.1	106.3
九 江	Jiujiang	100.5	100.9	101.7	102.3	102.7	103.1	103.1	102.4	101.7	101.5	101.0	101.0
赣 州	Ganzhou	101.3	101.5	101.7	101.4	100.9	101.0	100.2	100.1	100.3	100.8	102.0	102.1
烟 台	Yantai	100.9	101.3	101.8	101.9	101.9	102.5	102.7	102.7	102.6	102.3	102.2	102.2
济 宁	Jining	104.3	104.5	105.0	105.0	105.6	106.5	105.8	105.7	105.9	105.8	105.4	104.1
洛 阳	Luoyang	101.9	101.1	102.0	102.7	102.9	103.4	103.4	103.5	103.8	104.4	103.7	103.3
平顶山	Pingdingshan	101.6	101.7	102.0	102.7	102.6	102.7	102.5	102.6	102.5	102.4	102.4	102.5
宜 昌	Yichang	100.0	99.6	99.6	98.8	98.6	98.5	97.9	97.1	96.8	96.0	95.1	94.8
襄 阳	Xiangyang	99.3	98.5	98.6	98.6	99.1	99.2	98.8	99.1	99.2	98.7	98.7	98.7
岳 阳	Yueyang	99.8	99.1	99.1	98.9	98.3	97.6	96.9	96.9	96.1	95.8	95.9	95.2
常 德	Changde	99.9	100.2	99.9	99.8	99.5	99.4	98.4	97.9	98.4	98.0	98.1	97.8
韶 关	Huizhou	100.3	100.3	100.5	101.0	101.3	101.3	101.2	101.3	101.1	100.4	100.1	99.6
湛 江	Zhanjiang	99.8	99.7	100.4	101.1	101.0	101.4	101.2	100.3	99.9	99.9	99.9	99.6
惠 州	Shaoguan	103.1	103.9	104.5	105.2	105.3	105.8	105.3	104.9	104.8	103.8	103.8	103.5
桂 林	Guilin	102.1	103.1	102.7	102.4	102.2	102.5	102.9	102.8	102.4	101.6	101.0	100.3
北 海	Beihai	99.2	99.0	98.6	97.9	98.1	98.4	98.3	98.6	98.3	98.1	98.2	97.6
三 亚	Sanya	101.4	102.0	102.3	102.6	103.3	104.0	104.4	104.4	104.7	104.8	104.4	103.9
泸 州	Luzhou	99.5	100.2	100.1	100.0	100.4	100.1	100.2	100.5	100.9	99.8	98.7	98.3
南 充	Nanchong	96.5	96.0	96.1	96.2	95.4	95.6	95.4	95.1	94.5	93.7	93.0	93.0
遵 义	Zunyi	100.4	100.4	101.0	100.2	100.4	100.7	100.0	99.8	99.3	98.9	99.4	99.0
大 理	Dali	100.6	101.2	101.2	100.7	100.9	101.2	100.8	100.4	100.4	99.9	99.3	99.1

以上年同月价格为100(Same Month of Preceding Year=100)

4-2-1 2021年70个大中城市新建商品住宅销售价格指数 Housing Price Indices of Newly Constructed Commercial Residential Buildings in 70 Large and Medium-Sized Cities 2021

(以上年同月价格为100) (Same Month of Preceding Year=100)

城 市	City	1月	2月	3月	4月	5月	6月	7月	8月	9月	10月	11月	12月
北 京	Beijing	102.9	103.4	103.6	104.5	104.3	104.9	105.4	104.9	104.5	104.9	105.4	105.1
天 津	Tianjin	101.5	102.3	103.2	103.6	103.9	104.2	104.3	104.3	104.1	104.0	103.0	102.4
石家庄	Shijiazhuang	102.9	102.7	103.0	102.8	103.1	102.9	102.8	102.4	102.1	100.8	99.2	98.5
太 原	Taiyuan	99.2	99.2	98.9	98.9	98.7	97.9	98.0	98.0	97.8	97.9	97.7	97.1
呼和浩特	Hohhot	104.7	104.5	104.1	103.6	103.1	103.1	102.3	102.1	101.2	100.1	99.3	99.1
沈 阳	Shenyang	105.8	105.1	105.1	104.9	104.7	104.5	104.2	103.4	103.3	103.1	102.8	102.7
大 连	Dalian	104.7	104.5	105.2	105.4	105.8	106.0	106.1	106.5	106.1	105.5	105.3	104.7
长 春	Changchun	102.7	102.6	102.1	101.8	101.7	101.2	100.9	100.6	100.7	100.9	100.9	101.0
哈尔滨	Harbin	99.9	100.3	100.3	99.6	99.9	99.8	99.9	99.4	99.3	98.7	98.3	98.2
上 海	Shanghai	104.4	105.0	105.3	104.9	104.5	104.6	104.5	104.3	104.0	103.8	104.0	104.2
南 京	Nanjing	105.0	105.7	106.3	105.1	104.6	104.4	104.6	104.8	105.0	104.5	103.9	104.1
杭 州	Hangzhou	104.2	104.5	103.5	103.3	103.2	102.6	102.8	103.0	103.4	103.9	104.7	105.5
宁 波	Ningbo	104.3	104.9	105.4	105.9	105.0	104.8	104.7	104.2	103.9	103.7	103.5	103.3
合 肥	Hefei	104.3	105.0	105.6	106.8	107.1	106.4	106.1	106.0	105.7	104.9	104.0	103.5
福 州	Fuzhou	105.4	105.1	105.7	105.7	105.8	105.8	105.7	105.7	105.4	105.1	104.2	103.4
厦 门	Xiamen	104.7	105.1	105.5	105.6	106.1	105.8	105.5	105.6	105.3	105.4	104.3	103.9
南 昌	Nanchang	100.8	100.9	101.6	101.6	101.2	100.9	101.0	101.3	101.1	101.2	101.2	100.6
济 南	Jinan	99.6	100.2	101.1	101.9	102.4	103.6	104.2	105.2	105.5	105.2	105.0	105.1
青 岛	Qingdao	102.9	103.4	104.4	104.6	105.1	105.1	105.4	105.4	104.9	105.0	104.7	104.4
郑 州	Zhengzhou	99.4	100.3	101.2	101.8	102.7	103.2	103.7	103.1	102.8	102.6	102.4	101.9
武 汉	Wuhan	104.6	105.0	105.5	106.7	107.3	106.7	106.5	106.4	106.0	105.3	104.3	103.7
长 沙	Changsha	104.9	105.6	105.9	106.3	106.7	106.7	107.1	106.8	106.9	107.1	107.5	107.5
广 州	Guangzhou	105.9	106.9	108.6	109.9	111.2	111.6	110.9	109.8	109.0	107.9	106.3	105.0
深 圳	Shenzhen	103.7	103.8	103.4	103.9	103.7	103.5	103.3	103.9	103.8	103.4	103.4	103.3
南 宁	Nanning	105.0	105.5	106.1	106.0	105.9	105.4	104.9	103.7	102.7	102.1	102.1	101.7
海 口	Haikou	103.2	103.8	104.1	104.6	105.4	105.8	106.5	105.8	105.6	105.4	104.5	104.0
重 庆	Chongqing	104.9	105.7	106.2	106.7	108.0	108.0	108.3	108.8	108.3	108.0	108.0	107.9
成 都	Chengdu	106.9	106.5	106.5	106.6	106.2	105.7	104.8	104.2	103.6	102.8	102.6	102.4
贵 阳	Guiyang	103.4	103.2	103.7	105.0	105.2	104.7	104.9	104.2	103.7	102.9	101.1	100.2
昆 明	Kunming	105.6	106.5	107.5	107.5	106.8	104.7	103.8	102.4	101.5	100.0	99.8	99.4
西 安	Xi'an	106.5	107.4	107.8	108.0	108.0	108.2	108.1	107.7	107.5	107.4	107.4	106.3
兰 州	Lanzhou	104.9	105.6	106.6	106.7	106.6	106.7	106.7	105.9	105.1	104.5	103.5	102.6
西 宁	Xining	109.0	109.1	108.2	108.0	107.9	107.8	108.6	108.0	107.6	106.6	105.5	103.7
银 川	Yinchuan	113.9	114.9	114.1	113.7	112.4	111.2	110.0	108.5	108.0	107.9	107.7	106.7
乌鲁木齐	Urumqi	103.4	104.6	105.1	104.5	104.7	103.7	103.5	104.3	104.2	103.3	102.6	102.8

4-2-1 续表 Continued

(以上年同月价格为100) (Same Month of Preceding Year=100)

城　市	City	1月	2月	3月	4月	5月	6月	7月	8月	9月	10月	11月	12月
唐　山	Tangshan	109.8	109.2	108.3	106.9	105.9	104.7	103.1	101.2	99.8	99.1	98.6	98.3
秦皇岛	Qinhuangdao	103.1	103.3	103.3	102.5	101.7	100.6	100.3	99.2	98.2	97.8	97.3	96.3
包　头	Baotou	102.6	102.5	102.9	103.4	103.3	103.3	103.0	102.3	101.6	101.2	101.0	100.2
丹　东	Dandong	106.2	106.3	105.9	105.6	105.5	105.8	105.1	104.6	103.9	103.7	102.7	101.7
锦　州	Jinzhou	106.4	106.9	106.7	106.0	105.7	105.6	104.8	103.7	104.4	104.6	103.7	103.2
吉　林	Jilin	103.0	103.4	103.2	103.2	103.4	103.4	103.5	102.9	101.8	101.8	101.7	102.2
牡丹江	Mudanjiang	98.0	97.6	97.6	98.7	99.3	99.6	99.9	99.4	98.7	98.7	98.5	98.5
无　锡	Wuxi	105.6	105.6	105.8	105.9	105.7	105.9	105.4	104.5	104.7	104.6	104.4	104.2
徐　州	Yangzhou	110.0	110.3	110.1	109.9	109.7	109.2	107.9	107.2	105.5	104.5	104.3	103.9
扬　州	Xuzhou	107.0	107.7	108.0	108.5	108.8	109.3	109.0	108.1	107.3	106.0	105.1	104.2
温　州	Wenzhou	104.3	104.9	105.5	105.2	105.2	104.6	104.4	103.2	103.7	103.4	103.7	104.0
金　华	Jinhua	105.9	106.3	107.0	106.9	106.6	106.3	106.1	105.3	105.2	105.2	104.8	104.1
蚌　埠	Bengbu	105.6	105.8	105.5	104.8	104.0	103.5	103.6	103.4	102.8	102.2	101.7	101.3
安　庆	Anqing	98.6	98.5	98.8	98.8	98.7	99.1	99.2	100.0	100.2	99.6	99.1	98.7
泉　州	Quanzhou	106.0	107.1	107.4	108.0	107.7	107.2	107.2	106.6	106.1	105.7	105.0	103.7
九　江	Jiujiang	103.2	103.6	104.3	104.0	103.8	103.3	103.4	103.8	103.1	102.6	102.5	101.8
赣　州	Ganzhou	104.8	105.1	105.5	105.2	105.3	105.2	104.3	103.7	103.5	102.9	102.3	102.5
烟　台	Yantai	105.0	104.6	104.8	105.1	105.2	104.9	105.0	103.6	102.8	101.8	101.3	100.9
济　宁	Jining	108.8	109.4	109.9	110.0	110.4	110.6	110.2	109.0	108.4	107.6	105.9	104.9
洛　阳	Luoyang	102.3	102.2	102.4	102.9	103.5	103.8	103.6	103.7	103.7	103.9	103.5	102.8
平顶山	Pingdingshan	103.3	103.6	103.8	104.0	103.8	103.3	102.7	102.9	102.8	103.0	102.1	101.7
宜　昌	Yichang	102.9	103.3	104.1	104.6	104.9	105.0	104.8	104.7	104.2	103.2	102.6	102.2
襄　阳	Xiangyang	103.6	103.7	104.1	105.0	105.4	105.2	105.0	104.7	104.1	103.5	102.3	101.1
岳　阳	Yueyang	101.0	101.8	101.3	100.9	100.9	99.9	99.1	98.3	97.6	97.6	98.0	97.6
常　德	Changde	98.5	98.3	99.0	99.2	98.6	98.3	97.9	97.6	97.5	97.7	97.8	97.5
韶　关	Huizhou	100.0	101.2	101.8	102.3	102.9	103.5	103.0	103.1	102.6	101.2	100.9	100.5
湛　江	Zhanjiang	101.1	102.1	103.3	103.9	104.8	104.6	104.7	104.0	102.5	101.4	100.6	99.6
惠　州	Shaoguan	107.1	107.4	107.9	108.0	107.5	106.3	105.1	102.8	101.8	100.9	101.4	100.9
桂　林	Guilin	100.3	101.2	102.0	101.8	101.8	101.8	101.6	102.3	101.1	100.0	99.8	99.9
北　海	Beihai	96.3	95.8	95.6	95.5	96.3	97.1	97.7	98.4	98.4	98.8	98.5	98.4
三　亚	Sanya	104.6	104.8	106.3	106.0	106.8	107.3	106.6	105.9	105.1	105.1	105.3	105.0
泸　州	Luzhou	99.4	99.8	100.8	100.5	100.6	99.9	99.7	99.1	97.8	97.3	96.7	96.8
南　充	Nanchong	99.4	100.8	100.8	100.0	98.5	99.0	99.0	98.9	98.8	98.7	98.4	97.8
遵　义	Zunyi	100.4	101.4	101.4	101.5	102.2	102.3	102.1	101.8	101.7	101.2	100.3	100.4
大　理	Dali	100.4	100.2	100.3	100.1	99.8	99.5	98.8	98.3	97.6	96.8	95.8	95.7

4-2-2 2021年70个大中城市90㎡及以下新建商品住宅销售价格指数

Housing Price Indices of 90㎡ and below Newly Constructed Commercial Residential Buildings in 70 Large and Medium-Sized Cities 2021

(以上年同月价格为100) (Same Month of Preceding Year=100)

城市	City	1月	2月	3月	4月	5月	6月	7月	8月	9月	10月	11月	12月
北京	Beijing	101.8	103.2	103.2	103.9	103.3	104.4	105.5	105.0	104.5	104.9	105.3	105.1
天津	Tianjin	101.1	102.0	102.5	103.3	104.1	104.2	103.7	103.6	103.4	103.4	102.4	101.7
石家庄	Shijiazhuang	101.9	102.0	103.1	103.1	103.5	104.8	105.2	104.4	105.1	103.0	100.8	99.6
太原	Taiyuan	100.5	100.5	99.9	100.1	100.1	99.0	99.3	98.4	97.7	98.0	98.1	97.5
呼和浩特	Hohhot	104.0	103.1	103.1	103.4	103.3	103.7	102.6	102.1	101.2	100.1	99.9	99.1
沈阳	Shenyang	104.8	104.8	104.4	104.5	104.0	103.4	102.5	101.5	101.7	101.4	101.4	101.3
大连	Dalian	105.0	106.0	105.6	105.7	105.8	105.6	106.2	106.2	105.5	104.8	104.3	103.2
长春	Changchun	102.5	103.1	102.8	102.4	101.9	101.5	101.0	100.6	100.6	100.5	100.6	100.9
哈尔滨	Harbin	99.8	100.1	100.5	99.9	100.4	100.2	100.2	99.9	98.5	98.4	98.1	98.3
上海	Shanghai	104.5	105.0	105.1	104.5	104.6	104.2	104.5	103.9	103.2	103.1	103.0	103.1
南京	Nanjing	104.9	105.3	106.3	105.1	104.9	104.3	104.7	104.1	104.4	104.5	103.6	103.4
杭州	Hangzhou	105.1	105.5	104.4	104.8	104.5	104.3	104.7	104.7	104.7	104.7	105.3	105.8
宁波	Ningbo	104.8	105.4	105.3	106.1	105.3	104.6	104.7	104.4	104.3	103.7	103.2	102.9
合肥	Hefei	103.0	104.0	104.5	105.2	105.4	105.4	105.5	104.9	105.5	105.0	104.6	104.5
福州	Fuzhou	103.5	104.2	105.1	104.7	106.0	106.2	106.1	106.2	106.0	105.7	105.0	103.5
厦门	Xiamen	104.5	104.8	105.9	106.1	106.7	106.2	105.6	105.3	104.9	104.7	104.2	104.0
南昌	Nanchang	100.5	101.0	101.6	102.0	101.8	101.3	101.8	101.3	101.6	101.5	101.3	101.3
济南	Jinan	98.9	100.0	100.0	101.0	101.9	103.1	104.0	105.1	105.7	105.3	105.2	105.6
青岛	Qingdao	102.8	103.0	104.0	104.3	104.3	104.0	104.8	104.8	104.9	104.6	104.6	103.7
郑州	Zhengzhou	99.6	100.2	101.4	101.9	102.9	103.2	103.9	103.0	102.7	102.8	102.3	102.0
武汉	Wuhan	105.1	105.4	105.9	106.9	107.1	106.3	106.6	106.4	106.4	105.2	104.4	103.7
长沙	Changsha	104.9	105.0	105.3	106.1	106.6	106.7	107.4	107.1	107.1	107.2	107.9	107.3
广州	Guangzhou	107.3	108.6	110.6	111.3	112.0	111.8	110.6	109.6	108.2	107.2	105.6	105.1
深圳	Shenzhen	104.5	104.4	103.9	104.5	103.9	103.5	103.3	103.7	103.5	103.1	102.8	102.7
南宁	Nanning	105.4	106.0	106.6	106.6	107.2	106.4	105.5	103.8	102.6	101.8	101.9	101.6
海口	Haikou	101.7	103.1	103.1	104.0	104.7	105.2	104.9	104.5	104.6	104.5	104.3	104.3
重庆	Chongqing	106.2	106.6	107.5	108.0	108.7	109.2	109.2	109.2	107.8	107.8	107.5	107.5
成都	Chengdu	109.5	108.2	107.8	107.0	106.5	105.3	104.9	104.0	103.5	102.5	102.3	102.5
贵阳	Guiyang	102.3	102.3	102.8	103.6	102.9	103.5	104.1	103.5	103.3	103.0	101.7	100.2
昆明	Kunming	107.7	108.5	108.7	108.5	108.3	106.4	105.6	104.3	104.0	100.9	101.0	99.3
西安	Xi'an	109.7	110.0	110.2	109.4	109.1	108.7	108.0	106.7	106.1	105.7	106.3	106.3
兰州	Lanzhou	106.8	107.9	108.0	108.4	108.3	108.1	107.5	105.9	104.5	103.8	102.8	102.2
西宁	Xining	108.1	107.3	107.1	107.2	108.7	108.2	108.1	108.3	108.8	107.4	105.9	103.5
银川	Yinchuan	112.0	113.0	113.2	112.6	111.8	111.8	111.2	110.0	109.0	109.5	109.6	108.1
乌鲁木齐	Urumqi	104.3	105.7	106.2	105.9	105.6	104.3	103.9	104.5	104.0	103.2	103.0	102.5

4-2-2 续表 Continued

(以上年同月价格为100) (Same Month of Preceding Year=100)

城　市	City	1月	2月	3月	4月	5月	6月	7月	8月	9月	10月	11月	12月
唐　山	Tangshan	108.8	109.0	108.0	106.2	105.6	104.7	102.2	100.5	99.7	98.7	97.6	97.8
秦皇岛	Qinhuangdao	102.8	102.9	102.3	102.0	101.9	101.7	100.5	99.4	98.0	96.4	96.8	95.9
包　头	Baotou	103.5	103.3	103.4	105.1	104.9	105.5	105.1	104.5	103.5	102.5	101.2	100.2
丹　东	Dandong	106.3	105.7	105.6	105.5	105.9	106.4	106.2	105.3	104.3	103.8	102.8	101.8
锦　州	Jinzhou	104.5	105.4	105.1	105.0	104.8	105.9	105.2	103.3	103.4	104.0	103.2	103.3
吉　林	Jilin	102.0	102.1	102.0	102.4	102.7	103.0	103.2	102.7	101.6	101.5	100.9	101.3
牡丹江	Mudanjiang	99.9	98.9	98.9	99.7	99.4	99.0	99.3	99.3	98.0	97.4	97.8	97.8
无　锡	Wuxi	105.2	104.9	104.6	103.8	103.6	104.1	103.7	103.1	103.3	104.2	104.0	103.5
徐　州	Yangzhou	109.7	110.1	109.6	109.1	108.2	107.9	106.4	105.0	102.7	103.0	102.4	102.3
扬　州	Xuzhou	108.7	109.9	110.0	110.0	110.8	109.8	110.2	108.1	107.1	105.0	104.1	102.8
温　州	Wenzhou	105.8	105.7	106.2	105.3	105.2	104.4	104.3	103.1	103.3	103.2	103.0	102.9
金　华	Jinhua	105.6	106.5	106.9	106.9	106.4	106.2	106.3	105.2	105.3	105.8	105.0	103.8
蚌　埠	Bengbu	104.4	104.7	105.1	104.4	103.1	101.8	101.7	102.0	101.4	100.6	100.1	99.9
安　庆	Anqing	98.4	97.9	98.3	98.7	98.4	97.5	98.3	99.4	99.7	99.6	99.7	99.4
泉　州	Quanzhou	106.8	108.4	108.7	109.5	109.0	108.3	108.2	107.2	106.5	105.5	104.3	102.3
九　江	Jiujiang	103.3	103.6	103.8	103.8	103.3	103.5	103.4	103.7	103.6	103.1	103.0	101.8
赣　州	Ganzhou	104.1	104.8	106.2	106.4	107.1	107.1	106.3	105.7	106.2	105.6	104.8	104.4
烟　台	Yantai	104.5	104.4	105.1	104.8	105.0	104.8	105.5	104.3	103.2	102.5	101.8	101.3
济　宁	Jining	107.9	109.4	108.8	108.7	109.0	109.3	110.0	108.5	108.9	108.4	106.7	105.6
洛　阳	Luoyang	101.7	101.3	101.3	101.3	101.8	102.2	101.6	102.0	102.2	102.3	101.7	100.4
平顶山	Pingdingshan	104.1	104.1	104.0	104.3	103.4	102.1	101.6	102.2	102.4	103.2	102.2	102.4
宜　昌	Yichang	103.1	103.3	104.1	104.7	104.7	105.4	105.6	105.6	104.6	103.7	103.2	102.3
襄　阳	Xiangyang	103.7	103.9	104.2	104.9	106.0	105.4	105.0	104.6	103.9	103.5	102.8	101.2
岳　阳	Yueyang	100.6	101.4	100.4	100.0	99.8	98.6	98.2	97.2	96.3	97.5	98.2	97.5
常　德	Changde	99.0	99.2	99.9	100.3	99.3	99.4	98.7	98.8	98.5	98.3	98.2	97.0
韶　关	Huizhou	101.7	102.9	103.2	104.4	104.8	105.8	104.7	104.4	104.0	101.8	101.7	100.6
湛　江	Zhanjiang	101.1	102.7	103.2	104.3	105.8	105.7	105.5	104.8	102.6	100.9	100.0	99.1
惠　州	Shaoguan	107.6	107.2	107.6	107.4	107.1	106.4	105.9	103.5	101.9	100.9	101.6	101.4
桂　林	Guilin	99.0	100.1	101.3	101.7	101.5	103.5	102.9	103.3	102.2	100.9	100.8	100.3
北　海	Beihai	96.5	96.7	96.5	95.9	96.5	97.4	97.9	98.8	98.4	99.0	98.7	98.3
三　亚	Sanya	105.7	105.6	106.3	105.3	106.9	107.5	107.4	106.4	106.2	106.7	106.5	106.3
泸　州	Luzhou	99.7	99.6	100.7	100.6	101.1	99.7	99.0	97.9	96.4	95.6	94.0	94.9
南　充	Nanchong	99.3	100.1	99.7	98.8	97.5	97.8	97.9	98.2	97.4	96.6	95.9	95.4
遵　义	Zunyi	99.5	101.1	101.1	101.4	102.0	102.2	101.4	101.3	101.4	101.5	101.5	101.3
大　理	Dali	100.6	101.2	101.1	100.5	100.4	100.9	99.6	99.8	99.5	99.1	98.2	97.3

4-2-3 2021年70个大中城市90~144㎡新建商品住宅销售价格指数

Housing Price Indices of 90~144㎡ Newly Constructed Commercial Residential Buildings in 70 Large and Medium-Sized Cities 2021

(以上年同月价格为100) (Same Month of Preceding Year=100)

城市	City	1月	2月	3月	4月	5月	6月	7月	8月	9月	10月	11月	12月
北京	Beijing	101.8	102.2	102.4	103.2	103.5	104.1	104.5	104.3	104.2	104.3	105.2	104.9
天津	Tianjin	101.2	102.2	103.1	103.3	103.5	104.1	104.2	104.1	104.1	103.9	102.7	102.2
石家庄	Shijiazhuang	103.0	102.7	102.8	102.3	102.7	102.3	102.2	101.7	101.3	100.2	98.7	97.9
太原	Taiyuan	99.0	99.1	99.2	99.2	98.8	97.8	97.6	97.9	97.6	97.5	97.1	96.4
呼和浩特	Hohhot	105.0	104.9	104.4	103.8	103.1	103.1	102.1	102.1	100.9	99.7	99.0	98.8
沈阳	Shenyang	106.1	105.1	105.4	105.0	104.7	104.8	104.8	103.9	103.7	103.4	102.7	103.2
大连	Dalian	104.4	103.5	104.7	104.9	105.4	105.6	105.6	106.2	105.7	105.3	105.1	104.9
长春	Changchun	103.0	101.9	101.4	101.2	101.5	100.6	100.6	100.2	100.8	101.0	100.8	100.8
哈尔滨	Harbin	99.7	100.3	100.0	99.3	99.4	99.5	99.8	99.1	99.4	98.7	98.2	98.1
上海	Shanghai	104.9	105.7	105.8	105.3	104.7	104.4	104.0	104.1	103.7	103.5	103.7	103.8
南京	Nanjing	105.2	105.5	106.2	104.8	104.4	104.1	104.4	104.5	104.7	104.0	103.3	103.6
杭州	Hangzhou	103.8	104.1	103.2	102.8	103.0	102.2	102.3	102.4	102.9	103.7	104.6	105.5
宁波	Ningbo	104.5	104.8	105.6	105.9	105.0	104.9	104.6	104.1	103.8	103.7	103.6	103.4
合肥	Hefei	104.4	104.9	105.5	106.8	107.2	106.3	106.0	105.9	105.4	104.7	103.8	103.1
福州	Fuzhou	106.1	105.3	105.7	105.7	105.4	105.3	105.2	105.5	105.0	104.9	103.9	103.4
厦门	Xiamen	104.2	104.6	104.8	105.4	105.6	105.6	105.2	105.6	104.9	105.0	103.9	103.6
南昌	Nanchang	100.6	100.7	101.6	101.4	101.0	100.5	100.3	100.9	100.8	101.2	101.2	100.5
济南	Jinan	100.0	100.3	101.4	102.5	103.0	104.0	104.5	105.3	105.5	105.1	104.8	104.8
青岛	Qingdao	102.7	103.0	104.2	104.1	104.8	104.7	105.0	105.2	104.6	104.7	104.5	104.1
郑州	Zhengzhou	98.9	100.0	101.0	101.7	102.6	103.5	104.1	103.5	103.1	102.8	102.7	102.0
武汉	Wuhan	104.3	104.8	105.2	106.6	107.2	106.8	106.6	106.5	106.0	105.3	104.3	103.6
长沙	Changsha	104.6	105.7	106.0	106.4	106.8	106.9	107.1	106.9	106.9	107.2	107.4	107.4
广州	Guangzhou	105.7	106.5	108.1	110.0	111.3	111.7	111.1	109.9	109.1	108.0	106.4	104.8
深圳	Shenzhen	102.9	102.9	102.7	103.3	103.3	102.9	103.1	103.9	103.9	103.4	103.3	103.4
南宁	Nanning	104.7	105.0	105.7	105.6	105.5	105.0	104.5	103.4	102.4	102.0	102.1	101.7
海口	Haikou	103.9	104.3	104.4	104.7	105.7	106.3	107.2	106.4	106.0	105.8	104.6	104.2
重庆	Chongqing	104.8	105.8	106.3	107.1	108.3	108.2	108.5	108.8	108.6	108.2	108.4	108.5
成都	Chengdu	105.7	105.5	106.0	106.7	106.0	105.6	105.3	104.7	104.0	102.8	102.5	101.8
贵阳	Guiyang	103.5	103.3	104.0	105.1	105.4	104.9	105.1	104.4	103.8	102.8	101.1	100.2
昆明	Kunming	105.1	105.9	107.2	107.3	106.4	104.4	103.4	102.0	100.9	99.5	99.5	99.3
西安	Xi'an	106.1	107.2	107.5	108.0	107.8	107.9	108.0	107.8	107.9	107.8	107.7	106.7
兰州	Lanzhou	104.6	105.2	106.5	106.5	106.4	106.7	106.8	106.2	105.4	104.8	104.1	103.0
西宁	Xining	109.3	109.4	108.1	107.6	107.5	107.5	108.1	107.3	106.8	106.1	105.1	103.5
银川	Yinchuan	114.6	115.3	114.3	114.1	112.9	111.0	109.5	107.9	107.5	107.4	107.0	106.2
乌鲁木齐	Urumqi	102.7	103.8	104.6	104.0	104.2	103.2	103.1	104.0	104.0	103.1	102.3	102.5

4-2-3 续表 Continued

(以上年同月价格为100) (Same Month of Preceding Year=100)

城 市	City	1月	2月	3月	4月	5月	6月	7月	8月	9月	10月	11月	12月
唐 山	Tangshan	110.0	109.5	108.5	107.2	106.3	105.1	103.4	101.6	100.2	99.3	99.0	98.6
秦皇岛	Qinhuangdao	103.4	103.6	103.8	103.0	101.8	100.4	100.5	99.1	98.3	98.2	97.1	96.1
包 头	Baotou	102.1	102.2	102.8	102.8	102.8	103.1	102.6	101.9	101.3	101.0	101.0	100.0
丹 东	Dandong	106.1	106.5	106.2	105.9	105.6	105.6	104.8	104.4	103.7	103.8	102.6	101.7
锦 州	Jinzhou	107.7	107.9	107.8	106.7	106.2	105.6	104.7	103.6	104.6	104.7	103.8	103.1
吉 林	Jilin	103.5	104.2	103.8	103.7	103.9	103.6	103.7	103.1	101.9	102.0	102.1	102.5
牡丹江	Mudanjiang	97.1	96.8	97.0	98.2	99.3	99.9	100.2	99.4	99.0	99.3	98.6	98.7
无 锡	Wuxi	106.0	106.0	106.2	106.4	105.9	106.1	105.4	104.6	104.6	104.1	104.1	104.2
徐 州	Yangzhou	110.3	110.5	110.4	110.2	110.1	109.4	108.1	107.5	105.7	104.5	104.4	103.9
扬 州	Xuzhou	106.8	107.4	108.0	108.5	108.9	109.3	109.0	108.3	107.4	106.2	105.3	104.4
温 州	Wenzhou	104.4	104.8	105.5	105.3	105.3	104.6	104.2	102.9	103.6	103.4	103.9	104.5
金 华	Jinhua	106.4	106.6	107.7	107.0	107.0	106.3	105.8	105.3	105.4	105.0	104.8	104.1
蚌 埠	Bengbu	105.8	105.9	105.6	104.9	104.2	104.0	104.4	103.9	103.3	102.7	102.2	101.6
安 庆	Anqing	98.7	98.5	98.9	98.9	98.9	99.4	99.6	100.2	100.4	99.8	99.2	98.8
泉 州	Quanzhou	105.9	106.9	107.3	108.0	107.7	107.2	107.2	106.6	106.1	105.9	105.2	103.9
九 江	Jiujiang	103.5	103.7	104.2	103.7	103.5	102.9	103.1	103.5	102.8	102.3	102.0	101.8
赣 州	Ganzhou	104.8	104.7	105.1	104.7	104.7	104.7	104.0	103.7	103.4	102.7	102.1	102.5
烟 台	Yantai	104.9	104.4	104.5	105.0	105.1	104.7	104.9	103.5	102.9	101.9	101.5	101.0
济 宁	Jining	109.0	109.5	110.2	110.2	110.5	110.4	109.9	108.8	108.3	107.8	106.2	105.1
洛 阳	Luoyang	102.4	102.3	102.5	103.1	103.8	104.1	104.1	104.2	104.2	104.3	104.0	103.3
平顶山	Pingdingshan	103.0	103.4	103.8	104.1	103.9	103.5	102.9	103.2	103.0	103.1	102.2	101.7
宜 昌	Yichang	102.7	103.3	103.9	104.4	104.8	104.9	104.8	104.7	104.3	103.3	102.9	102.6
襄 阳	Xiangyang	103.2	103.4	103.7	104.8	105.1	105.1	105.0	104.9	104.3	103.7	102.3	101.0
岳 阳	Yueyang	100.8	101.7	101.1	100.6	100.6	99.8	99.0	98.5	97.7	97.3	97.8	98.0
常 德	Changde	98.3	98.0	98.7	99.0	98.5	98.1	97.7	97.4	97.2	97.4	97.7	97.5
韶 关	Huizhou	100.0	101.1	101.6	102.0	102.5	103.0	102.6	103.0	102.3	101.2	100.8	100.3
湛 江	Zhanjiang	100.7	101.7	103.0	103.6	104.3	103.9	104.2	103.6	102.3	101.6	100.8	99.8
惠 州	Shaoguan	107.0	107.5	108.0	108.2	107.5	106.1	104.8	102.3	101.6	100.8	101.3	100.8
桂 林	Guilin	100.3	101.4	102.1	101.8	101.8	101.3	101.2	102.1	100.8	99.8	99.6	99.8
北 海	Beihai	95.8	94.6	94.5	94.9	95.9	96.8	97.2	98.0	98.4	98.5	98.2	98.4
三 亚	Sanya	104.4	104.8	106.5	106.4	107.0	107.8	106.7	105.8	104.8	104.6	105.0	104.6
泸 州	Luzhou	99.2	100.0	101.0	100.6	100.6	100.2	99.9	99.4	98.1	97.6	97.3	97.3
南 充	Nanchong	99.2	101.0	101.2	100.5	98.9	99.5	99.4	99.3	99.4	99.9	99.6	99.0
遵 义	Zunyi	100.8	101.6	101.4	101.5	102.2	102.2	102.0	101.7	101.4	100.8	99.7	100.2
大 理	Dali	100.5	100.1	100.3	100.3	100.2	99.8	99.7	99.3	98.1	97.0	95.8	95.5

4-2-4 2021年70个大中城市144㎡以上新建商品住宅销售价格指数

Housing Price Indices of Above 144㎡ Newly Constructed Commercial Residential Buildings in 70 Large and Medium-Sized Cities 2021

(以上年同月价格为100) (Same Month of Preceding Year=100)

城市	City	1月	2月	3月	4月	5月	6月	7月	8月	9月	10月	11月	12月
北京	Beijing	104.2	104.3	104.6	105.7	105.5	105.8	105.7	105.2	104.7	105.3	105.5	105.2
天津	Tianjin	103.0	103.3	104.0	105.2	104.9	104.8	105.1	105.5	104.9	104.9	104.7	103.7
石家庄	Shijiazhuang	103.0	103.0	103.3	103.9	103.7	103.8	103.2	103.0	103.0	101.3	99.8	99.4
太原	Taiyuan	99.2	98.8	98.0	98.0	98.0	97.8	98.4	98.1	98.3	98.5	98.9	98.3
呼和浩特	Hohhot	104.4	104.3	103.9	103.3	102.9	102.9	102.6	102.0	102.0	101.2	99.8	99.7
沈阳	Shenyang	106.3	105.5	105.0	105.3	105.7	105.1	104.9	104.3	104.3	104.4	104.7	103.2
大连	Dalian	105.4	105.0	106.1	106.5	107.1	107.7	107.5	107.5	107.8	106.9	106.9	106.3
长春	Changchun	102.3	102.9	102.2	101.8	101.5	101.6	101.5	101.4	100.8	101.5	101.7	101.7
哈尔滨	Harbin	100.9	101.0	101.0	100.2	101.3	100.4	100.2	100.1	99.6	99.3	99.0	98.6
上海	Shanghai	103.7	104.1	104.6	104.6	104.4	105.0	105.2	104.6	104.6	104.4	104.9	105.0
南京	Nanjing	104.7	106.4	106.5	105.7	104.8	105.2	105.3	106.1	106.0	105.8	105.5	105.6
杭州	Hangzhou	104.8	104.9	103.8	103.5	102.9	102.4	103.0	103.6	103.7	103.9	104.6	105.3
宁波	Ningbo	103.5	104.8	105.1	106.0	104.6	104.4	104.7	104.3	104.0	103.8	103.4	103.4
合肥	Hefei	104.9	105.7	106.4	107.4	107.5	107.1	106.7	107.1	106.8	105.7	104.3	104.2
福州	Fuzhou	105.9	105.7	106.3	106.8	106.7	106.8	106.7	105.8	105.7	105.1	104.1	103.4
厦门	Xiamen	105.4	106.0	106.2	105.8	106.5	105.9	105.9	105.8	106.0	106.3	105.1	104.3
南昌	Nanchang	101.6	101.6	101.6	101.7	101.8	102.3	103.1	103.2	101.9	101.1	100.9	100.2
济南	Jinan	98.8	99.7	100.7	100.3	100.8	102.5	103.1	104.7	105.5	105.5	105.4	105.6
青岛	Qingdao	103.7	104.3	105.2	105.9	106.2	106.4	106.7	106.1	105.7	105.8	105.3	105.2
郑州	Zhengzhou	100.7	101.2	101.7	102.1	102.5	102.1	102.4	102.0	101.9	101.5	101.6	101.2
武汉	Wuhan	105.9	105.9	106.2	107.5	107.9	106.5	105.9	105.8	105.6	105.2	104.2	104.2
长沙	Changsha	105.8	105.9	105.9	105.9	106.5	106.3	106.7	106.3	106.8	107.0	107.4	108.0
广州	Guangzhou	105.0	106.3	107.9	107.9	109.9	110.9	110.4	109.7	109.4	108.4	107.0	105.7
深圳	Shenzhen	104.5	105.2	104.6	104.5	104.5	104.7	103.9	104.1	104.0	103.7	104.2	104.1
南宁	Nanning	106.6	107.8	107.3	107.4	107.0	106.6	106.6	105.0	104.4	102.9	102.6	101.8
海口	Haikou	101.8	102.5	103.5	104.7	104.8	104.7	105.3	104.7	104.9	104.5	104.1	103.4
重庆	Chongqing	104.5	104.6	105.2	105.1	106.7	106.7	107.1	108.6	107.8	107.7	107.1	106.8
成都	Chengdu	108.1	107.7	107.0	106.3	106.5	105.9	104.1	103.4	102.8	102.8	102.8	103.3
贵阳	Guiyang	103.6	103.3	103.3	105.3	105.4	104.4	104.5	103.9	103.7	103.2	100.8	100.1
昆明	Kunming	106.1	107.7	107.9	107.8	107.5	104.9	104.1	102.6	102.2	101.3	100.1	99.8
西安	Xi'an	106.1	106.6	107.5	107.5	108.0	108.9	108.1	107.6	107.0	107.1	107.0	105.3
兰州	Lanzhou	104.9	105.3	105.7	106.1	105.9	105.5	105.6	104.6	103.9	103.5	101.3	101.1
西宁	Xining	108.6	109.0	108.9	109.6	108.9	108.9	110.4	110.3	109.7	108.2	106.7	104.4
银川	Yinchuan	112.7	114.4	114.1	112.8	111.1	111.3	111.1	109.6	109.3	109.0	109.2	107.9
乌鲁木齐	Urumqi	106.1	107.0	106.5	105.5	106.3	105.6	104.9	105.4	104.9	104.3	103.8	104.3

4-2-4 续表 Continued

(以上年同月价格为100) (Same Month of Preceding Year=100)

城 市	City	1月	2月	3月	4月	5月	6月	7月	8月	9月	10月	11月	12月
唐 山	Tangshan	109.6	108.4	107.8	106.3	104.4	103.3	102.2	100.1	98.3	98.6	97.6	97.3
秦皇岛	Qinhuangdao	102.4	102.5	102.6	101.4	100.9	99.5	99.5	99.1	98.5	98.4	98.5	97.7
包 头	Baotou	103.8	103.1	103.2	104.6	104.4	103.5	103.6	102.8	102.0	101.7	100.9	100.7
丹 东	Dandong	106.1	106.2	105.4	104.9	104.7	105.8	105.2	104.6	104.0	103.3	103.0	101.4
锦 州	Jinzhou	104.7	105.6	104.6	104.9	105.5	104.8	104.9	105.0	105.8	105.0	103.7	103.2
吉 林	Jilin	102.3	102.5	102.9	102.4	102.5	102.9	103.3	102.7	101.5	101.5	101.9	102.3
牡丹江	Mudanjiang	99.5	99.1	99.2	99.3	99.1	99.5	99.3	99.9	98.8	98.7	100.0	99.5
无 锡	Wuxi	104.6	104.6	105.2	105.6	105.9	106.3	106.3	104.9	105.7	106.0	105.4	104.6
徐 州	Yangzhou	108.2	108.9	108.6	108.0	108.0	108.7	107.1	106.1	105.1	104.5	104.4	104.4
扬 州	Xuzhou	107.2	108.0	107.8	107.9	108.0	109.1	108.3	107.5	106.9	105.2	104.4	103.9
温 州	Wenzhou	103.5	104.6	105.4	105.1	104.8	104.7	104.7	104.0	104.0	103.3	103.4	103.3
金 华	Jinhua	105.1	105.3	105.7	106.6	105.9	106.4	106.4	105.3	104.7	104.9	104.3	104.7
蚌 埠	Bengbu	105.6	106.3	105.4	104.7	103.5	102.7	101.9	102.0	101.8	101.0	100.7	100.8
安 庆	Anqing	98.6	98.6	98.5	98.6	98.5	98.5	98.0	99.6	99.8	98.9	98.1	97.8
泉 州	Quanzhou	105.7	106.7	107.1	106.9	106.6	106.4	106.5	106.0	105.7	105.1	104.5	103.6
九 江	Jiujiang	102.2	103.2	104.7	105.2	105.4	104.7	104.8	105.0	104.0	103.8	103.8	102.1
赣 州	Ganzhou	105.7	106.7	106.3	106.0	106.0	105.5	103.6	102.4	102.1	101.4	101.1	101.0
烟 台	Yantai	106.2	105.8	105.5	105.5	105.7	105.6	104.7	103.2	102.2	101.0	100.4	100.3
济 宁	Jining	108.7	109.3	109.5	110.2	110.6	111.6	111.0	109.5	108.5	106.9	105.0	104.3
洛 阳	Luoyang	102.3	102.3	103.1	102.8	103.1	102.9	102.2	102.6	102.3	102.6	102.3	102.1
平顶山	Pingdingshan	104.3	104.1	103.7	103.6	103.8	102.9	102.5	102.2	101.6	102.1	101.4	101.4
宜 昌	Yichang	103.4	103.4	104.9	105.3	105.6	105.2	104.4	104.0	103.5	102.5	100.8	100.3
襄 阳	Xiangyang	105.7	105.9	106.4	106.3	106.5	105.8	104.7	103.8	103.3	102.5	102.0	101.8
岳 阳	Yueyang	101.6	102.3	102.5	102.5	102.5	101.5	100.1	99.0	98.3	98.4	98.1	96.9
常 德	Changde	99.1	99.4	99.8	99.3	98.4	98.7	98.2	98.0	98.3	99.1	98.6	97.4
韶 关	Huizhou	99.3	100.6	102.0	102.4	103.6	104.3	103.7	102.8	102.7	101.0	101.0	101.2
湛 江	Zhanjiang	102.7	103.4	104.6	105.1	106.5	107.1	106.8	105.3	103.0	101.1	100.0	99.4
惠 州	Shaoguan	107.1	107.1	107.2	107.7	107.6	106.8	105.9	104.1	102.6	101.3	101.2	100.3
桂 林	Guilin	102.9	102.7	102.2	101.9	102.2	102.1	101.0	101.8	100.3	100.0	99.6	100.0
北 海	Beihai	97.2	95.6	96.6	96.9	96.5	97.1	98.5	99.3	99.4	99.3	99.7	99.5
三 亚	Sanya	103.5	103.5	105.4	105.3	105.2	104.4	104.8	104.7	104.0	104.3	104.3	103.9
泸 州	Luzhou	100.6	99.3	99.5	99.7	100.2	98.7	99.1	99.0	98.3	97.7	96.6	96.5
南 充	Nanchong	100.7	101.8	101.3	100.7	99.1	99.9	99.7	99.3	99.2	98.9	98.8	98.5
遵 义	Zunyi	98.9	100.5	101.5	101.7	102.4	102.8	103.0	102.6	103.6	102.9	102.0	100.6
大 理	Dali	100.2	100.0	99.8	99.7	99.0	98.3	96.9	95.9	95.8	95.3	94.7	95.2

4-2-5 2021年70个大中城市二手住宅销售价格指数
Housing Price Indices of Second-Hand Residential Buildings in 70 Large and Medium-Sized Cities 2021

(以上年同月价格为100) (Same Month of Preceding Year=100)

城 市	City	1月	2月	3月	4月	5月	6月	7月	8月	9月	10月	11月	12月
北 京	Beijing	106.9	108.5	109.9	110.1	109.3	109.9	110.7	110.4	109.7	108.8	108.1	108.5
天 津	Tianjin	96.6	97.1	98.0	98.5	99.4	100.0	100.1	100.9	101.7	101.6	101.5	101.3
石家庄	Shijiazhuang	97.9	97.7	97.8	98.4	98.7	98.4	98.5	98.4	98.1	97.9	97.3	96.6
太 原	Taiyuan	97.1	97.4	96.0	96.3	96.9	97.9	98.6	97.8	97.9	97.9	97.3	96.2
呼和浩特	Hohhot	99.1	99.3	100.1	100.1	100.4	100.0	99.1	99.0	98.4	98.1	98.0	98.3
沈 阳	Shenyang	107.2	107.4	107.6	106.3	105.9	105.5	105.2	104.5	104.2	103.3	102.4	101.8
大 连	Dalian	106.5	107.0	107.2	106.8	106.5	106.3	106.0	105.7	105.5	105.3	104.9	104.1
长 春	Changchun	98.9	98.3	97.8	97.3	97.6	97.5	98.1	98.3	98.7	99.0	99.0	99.3
哈尔滨	Harbin	96.0	96.3	96.5	96.5	96.9	98.1	99.0	99.4	99.4	99.3	98.8	98.4
上 海	Shanghai	107.6	108.8	109.7	109.3	109.4	110.1	110.3	109.7	108.0	107.0	106.7	106.5
南 京	Nanjing	104.7	105.2	105.9	106.1	106.2	106.4	106.5	106.4	106.1	105.4	104.5	103.8
杭 州	Hangzhou	107.7	108.2	108.7	108.7	108.7	108.6	107.8	107.3	106.6	105.7	105.5	105.2
宁 波	Ningbo	108.8	110.1	110.5	110.4	109.7	109.0	108.1	107.1	105.9	104.8	104.0	103.2
合 肥	Hefei	105.0	105.8	106.3	106.3	106.1	106.3	106.1	105.6	105.0	104.3	103.5	102.5
福 州	Fuzhou	103.4	104.1	105.2	105.1	104.6	105.0	105.7	105.6	105.1	104.3	104.2	103.1
厦 门	Xiamen	105.1	105.6	105.9	105.8	104.9	104.4	104.2	104.2	104.0	103.3	102.5	101.4
南 昌	Nanchang	100.2	100.1	100.7	100.9	100.2	100.2	100.6	101.0	101.0	101.0	100.4	99.6
济 南	Jinan	97.7	98.0	98.2	98.9	99.2	100.0	100.2	100.9	101.0	101.1	101.1	101.5
青 岛	Qingdao	97.9	98.8	99.7	100.2	100.7	100.8	101.3	101.0	101.2	101.5	101.4	101.2
郑 州	Zhengzhou	97.0	97.2	98.3	99.3	100.6	101.3	101.8	101.7	102.0	101.7	101.3	100.9
武 汉	Wuhan	101.1	101.6	102.0	102.8	103.1	104.2	104.1	103.3	102.8	102.5	102.3	102.2
长 沙	Changsha	102.0	102.7	103.5	104.4	104.7	104.9	105.7	106.0	106.2	105.7	105.5	105.1
广 州	Guangzhou	108.7	109.8	111.5	112.9	113.5	113.2	112.2	110.9	109.6	108.3	106.9	105.8
深 圳	Shenzhen	115.3	116.0	114.6	112.9	110.9	108.7	107.0	105.4	103.6	102.5	101.7	100.6
南 宁	Nanning	103.2	103.3	103.1	102.6	102.5	102.4	101.5	101.0	100.5	99.8	98.8	98.1
海 口	Haikou	102.6	103.2	104.5	105.6	106.7	107.4	108.1	107.8	108.0	107.5	107.4	107.2
重 庆	Chongqing	100.1	100.7	102.3	103.7	104.8	105.5	105.6	105.0	104.9	105.0	104.7	104.4
成 都	Chengdu	109.3	109.3	109.3	107.4	106.8	106.7	106.0	105.3	105.1	104.8	103.7	103.8
贵 阳	Guiyang	96.7	96.8	97.3	98.0	98.4	98.5	99.3	99.1	98.7	98.7	98.2	97.9
昆 明	Kunming	103.9	104.4	104.2	104.2	104.1	103.1	102.6	102.4	101.3	100.6	100.1	100.5
西 安	Xi'an	103.8	104.7	105.6	106.6	107.4	107.8	107.9	107.3	106.8	106.2	106.0	105.6
兰 州	Lanzhou	103.9	104.4	105.3	105.2	105.3	105.0	104.6	104.2	103.4	102.6	101.9	101.2
西 宁	Xining	108.6	108.7	108.6	108.1	107.7	106.8	106.2	105.8	105.5	104.4	103.1	102.1
银 川	Yinchuan	109.7	110.0	110.4	109.8	109.3	108.4	107.4	106.1	105.4	104.3	103.5	103.0
乌鲁木齐	Urumqi	106.1	107.2	106.3	106.0	104.8	103.5	102.8	102.4	101.1	99.9	99.3	98.5

4-2-5 续表 Continued

(以上年同月价格为100) (Same Month of Preceding Year=100)

城 市	City	1月	2月	3月	4月	5月	6月	7月	8月	9月	10月	11月	12月
唐 山	Tangshan	107.8	107.7	106.8	105.5	104.3	103.5	102.2	100.8	99.7	99.5	99.4	98.8
秦皇岛	Qinhuangdao	103.0	103.3	103.6	103.2	102.4	101.4	99.9	98.8	98.1	97.8	97.3	97.1
包 头	Baotou	101.8	102.0	102.7	103.9	103.3	102.8	102.3	102.0	101.4	101.5	101.1	100.5
丹 东	Dandong	104.6	104.5	104.6	104.6	104.7	104.6	104.4	103.6	103.1	102.6	101.8	100.6
锦 州	Jinzhou	99.4	99.6	99.4	99.6	99.8	99.4	99.3	98.9	98.5	98.3	97.5	97.4
吉 林	Jilin	98.2	98.4	98.6	98.7	98.7	98.6	99.4	99.5	99.3	99.2	99.3	99.4
牡丹江	Mudanjiang	90.0	90.1	90.6	91.7	92.9	94.0	94.6	95.7	95.4	95.2	95.3	94.3
无 锡	Wuxi	107.9	108.5	109.0	108.7	108.2	107.5	106.7	105.7	104.9	104.5	104.0	103.4
徐 州	Yangzhou	109.1	108.8	109.8	110.6	110.9	110.4	109.4	108.1	106.4	105.4	104.1	103.2
扬 州	Xuzhou	105.0	105.5	106.1	106.5	107.1	107.8	108.0	107.1	106.1	104.9	104.2	102.6
温 州	Wenzhou	105.8	106.6	107.5	107.3	107.4	107.2	106.5	105.6	104.7	104.2	103.6	103.0
金 华	Jinhua	106.2	107.0	107.3	107.5	108.1	108.4	107.9	106.4	105.5	104.9	104.3	103.2
蚌 埠	Bengbu	103.9	104.2	105.0	104.8	104.6	104.9	105.0	104.6	104.2	103.7	102.7	101.9
安 庆	Anqing	98.4	98.4	98.0	97.4	97.3	97.2	97.3	97.2	96.8	96.5	96.3	96.2
泉 州	Quanzhou	105.0	106.1	107.1	108.2	108.2	108.3	108.4	107.7	106.9	106.0	104.8	103.6
九 江	Jiujiang	102.0	102.4	103.0	103.4	103.1	103.0	103.2	103.3	103.2	103.1	102.0	101.4
赣 州	Ganzhou	102.4	102.5	102.8	102.6	101.9	101.8	101.2	100.7	100.3	100.8	100.8	100.9
烟 台	Yantai	99.6	100.6	101.5	102.3	102.8	103.3	104.2	104.2	103.7	103.1	102.6	102.4
济 宁	Jining	105.4	106.0	106.3	106.3	106.9	106.8	105.9	104.6	104.2	103.6	103.2	101.9
洛 阳	Luoyang	102.9	102.8	102.9	103.8	104.1	104.2	103.7	103.3	103.3	103.2	102.5	101.5
平顶山	Pingdingshan	103.4	103.7	103.6	103.5	103.4	103.1	102.7	102.1	101.3	100.8	100.5	100.3
宜 昌	Yichang	99.3	99.1	99.9	99.9	100.0	99.9	98.9	98.9	98.4	98.1	97.7	97.5
襄 阳	Xiangyang	98.8	98.6	99.1	99.6	99.7	100.0	100.5	100.1	100.1	99.7	99.7	99.5
岳 阳	Yueyang	100.9	101.1	100.6	99.9	99.3	98.8	98.1	98.2	97.6	97.8	97.3	96.8
常 德	Changde	98.2	98.2	98.9	99.2	99.3	99.7	99.4	98.8	99.0	99.0	98.4	97.8
韶 关	Huizhou	99.8	100.3	100.7	101.7	102.5	101.7	101.4	101.3	101.4	100.8	99.9	99.9
湛 江	Zhanjiang	98.1	98.8	100.0	101.1	101.4	102.1	102.2	101.9	100.9	100.4	100.2	100.0
惠 州	Shaoguan	103.9	104.5	105.0	105.5	105.4	105.6	104.8	103.6	102.4	101.6	101.2	100.6
桂 林	Guilin	102.6	102.6	102.6	102.1	101.7	101.8	101.8	101.5	100.7	99.9	99.0	99.0
北 海	Beihai	96.6	96.7	96.6	96.7	97.3	98.1	98.7	98.6	98.7	98.9	98.9	98.3
三 亚	Sanya	100.6	101.3	102.5	103.5	105.1	105.3	105.4	106.3	105.9	106.3	106.0	104.7
泸 州	Luzhou	97.3	98.4	98.5	99.2	100.1	100.2	100.6	101.6	101.5	100.8	100.0	99.9
南 充	Nanchong	94.4	95.1	94.7	95.5	95.6	95.5	95.0	95.0	95.1	94.8	94.8	94.7
遵 义	Zunyi	99.9	100.9	101.2	101.2	100.8	100.6	100.4	99.7	99.3	99.0	98.7	98.6
大 理	Dali	102.0	102.6	102.6	102.7	102.5	102.3	101.5	100.4	99.6	98.9	98.1	97.6

4-2-6 2021年70个大中城市90㎡及以下二手住宅销售价格指数
Housing Price Indices of 90㎡ and below Second-Hand Residential Buildings in 70 Large and Medium-Sized Cities 2021

(以上年同月价格为100) (Same Month of Preceding Year=100)

城 市	City	1月	2月	3月	4月	5月	6月	7月	8月	9月	10月	11月	12月
北 京	Beijing	106.5	108.5	109.6	109.6	108.9	109.8	110.7	110.6	109.6	108.4	108.0	108.9
天 津	Tianjin	96.8	97.2	98.4	99.3	100.9	101.4	100.8	101.5	102.0	101.9	101.5	101.7
石家庄	Shijiazhuang	98.4	98.9	99.1	99.8	99.9	99.2	99.2	98.6	98.2	97.8	97.4	97.4
太 原	Taiyuan	97.0	97.1	95.8	96.9	98.1	98.9	99.8	98.6	98.4	98.4	97.3	95.6
呼和浩特	Hohhot	98.6	98.9	99.8	99.8	100.0	99.8	99.0	98.7	98.4	97.6	98.1	98.1
沈 阳	Shenyang	107.4	107.6	107.5	106.8	106.3	105.4	105.1	104.8	104.4	103.4	102.5	102.1
大 连	Dalian	106.3	106.7	107.2	106.9	106.7	106.4	106.4	106.2	106.2	105.9	105.4	104.7
长 春	Changchun	99.5	99.3	98.6	98.1	98.1	98.3	98.9	98.6	98.4	98.4	98.8	99.2
哈尔滨	Harbin	96.0	96.4	96.5	96.2	96.8	98.3	99.2	100.0	100.0	99.7	99.0	98.3
上 海	Shanghai	108.0	109.2	110.6	110.5	110.7	110.6	111.0	109.8	108.1	106.8	106.6	106.0
南 京	Nanjing	103.6	104.1	104.7	104.9	105.2	105.9	106.1	106.4	106.5	105.5	104.4	103.6
杭 州	Hangzhou	108.6	108.8	108.7	108.6	108.2	108.5	107.9	107.6	106.7	105.5	105.2	104.6
宁 波	Ningbo	109.3	110.9	111.3	111.4	110.5	109.6	108.1	107.2	105.6	104.7	103.8	102.6
合 肥	Hefei	104.5	105.3	106.0	106.2	106.0	106.6	105.9	105.4	105.1	104.6	104.0	103.2
福 州	Fuzhou	103.1	104.2	105.8	105.7	105.2	105.7	106.4	106.1	106.1	104.9	104.5	102.7
厦 门	Xiamen	105.9	106.0	106.5	106.7	105.0	104.7	104.3	103.9	103.8	102.9	102.1	101.0
南 昌	Nanchang	100.2	99.5	100.2	100.3	99.9	99.7	100.7	100.5	100.3	99.7	99.7	99.1
济 南	Jinan	98.4	97.9	98.0	98.5	99.5	99.8	100.0	100.8	101.0	101.3	100.7	101.0
青 岛	Qingdao	97.2	98.6	99.2	99.9	100.2	100.8	101.3	101.1	101.7	102.3	102.0	101.7
郑 州	Zhengzhou	97.3	97.8	98.4	99.6	101.3	101.5	101.8	101.5	101.7	101.6	100.7	100.3
武 汉	Wuhan	100.3	100.4	101.1	102.3	101.8	103.0	102.8	102.6	102.3	102.3	101.9	101.7
长 沙	Changsha	101.6	102.0	103.1	104.5	105.2	104.8	105.6	106.0	106.2	106.0	105.7	104.5
广 州	Guangzhou	108.4	110.0	111.6	112.7	113.1	112.7	111.0	109.8	109.1	107.8	106.6	105.8
深 圳	Shenzhen	116.6	117.6	116.2	114.3	112.1	109.9	107.4	105.3	103.4	102.3	101.3	100.3
南 宁	Nanning	103.7	103.7	103.5	103.2	103.4	102.9	102.0	101.6	101.2	100.3	99.6	98.9
海 口	Haikou	102.7	103.3	104.4	105.6	106.0	106.7	106.9	106.5	107.0	107.1	106.8	106.7
重 庆	Chongqing	99.4	100.3	101.9	103.6	105.1	105.9	106.0	105.1	105.5	105.0	104.7	104.8
成 都	Chengdu	109.2	109.3	109.3	107.5	106.4	106.1	105.4	104.2	103.6	103.2	102.3	102.6
贵 阳	Guiyang	96.6	96.7	97.1	98.7	98.8	98.7	99.7	99.1	98.3	97.9	97.2	97.5
昆 明	Kunming	102.9	103.3	103.5	103.4	103.9	103.0	102.7	102.5	101.0	100.3	100.1	100.8
西 安	Xi'an	102.4	103.7	104.5	105.9	106.9	107.8	108.3	107.8	107.7	107.2	106.6	106.0
兰 州	Lanzhou	105.2	106.3	106.5	106.0	106.6	106.0	105.5	104.8	104.3	103.2	102.4	102.0
西 宁	Xining	108.8	109.0	109.6	109.4	109.4	109.2	108.2	108.1	107.7	105.5	103.7	101.9
银 川	Yinchuan	109.0	109.2	109.3	108.8	108.5	107.5	106.4	105.2	105.0	104.2	103.3	103.1
乌鲁木齐	Urumqi	107.1	108.5	107.5	106.9	105.9	104.9	103.9	103.1	101.3	99.9	99.2	98.4

4-2-6 续表 Continued

(以上年同月价格为100) (Same Month of Preceding Year=100)

城市	City	1月	2月	3月	4月	5月	6月	7月	8月	9月	10月	11月	12月
唐山	Tangshan	107.8	107.8	106.8	105.5	104.4	104.0	103.0	101.1	99.9	99.7	99.3	98.6
秦皇岛	Qinhuangdao	103.6	104.4	104.0	103.5	102.3	100.9	99.6	97.8	97.5	97.2	96.4	96.7
包头	Baotou	101.7	102.1	103.4	104.4	103.9	104.0	103.6	103.1	102.9	102.8	102.3	101.1
丹东	Dandong	104.3	104.2	105.0	105.3	105.0	104.9	104.7	103.9	103.6	103.2	102.2	101.0
锦州	Jinzhou	99.5	99.6	99.3	100.0	100.4	99.9	99.8	99.2	98.7	98.7	97.7	97.7
吉林	Jilin	98.9	99.3	99.4	99.4	99.2	99.0	99.6	99.9	99.8	99.6	99.8	99.9
牡丹江	Mudanjiang	89.8	89.6	90.2	91.5	92.8	93.8	94.6	95.6	95.3	94.7	95.1	94.0
无锡	Wuxi	108.9	108.7	109.1	109.0	108.4	107.4	106.3	105.8	104.9	104.0	103.7	103.5
徐州	Yangzhou	109.3	109.5	110.1	110.8	110.1	109.3	108.3	107.7	105.8	104.3	103.4	102.8
扬州	Xuzhou	105.1	105.1	105.1	106.1	106.7	107.3	107.0	106.1	105.8	104.6	103.9	103.0
温州	Wenzhou	105.1	106.2	106.8	107.4	107.3	106.9	106.3	105.8	105.0	104.1	103.8	103.2
金华	Jinhua	107.5	108.3	108.5	108.1	108.5	108.6	107.8	106.6	105.5	105.0	104.5	103.4
蚌埠	Bengbu	104.0	104.2	105.0	105.0	104.5	105.0	105.3	104.5	104.0	103.3	102.5	101.5
安庆	Anqing	99.0	99.0	98.4	97.7	97.5	97.2	96.9	96.6	96.3	96.2	96.3	96.0
泉州	Quanzhou	106.1	106.9	108.1	108.6	107.8	107.9	107.5	106.9	106.3	105.6	104.1	102.9
九江	Jiujiang	103.4	103.4	103.8	103.8	103.1	103.0	103.2	103.2	102.4	101.7	100.7	100.3
赣州	Ganzhou	103.0	102.7	102.9	102.9	102.0	101.5	100.6	100.4	100.3	100.2	100.2	100.7
烟台	Yantai	99.4	100.4	101.3	101.8	102.2	102.6	104.3	104.2	103.4	102.9	102.3	101.9
济宁	Jining	105.8	106.1	105.5	105.6	105.6	105.0	104.5	103.8	102.9	101.8	101.7	100.1
洛阳	Luoyang	101.9	102.1	102.0	102.5	103.3	103.3	102.6	102.7	102.7	102.9	101.7	101.1
平顶山	Pingdingshan	104.4	104.0	104.0	103.6	103.3	102.9	102.8	101.8	101.1	100.3	99.8	99.5
宜昌	Yichang	99.6	99.4	100.2	100.6	100.6	100.4	99.8	99.5	99.0	98.9	98.7	98.5
襄阳	Xiangyang	99.3	98.8	99.1	99.4	99.9	100.0	100.2	99.6	99.4	99.0	99.1	99.1
岳阳	Yueyang	99.1	98.8	99.5	99.3	98.1	98.0	97.6	97.8	97.7	98.3	97.9	97.4
常德	Changde	99.2	99.1	100.1	99.5	100.7	100.5	100.2	99.9	99.7	98.5	98.3	98.0
韶关	Huizhou	100.6	101.7	102.4	102.8	103.2	102.3	102.0	102.2	101.3	100.6	100.0	100.1
湛江	Zhanjiang	97.6	98.6	100.0	101.0	101.7	102.4	102.7	102.4	101.3	100.7	100.4	100.1
惠州	Shaoguan	103.4	103.8	104.9	105.2	105.4	105.2	105.1	104.2	102.6	101.8	101.1	100.6
桂林	Guilin	101.6	101.4	101.4	101.2	101.4	100.8	100.6	100.0	99.7	99.0	98.7	98.4
北海	Beihai	96.8	96.9	96.9	97.0	97.3	98.0	98.6	98.8	98.9	99.4	99.2	98.5
三亚	Sanya	100.5	100.6	102.4	103.2	105.1	106.2	106.1	107.3	107.0	106.6	106.0	104.5
泸州	Luzhou	97.2	98.2	99.3	99.3	100.3	100.9	101.0	101.8	101.1	100.9	100.3	100.3
南充	Nanchong	94.8	95.2	94.9	95.0	95.4	95.2	95.5	95.6	95.5	94.2	95.2	94.7
遵义	Zunyi	100.9	101.9	102.2	102.3	101.6	100.1	100.8	100.2	100.3	100.4	99.7	99.0
大理	Dali	101.6	102.5	102.5	103.2	103.0	102.6	102.1	100.6	100.1	99.7	98.7	97.4

4-2-7 2021年70个大中城市90~144㎡二手住宅销售价格指数
Housing Price Indices of 90~144㎡ Second-Hand Residential Buildings in 70 Large and Medium-Sized Cities 2021

(以上年同月价格为100) (Same Month of Preceding Year=100)

城市	City	1月	2月	3月	4月	5月	6月	7月	8月	9月	10月	11月	12月
北京	Beijing	106.1	107.8	109.6	109.7	109.1	109.6	110.5	110.2	109.9	109.2	108.4	108.3
天津	Tianjin	96.7	97.5	98.0	98.0	98.0	98.3	99.2	100.2	101.3	101.2	101.7	101.2
石家庄	Shijiazhuang	97.3	96.6	96.6	97.2	97.6	97.8	98.1	98.2	97.9	97.7	97.0	95.8
太原	Taiyuan	97.4	98.3	97.0	96.5	96.6	97.5	98.0	98.0	98.3	98.2	97.8	97.0
呼和浩特	Hohhot	99.2	99.7	100.3	100.1	100.8	100.4	99.6	99.7	98.7	99.3	98.6	99.0
沈阳	Shenyang	106.3	106.9	107.6	105.5	105.3	105.2	105.3	104.3	104.2	103.2	102.4	101.8
大连	Dalian	106.6	107.7	107.5	107.2	106.6	106.4	105.7	105.0	104.3	104.3	104.2	103.2
长春	Changchun	98.1	96.9	96.6	96.2	96.6	96.4	97.1	98.0	98.9	99.7	99.1	99.3
哈尔滨	Harbin	96.0	96.4	96.6	97.0	97.5	98.4	99.5	99.2	99.3	99.4	98.8	98.5
上海	Shanghai	107.5	108.8	109.2	108.3	108.6	109.7	109.7	109.6	107.9	107.4	106.8	107.1
南京	Nanjing	105.5	106.2	107.1	107.3	107.4	106.8	106.5	106.4	105.3	104.9	104.4	104.0
杭州	Hangzhou	106.4	107.0	108.4	108.5	109.6	108.6	107.6	106.8	106.5	105.9	105.6	105.6
宁波	Ningbo	108.4	109.5	109.9	109.9	109.1	108.5	107.9	106.8	106.2	104.8	104.2	103.7
合肥	Hefei	105.2	105.9	106.4	106.3	106.2	106.2	106.4	105.7	104.9	104.2	103.6	102.2
福州	Fuzhou	103.1	103.3	104.2	104.1	103.9	104.3	105.2	105.3	104.8	104.1	104.3	103.7
厦门	Xiamen	105.1	105.7	105.8	105.4	104.9	104.3	104.4	104.6	104.5	103.7	102.6	101.7
南昌	Nanchang	100.1	100.5	101.0	101.1	100.2	100.4	100.5	101.1	101.4	101.6	100.9	99.9
济南	Jinan	97.5	98.0	98.4	99.1	99.2	100.4	100.6	101.1	101.2	101.0	101.2	101.6
青岛	Qingdao	98.5	99.2	100.6	100.8	101.3	100.4	100.8	100.4	100.3	100.5	100.5	100.5
郑州	Zhengzhou	96.7	96.7	98.3	99.4	100.2	100.7	101.6	101.8	102.2	101.9	101.6	101.4
武汉	Wuhan	101.9	102.6	102.9	103.0	103.9	105.0	105.1	103.8	103.4	102.7	102.8	102.7
长沙	Changsha	102.2	103.4	104.3	105.2	105.1	106.0	106.1	106.0	106.4	105.5	105.4	105.3
广州	Guangzhou	109.6	110.2	112.0	113.6	114.2	113.8	113.1	111.7	110.0	108.3	106.9	105.6
深圳	Shenzhen	114.6	115.1	113.6	112.1	110.0	107.4	106.8	105.5	103.6	102.6	102.1	101.2
南宁	Nanning	103.0	103.3	102.8	102.1	102.1	102.3	101.1	100.3	99.7	99.0	98.0	97.2
海口	Haikou	103.3	103.8	105.0	105.9	107.1	107.7	108.4	108.4	108.4	107.3	107.4	107.2
重庆	Chongqing	100.6	101.2	102.4	104.0	104.6	105.4	105.6	105.3	104.7	104.4	104.2	103.5
成都	Chengdu	109.2	108.6	108.7	106.8	107.2	107.7	107.0	106.7	106.9	106.8	105.5	104.8
贵阳	Guiyang	96.6	96.3	97.0	97.4	98.1	98.4	99.0	98.9	98.7	98.6	98.1	97.7
昆明	Kunming	103.6	104.0	103.6	104.0	103.8	102.8	102.3	102.7	102.1	101.3	100.7	101.0
西安	Xi'an	104.8	105.3	106.0	107.0	108.0	108.1	107.8	107.2	106.4	105.5	105.4	105.2
兰州	Lanzhou	102.9	103.1	104.8	105.0	104.5	104.6	104.4	104.2	102.9	102.4	101.7	100.6
西宁	Xining	108.0	108.1	107.6	106.8	106.3	105.1	104.7	104.2	104.0	103.4	102.8	102.4
银川	Yinchuan	110.1	110.3	111.0	110.3	109.5	108.6	107.5	106.3	105.2	104.0	103.4	102.9
乌鲁木齐	Urumqi	105.4	106.0	105.1	105.0	103.7	102.4	101.8	101.8	100.9	100.0	99.4	98.7

4-2-7 续表 Continued

(以上年同月价格为100) (Same Month of Preceding Year=100)

城 市	City	1月	2月	3月	4月	5月	6月	7月	8月	9月	10月	11月	12月
唐 山	Tangshan	107.9	107.7	107.0	105.6	104.4	103.0	101.1	100.3	99.5	99.3	99.8	99.2
秦皇岛	Qinhuangdao	102.6	102.4	103.5	103.1	102.6	102.0	100.1	99.9	98.8	98.5	98.2	97.6
包 头	Baotou	102.7	102.9	102.8	104.1	103.3	102.2	101.2	101.0	100.0	100.1	100.0	100.1
丹 东	Dandong	105.5	105.2	104.3	104.1	104.6	104.6	104.2	103.5	102.7	102.0	101.3	100.0
锦 州	Jinzhou	99.0	99.3	99.4	99.0	98.8	98.6	98.7	98.7	98.3	97.8	97.0	96.9
吉 林	Jilin	97.2	97.3	97.5	97.8	98.0	98.1	99.1	99.2	98.8	98.9	99.1	99.0
牡丹江	Mudanjiang	90.5	91.0	91.1	91.9	92.7	94.1	94.5	95.8	95.4	95.7	95.3	94.3
无 锡	Wuxi	107.3	108.4	109.2	108.8	108.2	107.8	106.9	105.5	104.8	105.0	104.0	103.4
徐 州	Yangzhou	109.1	108.6	109.9	110.7	111.6	111.0	109.9	108.4	106.9	106.4	104.9	103.8
扬 州	Xuzhou	105.0	105.9	106.9	106.9	107.5	108.4	109.0	107.9	106.4	105.2	104.5	102.3
温 州	Wenzhou	106.2	107.1	108.2	107.2	107.6	107.1	106.0	104.9	104.5	103.9	103.3	102.6
金 华	Jinhua	105.8	106.8	107.2	107.9	108.2	108.5	108.0	106.3	105.5	104.8	103.7	103.1
蚌 埠	Bengbu	103.7	104.2	105.0	104.7	104.7	104.9	104.9	104.6	104.3	103.9	102.8	102.1
安 庆	Anqing	98.0	98.1	97.8	97.2	97.3	97.3	97.8	97.9	97.4	96.8	96.5	96.5
泉 州	Quanzhou	104.7	106.1	107.3	108.1	108.3	108.5	108.8	108.4	107.6	106.3	105.2	104.1
九 江	Jiujiang	101.4	102.0	102.8	103.4	103.3	103.1	103.5	103.7	104.0	104.0	102.8	102.1
赣 州	Ganzhou	102.2	102.6	102.8	102.4	101.8	102.0	101.9	101.1	100.4	101.4	101.3	101.1
烟 台	Yantai	100.0	101.1	101.8	103.4	104.0	104.0	104.3	104.4	104.1	103.7	103.0	103.1
济 宁	Jining	105.1	106.0	106.4	106.6	107.6	107.6	106.7	104.9	104.9	104.6	104.2	103.2
洛 阳	Luoyang	103.5	103.5	103.4	104.5	104.7	104.8	104.7	103.9	103.8	103.5	103.0	101.6
平顶山	Pingdingshan	102.8	103.8	103.6	103.4	103.5	103.2	102.8	102.3	101.3	101.0	100.6	100.5
宜 昌	Yichang	99.1	98.9	99.7	99.6	99.6	99.5	98.7	98.9	98.5	98.4	97.9	97.7
襄 阳	Xiangyang	98.8	98.8	99.4	100.1	99.8	100.3	100.8	100.5	100.5	100.1	100.1	99.7
岳 阳	Yueyang	101.8	102.5	101.5	100.5	100.2	99.7	98.9	98.8	98.2	98.2	97.6	97.1
常 德	Changde	97.7	97.5	98.0	98.8	98.6	99.0	99.1	98.9	98.7	99.5	98.4	97.8
韶 关	Huizhou	99.3	99.8	100.4	101.3	102.5	101.8	101.5	101.9	101.9	101.0	99.9	99.9
湛 江	Zhanjiang	98.2	98.8	99.9	101.3	101.4	101.9	101.9	102.0	100.9	100.3	100.3	99.9
惠 州	Shaoguan	103.4	104.1	104.2	104.7	104.8	105.3	104.5	103.5	102.4	101.3	100.9	100.4
桂 林	Guilin	102.7	102.2	102.6	102.3	101.7	102.4	102.3	102.3	101.3	100.5	99.0	99.5
北 海	Beihai	96.4	96.3	96.1	96.3	96.7	97.6	98.3	97.7	97.6	97.8	97.7	97.7
三 亚	Sanya	100.2	101.7	103.1	104.4	105.5	104.8	105.1	106.5	105.9	106.8	107.4	106.2
泸 州	Luzhou	96.9	98.2	97.8	99.1	100.0	99.8	100.4	101.5	101.9	101.0	100.1	99.9
南 充	Nanchong	94.4	95.3	94.6	95.8	95.9	95.7	94.7	94.6	94.9	95.2	94.4	94.3
遵 义	Zunyi	99.7	100.6	100.9	101.1	100.5	100.5	100.3	99.6	99.1	98.6	98.2	98.4
大 理	Dali	102.5	103.0	102.9	103.1	102.8	102.6	101.2	100.7	99.8	98.7	97.6	97.0

4-2-8 2021年70个大中城市144㎡以上二手住宅销售价格指数

Housing Price Indices of Above 144㎡ Second-Hand Residential Buildings in 70 Large and Medium-Sized Cities 2021

(以上年同月价格为100) (Same Month of Preceding Year=100)

城　市	City	1月	2月	3月	4月	5月	6月	7月	8月	9月	10月	11月	12月
北　京	Beijing	109.5	109.9	111.1	111.7	110.8	110.7	110.8	109.9	109.8	109.2	108.1	107.5
天　津	Tianjin	95.3	95.1	96.3	96.5	97.6	99.1	100.1	100.7	101.9	101.7	101.3	100.1
石家庄	Shijiazhuang	98.2	98.2	97.6	97.9	98.4	98.2	98.1	98.6	97.9	98.7	98.1	96.7
太　原	Taiyuan	97.0	96.5	94.5	94.3	94.2	95.7	96.6	95.5	95.7	96.1	95.9	95.8
呼和浩特	Hohhot	100.5	99.6	100.6	101.1	100.9	99.9	98.4	98.5	97.5	97.0	96.1	96.9
沈　阳	Shenyang	108.3	108.1	107.7	106.0	105.9	106.5	105.2	103.8	103.4	103.1	101.7	100.6
大　连	Dalian	107.1	106.8	106.4	105.2	105.4	105.3	104.8	105.3	105.7	105.4	104.9	103.9
长　春	Changchun	98.9	98.4	98.0	97.5	98.1	97.5	97.5	98.2	99.0	99.7	99.6	99.9
哈尔滨	Harbin	95.7	96.0	96.2	96.3	95.7	96.7	97.1	97.8	98.1	98.1	98.0	98.4
上　海	Shanghai	106.3	107.4	108.0	107.9	107.5	109.3	109.5	109.4	108.0	106.8	106.4	106.8
南　京	Nanjing	106.1	106.4	106.9	106.7	106.3	107.4	108.0	106.9	107.2	106.7	105.4	104.0
杭　州	Hangzhou	107.6	108.3	109.1	109.0	108.7	108.6	107.7	107.2	106.3	106.2	106.2	106.3
宁　波	Ningbo	108.6	109.5	109.4	109.1	109.1	109.1	108.4	107.3	106.1	105.1	104.4	103.7
合　肥	Hefei	105.6	106.9	106.8	106.7	106.2	106.2	106.0	106.0	104.6	103.6	101.6	101.4
福　州	Fuzhou	104.9	106.2	106.4	106.0	105.2	105.2	105.1	104.7	103.7	103.0	103.0	102.6
厦　门	Xiamen	103.9	105.0	105.4	105.4	104.9	104.3	103.7	103.9	103.6	103.1	103.0	101.6
南　昌	Nanchang	100.3	100.1	100.7	101.4	101.0	100.8	100.4	101.4	100.5	101.5	100.0	99.5
济　南	Jinan	97.2	98.0	98.0	98.8	98.8	99.3	99.6	100.4	100.8	100.9	101.5	102.0
青　岛	Qingdao	98.3	98.5	99.0	99.4	100.9	101.9	102.3	102.0	102.1	101.6	101.9	102.0
郑　州	Zhengzhou	96.7	97.0	98.1	98.6	99.9	101.8	102.5	102.2	102.4	101.4	101.9	101.1
武　汉	Wuhan	100.7	101.6	101.6	103.8	104.6	104.8	104.7	103.9	102.4	102.0	101.9	101.8
长　沙	Changsha	102.3	102.5	102.5	103.0	103.4	103.4	105.2	105.9	106.0	105.6	105.3	105.7
广　州	Guangzhou	107.2	108.3	109.8	111.5	112.7	113.1	112.9	111.4	110.3	109.7	107.7	106.3
深　圳	Shenzhen	111.7	111.5	110.6	109.1	108.5	106.7	105.7	105.2	104.2	103.3	102.1	100.8
南　宁	Nanning	102.4	102.8	102.9	102.9	101.4	101.2	101.7	101.6	101.4	100.8	99.4	98.6
海　口	Haikou	100.8	101.5	103.5	104.6	106.6	107.7	108.8	108.2	108.5	108.5	108.6	107.8
重　庆	Chongqing	100.9	101.1	103.0	103.4	104.6	104.3	104.0	104.1	103.6	106.3	106.2	105.2
成　都	Chengdu	109.9	110.7	110.9	108.5	106.8	106.6	105.7	105.5	105.4	105.1	104.2	105.1
贵　阳	Guiyang	97.1	97.9	98.2	98.5	98.5	98.5	99.4	99.8	99.6	100.2	99.8	99.3
昆　明	Kunming	106.1	107.1	106.6	105.8	105.0	103.9	103.1	101.7	100.4	99.7	98.9	99.0
西　安	Xi'an	103.6	105.3	106.7	106.8	106.8	107.2	107.8	106.8	106.3	106.3	106.5	106.0
兰　州	Lanzhou	102.0	102.0	102.6	102.7	102.8	102.3	102.0	101.8	101.7	101.3	100.8	100.4
西　宁	Xining	109.9	110.2	110.1	110.2	108.4	107.3	106.5	105.6	105.8	104.9	102.6	101.1
银　川	Yinchuan	109.1	110.4	110.1	109.9	110.1	109.3	109.0	107.3	106.8	105.8	104.7	103.5
乌鲁木齐	Urumqi	105.8	107.5	107.1	106.6	105.7	103.6	102.8	102.7	100.8	100.0	99.0	97.5

4-2-8 续表 Continued

(以上年同月价格为100) (Same Month of Preceding Year=100)

城　市	City	1月	2月	3月	4月	5月	6月	7月	8月	9月	10月	11月	12月
唐　山	Tangshan	107.2	106.8	106.0	105.5	103.6	102.9	101.7	100.6	99.4	99.2	98.8	98.2
秦皇岛	Qinhuangdao	102.1	102.1	102.5	101.8	101.4	101.0	100.0	98.9	98.3	97.9	97.3	96.8
包　头	Baotou	99.1	99.0	100.4	101.7	101.3	101.0	101.4	101.6	101.3	101.5	100.8	99.7
丹　东	Dandong	103.4	103.6	103.6	103.4	103.7	103.2	103.3	103.0	102.5	102.2	101.6	100.7
锦　州	Jinzhou	100.7	100.9	100.0	100.4	101.2	100.6	99.3	98.6	98.3	98.1	98.0	97.8
吉　林	Jilin	98.2	98.4	98.3	98.7	98.7	98.9	99.1	98.9	99.0	98.9	97.9	97.8
牡丹江	Mudanjiang	89.6	90.3	91.2	93.2	94.8	95.5	96.2	97.0	97.2	97.9	97.5	97.2
无　锡	Wuxi	107.0	108.2	108.0	107.5	107.3	106.3	106.9	106.6	105.2	104.5	104.6	103.6
徐　州	Yangzhou	107.8	107.8	108.5	109.6	110.7	111.2	110.5	108.2	106.8	104.9	103.0	101.7
扬　州	Xuzhou	104.9	105.5	106.7	106.7	107.6	107.0	108.0	107.5	106.0	104.5	104.2	102.3
温　州	Wenzhou	105.9	106.3	107.3	107.4	107.4	107.4	107.6	106.3	104.7	104.7	103.8	103.6
金　华	Jinhua	104.0	104.5	104.9	105.2	107.1	107.8	108.3	106.1	105.7	105.1	104.7	103.0
蚌　埠	Bengbu	105.5	105.6	105.8	104.3	104.2	104.5	104.3	104.6	104.6	104.1	102.6	101.5
安　庆	Anqing	98.2	97.5	97.4	96.8	96.8	96.4	95.4	95.6	95.7	95.8	95.2	95.0
泉　州	Quanzhou	104.6	105.5	105.8	108.1	108.3	108.2	108.5	107.4	106.4	106.0	104.9	103.3
九　江	Jiujiang	101.4	101.3	102.6	102.7	102.3	102.4	102.4	101.6	101.1	101.8	101.3	101.1
赣　州	Ganzhou	102.1	102.3	103.0	102.7	102.1	101.3	99.9	99.8	99.8	99.6	100.3	100.8
烟　台	Yantai	99.3	100.2	101.1	101.6	102.1	103.6	103.6	103.5	103.3	102.4	102.2	102.2
济　宁	Jining	105.5	106.2	107.4	107.1	107.2	108.0	106.0	105.3	104.2	103.9	102.5	100.7
洛　阳	Luoyang	102.8	102.0	103.2	103.9	104.1	104.0	103.2	103.0	102.7	102.7	102.4	101.8
平顶山	Pingdingshan	102.9	103.0	102.7	103.8	103.5	103.0	101.9	101.8	101.5	101.4	101.5	101.3
宜　昌	Yichang	99.8	99.4	100.0	99.7	100.3	100.1	97.8	96.8	96.2	94.8	94.0	94.0
襄　阳	Xiangyang	97.9	97.1	98.0	98.0	98.8	99.2	99.7	99.4	99.7	99.6	99.4	99.7
岳　阳	Yueyang	100.7	99.9	99.5	98.8	98.0	97.3	96.6	96.6	95.8	95.8	95.6	95.3
常　德	Changde	98.4	98.6	99.6	99.8	99.6	100.5	99.4	97.8	99.1	98.4	98.3	97.9
韶　关	Huizhou	100.1	100.3	100.4	101.7	102.1	101.5	101.0	100.1	100.7	100.6	100.0	99.8
湛　江	Zhanjiang	98.5	99.0	100.0	100.8	101.1	101.8	102.0	101.0	100.3	100.2	99.7	99.8
惠　州	Shaoguan	105.6	106.4	106.7	107.6	106.9	106.6	104.9	102.7	102.2	101.7	102.0	101.0
桂　林	Guilin	104.0	105.6	105.0	103.1	102.5	102.2	102.5	102.0	100.9	100.1	99.6	98.6
北　海	Beihai	96.4	96.8	96.5	96.4	98.2	99.1	99.4	99.7	100.1	99.4	99.9	98.5
三　亚	Sanya	101.2	101.7	101.9	102.7	104.3	104.6	105.0	104.3	104.4	105.0	104.2	103.2
泸　州	Luzhou	98.8	99.5	99.8	99.4	100.2	100.3	100.8	101.4	100.7	99.6	99.1	99.3
南　充	Nanchong	93.8	94.1	95.0	95.5	94.9	95.0	95.5	95.4	95.2	94.4	95.4	96.4
遵　义	Zunyi	99.6	100.5	101.1	100.5	100.9	101.2	100.4	99.5	99.1	98.7	98.9	99.0
大　理	Dali	101.6	102.2	102.3	101.6	101.5	101.8	101.0	99.8	98.9	98.2	98.1	98.7

以上月价格为100(Last Month=100)

4-3-1 2021年70个大中城市新建商品住宅销售价格指数
Housing Price Indices of Newly Constructed Commercial Residential Buildings in 70 Large and Medium-Sized Cities 2021

(以上月价格为100) (Last Month=100)

城市	City	1月	2月	3月	4月	5月	6月	7月	8月	9月	10月	11月	12月
北京	Beijing	100.5	100.7	100.2	100.6	100.3	100.9	100.8	100.2	100.0	100.6	100.3	100.0
天津	Tianjin	100.3	100.4	100.6	100.7	100.6	100.9	100.6	100.3	99.9	99.5	99.4	99.3
石家庄	Shijiazhuang	100.0	99.8	100.6	100.5	100.4	100.0	100.2	99.7	100.4	98.9	98.8	99.1
太原	Taiyuan	99.6	99.9	99.9	100.2	100.3	99.8	100.0	99.8	99.3	99.7	99.5	99.1
呼和浩特	Hohhot	100.1	99.8	99.7	100.0	100.5	100.2	99.9	100.2	99.7	99.5	99.5	100.0
沈阳	Shenyang	100.8	100.0	100.3	100.6	100.9	100.7	100.5	100.3	99.9	99.7	99.6	99.5
大连	Dalian	100.1	100.2	100.8	100.7	101.2	101.0	100.6	100.6	100.1	99.8	99.8	99.6
长春	Changchun	100.4	99.8	99.9	100.3	100.3	100.2	100.1	100.3	100.4	100.1	99.7	99.7
哈尔滨	Harbin	99.5	100.4	100.3	100.2	100.4	99.9	100.0	99.7	99.5	99.7	99.3	99.2
上海	Shanghai	100.6	100.5	100.3	100.3	100.4	100.5	100.4	100.4	100.2	100.1	100.2	100.4
南京	Nanjing	100.2	100.5	100.8	100.6	100.8	100.8	100.4	100.1	100.2	100.0	99.5	100.3
杭州	Hangzhou	100.1	100.2	100.5	100.5	100.6	100.8	100.5	100.6	100.4	100.4	100.5	100.5
宁波	Ningbo	100.5	100.5	100.8	100.6	100.4	100.6	100.4	100.3	100.0	99.9	99.7	99.6
合肥	Hefei	100.9	100.6	100.7	100.5	100.2	100.2	100.1	100.2	100.4	99.9	99.7	100.2
福州	Fuzhou	100.6	100.3	101.0	100.6	100.5	100.5	100.3	100.2	100.0	99.8	99.6	100.1
厦门	Xiamen	100.3	100.4	100.3	100.2	100.9	100.7	100.4	100.4	100.3	100.2	99.4	100.2
南昌	Nanchang	100.3	100.1	100.4	100.5	100.0	100.0	100.3	100.1	99.9	99.7	99.6	99.9
济南	Jinan	100.2	100.4	100.5	100.8	101.0	101.5	100.7	100.6	100.4	99.6	99.5	100.0
青岛	Qingdao	100.2	100.3	100.5	100.7	100.8	100.7	101.0	100.8	100.0	99.8	99.7	99.9
郑州	Zhengzhou	100.2	100.5	100.8	100.7	100.8	100.8	100.4	99.9	99.7	99.5	99.4	99.3
武汉	Wuhan	100.7	100.4	100.4	101.0	100.9	100.7	100.6	100.4	100.0	99.6	99.2	99.7
长沙	Changsha	100.6	101.0	100.5	100.7	100.8	101.3	100.8	100.5	100.3	100.2	100.2	100.3
广州	Guangzhou	101.0	100.9	101.0	101.1	101.5	101.0	100.2	99.9	99.9	99.7	99.4	99.4
深圳	Shenzhen	100.3	100.1	100.1	100.5	100.6	100.5	100.5	101.0	100.2	99.8	100.0	99.9
南宁	Nanning	100.3	100.5	100.6	100.4	100.6	100.5	100.3	99.7	99.6	99.5	99.9	99.8
海口	Haikou	100.3	100.6	100.3	101.0	100.4	100.8	101.0	100.3	100.3	100.0	99.5	99.7
重庆	Chongqing	100.5	100.4	100.9	101.4	101.9	101.0	100.7	100.8	100.1	100.0	99.8	100.3
成都	Chengdu	100.8	100.7	100.5	100.5	100.4	100.3	100.4	100.3	99.8	99.4	99.8	99.6
贵阳	Guiyang	100.2	100.4	100.4	100.8	100.3	99.8	100.5	100.0	99.7	99.6	98.9	99.5
昆明	Kunming	100.4	100.7	100.8	101.0	100.0	99.2	99.5	99.6	99.3	99.2	100.0	99.8
西安	Xi'an	100.4	100.8	100.9	100.6	100.5	101.0	100.7	100.7	100.6	100.4	100.2	99.5
兰州	Lanzhou	100.8	100.7	100.5	100.7	100.4	100.5	100.4	99.8	99.7	99.9	99.6	99.6
西宁	Xining	100.7	100.6	100.5	100.6	100.8	100.9	100.7	100.5	100.2	99.7	99.5	99.0
银川	Yinchuan	100.6	100.8	100.5	100.6	101.0	100.8	101.0	100.4	100.6	100.6	100.3	99.6
乌鲁木齐	Urumqi	100.5	100.9	100.4	100.3	100.7	100.1	100.4	100.8	100.0	99.7	99.5	99.6

4-3-1 续表 Continued

(以上月价格为100) (Last Month=100)

城 市	City	1月	2月	3月	4月	5月	6月	7月	8月	9月	10月	11月	12月
唐 山	Tangshan	100.0	99.8	100.2	100.3	100.1	100.4	99.6	99.4	99.2	99.3	99.7	100.2
秦皇岛	Qinhuangdao	99.7	99.8	100.4	100.0	100.0	99.7	99.8	99.4	99.5	99.2	99.6	99.0
包 头	Baotou	100.2	99.7	100.5	100.3	100.7	100.0	100.2	100.1	99.8	99.7	99.5	99.4
丹 东	Dandong	100.1	100.5	100.1	100.2	100.2	100.1	100.4	100.3	100.1	100.2	99.8	99.6
锦 州	Jinzhou	100.5	100.5	100.0	100.2	100.7	100.5	100.3	100.2	100.5	100.3	99.5	99.8
吉 林	Jilin	99.8	100.6	100.3	100.8	100.4	100.4	100.5	100.2	99.8	99.7	99.6	100.1
牡丹江	Mudanjiang	99.9	99.8	100.0	100.4	100.3	100.2	99.9	100.4	99.3	99.5	99.5	99.3
无 锡	Wuxi	100.0	100.2	100.7	100.6	100.8	101.2	100.9	100.3	100.5	100.0	99.7	99.5
徐 州	Yangzhou	100.7	101.2	100.3	100.9	100.7	100.7	100.3	100.1	99.7	99.7	99.8	99.6
扬 州	Xuzhou	100.9	100.7	100.7	100.9	101.0	101.1	100.6	100.0	99.6	99.6	99.2	99.9
温 州	Wenzhou	100.4	100.2	100.1	100.6	100.7	100.5	100.5	100.2	100.4	100.0	99.9	100.3
金 华	Jinhua	101.2	100.4	100.7	100.4	100.5	100.6	100.3	100.4	100.1	99.8	99.7	99.9
蚌 埠	Bengbu	100.7	100.3	100.3	99.8	99.7	100.5	100.5	100.4	99.9	99.8	99.7	99.8
安 庆	Anqing	100.2	99.6	99.7	99.7	99.8	99.7	99.9	100.0	100.4	99.9	99.8	100.0
泉 州	Quanzhou	100.8	100.7	100.8	100.7	100.6	100.4	100.6	100.3	100.1	99.9	99.5	99.2
九 江	Jiujiang	100.3	100.8	100.4	100.4	100.3	100.3	100.5	100.2	99.8	99.6	99.6	99.5
赣 州	Ganzhou	100.6	100.6	100.3	100.2	100.4	100.4	99.9	99.9	100.0	99.7	99.9	100.4
烟 台	Yantai	99.8	100.3	100.5	100.6	100.4	100.3	100.6	99.9	99.8	99.5	99.7	99.7
济 宁	Jining	100.7	100.6	100.8	100.7	101.0	100.8	100.7	100.1	100.4	99.9	99.6	99.5
洛 阳	Luoyang	100.3	100.0	100.1	100.6	100.8	100.4	100.6	100.5	100.3	100.2	99.8	99.3
平顶山	Pingdingshan	100.2	100.3	100.3	100.2	100.2	100.1	99.9	100.4	100.2	100.3	99.6	99.9
宜 昌	Yichang	99.9	100.4	100.5	100.8	100.7	100.5	100.6	100.0	99.7	99.7	99.8	99.6
襄 阳	Xiangyang	100.3	100.2	100.4	100.7	100.4	100.3	100.5	100.4	99.9	99.8	99.3	99.0
岳 阳	Yueyang	99.7	100.4	99.6	100.2	100.5	99.6	99.3	99.7	99.5	99.3	100.3	99.6
常 德	Changde	99.9	100.2	100.3	100.0	99.7	99.5	99.9	99.7	99.3	99.5	99.8	99.7
韶 关	Huizhou	100.1	100.6	100.5	100.5	100.3	100.8	99.5	100.4	99.5	98.9	99.8	99.5
湛 江	Zhanjiang	100.2	100.8	100.3	100.7	100.6	99.8	100.4	99.8	99.0	99.3	99.6	98.9
惠 州	Shaoguan	100.3	100.2	100.2	100.4	100.7	100.5	100.0	99.6	99.7	99.4	100.1	99.7
桂 林	Guilin	99.9	100.5	100.4	100.4	100.5	100.3	99.7	99.6	99.4	99.3	99.5	100.4
北 海	Beihai	99.7	99.7	99.9	99.7	100.6	100.3	100.3	100.1	99.6	99.7	99.5	99.4
三 亚	Sanya	100.3	100.2	100.7	100.2	100.3	100.6	100.5	100.2	100.1	100.8	100.7	100.2
泸 州	Luzhou	99.4	99.6	100.8	99.7	100.5	99.9	99.8	99.9	99.0	99.1	99.3	100.0
南 充	Nanchong	99.7	100.8	100.5	100.4	99.8	99.6	99.7	99.5	99.9	99.5	99.3	99.3
遵 义	Zunyi	100.4	100.6	100.2	100.3	100.6	100.2	99.4	99.9	99.7	99.4	99.5	100.1
大 理	Dali	99.6	99.8	100.3	99.8	99.6	99.4	99.5	100.1	99.5	99.1	99.0	99.6

4-3-2 2021年70个大中城市90㎡及以下新建商品住宅销售价格指数
Housing Price Indices of 90㎡ and below Newly Constructed Commercial Residential Buildings in 70 Large and Medium-Sized Cities 2021

(以上月价格为100) (Last Month=100)

城市	City	1月	2月	3月	4月	5月	6月	7月	8月	9月	10月	11月	12月
北京	Beijing	100.2	100.5	100.4	100.7	100.5	101.1	101.3	100.1	99.9	100.4	100.2	99.7
天津	Tianjin	100.5	100.5	100.4	100.9	100.8	100.7	100.3	100.1	99.8	99.3	99.4	99.0
石家庄	Shijiazhuang	100.0	100.1	100.6	100.2	100.7	100.7	100.6	99.9	100.9	98.2	98.6	99.2
太原	Taiyuan	99.8	100.0	99.7	100.2	100.8	99.6	100.2	99.2	99.1	99.8	99.6	99.3
呼和浩特	Hohhot	99.7	99.1	100.0	100.9	100.3	100.2	99.8	100.3	99.2	99.9	99.7	99.9
沈阳	Shenyang	100.9	100.2	100.0	100.7	100.5	100.1	100.1	100.1	100.0	99.6	99.9	99.3
大连	Dalian	100.0	100.8	100.5	100.6	101.1	100.8	100.9	100.4	99.7	99.5	99.7	99.1
长春	Changchun	100.3	99.9	99.8	100.0	100.2	100.0	100.2	100.1	100.4	100.1	99.8	99.9
哈尔滨	Harbin	99.6	100.3	100.6	100.5	100.6	99.9	100.1	99.6	99.1	99.7	99.0	99.3
上海	Shanghai	100.5	100.3	100.2	100.0	100.9	100.1	100.7	100.0	100.0	100.0	100.3	100.2
南京	Nanjing	100.0	100.4	101.1	100.5	100.7	100.7	100.4	100.0	100.1	100.1	99.4	100.1
杭州	Hangzhou	100.0	100.1	100.1	101.4	100.6	101.1	100.8	100.7	100.3	100.1	100.3	100.2
宁波	Ningbo	100.8	100.4	100.5	101.1	100.3	100.3	100.3	100.4	99.9	99.7	99.5	99.7
合肥	Hefei	101.2	101.0	100.4	101.0	100.4	100.0	100.3	100.0	100.6	99.7	99.6	100.4
福州	Fuzhou	100.9	100.6	100.9	100.8	100.8	100.1	100.0	100.0	100.0	99.6	99.4	100.3
厦门	Xiamen	100.4	100.2	100.6	100.0	101.4	100.8	100.3	100.2	100.2	100.2	99.5	100.1
南昌	Nanchang	100.7	100.5	100.2	100.6	100.0	100.1	100.5	100.0	99.9	99.4	99.5	100.0
济南	Jinan	100.3	100.2	100.3	100.0	101.4	102.2	100.4	100.6	101.0	99.9	99.0	100.1
青岛	Qingdao	100.2	100.4	100.7	100.6	100.2	100.6	100.8	100.8	100.3	99.7	99.8	99.6
郑州	Zhengzhou	100.6	100.5	101.0	100.5	100.6	100.8	100.8	99.9	99.3	99.4	99.3	99.4
武汉	Wuhan	100.6	100.3	100.5	100.7	101.0	100.5	100.6	100.7	100.1	99.6	99.4	99.6
长沙	Changsha	101.0	100.3	100.8	101.3	100.6	101.1	101.0	100.7	100.1	99.9	100.0	100.2
广州	Guangzhou	101.3	101.3	101.2	100.7	101.2	100.8	100.1	99.7	99.6	99.9	99.5	99.6
深圳	Shenzhen	100.0	100.2	100.1	100.5	100.3	100.6	100.5	100.9	100.4	99.7	99.8	99.8
南宁	Nanning	100.9	100.6	100.8	100.1	101.1	100.4	100.0	99.2	99.4	99.5	99.9	99.8
海口	Haikou	100.0	101.4	100.1	101.2	100.1	100.2	101.0	100.1	100.1	100.2	100.0	100.0
重庆	Chongqing	100.9	100.1	101.0	101.6	101.8	101.2	100.8	100.6	99.4	100.2	99.6	100.1
成都	Chengdu	100.8	100.6	100.5	100.5	100.0	100.3	100.4	100.3	99.9	99.3	100.0	99.9
贵阳	Guiyang	100.3	100.0	100.2	100.1	100.2	100.4	100.7	100.1	99.9	99.9	98.9	99.4
昆明	Kunming	100.7	100.6	100.7	101.2	99.9	99.5	99.5	99.6	99.5	99.0	100.0	99.2
西安	Xi'an	100.8	100.3	100.7	100.3	100.4	100.9	100.7	100.3	100.6	100.5	100.7	100.0
兰州	Lanzhou	100.8	101.0	100.3	101.0	100.3	100.3	100.3	99.6	99.5	99.9	99.6	99.4
西宁	Xining	100.6	100.3	100.5	100.9	101.3	101.0	100.0	101.0	100.5	99.5	99.1	98.6
银川	Yinchuan	100.8	100.5	101.0	100.9	100.4	101.7	100.6	100.3	100.5	101.0	100.4	99.7
乌鲁木齐	Urumqi	100.3	100.7	100.5	100.2	100.9	99.7	100.1	100.6	100.0	100.1	99.8	99.6

4-3-2 续表 Continued

(以上月价格为100) (Last Month=100)

城 市	City	1月	2月	3月	4月	5月	6月	7月	8月	9月	10月	11月	12月
唐 山	Tangshan	100.6	99.7	99.6	100.5	100.3	100.4	99.4	99.4	99.4	99.0	99.6	100.0
秦皇岛	Qinhuangdao	99.8	100.0	100.3	100.1	100.4	100.1	99.3	99.7	98.9	98.5	99.9	99.0
包 头	Baotou	99.6	100.5	100.1	100.8	100.7	100.3	100.4	99.9	99.7	99.7	99.6	98.9
丹 东	Dandong	100.2	100.4	99.9	100.5	100.5	100.1	100.7	100.0	100.0	100.2	99.8	99.6
锦 州	Jinzhou	100.9	100.5	100.2	100.0	100.4	100.8	100.1	100.1	100.3	100.1	99.9	99.9
吉 林	Jilin	99.5	100.4	100.1	100.8	100.5	100.6	100.4	100.1	99.7	99.8	99.1	100.2
牡丹江	Mudanjiang	99.7	99.6	100.0	100.1	100.0	100.0	99.9	100.7	99.1	99.5	99.9	99.2
无 锡	Wuxi	100.0	100.2	100.4	100.3	100.8	101.1	100.9	100.3	100.4	100.0	99.9	99.3
徐 州	Yangzhou	100.3	100.5	100.6	100.3	100.1	100.4	100.0	100.0	99.7	100.5	99.8	100.0
扬 州	Xuzhou	101.0	101.1	100.9	100.2	100.6	100.2	100.9	100.0	99.9	99.1	99.2	99.6
温 州	Wenzhou	100.4	100.0	100.1	100.4	100.4	100.6	100.6	100.1	100.4	99.9	99.9	99.9
金 华	Jinhua	101.2	100.5	100.6	100.3	100.2	100.9	100.5	100.1	100.2	99.9	99.4	99.9
蚌 埠	Bengbu	100.6	100.3	100.3	99.7	99.4	100.0	100.3	100.4	99.7	99.5	99.8	100.0
安 庆	Anqing	100.3	99.5	99.9	99.9	100.0	99.0	99.8	100.5	100.7	100.0	99.8	100.0
泉 州	Quanzhou	101.0	100.3	100.6	100.8	100.1	100.1	100.5	100.5	100.1	99.7	99.4	99.2
九 江	Jiujiang	100.3	100.6	100.6	100.9	100.2	100.6	100.5	100.0	100.0	99.3	99.9	98.9
赣 州	Ganzhou	101.3	100.6	100.4	100.4	100.8	100.3	100.0	99.9	100.4	99.8	100.1	100.3
烟 台	Yantai	100.2	100.2	100.9	100.2	100.9	100.0	101.0	99.5	99.7	99.4	99.7	99.5
济 宁	Jining	100.3	101.4	100.5	100.7	101.1	100.4	101.1	100.1	100.4	100.3	99.6	99.6
洛 阳	Luoyang	100.1	100.0	100.0	100.4	100.6	100.4	100.3	100.9	100.1	100.1	99.0	98.5
平顶山	Pingdingshan	100.6	99.9	100.3	100.2	100.1	100.1	99.8	101.1	100.4	100.7	99.9	99.2
宜 昌	Yichang	99.9	100.2	100.2	100.9	100.6	100.5	100.3	100.0	99.5	100.0	100.0	100.0
襄 阳	Xiangyang	100.5	100.2	100.4	100.6	100.6	100.0	100.4	100.4	100.0	100.0	99.7	98.5
岳 阳	Yueyang	99.5	100.7	99.2	100.3	100.4	99.5	99.2	100.2	99.4	99.4	100.5	99.2
常 德	Changde	99.7	99.9	100.0	100.2	99.4	100.0	99.7	99.7	99.7	99.7	99.9	99.2
韶 关	Huizhou	100.4	100.3	100.1	101.2	100.3	100.7	99.6	100.0	99.3	99.1	99.9	99.8
湛 江	Zhanjiang	99.7	101.5	100.1	100.6	101.2	99.9	100.0	99.3	98.8	99.5	99.4	99.1
惠 州	Shaoguan	100.0	100.1	100.1	100.8	100.9	100.2	100.3	99.7	99.6	99.3	100.4	100.0
桂 林	Guilin	99.4	100.7	101.0	100.0	100.7	101.3	99.5	99.6	99.4	99.1	99.2	100.3
北 海	Beihai	99.7	99.9	99.7	99.8	100.4	100.5	100.3	100.0	99.3	99.8	99.5	99.4
三 亚	Sanya	100.6	99.9	100.8	100.4	100.8	100.8	100.8	100.6	100.4	100.7	100.1	100.2
泸 州	Luzhou	99.2	99.9	100.3	100.1	100.3	99.4	99.7	99.5	98.5	99.2	98.2	100.5
南 充	Nanchong	99.1	100.8	100.2	100.6	99.6	99.3	99.6	99.6	99.3	99.3	99.1	99.0
遵 义	Zunyi	100.2	101.0	100.1	100.1	100.4	100.5	98.9	100.6	99.9	99.8	100.0	99.8
大 理	Dali	100.0	100.6	100.4	99.4	99.8	99.9	99.3	100.5	99.7	99.7	98.6	99.2

4-3-3 2021年70个大中城市90~144㎡新建商品住宅销售价格指数
Housing Price Indices of 90~144㎡ Newly Constructed Commercial Residential Buildings in 70 Large and Medium-Sized Cities 2021

(以上月价格为100) (Last Month=100)

城 市	City	1月	2月	3月	4月	5月	6月	7月	8月	9月	10月	11月	12月
北 京	Beijing	100.3	100.4	100.2	100.7	100.6	100.8	100.6	100.5	100.0	100.3	100.4	99.8
天 津	Tianjin	100.4	100.5	100.6	100.6	100.6	100.9	100.6	100.2	99.8	99.5	99.2	99.2
石家庄	Shijiazhuang	100.0	99.6	100.5	100.4	100.4	99.9	100.2	99.5	100.2	99.1	98.9	99.1
太 原	Taiyuan	99.4	100.1	100.1	100.2	100.2	99.5	99.8	99.8	99.2	99.6	99.3	99.1
呼和浩特	Hohhot	100.1	99.9	99.7	99.9	100.5	100.2	99.9	100.2	99.7	99.5	99.4	99.9
沈 阳	Shenyang	100.9	100.0	100.5	100.4	101.0	100.8	100.6	100.4	99.8	99.6	99.3	99.8
大 连	Dalian	100.4	100.1	101.0	100.5	101.3	100.9	100.5	100.6	100.1	99.9	99.9	99.8
长 春	Changchun	100.3	99.5	100.0	100.6	100.5	100.0	100.1	100.3	100.3	100.0	99.5	99.8
哈尔滨	Harbin	99.5	100.6	100.3	100.0	100.4	99.8	100.0	99.7	99.8	99.6	99.4	99.1
上 海	Shanghai	100.6	100.4	100.4	100.2	100.1	100.3	100.3	100.6	100.0	100.0	100.2	100.6
南 京	Nanjing	100.1	100.3	100.7	100.6	100.8	100.7	100.4	100.0	100.2	99.8	99.5	100.4
杭 州	Hangzhou	100.1	100.2	100.6	100.3	100.7	100.8	100.3	100.4	100.5	100.6	100.5	100.5
宁 波	Ningbo	100.5	100.5	100.8	100.6	100.4	100.7	100.3	100.4	100.1	100.0	99.7	99.6
合 肥	Hefei	100.9	100.5	100.7	100.4	100.2	100.0	100.0	100.2	100.3	99.9	99.9	100.0
福 州	Fuzhou	100.6	100.2	101.1	100.5	100.3	100.4	100.3	100.3	100.0	99.8	99.7	100.2
厦 门	Xiamen	100.5	100.4	100.4	100.1	100.6	100.8	100.1	100.5	100.2	100.0	99.6	100.3
南 昌	Nanchang	100.2	100.1	100.5	100.5	100.0	99.9	100.2	100.1	99.9	99.8	99.6	99.8
济 南	Jinan	100.1	100.5	100.5	101.1	100.9	101.3	100.7	100.5	100.2	99.4	99.5	100.0
青 岛	Qingdao	100.1	100.3	100.4	100.7	100.9	100.7	100.9	100.8	99.8	99.8	99.7	99.9
郑 州	Zhengzhou	100.0	100.6	100.8	100.9	100.9	101.0	100.4	99.9	99.8	99.4	99.3	99.1
武 汉	Wuhan	100.7	100.5	100.4	101.2	100.8	100.7	100.5	100.3	100.0	99.6	99.0	99.7
长 沙	Changsha	100.8	101.3	100.4	100.7	100.8	101.2	100.6	100.4	100.3	100.3	100.2	100.1
广 州	Guangzhou	100.9	100.8	100.9	101.4	101.5	100.9	100.1	99.9	100.0	99.7	99.4	99.3
深 圳	Shenzhen	100.4	100.0	100.2	100.5	100.8	100.2	100.5	101.2	100.1	99.7	99.9	99.8
南 宁	Nanning	100.3	100.3	100.6	100.5	100.5	100.4	100.3	99.8	99.5	99.6	99.9	99.8
海 口	Haikou	100.4	100.4	100.3	100.8	100.6	101.0	101.1	100.4	100.3	100.0	99.3	99.5
重 庆	Chongqing	100.2	100.8	100.9	101.7	102.0	100.9	100.7	100.7	100.4	100.0	99.9	100.0
成 都	Chengdu	100.9	100.7	100.9	100.7	100.1	100.3	100.5	100.2	99.7	99.2	99.6	99.2
贵 阳	Guiyang	100.2	100.5	100.5	100.8	100.4	99.8	100.4	99.9	99.8	99.5	99.0	99.5
昆 明	Kunming	100.3	100.7	100.8	101.0	100.0	99.1	99.5	99.5	99.2	99.1	100.1	99.9
西 安	Xi'an	100.3	101.0	100.8	100.7	100.4	101.0	100.8	100.7	100.8	100.3	100.1	99.6
兰 州	Lanzhou	100.9	100.7	100.5	100.7	100.4	100.6	100.3	99.9	99.7	99.9	99.8	99.5
西 宁	Xining	100.8	100.6	100.3	100.4	100.8	100.9	100.7	100.4	100.2	99.8	99.5	99.2
银 川	Yinchuan	100.7	100.6	100.3	100.5	101.2	100.3	101.0	100.5	100.6	100.5	100.2	99.6
乌鲁木齐	Urumqi	100.3	100.9	100.5	100.3	100.5	100.2	100.6	100.9	99.8	99.6	99.4	99.5

4-3-3 续表 Continued

(以上月价格为100) (Last Month=100)

城市	City	1月	2月	3月	4月	5月	6月	7月	8月	9月	10月	11月	12月
唐山	Tangshan	99.8	99.9	100.3	100.3	100.3	100.4	99.5	99.5	99.3	99.3	99.7	100.2
秦皇岛	Qinhuangdao	99.6	99.9	100.5	100.0	99.8	99.7	100.0	99.1	99.6	99.5	99.4	98.9
包头	Baotou	100.3	99.5	100.5	100.2	100.9	99.9	100.1	100.1	99.7	99.8	99.6	99.5
丹东	Dandong	100.0	100.7	100.3	100.2	100.0	100.1	100.2	100.4	100.2	100.2	99.7	99.7
锦州	Jinzhou	100.4	100.6	100.0	100.2	100.7	100.5	100.4	100.1	100.6	100.4	99.5	99.7
吉林	Jilin	99.9	100.7	100.3	100.8	100.3	100.3	100.6	100.3	99.9	99.7	99.8	100.0
牡丹江	Mudanjiang	99.9	99.9	100.0	100.5	100.5	100.3	99.8	100.2	99.4	99.4	99.2	99.4
无锡	Wuxi	100.2	100.2	100.7	100.5	100.6	101.1	100.7	100.3	100.3	100.1	99.8	99.6
徐州	Yangzhou	100.8	101.1	100.4	101.0	100.8	100.5	100.3	100.1	99.6	99.7	99.8	99.6
扬州	Xuzhou	100.9	100.6	100.8	101.0	101.1	101.1	100.6	100.0	99.5	99.7	99.2	100.0
温州	Wenzhou	100.5	100.3	100.1	100.6	100.9	100.4	100.5	100.3	100.5	100.1	99.9	100.4
金华	Jinhua	101.2	100.4	100.9	100.1	100.8	100.1	100.3	100.7	100.2	99.7	99.8	99.9
蚌埠	Bengbu	100.8	100.1	100.3	99.9	99.9	100.6	100.6	100.3	99.9	99.8	99.7	99.7
安庆	Anqing	100.2	99.6	99.7	99.7	99.7	99.9	99.9	99.9	100.5	99.9	99.8	100.0
泉州	Quanzhou	100.8	100.8	100.8	100.7	100.7	100.5	100.7	100.3	100.0	99.9	99.5	99.2
九江	Jiujiang	100.1	100.8	100.2	100.3	100.3	100.3	100.5	100.3	99.9	99.6	99.7	99.8
赣州	Ganzhou	100.5	100.6	100.3	100.2	100.5	100.6	99.9	100.0	99.9	99.7	99.8	100.4
烟台	Yantai	99.7	100.3	100.4	100.5	100.3	100.4	100.7	99.9	99.8	99.6	99.7	99.7
济宁	Jining	100.9	100.4	101.0	100.7	101.0	100.8	100.7	100.0	100.5	99.8	99.7	99.4
洛阳	Luoyang	100.3	100.1	100.1	100.7	100.8	100.5	100.6	100.4	100.3	100.1	99.9	99.3
平顶山	Pingdingshan	100.1	100.4	100.4	100.2	100.2	100.1	99.9	100.4	100.2	100.1	99.6	99.9
宜昌	Yichang	100.0	100.5	100.6	100.7	100.8	100.6	100.7	100.0	99.8	99.6	99.7	99.5
襄阳	Xiangyang	100.2	100.1	100.3	100.8	100.4	100.4	100.4	100.5	99.9	99.7	99.2	99.0
岳阳	Yueyang	100.0	100.2	99.5	100.1	100.4	99.8	99.4	99.6	99.6	99.3	100.3	99.9
常德	Changde	100.0	100.3	100.4	100.1	99.7	99.4	99.9	99.7	99.1	99.4	99.7	99.8
韶关	Huizhou	100.1	100.6	100.3	100.5	100.1	101.0	99.5	100.5	99.6	98.9	99.8	99.4
湛江	Zhanjiang	100.4	100.7	100.4	100.7	100.6	99.8	100.6	99.9	99.0	99.4	99.5	98.9
惠州	Shaoguan	100.4	100.3	100.2	100.3	100.6	100.7	100.0	99.6	99.8	99.3	100.0	99.6
桂林	Guilin	100.0	100.4	100.3	100.6	100.4	100.0	99.8	99.6	99.4	99.3	99.6	100.5
北海	Beihai	99.6	99.6	100.2	99.6	100.8	100.0	100.1	100.1	100.0	99.6	99.5	99.3
三亚	Sanya	100.3	100.4	100.7	100.2	100.2	100.6	100.4	100.0	100.0	100.6	101.1	100.1
泸州	Luzhou	99.4	99.7	101.0	99.6	100.5	100.0	99.9	99.9	98.9	99.0	99.5	99.9
南充	Nanchong	100.0	101.0	100.6	100.3	99.9	99.6	99.7	99.3	100.2	99.6	99.4	99.4
遵义	Zunyi	100.6	100.4	100.1	100.4	100.7	100.1	99.5	99.9	99.7	99.2	99.3	100.3
大理	Dali	99.9	99.6	100.5	99.9	99.7	99.4	99.7	100.1	99.3	98.8	99.0	99.5

4-3-4 2021年70个大中城市144㎡以上新建商品住宅销售价格指数
Housing Price Indices Above 144㎡ Newly Constructed Commercial Residential Buildings in 70 Large and Medium-Sized Cities 2021

(以上月价格为100) (Last Month=100)

城市	City	1月	2月	3月	4月	5月	6月	7月	8月	9月	10月	11月	12月
北京	Beijing	100.8	100.9	100.0	100.4	100.0	100.8	100.5	100.0	100.0	100.9	100.2	100.4
天津	Tianjin	100.0	100.2	101.1	100.8	100.3	100.7	100.7	100.7	100.1	99.7	99.8	99.6
石家庄	Shijiazhuang	100.0	99.9	100.8	100.9	100.2	99.9	100.0	100.0	100.7	98.8	98.9	99.1
太原	Taiyuan	99.8	99.6	99.4	100.3	100.2	100.3	100.3	99.8	99.7	100.0	99.8	99.2
呼和浩特	Hohhot	100.1	99.9	99.7	100.1	100.4	100.1	100.0	100.2	99.9	99.5	99.7	100.1
沈阳	Shenyang	100.7	99.8	100.0	101.1	101.0	101.0	100.6	100.2	100.4	99.9	99.8	98.9
大连	Dalian	99.6	99.7	100.9	101.3	101.1	101.5	100.7	100.8	100.7	100.0	100.0	99.9
长春	Changchun	100.6	100.0	100.0	100.1	100.0	100.8	100.0	100.5	100.2	100.3	99.8	99.4
哈尔滨	Harbin	99.7	100.0	100.1	100.4	100.5	99.9	100.1	99.9	99.3	99.7	99.5	99.5
上海	Shanghai	100.5	100.8	100.3	100.5	100.6	101.0	100.4	100.1	100.4	100.3	100.2	100.1
南京	Nanjing	100.4	101.1	100.6	100.8	100.8	101.0	100.3	100.4	100.1	100.2	99.6	100.1
杭州	Hangzhou	100.0	100.4	100.4	100.6	100.3	100.6	100.7	100.8	100.2	100.2	100.6	100.4
宁波	Ningbo	100.4	100.6	100.9	100.3	100.3	100.5	100.5	100.1	100.0	100.0	99.9	99.9
合肥	Hefei	100.6	100.8	100.7	100.3	100.0	100.9	100.4	100.2	100.5	99.7	99.2	100.8
福州	Fuzhou	100.5	100.1	100.7	100.6	100.7	101.1	100.2	100.0	100.1	100.0	99.5	99.7
厦门	Xiamen	100.0	100.5	100.0	100.4	101.0	100.6	100.7	100.6	100.5	100.7	99.2	100.1
南昌	Nanchang	100.6	100.0	100.3	100.4	99.9	100.0	100.4	100.0	99.8	99.4	99.5	100.0
济南	Jinan	100.2	100.0	100.8	100.3	101.2	101.7	101.0	100.7	100.4	99.9	99.5	99.9
青岛	Qingdao	100.5	100.2	100.7	100.7	100.8	100.6	101.2	100.7	100.5	99.8	99.6	99.8
郑州	Zhengzhou	100.2	100.1	100.5	100.3	100.6	100.2	100.0	99.8	99.9	99.8	99.9	99.9
武汉	Wuhan	100.7	100.0	100.3	100.5	100.7	101.0	100.6	100.5	100.4	99.7	100.0	99.7
长沙	Changsha	100.1	100.5	100.5	100.6	101.0	101.7	101.0	100.8	100.6	100.2	100.2	100.5
广州	Guangzhou	101.3	100.7	101.2	100.4	101.9	101.5	100.4	100.1	99.9	99.1	99.5	99.6
深圳	Shenzhen	100.4	100.4	100.0	100.3	100.2	101.3	100.2	100.5	100.1	100.2	100.4	100.0
南宁	Nanning	100.2	101.2	100.1	100.6	100.4	100.8	100.6	99.3	100.2	99.0	99.8	99.6
海口	Haikou	100.0	100.6	100.5	101.4	100.0	100.5	100.5	100.1	100.3	99.9	99.6	100.0
重庆	Chongqing	101.0	99.5	100.7	100.5	101.8	100.9	100.5	101.1	99.7	100.1	99.7	101.1
成都	Chengdu	100.6	100.9	100.0	100.4	100.9	100.1	100.1	100.4	99.9	99.9	100.0	100.0
贵阳	Guiyang	100.3	100.5	99.9	101.0	100.3	99.6	100.6	100.4	99.5	99.9	98.3	99.8
昆明	Kunming	100.5	100.8	100.5	100.7	100.2	99.2	99.4	99.7	99.8	99.6	99.7	99.7
西安	Xi'an	100.3	100.5	101.2	100.4	100.9	101.1	100.2	100.6	100.0	100.6	100.2	99.2
兰州	Lanzhou	100.3	100.3	100.5	100.5	100.2	100.4	100.8	99.5	99.8	100.0	98.8	100.0
西宁	Xining	100.5	100.9	101.2	100.8	100.5	100.8	101.2	100.7	100.2	99.4	99.8	98.4
银川	Yinchuan	100.2	101.6	100.7	100.7	100.6	101.8	101.0	100.2	100.6	100.6	100.3	99.4
乌鲁木齐	Urumqi	101.2	100.8	100.0	100.3	101.0	100.2	100.0	100.5	100.4	99.9	99.8	100.0

4-3-4 续表 Continued

(以上月价格为100) (Last Month=100)

城 市	City	1月	2月	3月	4月	5月	6月	7月	8月	9月	10月	11月	12月
唐 山	Tangshan	100.3	99.6	99.9	100.4	99.5	100.5	100.1	99.1	98.8	99.6	99.6	99.9
秦皇岛	Qinhuangdao	100.0	99.5	100.4	99.8	100.3	99.5	99.8	100.1	99.8	99.3	99.9	99.4
包 头	Baotou	100.2	100.1	100.7	100.4	100.1	100.1	100.4	100.1	100.0	99.7	99.4	99.4
丹 东	Dandong	100.5	100.3	100.0	100.0	100.2	100.3	100.6	100.2	100.0	100.1	99.9	99.3
锦 州	Jinzhou	100.2	100.4	99.7	101.0	101.1	100.0	100.3	100.9	100.2	100.2	99.2	99.9
吉 林	Jilin	99.8	100.3	100.8	100.5	100.3	100.5	100.7	100.1	99.7	99.8	99.8	100.1
牡丹江	Mudanjiang	100.5	100.0	99.8	100.3	100.0	100.4	100.0	100.7	99.1	99.8	99.9	99.0
无 锡	Wuxi	99.7	100.1	100.9	100.9	101.1	101.5	101.3	100.1	100.9	99.7	99.3	99.2
徐 州	Yangzhou	100.4	102.0	100.1	100.4	100.6	101.8	100.5	100.0	100.3	99.5	99.3	99.5
扬 州	Xuzhou	100.9	100.8	100.3	100.9	100.6	101.2	100.6	100.0	99.9	99.4	99.4	99.9
温 州	Wenzhou	100.4	100.2	100.0	100.8	100.3	100.9	100.3	100.2	100.2	99.9	100.0	100.0
金 华	Jinhua	101.0	100.4	100.4	101.0	100.1	101.5	100.0	100.2	100.0	100.0	100.0	100.0
蚌 埠	Bengbu	100.4	100.7	100.2	99.8	99.3	100.2	100.0	100.5	99.8	100.0	99.9	99.9
安 庆	Anqing	100.2	99.3	99.5	99.6	99.9	99.4	100.0	100.2	100.0	99.9	99.9	99.9
泉 州	Quanzhou	100.7	100.6	100.6	100.6	100.8	100.3	100.3	100.2	100.6	99.9	99.5	99.4
九 江	Jiujiang	100.7	101.1	101.3	100.4	100.5	100.3	100.4	100.0	99.6	99.9	99.2	98.6
赣 州	Ganzhou	100.8	100.4	100.2	100.2	100.0	100.1	99.8	99.7	100.0	99.5	99.9	100.4
烟 台	Yantai	99.6	100.3	100.5	100.9	100.2	100.0	100.3	99.9	99.6	99.5	99.6	100.0
济 宁	Jining	100.3	100.9	100.5	100.8	101.0	100.9	100.4	100.3	100.0	99.8	99.5	99.8
洛 阳	Luoyang	100.4	99.7	100.2	100.2	100.5	100.0	100.3	100.6	100.3	100.3	99.8	99.9
平顶山	Pingdingshan	100.4	99.8	99.7	100.1	100.4	99.9	99.6	100.1	100.1	100.9	99.7	100.5
宜 昌	Yichang	99.5	100.0	100.7	100.9	100.3	100.1	100.1	99.8	99.6	99.8	99.8	99.9
襄 阳	Xiangyang	100.4	100.2	100.5	100.2	100.5	100.3	100.8	100.2	99.9	100.0	99.7	99.2
岳 阳	Yueyang	99.4	100.4	99.9	100.3	100.7	99.4	99.2	99.5	99.5	99.3	100.0	99.3
常 德	Changde	99.4	100.1	100.4	99.5	99.4	99.7	99.8	99.8	100.2	100.0	100.2	98.8
韶 关	Huizhou	100.1	100.8	101.4	100.1	101.2	100.5	99.5	100.2	99.2	99.0	99.8	99.5
湛 江	Zhanjiang	100.2	100.7	100.0	101.0	100.6	100.0	100.0	100.0	99.1	99.0	100.0	98.8
惠 州	Shaoguan	100.2	100.0	100.3	100.7	100.3	100.5	99.7	99.9	99.1	99.6	100.2	99.9
桂 林	Guilin	100.2	100.4	100.3	99.9	100.4	100.4	99.0	100.1	99.6	100.1	99.7	100.0
北 海	Beihai	100.5	98.9	100.0	99.7	100.0	100.4	100.8	100.5	100.1	100.0	99.4	99.4
三 亚	Sanya	100.2	100.0	100.8	99.9	100.0	100.1	100.6	100.3	100.0	101.7	100.1	100.0
泸 州	Luzhou	99.2	98.3	100.6	99.7	100.8	99.6	99.8	100.2	99.9	99.1	99.6	99.9
南 充	Nanchong	99.5	100.3	100.4	100.4	99.9	100.6	99.6	99.8	99.8	99.6	99.1	99.5
遵 义	Zunyi	99.9	101.4	100.7	99.8	100.4	100.5	99.4	99.7	99.9	99.8	99.7	99.5
大 理	Dali	99.1	99.8	100.0	100.0	99.2	99.0	99.3	100.1	99.9	99.5	99.2	100.0

4-3-5 2021年70个大中城市二手住宅销售价格指数
Housing Price Indices of Second-Hand Residential Buildings in 70 Large and Medium-Sized Cities 2021

(以上月价格为100) (Last Month=100)

城市	City	1月	2月	3月	4月	5月	6月	7月	8月	9月	10月	11月	12月
北京	Beijing	100.9	101.2	101.4	101.2	101.1	101.3	100.7	100.4	99.8	99.5	99.8	100.8
天津	Tianjin	100.0	100.1	100.4	100.3	100.4	100.3	100.2	100.0	100.6	99.9	99.7	99.6
石家庄	Shijiazhuang	100.0	99.8	100.0	100.3	100.1	99.6	99.8	99.5	99.7	99.4	99.2	99.0
太原	Taiyuan	99.9	99.8	99.9	99.7	99.7	100.0	100.4	99.6	99.5	99.6	99.2	98.8
呼和浩特	Hohhot	99.9	100.2	100.2	99.9	99.8	100.0	99.5	100.4	99.4	99.5	99.6	99.9
沈阳	Shenyang	100.0	100.4	100.5	100.6	100.5	100.4	100.3	100.2	99.9	99.8	99.7	99.5
大连	Dalian	100.3	100.5	100.6	100.7	100.6	100.5	100.4	100.4	100.2	100.1	99.9	99.8
长春	Changchun	99.6	99.6	99.8	99.8	100.4	100.4	100.2	100.4	100.1	99.9	99.6	99.6
哈尔滨	Harbin	99.8	100.4	100.4	100.5	100.4	100.3	100.2	99.8	99.3	99.5	99.0	99.0
上海	Shanghai	101.3	101.3	101.1	100.9	100.7	101.0	100.7	100.2	99.4	99.6	99.9	100.4
南京	Nanjing	100.5	100.6	100.9	100.7	100.6	100.7	100.4	100.4	100.1	99.7	99.5	99.7
杭州	Hangzhou	100.7	100.4	101.2	101.0	100.9	100.8	100.5	100.2	99.6	99.5	99.9	100.3
宁波	Ningbo	100.9	100.7	100.8	100.7	100.4	100.5	100.3	99.9	99.8	99.6	99.7	99.8
合肥	Hefei	100.6	100.8	100.8	100.5	100.3	100.3	100.1	100.0	99.8	99.8	99.9	99.7
福州	Fuzhou	100.8	100.6	100.7	100.7	100.6	100.6	100.2	99.7	99.9	99.6	99.9	99.8
厦门	Xiamen	100.6	100.5	100.4	100.4	100.1	100.3	100.3	100.0	99.8	99.7	99.8	99.6
南昌	Nanchang	100.5	99.9	100.1	100.1	99.8	99.9	100.0	100.0	99.9	99.8	99.9	99.7
济南	Jinan	100.4	99.8	100.1	100.6	100.5	100.5	100.4	100.2	99.7	99.8	99.5	99.9
青岛	Qingdao	99.9	100.3	100.4	100.5	100.4	100.3	100.3	100.1	99.9	99.9	99.6	99.7
郑州	Zhengzhou	100.1	100.3	100.5	100.5	100.6	100.5	100.3	99.8	99.7	99.5	99.3	99.5
武汉	Wuhan	100.5	100.5	100.4	100.7	100.3	100.7	100.4	100.0	99.8	99.8	99.7	99.5
长沙	Changsha	100.6	100.5	100.7	100.5	100.3	100.7	101.2	100.4	100.2	99.7	100.0	100.2
广州	Guangzhou	101.4	101.0	101.4	101.2	100.9	100.6	100.6	100.5	99.6	99.4	99.5	99.7
深圳	Shenzhen	101.7	100.9	100.4	100.0	99.9	99.8	99.6	99.6	99.5	99.8	99.8	99.6
南宁	Nanning	100.2	100.2	99.9	99.8	99.9	100.1	99.9	99.7	99.8	99.7	99.4	99.6
海口	Haikou	100.4	100.5	100.6	100.8	100.5	100.8	101.3	100.8	100.5	100.3	100.3	100.1
重庆	Chongqing	100.3	100.2	100.8	101.3	101.0	100.9	100.2	100.0	100.3	99.8	100.0	99.6
成都	Chengdu	101.0	100.8	100.7	100.3	100.7	100.5	100.0	100.5	100.1	100.0	99.4	99.7
贵阳	Guiyang	99.8	100.1	100.2	100.4	100.3	99.8	99.9	99.6	99.4	99.7	99.3	99.4
昆明	Kunming	100.8	100.8	100.3	100.5	100.2	99.4	99.6	99.4	99.5	99.7	99.7	100.5
西安	Xi'an	101.0	100.9	100.6	100.8	101.0	100.9	100.6	100.3	100.2	99.8	99.5	99.7
兰州	Lanzhou	100.4	100.6	100.4	100.6	100.3	100.1	100.2	99.9	99.7	99.6	99.7	99.8
西宁	Xining	100.8	100.4	100.3	100.4	100.4	100.6	100.4	100.3	100.1	99.4	99.3	99.5
银川	Yinchuan	100.7	100.5	100.7	100.6	100.8	100.5	100.2	99.9	99.8	99.8	99.7	99.8
乌鲁木齐	Urumqi	100.3	100.5	99.9	100.5	99.8	99.7	99.8	99.7	99.5	99.5	99.6	99.7

4-3-5 续表 Continued

(以上月价格为100) (Last Month=100)

城市	City	1月	2月	3月	4月	5月	6月	7月	8月	9月	10月	11月	12月
唐山	Tangshan	100.4	100.6	100.1	99.6	99.5	100.2	99.5	99.7	99.4	99.9	100.2	99.6
秦皇岛	Qinhuangdao	99.9	99.8	100.2	99.8	99.9	99.5	99.5	99.8	99.7	99.8	99.7	99.5
包头	Baotou	100.2	100.2	100.3	100.5	100.5	100.2	99.8	99.8	99.7	99.9	99.6	99.6
丹东	Dandong	100.3	100.2	100.2	100.3	100.4	100.2	100.1	100.0	100.1	99.9	99.7	99.2
锦州	Jinzhou	99.6	100.2	100.2	99.5	99.9	99.7	99.9	100.2	99.7	99.5	99.3	99.7
吉林	Jilin	100.1	100.1	100.3	100.1	100.0	99.9	100.2	99.8	99.6	99.6	99.9	99.6
牡丹江	Mudanjiang	99.7	99.8	100.0	99.9	99.7	99.3	99.4	99.5	99.2	99.2	99.6	98.7
无锡	Wuxi	100.8	100.3	100.9	100.7	100.4	100.9	100.5	100.2	100.1	99.6	99.6	99.4
徐州	Yangzhou	101.0	100.3	101.3	101.4	101.1	100.5	99.8	99.7	99.7	99.5	99.4	99.5
扬州	Xuzhou	100.5	100.5	100.8	100.8	100.7	100.7	100.3	100.0	99.7	99.6	99.5	99.3
温州	Wenzhou	100.5	100.8	100.6	100.8	100.7	100.6	100.3	100.1	99.6	99.5	99.8	99.7
金华	Jinhua	101.3	100.5	100.5	100.4	100.6	101.0	100.4	99.7	99.8	99.7	99.6	99.8
蚌埠	Bengbu	100.4	100.3	100.6	100.3	100.3	100.7	100.3	100.2	99.8	99.6	99.5	99.6
安庆	Anqing	99.9	99.6	99.9	99.8	99.7	99.8	99.6	99.7	99.6	99.5	99.4	99.5
泉州	Quanzhou	100.9	100.8	100.7	101.0	100.7	100.6	100.3	100.2	99.9	99.6	99.3	99.5
九江	Jiujiang	100.7	100.5	100.6	100.3	100.2	100.4	100.2	99.8	99.9	99.6	99.5	99.7
赣州	Ganzhou	100.0	100.3	100.0	100.0	99.8	100.2	99.7	99.9	100.1	100.5	100.4	100.0
烟台	Yantai	100.4	100.3	100.5	100.5	100.3	100.3	100.6	100.1	99.9	99.8	99.8	99.9
济宁	Jining	100.6	100.5	100.3	100.4	100.6	100.5	99.8	99.8	100.2	99.8	100.0	99.3
洛阳	Luoyang	100.2	99.9	100.5	100.9	100.6	100.3	100.4	100.1	100.1	100.0	99.2	99.4
平顶山	Pingdingshan	100.3	100.4	100.2	100.2	100.1	100.0	99.9	100.0	99.8	99.9	99.7	99.9
宜昌	Yichang	99.7	99.8	100.2	99.8	99.9	99.9	99.8	99.7	99.8	99.8	99.5	99.5
襄阳	Xiangyang	100.0	99.8	100.3	100.3	100.2	100.2	99.9	99.8	100.0	99.5	99.8	99.7
岳阳	Yueyang	99.8	99.7	99.7	99.8	99.7	99.9	99.4	100.1	99.7	99.7	99.8	99.5
常德	Changde	100.0	100.0	100.1	100.1	99.8	100.0	99.5	99.7	99.9	99.7	99.7	99.4
韶关	Huizhou	100.3	100.1	100.4	100.5	100.4	99.7	99.9	100.3	99.9	99.2	99.5	99.7
湛江	Zhanjiang	99.9	100.3	100.5	100.7	100.0	100.3	100.0	99.7	99.6	99.6	99.8	99.6
惠州	Shaoguan	100.7	100.6	100.4	100.2	100.2	100.4	99.8	99.7	99.7	99.5	99.6	99.8
桂林	Guilin	100.5	100.2	100.1	99.8	100.1	100.2	100.3	99.8	99.6	99.4	99.3	99.8
北海	Beihai	99.9	99.8	99.8	99.7	100.0	100.5	100.1	99.9	99.8	99.8	99.6	99.4
三亚	Sanya	100.6	100.7	100.7	100.8	100.7	100.5	100.4	100.3	100.2	100.4	100.0	99.4
泸州	Luzhou	100.1	100.4	99.7	100.4	100.5	100.0	100.2	100.5	100.1	99.2	99.1	99.7
南充	Nanchong	99.7	99.8	99.5	100.4	99.7	99.5	99.3	99.4	99.5	99.1	99.2	99.5
遵义	Zunyi	100.5	100.2	100.3	99.8	99.5	100.0	99.9	99.8	99.6	99.5	99.8	99.7
大理	Dali	100.2	100.6	100.2	100.2	100.1	99.9	99.5	99.8	99.6	99.2	99.0	99.2

4-3-6 2021年70个大中城市90㎡及以下二手住宅销售价格指数
Housing Price Indices of 90㎡ and below Second-Hand Residential Buildings in 70 Large and Medium-Sized Cities 2021

(以上月价格为100) (Last Month=100)

城市	City	1月	2月	3月	4月	5月	6月	7月	8月	9月	10月	11月	12月
北京	Beijing	101.3	101.6	101.4	101.2	101.1	101.3	100.7	100.2	99.6	99.2	99.7	101.3
天津	Tianjin	99.9	100.1	100.5	100.5	100.6	100.3	100.1	99.9	100.3	100.0	99.6	99.7
石家庄	Shijiazhuang	100.0	100.4	100.3	100.1	100.2	99.2	99.8	99.4	99.6	99.5	99.4	99.4
太原	Taiyuan	100.3	99.7	99.8	100.2	99.8	99.8	100.2	99.1	99.7	99.1	99.0	98.7
呼和浩特	Hohhot	99.5	100.3	100.0	99.9	100.0	99.8	99.5	100.4	99.6	99.4	99.7	100.0
沈阳	Shenyang	99.9	100.7	100.6	100.8	100.6	100.3	100.0	100.2	100.0	99.9	99.5	99.8
大连	Dalian	100.4	100.6	100.9	100.6	100.5	100.8	100.1	100.4	100.1	100.2	99.9	100.0
长春	Changchun	99.7	100.0	99.8	99.7	100.2	100.5	100.0	100.1	100.0	99.9	99.7	99.7
哈尔滨	Harbin	99.7	100.4	100.5	100.4	100.5	100.3	100.1	99.6	99.2	99.4	99.2	99.1
上海	Shanghai	101.5	101.4	101.1	100.9	100.8	100.4	100.6	100.0	99.2	99.6	100.0	100.4
南京	Nanjing	100.2	100.8	101.1	100.8	101.0	100.7	100.1	100.6	100.1	99.4	99.2	99.5
杭州	Hangzhou	100.9	100.4	101.1	101.1	100.6	100.9	100.6	100.0	99.5	99.5	99.8	100.2
宁波	Ningbo	100.9	101.0	101.0	100.6	100.1	100.3	100.0	100.0	99.7	99.9	99.4	99.7
合肥	Hefei	100.5	100.7	100.7	100.6	100.5	100.4	100.1	100.0	100.0	99.9	100.0	99.7
福州	Fuzhou	100.9	100.8	101.0	100.9	100.4	100.8	100.2	99.3	99.8	99.1	99.8	99.6
厦门	Xiamen	100.8	100.6	100.8	100.5	99.8	100.0	100.1	100.0	99.6	99.4	99.9	99.5
南昌	Nanchang	101.2	99.3	100.0	99.6	99.7	99.8	100.1	100.0	99.9	99.6	100.2	99.7
济南	Jinan	100.6	99.6	100.1	100.1	100.6	100.8	100.3	100.1	99.9	99.7	99.3	99.7
青岛	Qingdao	99.9	100.7	100.4	100.5	100.5	100.5	100.2	100.0	99.8	99.9	99.6	99.7
郑州	Zhengzhou	100.0	100.6	100.3	100.7	100.7	100.3	100.1	99.8	99.9	99.5	99.2	99.3
武汉	Wuhan	100.6	100.0	100.8	100.9	100.3	100.6	100.0	99.8	99.8	99.9	99.3	99.6
长沙	Changsha	100.7	100.1	100.9	101.0	100.1	100.6	100.9	100.6	100.2	99.7	99.7	100.1
广州	Guangzhou	101.3	100.8	101.1	101.2	101.0	100.5	100.4	100.7	99.8	99.4	99.5	100.0
深圳	Shenzhen	101.8	101.0	100.1	99.7	99.9	100.0	99.3	99.6	99.4	99.7	99.9	99.8
南宁	Nanning	100.5	100.0	100.0	99.8	100.3	99.9	100.1	99.6	99.8	99.8	99.4	99.8
海口	Haikou	100.2	100.5	100.5	101.0	100.4	100.5	101.2	100.5	100.8	100.6	100.4	100.1
重庆	Chongqing	100.3	100.3	100.6	101.5	101.1	101.2	100.1	99.6	100.4	99.7	100.1	99.9
成都	Chengdu	100.9	100.6	100.9	100.2	100.5	100.2	100.1	100.3	99.9	99.8	99.4	99.8
贵阳	Guiyang	99.9	100.1	100.1	100.4	100.1	99.9	99.7	99.3	99.0	99.6	99.5	99.9
昆明	Kunming	100.9	100.7	100.4	100.1	100.7	99.3	99.8	99.4	99.4	99.6	99.9	100.6
西安	Xi'an	101.1	101.3	100.6	100.6	101.0	101.5	101.0	100.0	100.1	99.7	99.2	99.7
兰州	Lanzhou	100.2	101.0	100.3	100.8	100.5	100.1	100.3	99.9	99.8	99.6	99.6	99.8
西宁	Xining	101.3	100.6	100.4	100.5	100.5	101.1	100.2	100.1	100.0	99.0	99.2	99.2
银川	Yinchuan	100.6	100.4	100.5	101.0	101.1	100.4	100.3	99.6	100.0	99.9	99.5	99.8
乌鲁木齐	Urumqi	100.3	101.1	99.8	100.1	100.0	100.0	99.6	99.2	99.5	99.5	99.9	99.5

4-3-6 续表 Continued

(以上月价格为100) (Last Month=100)

城市	City	1月	2月	3月	4月	5月	6月	7月	8月	9月	10月	11月	12月
唐山	Tangshan	100.4	100.5	100.0	99.4	99.5	100.4	99.8	99.6	99.2	100.0	100.3	99.5
秦皇岛	Qinhuangdao	100.1	99.9	99.8	99.8	99.4	99.6	99.5	99.6	100.0	99.9	99.7	99.5
包头	Baotou	100.4	100.3	100.4	100.5	100.9	100.1	100.0	99.7	100.0	99.9	99.5	99.3
丹东	Dandong	100.4	100.2	100.3	100.4	100.5	100.2	100.1	99.9	100.4	100.0	99.5	99.0
锦州	Jinzhou	99.9	100.2	99.9	99.6	100.0	99.8	99.9	100.0	99.6	99.7	99.3	99.9
吉林	Jilin	100.6	100.2	100.4	100.1	99.9	99.9	100.0	99.9	99.7	99.6	100.0	99.6
牡丹江	Mudanjiang	99.5	99.7	100.2	100.1	99.8	99.2	99.4	99.5	99.1	99.1	99.9	98.5
无锡	Wuxi	100.5	100.3	100.7	100.8	100.2	100.7	100.4	100.3	100.3	99.5	99.8	99.9
徐州	Yangzhou	101.2	100.6	100.7	101.2	100.4	100.2	100.0	100.0	99.6	99.5	99.5	99.8
扬州	Xuzhou	100.6	100.1	100.6	101.2	100.3	101.2	100.2	100.0	100.1	99.6	99.5	99.7
温州	Wenzhou	100.7	101.0	100.8	101.0	100.3	100.5	100.2	100.1	99.8	99.3	99.6	99.8
金华	Jinhua	101.3	100.4	100.4	100.3	100.6	100.8	100.2	99.9	99.9	99.9	99.7	99.9
蚌埠	Bengbu	100.3	100.1	100.9	100.4	100.1	100.8	100.3	100.1	99.6	99.7	99.8	99.3
安庆	Anqing	100.0	99.6	99.9	99.8	99.7	99.9	99.3	99.6	99.5	99.7	99.5	99.6
泉州	Quanzhou	100.6	100.9	100.7	100.7	100.5	100.4	100.6	100.0	100.1	99.8	99.3	99.4
九江	Jiujiang	100.7	100.1	100.3	100.2	100.1	100.5	100.1	99.7	100.0	99.4	99.3	100.0
赣州	Ganzhou	100.0	100.0	100.2	100.0	99.4	99.8	99.7	99.8	100.3	100.5	100.7	100.3
烟台	Yantai	100.1	100.4	100.6	100.4	100.2	100.4	100.8	100.3	99.7	99.6	99.9	99.6
济宁	Jining	100.3	100.3	100.1	100.5	100.2	100.1	99.9	99.8	100.0	99.6	99.9	99.5
洛阳	Luoyang	99.8	100.1	100.2	100.4	101.2	100.1	100.3	100.2	100.2	100.3	98.9	99.4
平顶山	Pingdingshan	100.4	99.7	100.1	100.0	100.2	100.0	99.9	99.9	99.9	100.0	99.8	99.7
宜昌	Yichang	99.8	99.9	100.1	100.0	99.8	99.9	99.9	99.8	100.0	99.8	99.6	99.7
襄阳	Xiangyang	99.9	99.6	100.1	100.1	100.1	100.1	100.0	99.9	100.0	99.6	99.8	99.9
岳阳	Yueyang	99.7	99.7	100.1	99.9	99.3	100.2	99.6	100.3	99.9	99.6	99.7	99.4
常德	Changde	99.8	99.9	100.0	100.3	100.1	99.6	100.0	100.2	99.9	99.2	99.9	99.1
韶关	Huizhou	100.0	100.1	100.9	100.1	100.5	99.2	99.9	100.5	99.9	99.5	100.0	99.4
湛江	Zhanjiang	99.8	100.4	100.6	100.3	100.2	100.6	100.1	99.7	99.7	99.6	99.6	99.7
惠州	Shaoguan	100.5	100.4	100.5	100.2	100.2	100.2	100.1	99.8	99.6	99.9	99.4	99.8
桂林	Guilin	100.0	100.1	100.0	100.0	100.2	99.9	100.2	99.3	100.0	99.5	99.8	99.4
北海	Beihai	100.1	99.9	99.9	99.7	99.8	100.4	100.3	100.0	100.0	99.9	99.4	99.2
三亚	Sanya	100.6	100.2	100.9	100.8	101.0	100.6	100.3	100.3	100.1	100.6	99.9	99.3
泸州	Luzhou	100.1	100.2	100.1	99.9	100.5	100.3	100.2	100.6	99.6	99.8	99.3	99.6
南充	Nanchong	99.7	99.8	99.4	100.0	99.7	99.7	99.5	99.6	99.4	98.6	99.8	99.4
遵义	Zunyi	100.8	100.5	100.5	100.1	99.3	99.1	100.5	100.0	99.5	99.8	99.6	99.3
大理	Dali	100.3	100.8	100.5	100.5	100.0	99.6	99.9	99.3	99.5	99.2	98.9	99.0

4-3-7 2021年70个大中城市90~144㎡二手住宅销售价格指数
Housing Price Indices of 90~144㎡ Second-Hand Residential Buildings in 70 Large and Medium-Sized Cities 2021

(以上月价格为100) (Last Month=100)

城　市	City	1月	2月	3月	4月	5月	6月	7月	8月	9月	10月	11月	12月
北　京	Beijing	100.8	101.2	101.6	101.0	101.0	101.4	100.7	100.4	99.9	99.9	99.8	100.2
天　津	Tianjin	100.2	100.2	100.3	100.0	100.2	100.2	100.2	100.0	100.9	99.8	99.8	99.6
石家庄	Shijiazhuang	100.0	99.3	99.9	100.4	100.0	100.1	99.9	99.6	99.7	99.1	99.2	98.7
太　原	Taiyuan	99.7	100.1	100.2	99.0	99.7	100.1	100.4	100.5	99.3	99.9	99.3	98.7
呼和浩特	Hohhot	100.5	100.5	100.3	99.9	99.8	100.1	99.5	100.3	99.3	99.8	99.5	99.6
沈　阳	Shenyang	100.2	100.2	100.7	100.2	100.3	100.4	100.9	100.1	99.9	99.8	100.0	99.2
大　连	Dalian	100.4	100.5	100.3	100.9	100.5	100.1	100.6	100.1	100.3	100.0	100.1	99.4
长　春	Changchun	99.4	99.0	100.0	99.8	100.8	100.3	100.5	100.5	100.2	99.8	99.3	99.8
哈尔滨	Harbin	99.9	100.4	100.2	100.4	100.3	100.4	100.4	99.9	99.3	99.7	98.9	98.8
上　海	Shanghai	101.3	101.6	100.9	100.8	100.7	101.2	100.6	100.3	99.6	99.8	99.7	100.3
南　京	Nanjing	100.8	100.2	100.7	100.7	100.2	100.3	100.4	100.3	100.0	100.3	100.0	100.0
杭　州	Hangzhou	100.3	100.5	101.5	101.1	101.3	100.1	100.6	100.2	100.0	99.4	100.0	100.3
宁　波	Ningbo	101.0	100.4	100.8	100.7	100.4	100.7	100.5	100.0	99.8	99.4	99.9	99.9
合　肥	Hefei	100.6	100.7	100.9	100.5	100.3	100.2	100.0	99.9	99.6	99.8	100.0	99.6
福　州	Fuzhou	100.5	100.3	100.6	100.7	100.8	100.7	100.3	99.8	100.0	100.0	100.0	100.0
厦　门	Xiamen	100.8	100.3	100.3	100.4	100.3	100.4	100.6	99.7	100.0	99.5	99.6	99.9
南　昌	Nanchang	100.3	100.3	100.1	100.4	99.8	100.0	100.1	100.0	99.9	99.8	99.6	99.6
济　南	Jinan	100.3	99.8	100.2	100.8	100.7	100.3	100.4	100.2	99.6	99.7	99.7	99.8
青　岛	Qingdao	99.9	100.0	100.5	100.3	100.3	100.0	100.3	100.1	100.0	99.9	99.4	99.7
郑　州	Zhengzhou	100.3	100.0	100.7	100.4	100.5	100.4	100.7	99.9	99.7	99.5	99.5	99.7
武　汉	Wuhan	100.4	100.7	100.2	100.3	100.2	100.9	100.5	100.1	99.8	99.7	100.0	99.6
长　沙	Changsha	100.6	101.1	100.9	100.1	100.3	100.7	100.8	100.4	100.0	99.8	100.2	100.3
广　州	Guangzhou	101.9	101.1	101.4	101.0	100.5	100.6	100.9	100.2	99.5	99.3	99.6	99.4
深　圳	Shenzhen	101.8	101.0	100.8	100.4	99.7	99.4	99.9	99.7	99.4	99.9	99.9	99.4
南　宁	Nanning	100.1	100.2	99.7	99.7	99.8	100.3	99.6	99.7	99.6	99.5	99.4	99.5
海　口	Haikou	100.6	100.5	100.8	100.8	100.5	101.0	101.2	101.0	100.4	100.0	100.0	100.1
重　庆	Chongqing	100.1	100.1	101.1	101.3	100.8	100.8	100.3	100.2	100.1	99.4	100.1	99.2
成　都	Chengdu	101.1	100.8	100.6	100.4	101.0	101.2	99.8	100.8	100.3	100.0	99.3	99.3
贵　阳	Guiyang	100.1	99.8	100.4	100.4	100.4	99.6	99.9	99.7	99.8	99.7	98.9	99.0
昆　明	Kunming	100.7	101.0	100.2	100.7	100.1	99.7	99.7	99.9	99.9	99.5	99.4	100.2
西　安	Xi'an	101.1	100.5	100.5	101.2	101.2	100.7	100.1	100.5	100.1	99.9	99.6	99.8
兰　州	Lanzhou	100.5	100.2	100.6	100.4	100.2	100.2	100.1	99.9	99.4	99.6	99.8	99.7
西　宁	Xining	100.5	100.3	100.4	100.2	100.5	100.3	100.6	100.6	100.2	99.5	99.5	99.8
银　川	Yinchuan	100.7	100.5	101.0	100.4	100.5	100.6	100.0	100.1	99.8	99.7	99.9	99.8
乌鲁木齐	Urumqi	100.4	100.1	100.0	100.8	99.6	99.5	100.0	100.0	99.7	99.4	99.5	99.8

4-3-7 续表 Continued

(以上月价格为100) (Last Month=100)

城市	City	1月	2月	3月	4月	5月	6月	7月	8月	9月	10月	11月	12月
唐山	Tangshan	100.3	100.6	100.2	99.9	99.6	99.9	99.1	99.9	99.8	99.9	100.3	99.7
秦皇岛	Qinhuangdao	99.7	99.6	100.6	99.9	100.4	99.4	99.4	100.0	99.4	99.7	99.8	99.5
包头	Baotou	100.0	100.2	100.0	100.7	100.3	100.3	99.5	100.0	99.5	100.0	100.0	99.8
丹东	Dandong	100.2	100.1	100.1	100.2	100.1	100.0	100.2	100.0	99.6	99.9	100.0	99.6
锦州	Jinzhou	99.3	100.3	100.5	99.5	99.7	99.6	99.8	100.6	99.7	99.2	99.2	99.5
吉林	Jilin	99.6	100.1	100.3	100.2	100.0	99.8	100.4	99.9	99.6	99.7	99.9	99.5
牡丹江	Mudanjiang	100.0	99.9	99.7	99.5	99.5	99.5	99.3	99.7	99.2	99.4	99.2	99.1
无锡	Wuxi	100.7	100.2	101.2	100.8	100.4	101.1	100.5	100.0	100.1	99.8	99.5	99.0
徐州	Yangzhou	101.0	100.0	101.8	101.7	101.7	100.7	99.6	99.5	99.9	99.7	99.3	99.2
扬州	Xuzhou	100.4	100.9	101.1	100.5	101.2	100.5	100.3	100.0	99.4	99.7	99.5	98.9
温州	Wenzhou	100.4	100.8	100.5	100.3	101.0	100.4	100.3	100.3	99.7	99.4	99.8	99.6
金华	Jinhua	101.5	100.6	100.5	100.5	100.2	101.0	100.4	99.7	99.7	99.6	99.6	99.7
蚌埠	Bengbu	100.5	100.5	100.5	100.3	100.4	100.6	100.3	100.2	99.9	99.6	99.4	99.8
安庆	Anqing	99.9	99.7	99.8	99.9	99.6	99.8	99.9	99.8	99.7	99.4	99.5	99.5
泉州	Quanzhou	101.2	101.0	100.8	100.8	100.8	101.0	100.3	100.1	99.7	99.6	99.1	99.6
九江	Jiujiang	100.7	100.8	100.6	100.3	100.2	100.4	100.3	100.0	100.0	99.8	99.6	99.4
赣州	Ganzhou	100.0	100.4	99.9	100.0	100.0	100.4	99.9	99.9	100.0	100.6	100.1	99.9
烟台	Yantai	100.6	100.2	100.3	100.9	100.6	100.1	100.4	100.0	100.0	100.0	99.6	100.3
济宁	Jining	100.7	100.7	100.4	100.4	100.9	100.6	99.9	99.8	100.4	99.9	100.1	99.3
洛阳	Luoyang	100.4	100.0	100.5	101.3	100.4	100.4	100.5	100.0	100.0	99.6	99.3	99.3
平顶山	Pingdingshan	100.1	100.9	100.2	100.2	100.1	100.0	99.9	100.0	99.6	99.9	99.5	99.9
宜昌	Yichang	99.8	99.8	100.2	99.8	100.0	100.0	99.8	99.8	99.7	99.9	99.5	99.4
襄阳	Xiangyang	99.9	100.0	100.5	100.5	100.2	100.3	99.9	99.6	100.0	99.5	99.7	99.5
岳阳	Yueyang	99.8	99.8	99.4	99.8	100.0	99.9	99.4	100.0	99.8	99.8	99.6	99.7
常德	Changde	100.1	99.8	100.3	100.0	99.8	100.3	99.5	99.5	99.6	100.1	99.4	99.4
韶关	Huizhou	100.2	100.2	100.3	100.7	100.5	99.6	99.8	100.4	99.9	99.1	99.2	100.0
湛江	Zhanjiang	99.9	100.4	100.3	100.9	99.8	100.2	100.0	100.0	99.6	99.4	99.9	99.4
惠州	Shaoguan	100.9	100.6	100.2	100.0	100.3	100.5	99.8	99.7	99.7	99.4	99.7	99.7
桂林	Guilin	100.8	100.0	100.3	99.7	100.0	100.4	100.3	100.0	99.4	99.4	99.0	100.2
北海	Beihai	99.5	99.8	99.8	100.0	100.1	100.7	99.8	99.5	99.5	99.7	99.8	99.6
三亚	Sanya	100.5	101.5	100.8	101.3	100.5	100.2	100.4	100.4	100.2	100.4	100.3	99.4
泸州	Luzhou	100.0	100.4	99.4	100.8	100.4	100.0	100.2	100.5	100.4	99.0	99.0	99.8
南充	Nanchong	99.6	99.9	99.5	100.7	99.8	99.2	99.1	99.2	99.6	99.3	98.7	99.5
遵义	Zunyi	100.3	100.1	100.2	100.0	99.4	100.2	99.9	99.7	99.8	99.3	99.7	99.8
大理	Dali	100.1	100.4	100.1	100.5	100.1	99.9	99.1	100.3	99.4	99.1	98.9	99.1

4-3-8 2021年70个大中城市144㎡以上二手住宅销售价格指数
Housing Price Indices of Above 144㎡ Second-Hand Residential Buildings in 70 Large and Medium-Sized Cities 2021

(以上月价格为100) (Last Month=100)

城市	City	1月	2月	3月	4月	5月	6月	7月	8月	9月	10月	11月	12月
北京	Beijing	100.4	100.5	101.2	101.5	101.2	100.9	100.5	100.8	100.0	99.9	100.1	100.3
天津	Tianjin	99.6	99.6	100.4	100.3	100.2	100.7	100.0	100.3	100.7	99.6	99.6	99.2
石家庄	Shijiazhuang	100.0	100.0	99.4	100.5	100.5	99.4	99.7	99.5	99.8	100.4	99.1	98.4
太原	Taiyuan	99.2	99.4	99.7	99.6	99.6	100.3	100.8	99.3	99.5	100.1	99.3	98.9
呼和浩特	Hohhot	99.9	99.1	100.6	100.2	99.1	100.1	99.1	100.7	99.3	99.4	99.3	100.0
沈阳	Shenyang	99.8	99.9	100.0	100.6	100.3	101.0	100.5	100.4	99.7	99.9	99.6	98.9
大连	Dalian	100.0	100.4	100.3	100.5	101.3	100.3	100.7	100.8	100.6	99.9	99.5	99.7
长春	Changchun	99.6	99.6	99.7	99.8	100.6	100.5	100.4	100.8	99.9	100.2	99.6	99.3
哈尔滨	Harbin	99.7	100.3	100.4	101.0	100.2	100.0	100.1	99.9	99.9	99.3	98.7	98.9
上海	Shanghai	100.6	100.5	101.1	101.0	100.2	102.0	101.1	100.6	99.7	99.1	99.9	100.7
南京	Nanjing	100.5	100.5	100.7	100.3	100.4	101.9	101.3	100.1	100.8	99.0	99.0	99.5
杭州	Hangzhou	101.0	100.3	101.2	100.7	101.0	101.4	100.4	100.5	99.4	99.9	99.9	100.5
宁波	Ningbo	100.7	100.7	100.3	100.8	101.1	100.9	100.3	99.7	99.9	99.5	99.8	99.9
合肥	Hefei	100.8	101.2	100.1	100.2	99.6	100.8	100.2	100.1	99.7	99.7	99.2	99.8
福州	Fuzhou	101.1	100.9	100.3	100.2	100.3	100.0	100.4	100.3	99.6	99.7	99.9	99.9
厦门	Xiamen	100.2	100.6	100.3	100.2	100.2	100.5	100.2	100.2	99.7	100.4	99.9	99.3
南昌	Nanchang	100.3	99.9	100.3	99.8	99.8	99.9	99.8	100.1	99.8	99.9	100.0	99.9
济南	Jinan	100.5	99.9	100.0	100.8	100.0	100.7	100.5	100.2	99.7	99.9	99.6	100.1
青岛	Qingdao	100.0	99.9	100.5	100.8	100.5	100.3	100.5	100.3	99.8	99.7	100.0	99.5
郑州	Zhengzhou	100.1	100.3	100.4	100.5	100.9	101.0	100.0	99.6	99.4	99.8	99.4	99.7
武汉	Wuhan	100.4	100.9	100.0	101.4	100.3	100.6	101.0	99.7	99.2	99.6	99.7	99.1
长沙	Changsha	100.6	100.2	100.2	100.5	100.5	100.9	102.1	100.3	100.5	99.4	100.1	100.4
广州	Guangzhou	100.5	101.0	101.8	101.5	101.6	101.0	100.6	100.7	99.4	99.5	99.0	99.5
深圳	Shenzhen	101.0	100.7	100.3	100.6	100.5	99.9	99.9	99.5	99.8	100.2	99.3	99.1
南宁	Nanning	99.6	100.4	99.9	100.0	99.3	100.1	100.4	100.0	100.3	100.0	99.2	99.3
海口	Haikou	100.4	100.7	100.5	100.6	100.6	100.7	101.5	100.5	100.4	100.5	100.7	100.4
重庆	Chongqing	101.0	100.0	100.6	100.8	101.3	100.5	100.1	100.5	100.1	100.9	99.7	99.5
成都	Chengdu	101.0	101.8	100.5	100.2	100.4	100.1	100.1	100.6	100.1	100.2	99.6	100.2
贵阳	Guiyang	99.0	100.8	100.1	100.2	100.0	100.1	100.6	99.7	99.4	99.9	99.9	99.5
昆明	Kunming	100.6	100.7	100.4	100.8	99.7	99.2	99.2	98.5	98.9	100.2	99.9	100.9
西安	Xi'an	100.8	101.6	100.8	100.5	100.4	100.5	101.4	100.3	100.6	99.7	99.7	99.7
兰州	Lanzhou	100.5	100.0	100.6	100.3	100.1	100.0	100.2	99.6	99.9	99.7	99.5	99.9
西宁	Xining	100.7	100.3	99.8	100.9	100.2	100.4	100.0	100.2	100.3	99.9	99.1	99.6
银川	Yinchuan	100.6	100.3	100.2	100.6	101.8	100.1	101.0	99.8	99.9	100.2	99.6	99.5
乌鲁木齐	Urumqi	100.3	100.7	99.6	100.9	99.7	99.2	99.4	99.9	99.0	99.8	99.3	99.6

4-3-8 续表 Continued

(以上月价格为100) (Last Month=100)

城 市	City	1月	2月	3月	4月	5月	6月	7月	8月	9月	10月	11月	12月
唐 山	Tangshan	100.9	100.4	100.5	100.1	99.1	100.1	99.8	99.2	99.2	99.4	99.8	99.6
秦皇岛	Qinhuangdao	99.9	99.9	100.5	99.3	100.1	99.6	99.7	99.5	99.5	99.5	99.9	99.4
包 头	Baotou	100.4	99.9	101.3	100.1	100.2	99.8	99.8	99.9	99.8	99.8	99.0	99.8
丹 东	Dandong	100.0	100.3	100.1	100.3	100.5	100.2	100.1	100.1	100.1	99.9	99.8	99.4
锦 州	Jinzhou	99.8	100.2	99.9	99.8	99.9	99.8	99.8	100.1	99.5	99.8	99.5	99.6
吉 林	Jilin	99.8	99.9	100.1	100.2	99.9	99.7	100.2	99.7	99.7	99.4	99.4	99.8
牡丹江	Mudanjiang	99.6	100.0	100.0	100.0	99.8	99.8	100.0	99.5	99.5	100.0	99.6	99.5
无 锡	Wuxi	101.7	100.6	100.5	100.2	100.8	101.0	100.8	100.3	99.5	99.3	99.8	99.1
徐 州	Yangzhou	100.8	100.7	100.9	100.7	101.0	100.4	99.9	99.6	99.6	99.0	99.4	99.7
扬 州	Xuzhou	101.0	100.5	100.8	101.2	100.6	100.0	100.7	100.0	99.6	99.4	99.4	99.2
温 州	Wenzhou	100.5	100.4	100.7	101.2	100.8	101.1	100.3	99.8	99.3	99.9	99.9	99.6
金 华	Jinhua	101.0	100.5	100.7	100.2	101.5	101.3	100.4	99.4	99.5	99.5	99.6	99.4
蚌 埠	Bengbu	100.8	100.1	100.1	100.1	100.3	101.1	100.2	100.6	99.9	99.9	99.1	99.4
安 庆	Anqing	99.5	99.4	100.2	99.7	99.8	99.4	99.1	100.0	99.8	99.5	99.1	99.4
泉 州	Quanzhou	100.7	100.3	100.6	101.6	100.8	100.2	100.2	100.6	99.9	99.4	99.8	99.3
九 江	Jiujiang	100.6	100.4	100.8	100.6	100.4	100.4	100.0	99.3	99.3	99.8	99.6	100.0
赣 州	Ganzhou	100.1	100.1	100.2	99.8	99.5	100.1	99.2	99.9	100.2	100.5	101.2	100.0
烟 台	Yantai	100.8	100.4	100.6	100.1	100.0	100.5	100.3	100.0	99.9	99.7	99.9	100.0
济 宁	Jining	100.9	100.2	100.5	100.0	100.6	100.9	99.3	99.9	100.2	99.9	99.6	98.8
洛 阳	Luoyang	100.5	99.2	100.8	100.7	100.2	100.4	100.1	100.0	100.3	100.6	99.4	99.5
平顶山	Pingdingshan	100.4	100.1	100.2	100.7	100.0	100.1	99.8	100.1	99.9	99.9	100.0	100.1
宜 昌	Yichang	99.1	99.6	100.0	99.2	99.8	99.9	99.4	99.2	99.7	99.1	99.1	99.7
襄 阳	Xiangyang	100.3	99.2	100.1	100.0	100.5	100.1	99.6	100.2	100.1	99.5	100.0	100.0
岳 阳	Yueyang	99.9	99.3	100.0	99.8	99.3	99.3	99.3	100.0	99.2	99.7	100.2	99.3
常 德	Changde	99.9	100.3	99.7	99.9	99.7	99.9	99.0	99.5	100.5	99.6	100.1	99.7
韶 关	Huizhou	100.4	100.0	100.2	100.5	100.3	100.0	99.9	100.1	99.8	99.4	99.7	99.5
湛 江	Zhanjiang	99.9	100.0	100.7	100.7	99.9	100.4	99.8	99.1	99.6	100.0	100.0	99.7
惠 州	Shaoguan	100.6	100.7	100.6	100.7	100.1	100.4	99.5	99.6	99.9	99.1	100.0	99.7
桂 林	Guilin	100.4	101.0	99.6	99.8	99.8	100.3	100.3	99.9	99.6	99.2	99.4	99.3
北 海	Beihai	100.2	99.8	99.6	99.3	100.3	100.3	99.9	100.2	99.8	99.8	100.1	99.4
三 亚	Sanya	100.7	100.6	100.3	100.3	100.7	100.6	100.4	100.0	100.3	100.1	99.7	99.5
泸 州	Luzhou	100.5	100.7	99.9	99.9	100.4	99.8	100.1	100.3	100.4	98.9	98.9	99.6
南 充	Nanchong	100.0	99.5	100.1	100.1	99.2	100.2	99.8	99.6	99.3	99.2	99.3	100.0
遵 义	Zunyi	100.4	100.0	100.7	99.2	100.1	100.3	99.3	99.8	99.5	99.6	100.5	99.6
大 理	Dali	100.2	100.6	100.0	99.5	100.2	100.3	99.6	99.6	100.0	99.5	99.3	99.8

附　　录
Appendix

主要统计指标解释

一、工业生产者价格

（一）调查内容

工业生产者出厂价格统计调查涵盖 41 个工业行业大类，207 个工业行业中类，666 个工业行业小类，1300 多个基本分类的 20000 多种工业产品的价格；工业生产者购进价格统计调查涵盖 800 多个基本分类的 10000 多种工业产品的价格。

（二）调查方法

工业生产者价格调查采取重点调查与典型调查相结合的调查方法。年主营业务收入 2000 万元以上的企业采用重点调查方法；年主营业务收入 2000 万元以下的企业采用典型调查方法。工业生产者价格调查涉及全国 4 万余家工业企业。

（三）指标解释

工业生产者价格指数　包括工业生产者出厂价格指数（Producer Price Index for Industrial Products，简称 PPI）和工业生产者购进价格指数。

工业生产者出厂价格指数　反映工业企业产品第一次出售时的出厂价格的变化趋势和变动幅度。

工业生产者购进价格指数　反映工业企业作为中间投入产品的购进价格的变化趋势和变动幅度。

二、流通领域重要生产资料市场价格

（一）监测内容

流通领域重要生产资料市场价格监测内容包括 9 大类 50 种产品的价格，涵盖全国 31 个省（区、市）300 多个交易市场的近 2000 家批发商、代理商、经销商等经营企业。

（二）监测方法

价格监测方法包括信息员现场采价，电话、即时通讯工具和电子邮件询价等。

（三）指标解释

流通领域重要生产资料市场价格，是指重要生产资料经营企业的批发和销售价格。与出厂价格不同，生产资料市场价格既包含出厂价格，也包含有经营企业的流通费用、利润和税费等。出厂价格与市场价格互相影响，存在时滞，两者的变动趋势在某一时间段内有可能会出现不完全一致的情况。

三、居民消费价格

（一）调查内容

居民消费价格统计调查涵盖城乡居民生活消费的食品烟酒、衣着、居住、生活用品及服务、交通通信、教育文化娱乐、医疗保健、其他用品及服务八个大类，共 268 个基本分类的商品与服务价格。

（二）调查方法

采用抽样调查方法抽选确定调查网点，通过手持数据采集器，采用定人、定点、定时的方法直接调查，或者由选中的调查对象协助填报。在保证价格准确的前提下，经国家统计局审定，各地可通过相关政府部门发布的通知、公告等文件，以及部分企业、单位公开发布的收费信息资料和被调查单位的电子数据进行采价，也可从互联网采集特定商品和服务价格。数据来源于全国 31 个省（区、市）约 500 个市县，近 10 万家价格调查点，包括商场（店）、超市、农贸市场、服务网点和互联网电商等。

（三）指标解释

居民消费价格指数（Consumer Price Index，简称 CPI）旨在反映一定时期内居民所购买并用于日常生活的商品及服务项目的价格水平变动趋势和变动程度。

1.食品烟酒　指居民为摄取身体所需要的营养和满足某种嗜好而购买消费的食品、茶及饮料、烟酒及在外餐饮等。

2.衣着　指与居民穿着有关的支出，包括服装、服装材料、鞋类、其他衣类及配件、衣类加工服务、鞋类配件及加工服务的支出。

3.居住　指与居住有关的支出，包括租赁房房租、住房保养维修及管理、水电燃料等。

4.生活用品及服务　指家庭及个人用于各类生活用品及家庭服务的支出。包括家具及室内装饰品、家用器具、家用纺织品、家庭日用杂品、个人护理用品和家庭服务。

5.交通通信　指用于交通和通信工具及相关的各种服务费、维修费等支出。

6.教育文化娱乐　指用于教育和文化娱乐方面的支出。

7.医疗保健　指用于医疗和保健的药品、用品和服务的总费用。包括药品及医疗器具、医疗服务等。

8.其他用品及服务　指无法直接计入上述各类支出的其他用品与服务支出。

四、商品零售价格

商品的零售价格是商品在流通过程中最后一个环节的价格，是工业、商业、餐饮业和其他零售企业向城乡居民、机关团体出售生活消费品和办公用品的价格。

五、商品住宅销售价格

（一）调查范围

住宅销售价格调查范围为 70 个大中城市的市辖区，不包括县。

（二）调查方法

70 个大中城市的新建商品住宅销售价格调查为全面调查，基础数据直接采用当地房地产管理部门的网签数据。二手住宅销售价格调查为非全面调查，采用重点调查和典型调查相结合的方法，按照房地产经纪机构或房屋居住服务平台等相关企业上报、房地产管理部门提供与调查员实地采价相结合的方式收集基础数据。

（三）价格指数的计算方法详见《房地产价格统计报表制度》

（四）指标解释

新建商品住宅 指新建的专供居住用的商品住房，主要包括 90 平方米及以下、90~144 平方米、144 平方米以上三个基本分类。不包括新建的公寓和国家政策性住房；不包括住宅楼中作为人防用、不住人的地下室、车库等，也不包括托儿所、病房、疗养院、旅馆等具有专门用途的房屋。

二手住宅 指进入房屋市场进行交易，第二次及以上进行产权登记的住宅，包括二手商品住宅、允许上市交易的已售公房等。主要包括 90 平方米及以下、90~144 平方米、144 平方米以上三个基本分类。

90 平方米及以下住宅 指住宅中套型建筑面积不大于 90 平方米的住宅。套型建筑面积由套内使用面积和分摊的共有建筑面积组成，报表时以销售合同中实际测绘的建筑面积为准，若销售合同为套内使用面积则需折算成建筑面积。

90~144 平方米住宅 指套型建筑面积大于 90 平方米，不超过 144 平方米的住宅。

144 平方米以上住宅 指套型建筑面积在 144 平方米以上的住宅。

新建商品住宅销售价格 指新建商品住宅实际销售（交易）价，包括住宅销售前的装修费用，无论其价格高低都视为房地产销售（交易）价格的组成部分。

二手住宅销售价格 指二手住宅实际交易价格。该指标取自《存量房屋买卖合同》。若合同中含有相关税费，则应将其扣除。